태평경 역주【二】

太平經譯註

태평경 역주【二】 太平經譯註

An Annotated Translation of the Scripture on Great Peace "Taipingjing"

正統道藏 14권 | 책임역주 윤 찬 원

세창출판사

태평경 역주【二】 太平經譯註

1판 1쇄 인쇄 2012년 11월 15일
1판 1쇄 발행 2012년 11월 26일

역주자 | 윤찬원 김갑수 김예호 유병래 서대원 김형석
발행인 | 이방원
발행처 | 세창출판사
신고번호 | 제300-1990-63호
주소 | 서울 서대문구 냉천동 182 냉천빌딩 4층
전화 | (02) 723-8660 팩스 | (02) 720-4579
http://www.sechangpub.co.kr
e-mail: sc1992@empal.com

ISBN 978-89-8411-392-3 94240
978-89-8411-390-9 (세트)

이 책은 한국연구재단의 지원으로 세창출판사가 출판, 유통합니다.

잘못된 책은 구입하신 서점에서 바꾸어 드립니다.
책값은 뒤표지에 있습니다.

이 도서의 국립중앙도서관 출판시도서목록(CIP)은
e-CIP홈페이지(http://www.nl.go.kr/ecip)와 국가자료공동목록시스템
(http://www.nl.go.kr/kolisnet)에서 이용하실 수 있습니다.
(CIP제어번호: CIP2012005265)

머리말

역자가 처음 『태평경(太平經)』에 대한 소개를 받은 것은 1989년이었던 것 같다. 역자는 당시 인천대학교에 재직하고 있었고, 결혼한 지도 얼마 되지 않은 때였다. 박사학위 과정도 끝난 지 제법 오래 되었고, 석사과정에서 1980년에 『노자도덕경(老子道德經)』의 사상으로 학위를 받았던 역자는 앞으로 박사학위 논문을 무엇을 쓸까 고심하고 있었고, 한편으로는 중국 도교사상을 선택하여 무엇을 쓸까 생각하고 있을 때였다. 선배인 이화여자대학교 정재서 교수를 만난 자리에서 이런 고민을 털어 놓으니, 『태평경』에 관하여 연구해 보라고 하였다. 그래서 그게 무어냐고 물었더니, 최초의 도교 경전이라고 한다. 한편으로는 호기심과, 다른 한편으로는 내가 그것을 연구할 수 있을까라는 두려움이 앞서기도 하였다. 당시 우리나라에는 전혀 소개되지 않은 것이었다. 정재서 교수는 복사한 원전이 있다고 하며 나중에 복사본을 주셨다. 이렇게 하여 처음 이 도교 경전을 접하게 되었고, 그 뒤 『태평경』이라는 책을 가지고 도교 사상을 탐구한다는 것은 그야말로 첩첩산중처럼 느껴졌다.

어찌하였든 1989년부터 1991년까지 난해한 경전을 읽으면서 논문을 구상하였다. 그때 논문을 준비하기 위하여 처음으로 컴퓨터를 구입하여, 어떤 때는 원문을 초창기 「한글」 워드 프로세서로 만들어 한자로 바꾸어 가기도 하면서, 도교라는 사상이 갖는 성격이 무엇인지도 파악하고 이해해가면서 상당히 많은 시간을 투입하여 논문 작성에 몰두하였다. 어떤 때는 2세기경 한문으로 된 이 경전을, 그리고 원 전적의 3분의 1밖에 남아 있지 않아 더욱 난삽

하다는 전적을 천착해 나아갔다. 그래서 1991년 2학기 논문 같지도 않은 글을 엮어 놓고는 '후유' 하기도 하였다. 1991년 1학기에는 학위 논문으로 심사를 신청하였다. 당시 우리 인천 대학교는 혼란의 와중에 있었다. 문자 그대로 선인학원 정상화(또는 시립화)가 시작되는 시점이었기 때문이다. 1991학년 제출한 논문을 1992년 1학기에 한 학기 동안 심사를 받았다. 한편으로는 학교 구성원들의 정상화투쟁이 지속되고 있기도 하였다. 여러 우여곡절을 겪으며, 1992년 8월 "『太平經』에 나타난 道教思想 硏究"란 논문으로 박사학위를 받았다. 이 논문은 중국의 도교 특히 『태평경』의 철학사상으로 한국에서 거의 처음이었다. 그러고 보니 2012년인 오늘로부터 정확하게 20년 전이다.

그 뒤 1995년 여름 세계적인 도교학회가 북경에서 열렸고, 전 세계에서 300~400여 명의 학자들을 초청하였는데, 역자도 초청을 받았다. 여기에서 몇몇 세계적인 원로 도교학자들과 교류를 가지기도 했었다. 그 뒤 본격적으로 중국에 건너가 연구해 볼 기회를 가지게 되었는데, 한국학술진흥재단의 후원을 받아 1998년 1년간 베이징대학(北京大學)에 가서 연구생활을 하게 되었는데, 중국 도교의 실상을 몸소 접해 보고자 한 것이 역자의 희망이었다. 넓은 중국 대륙의 이곳저곳을 답사하면서 나름의 성과도 얻은 바 있었다. 아울러 당시 관심의 초점으로 떠오른 것은 세계적 차원의 환경문제였고, 중국은 전체적으로 환경문제가 심각한 상황이어서 중국 전역을 돌면서 실상을 확인하고 싶기도 하였다. 당시 우리 한국은 IMF라는 전국가적인 위기를 겪고 있을 때였다. 역자는 북경대학에 거주하면서 당시 북경대 남쪽에 있는 서점에서 2권으로 된 왕명(王明)이 주편한 『태평경합교』를 구하였고, 아울러 경희태(卿希泰) 교수의 『중국도교사(中國道教史)』 4권을 구하였다. 이 무렵부터 『태평경』 원전과 『중국도교사』를 번역해 보고 싶다는 생각을 어렴풋하게나마 갖게 되었다.

본격적으로 번역을 해 보기로 생각하기도 하였으나, 2009년 6월 서울 소재 대학의 몇몇 박사학위 소지자들이 제물포에 있던 역자에게 찾아와 『태평경』을 번역해 보겠다고 하고 나를 책임자로 선택하였다. 여러 가지 여건상 역자는 마음이 흔쾌하지는 않았으나, 한번 해 보자고 하고 한국연구재단 「명저번역사업」에 신청하게 되었다. 당시 아무런 기대감도 갖지 못하고 있었는데, 의외로 커다란 예산과 시간의 촉박함에도 불구하고, 현명하신 심사자들께서 이 책 번역의 필요성을 절감하여 이 경전의 번역을 선정하신 것으로 안다. 시간이 너무 짧음에도 불구하고 2009년 한국연구재단 명저번역 사업에 2년차 사업으로 선정되었다.

선정이 되었음에도 역자에게는 갑작스러운 두려움이 엄습해 오기도 하였다. 번역이 엉망이 되는 건 아닌지 하는 이런 감정은 뒤에 상당부분 일치하는 바도 있었다. 어쨌든 번역은 시작되었다. 2년이라는 짧은 기간 동안 사전작업의 미비, 사전 합의의 미비나 간혹 한문번역에 대한 준비가 되어 있는가라는 공포가 엄습하기도 하였다. 나중에 번역 과정에서 번역의 책임을 맡은 역자가 한국연구재단에 올리기 전 한 달, 두 달 또는 그 이상의 시간이 걸려서라도 수정하여 번역답게 하고자 하는 노력도 상당히 했다고 생각된다.

이런 과정을 거쳐 최종 번역물을 2011년 9월에 제출하였고, 마지막 심사를 통과하여 책으로 출간될 수 있게 되었다. 번역된 책이 곧 출간될 지금의 기분은 참으로 묘하면서도, 이전의 여러 차례 번역작업 때와 같이 마치 자식이 태어나는 기쁨을 느낀다. 한편으로는 이 번역이 얼마만큼 오역 없이 제대로 이루어졌을지 의심이 들기도 한다. 그 이유는 이 책의 원본이 거의 2세기경의 중국 한문으로 이루어져 있기 때문이다. 엄청난 오역도 있을 수 있고, 오자, 탈자 등 많은 실수도 있을 것임은 부정하기 어려울 것이다. 그러나 모든 잘잘못은 우리 번역단, 특히 책임번역자인 본인의 책임일 것이다.

더구나 마지막 순간인 올해 2월 초 원고를 출판사에 넘기기 직전 역자가 새벽에 오토바이에 의한 교통사고를 당하여 한 달 정도의 의식불명의 시기와 몇 달간의 재활의 시간이 있었다. 자칫하면 끝마무리에 와서 아차하면 직접 출간하지도 못하고 타인이 출간하지 않으면 안 될 상황이 될 수도 있었을 끔찍한 상상에 섬뜩하기도 하였었다. 어쨌건 바야흐로 전질 5권으로 이루어진 결코 작지 않은 이 번역서가 해를 보게 되었음에 뿌듯한 심정을 금할 수 없다.

이 시점에서 『태평경』에서 '태평(太平)'의 말의 의미가 주는 뜻은 매우 깊다고 할 수밖에 없다. '태평'의 의미는 먼저 중국에서 이상적인 자연, 사회, 국가를 포괄하고 총괄하는 뜻을 지니고 있다. '태평천국(太平天國)'이란 말에서 알 수 있는 것과 같다. 다른 한편으로는 현대에 만연하는 이기주의나 반자연적인 태도의 불식을 지칭하는 것으로, 인간의 이기주의나 반자연적인 태도에 기인하는 현대인의 골수병폐인 환경파괴에 대항한다는 뜻을 가지고 있다. 태평이라는 말이 가지는 뜻은 곧 현대적인 환경파괴가 없는 순수한 '저절로 그러한' 자연(自然) 그 자체를 가리킨다. 바꾸어 말하면 현대에서의 철두철미한 환경 보존의 의미를 갖는다.

어느덧 21세기도 10여 년이 지난 이때 현대의 병을 공해병 또는 환경병이라 압축하여 말할 수밖에 없다. 여기에서 인간의 욕망, 즉 이기심을 충족하기 위해 아무렇게나 하는 개발, 난개발 아니면 무분별한, 개발이란 미명 아래 저질러지는 환경파괴는 이 세상에서 가장 사악한 범죄행위라고 볼 수밖에 없을 것이다. 『태평경』은 이것을 크게 경계하였다. 이를테면 〈기토출서결(起土出書

訣)〉과 같은 편을 읽으면 마치 『장자(莊子)』의 글을 다시 읽는 듯하다. 사실 그렇다. 무분별한 개발이나 인간 자신만을 이롭게 하기 위한 미명 아래 자행되는 모든 개발은 인간중심적이고, 인간 이기주의적인 것일 뿐이다. 이러한 현상은 전세계라는 지역적 차이나, 전근대와 근대, 그리고 현대라는 시간적 차이도 없다. 이와 같은 『태평경』에 대한 번역시도는 만시지탄의 감이 너무 크지만, 지금이라도 현 정권 아래에서 만신창이가 되어 버린 '아름다운 우리 자연'의 회복이나 보전에 도움이 되기를 바라는 마음 금할 수 없다.

이 자리를 빌려 그동안 번역에 도움을 주신 많은 분들께 깊은 감사를 드리지 않을 수 없다. 이 경전의 번역을 한국연구재단에 신청하였을 때 심사를 맡아 흔쾌하게 통과시켜 주신 심사위원들께 감사드린다. 그리고 올해 초 역자가 심각하게 와병중일 때부터 옆에서 조용하게 도와주고, 뒤에서는 자질구레한 번역과 출간과 관련하여 성심성의껏 도와준 조교 임형재 선생에게도 깊은 감사를 보낸다. 특히 너무나 방대한 이 책의 출간을 선뜻 맡아주신 세창출판사 관계자 여러분들, 이방원 사장님을 비롯하여 한문경전의 출간에서 난해함을 시원시원하게 정리해주시는 편집실의 김명희 실장님과 최성수 부장님, 그리고 음으로 양으로 관계하신 여러분들께 마음 깊은 곳에서 우러나오는 감사의 마음을 금할 수 없다.

2012년(壬辰年) 11월 15일
국립대학을 향하여 한 해가 저물어 가는
인천대학교 송도캠퍼스에서
책임역주 윤찬원(尹燦遠)

차례

太平經譯註【二】

太平經譯註【一】

太平經譯註【三】

太平經譯註【四】

太平經譯註【五】

太平經

제45권

병부(丙部)의 11

『태평경초』

제61 기토출서결(起土出書訣) : 토목 공사에 대해 책을 내놓은 비결

해제 『정통도장』본에는 위의 구절[起土出書訣第六十一]이 본래 본문의 첫 구절과 곧바로 연결되어 있다. 그런데 이 구절을 이 장의 제목으로 삼을 만하다고 생각되어 따로 떼어놓았다. '기토(起土)'란 토목 공사를 크게 벌이는 행위를 가리키는 말이다. '출서(出書)'란 토목 공사를 벌이는 일을 제지하는 『태평경』 속의 경문을 가리키는 말이다. 이 장에서는 한(漢) 시대 사람들이 샘을 깊이 파고, 집을 크게 지으며, 능묘를 거대하게 조성하고, 광석을 채굴하고 도요(陶窯)에다 불을 지르며, 멋대로 물길을 내어 땅의 피(地血)를 뽑아내고 땅의 뼈(地骨)를 깨뜨리며 땅의 살(地肉)을 뚫는 등, 어머니 땅의 저절로 그러한 형태를 훼상하고 있다고 말한다. 이처럼 땅(地)이 금지하는 것을 위반하고 하늘(天)의 가르침과 명령을 위배하는 일은, 하늘은 아버지요 땅은 어머니라는 천부지모(天父地母)의 원한과 분노를 초래하여, 재앙과 앙화가 갖가지 형태로 초래한다. 이러한 것들이 끊임없이 쌓여 사람의 수명을 줄어들게 만들며, 제왕의 다스림도 화평치 못하게 만든다. 천지의 원한을 풀어내기 위해서는, 사람이 천지에게 불효대역(不孝大逆)하고 있다는 차원에서 자기 행위를 반성해야 한다. 그리하여 태양·태음·중화의 삼기(三氣)가 서로 친하여 한 집안을 이룬다는 저절로 그러한 술(自然之術)에 의거하여, 땅을 파는 것은 3자를 넘지 않도록 해야 한다. 그리고 땅 어머니의 경맥(經脈)을 손상하지 말아야 하며, 옛 우물을 함께 사용해야 한다. 새로운 우물을 축조해야만 할 경우에는, 옛 우물 속에 설치했던 기와·돌·목재 등을 제거하고 메움으로써 지기(地氣)를 틀어막아 지(地)가 쇠하는 것을 방지해야 한다. 이렇게 자식의 도리로써 봉행하면 천부지모의 환심과 양생의 방책을 얻을 수 있고, 태화순기(太和純氣)가 도래하게 된다고 한다.

"우매하고 천박한 소생들은 마음속에서 우러나오는 의문을 주체할 수 없어, 천사께서 꺼리시는 일을 위배하는 허물이 극심합니다. 그렇지만 말하고 싶어 하는 것을 저희 의지만으로는 억제할 수 없습니다. 소생의 바람은 매우 절박한 것이어서, 오장이 초조함으로 부글거려 답답하고 괴롭습니다. 이제 하나의 큰 의문거리에 관해 여쭙기를 간청합니다. 오직 천사께서만이 갓난아기를 대하듯 저희를 가르쳐 주실 수 있을 것이오니, 기필코 저희들의 타들어가는 목마름을 가련히 여기시어 말씀해 주시기를 바랍니다."

"어찌 그리 겸양한가!"

"예, 예. 지금 천사께서는 황천(皇天)과 후토(后土)와 더불어 항상 정념을 합일시키시어, 그 마음이 천지의 뜻을 깊이 얻어 마치 척도에 들어맞는 것과도 같아 털끝만치의 간극도 없으십니다. 천지께서 '□□'을 항상 근심하시고 있다는 점을 알고 계시는 까닭에, 우매하여 아무것도 알지 못하는 저희로서는 부끄러움을 무릅쓰고 이에 감히 갖은 의문에 관해 여쭙습니다. 원컨대, 천지 신령께서 항상 크게 꺼리시는 것이 대체 무엇인지를 알려 주시기 바랍니다."

"좋도다! 그대들의 정밀함이 더욱 진전하였구나! 그대들이 지금 이렇게 선의로써 한 질문은, 천지의 뜻과 의지에 제대로 들어맞는 것이다. 세상 사람이 이렇게 할 줄 안다면, 곧 현인의 마음을 깊이 새기게 되어 만세가 지난 후에라도 다시는 지워지지 않을 것이다. 나는 항상 말하기를 즐겨하기에, 이제는 다른 사람에게 더 이상 말해줄 것이 없을 정도이다. 그런데 지금 진인들의 질문을 받고나서는, 마음속에 간직되어 있는 비결이 기꺼워하여 장차 그대를 위해 모든 것을 자세히 분별하여 말해주고자 하는데, 감추어 둘 수 있는 것은 없는 것이다. 내가 이렇게 하는 까닭은, 천지 신령께서 나를 깊이 미워하게 되면, 곧 나의 몸에 큰 재해가 닥치고 만다는 점을 두려워하기 때문인 것이다. 진인들은 다만 편안히 앉아서 명철하게 듣도록 하라. 천지께서 매우 한스럽고 고통스러운 것으로 삼으시는 일은, 세상 사람의 순종하지 않음과 더불어 불효함을 증오하는 것이다."

"무슨 말씀이신지요? 그 뜻을 듣기를 원하옵니다."

"좋도다! 그대들의 물음이여. 무릇 하늘과 땅과 중화(中和)가 세 기(三氣)를 이루기는 하지만, 안으로는 이들이 서로 함께하여 한 집안을 이룬다. 바꾸어 말해서 이들은 함께 생성하는 일을 다스리고, 함께 만물을 기른다. 하늘은 생성을 담당하는 존재로서 아버지라고 불린다. 땅은 양육을 담당하는 존재로서 어머니라고 불린다. 사람은 만물을 다스리는 일을 담당하는 존재로서 자식이라고 불린다. 아버지는 마땅히 때의 절기에 따라 만물을 교화하고, 어머니는 아버지가 하는 일을 따라 만물을 길러주며, 자식은 아버지로부터 생명을 받고 어머니로부터 양육되어진다. 자식이 된 자는 이에 마땅히 자기 아버지를 공경하여 섬기고 자기 어머니를 사랑해야만 하는 것이다."

"무슨 말씀이신지요?"

"좋다. 아버지가 교화를 행하는 데는 그 준칙인 때의 절기라는 것이 있는 까닭에, 하늘은 춘하추동의 네 계절에 따라 만물을 교화하여 낳고 기르고 성장시킴으로써 처음부터 끝까지 자연스럽게 고정적인 시절의 단계를 두는 것이다. 그러나 사악한 사람은 이러한 시절의 단계를 거스르고 있는데, 이는 자식이 된 자가 자기 아버지의 뜻에 따르지 않는 것이나 마찬가지인 것이다. 천기(天氣)가 그 정령(政令)을 잃게 되어 그 마음에 만족함을 얻지 못하게 되면, 하늘께서는 그의 깊고 큰 증오심에 사람에게 재해를 발생시키고 질병으로써 그 자식인 만물을 해치게 된다. 이는 한 집안에서 아버지가 노여움으로써 그의 자식을 다스리는 것과도 같은 것으로서, 그 변고가 곧바로 발생하게 된다. 아버지와 자식이 화합을 이루지 못해, 불량한 아들이 엄한 아버지의 가르침을 순종하지 않게 되면, 이는 곧 음을 낳아 양을 이기는 것이 되니, 결국 아랫사람이 윗사람을 기만하게 되고, 거역하는 자식을 많이 낳게 된다. 신하가 자기의 직무를 잃게 되면, 귀물(鬼物)이 크게 홍성하고 함께 병들게 하여 세상 사람에게 앙화가 닥치고, 간교하고 교활함이 길가에 널리게 되고, 여러 가지 음적인 것들이 따르지 않는 무리들과 잠복하게 되는 것이니 허물은 곧 천지를 거스르는 데 있다. 진인들이여, 실정이 이러함에도 순종하지 않을 수 있겠는가? 이것이 바로 '저절로 그러한 술'[自然之術]인 것이니, 비유하자면, 그림자가 형체를 따르고, 수레가 말을 따라감에 이탈함이 없는 것과도 같다. 경계할 지어다."

"예, 예."

[부(附)] "천사서는 황천(皇天) 후토(后土)와 더불어 항상 정념을 합일시키고 그 마음이 천지의 뜻을 깊이 얻은 것이 마치 규구(規矩)에 들어맞는 것과도 같아 털끝만치의 간극도 없으십니다. 천지께서 항상 우려하시는 바가 무엇인지를 알고 계시는데, 천지께서 크게 꺼리시는 것이 무엇인지를 알고 싶습니다."

"천지 신령께서 크게 병통으로 생각하시는 것은 악한 사람이 순종하지 않고 불효하는 것이다."

"무슨 말씀이신지요?"

"무릇 하늘과 땅과 중화(中和)가 삼기(三炁)를 이루기는 하지만, 안으로는 이들이 서로 친하여 함께 한 집안을 이룬다. 하늘은 낳아주는 일을 담당하는 존재로서 아버지라고 불린다. 땅은 길러주는 일을 담당하는 존재로서 어머니라고 불린다. 사람은 만물을 다스리는 일을 담당하는 존재로서 자식이라고 불린다. 자식은 아버지로부터 생명을 받고 어머니로부터 기름의 은혜를 입는 존재이다. 자식이 된 자는 이에 마땅히 자기 아버지를 공경하여 섬기고, 자기 어머니를 사랑해야만 하는 것이다."

"무슨 말씀이신지요?"

"말하자면 아버지가 교화를 행하는 데는 준칙인 때의 절기라는 것이 있는 까닭에, 춘하추동의 네 계절에 따라 교화하여 낳고 성장시키는 것이다. 그러나 사악한 사람은 자기 아버지의 뜻[天意]

을 거역하므로, 천기(天氣)가 그 정령(政令)을 잃고 있는 것이다. 비유컨대, 이는 한 집안에서 아버지가 그 자식을 노여워하고 그 자식과 불화하게 되는 것과 같다. 이처럼 아버지와 자식이 화합을 이루지 못하면, 음(陰)이 양(陽)을 이기게 되어 아랫사람이 윗사람을 기만하고, 신하가 그 직무를 잃어 귀물(鬼物)이 크게 흥성한다.

下愚賤生不勝心所欲問,[1) 犯天師忌諱, 爲過甚劇. 意所欲言, 不能自止, 小人不忍情願, 五內發煩懣悃悒.[2) 請問一大疑, 唯天師旣待以赤子之分,[3) 必衰原其飢渴汲汲乎.[4) 行道之. 何謙哉? 唯唯. 今天師乃與皇天后土常合精念, 其心與天地意深相得, 比若重規合矩, 不失毛髮之間也. 知天地常所憂□□,[5) 是故下愚不及生冒慚, 乃敢前具問, 願得知天地神靈其常所大忌諱者何等也. 善乎! 生精[6)益進哉! 子今且可問, 正入天地之心意, 人得知之, 著賢人之心, 萬世不復去也. 吾常樂欲言, 無可與語. 今得眞人問之, 心中訣喜, 且爲子具分別道之, 不敢有可隱匿也. 所以然者, 乃恐天地神靈深惡吾, 則爲身大災也. 眞人但安坐明聽. 天地所大疾苦, 惡人不順與不孝. 何謂也? 願聞之. 善乎! 子之難也. 夫天地中和凡三氣, 內相與共爲一家,[7) 反共治生,[8) 共養萬物. 天者主生, 稱父. 地者主養, 稱母. 人者主治理之, 稱子. 父當主敎化以時節,[9) 母主隨父所爲養之, 子者生受命於父, 見養食於母. 爲子乃當敬事其父而愛其母.

何謂也? 然, 父敎有度數時節, 故天因四時而敎生養成,[10) 終始自有時也. 夫惡人逆之, 是爲子不順其父, 天氣失其政令, 不得其心. 天因大惡人生災異, 以病害其子, 比若家人, 父怒治其子也, 其變卽生. 父子不和, 恨子不順從嚴父之敎令, 則生陰勝其陽, 下欺其上, 多出逆子也. 臣失其職, 鬼物大興, 共病人, 姦猾居道傍, 諸陰伏不順之屬, 咎在逆天地也. 眞人是又可不順乎? 此乃自然之術, 比若影之應形, 與之隨馬不脫也,[11] 誡之! 唯唯.

[附] 天師乃與皇天后土常合精念, 其心與天地意深相得, 比若重規合矩, 不失毛髮之間也. 知天地常所憂預, 得知天地之大忌諱者何等也. 天地神靈深大疾苦, 惡人不順不孝. 何謂也. 夫天地中和三炁, 內共相與爲一家, 共養萬物. 天者主生, 稱父. 地者主養, 稱母. 人者爲治, 稱子. 子者, 受命於父, 恩養於母. 爲子乃敬事父而愛其母. 何謂也? 然, 父敎有度數時節, 故因四時而敎生成. 惡人逆父之意, 天炁失其政令. 比若家人, 父怒其子. 父子不和, 陰勝陽, 下欺上, 臣失其職, 鬼物大興.*

역주

1) 下愚賤生不勝心所欲問(하우천생불승심소욕문) : 『태평경』에서는 '천암부달지생(淺闇不達之生)' · '하우불급생(下愚不及生)' · '하우천생(下愚賤生)'이라는 표현을 하고 있으며, 또한 이들을 줄여서 '우천생(愚賤生)' · '우생(愚生)'이라고도 한다. 이들 표현은 모두가 도(道)를 배우고 있는 진인(眞人)이 스스로 자기를 극도로 겸양해서 부르는 말이다. '불승(不勝)'이란, '감당할 수 없다' · '주체할 수 없다'라는 의미이다. 이 구절의 전체적 의미는, 우매하기 이를 데 없는 제자로서는 스승에게 묻지 않고서는 견딜 수 없다는 것이다.

2) 五內發煩懣悃悒(오내발번만곤읍) : '오내(五內)'는 오장(五臟)을 뜻한다. '번만(煩懣)'이란, 마음이 초조하고 내장이 부글부글 끓어오르는 것을 뜻한다. '곤읍(悃悒)'이란, 마음이 답답하고 괴로운 것을 뜻한다(『금주금역(상)』).

* 附(부) : 이 단락의 글은 『합교(상)』에서 『태평경초』의 글을 참고할 수 있도록 하기 위해 여기에다 부가해 놓은 것이다(『금주금역(상)』). 『정통도장』본 『태평경』 제3권 병부(丙部) 23쪽 하단~24쪽 상단 참조.

3) 赤子之分(적자지분) : 『노자』 제55장에서 "덕을 머금고 있는 것의 두터움은 갓난아기에게 비유할 수 있다[含德之厚, 比於赤子]"라고 한 것이 있다. 여기에서는 천사가 그의 제자를 갓난아기처럼 여기고 호의를 가지고서 가르친다는 의미이다. '분(分)'이란, 정분(情分) 즉 호의(好意)라는 의미이다.

4) 必衰原其飢渴汲汲乎(필쇠원기기갈급급호) : '쇠(衰)'자를 '애(哀)'자로 교정해서 보아야 한다. '애원(哀原)'이란, 가련하게 여겨 양해해 주다라는 뜻이다(『금주금역(상)』). 그렇지만 '쇠(衰)'자를 '줄이다'·'없애다'라는 뜻으로 보고 '원(原)'을 '원(源)'의 의미로 보아, '기필코 그 기갈이 급급한 것의 근원을 없애 주십시오'라고 해석해 볼 수도 있다.

5) 知天地常所憂□□(지천지상소우□□) : 이 구절에는 본래 □□의 글자가 결여되어 있다. 이렇게 된 것이 오히려 독자로 하여금 궁금증을 유발시키기는 효과를 보고 있다. 글자가 결여된 부분에 보충되어야 할 것은 뒷 구절의 "천지신령기상소대기휘자(天地神靈其常所大忌諱者)"의 내용에 해당하는 것이어야 한다. 뒤의 내용을 보면, 그것은 다름 아닌 "오인불순여불효(惡人不順與不孝)"이다. 『태평경초』에서는 이 구절을 "지천지상소우예(知天地常所憂預)"로 쓰고 있다. 말하자면 '우예(憂預)'의 내용이 곧 '인불순여불효(人不順與不孝)'인 것이다. 이를 압축하면 '순효(順孝)' 두 글자가 된다.

6) 生精(생정) : '생(生)'은 천사가 진인을 친근하게 부르는 호칭인데, 『태평경』에서는 이와 같은 의미를 지닌 글자로서 '자(子)'라는 표현도 즐겨 사용하고 있다. '생정(生精)'이란, '그대들의 정밀한 사색[生之精思]'의 줄임말인 것으로 생각된다.

7) 內相與共爲一家(내상여공위일가) : '상여(相與)'란, 서로 친하다라는 뜻이다. '일가(一家)'란, 삼기(三氣)가 상통하여 화합을 이루는 것을 뜻한다(『금주금역(상)』).

8) 反共治生(반공치생) : '반(反)'은 '바꾸어 말하면'이라는 뜻이다. '치생(治生)'이란, 화생(化生)하는 일을 관장하는 것을 뜻한다(『금주금

역(상)』).

9) 父當主敎化以時節(부당주교화이시절) : 이 구절은 천이 8풍(八風)과 24절기를 통해 세상 사람에게 농사에 관한 정령을 발포하는 것을 뜻한다(『금주금역(상)』).

10) 故天因四時而敎生養成(고천인사시이교생양성) : 천(天)이 춘생(春生), 하장(夏長), 추수(秋收), 동장(冬藏)하는 것을 뜻한다(『금주금역(상)』). 그런데 앞의 단락에서 "천자주생, 칭부. 지자주양, 칭모(天者主生, 稱父. 地者主養, 稱母) … 부당주교화이시절, 모주수부소위양지(父當主敎化以時節, 母主隨父所爲養之)"라고 한 것에 비추어 보면, '교생(敎生)'은 천(天)의 직무에 해당하는 것이고 '양성(養成)'은 지(地)의 직무에 해당하는 것이다. 따라서 이 구절에서는 천부(天父)의 직무만이 아니라 지모(地母)의 직무까지도 아울러 말한 것으로 보아야 한다.

11) 與之隨馬不脫也(여지수마불탈야) : 『금주금역(상)』에서는 '수마(隨馬)'를 순종하는 말이라는 뜻으로 풀었다. 그러나 이 구절에서의 '여(與)'자는 마땅히 '여(輿)'자로 교정해서 보아야 한다는 견해가 있다. '여지수마(輿之隨馬)'란 '수레가 말을 따라서 가다[車隨馬行]'라는 뜻이다. 고대에는 말을 부려 수레를 끌도록 하였다(『정독』). 이 번역에서는 후자의 견해를 따른다. 왜냐하면 '여(輿)가 수마(隨馬)'하는 관계는 '영(影)이 응형(應形)'하는 관계와 일치하는 것이기 때문이다.

"삼가 천사께서 하늘의 가르침과 명령에 관해 말씀하시는 바를 경청하였습니다. 이제는 땅께서 벌하기를 꺼리시는 일이 무엇인지 듣고자 합니다."

"좋다. 진인들은 명철하게 듣도록 하라."

"예, 예."

"하늘은 곧 아버지이다. 땅은 곧 어머니이다. 아버지와 어머니는 모두가 사람인데, 이들이 하늘·땅과 어찌 다르겠느냐? 하늘도 따르고 숭앙해야 할 대상인 것이며, 땅도 따르고 숭앙해야 할 대상으로, 아버지와 어머니는 다만 음양(陰陽) 남녀로 구별되어지는 것일 뿐, 그들이 좋아하고 싫어하는 것은 같다. 하늘께서는 사람의 생명을 주시고, 땅께서는 사람의 형체를 길러주신다. 그럼에도 불구하고 사람이 매우 우매하고 어두워서 그들의 아버지와 어머니를 존중할 줄 모른다면, 이는 항상 하늘과 땅으로 하여금 사람을 살게 해주는 일을 후회하도록 만들게 된다면, 이러한 하늘과 땅의 근심거리는 풀어낼 도리가 없는 것이다."

"무슨 말씀이신지요?"

"좋다! 그대 말은 천지의 뜻을 깊이 얻은 것이니, 장차 세상의 큰 재해가 단절될 것이며, 사람에게는 반드시 길함과 좋음이 있게 될 것이다."

"무슨 뜻인지요? 오직 천사(天師)만이 그것을 분별하여 가르쳐 주실 수 있을 것입니다."

"좋다. 지금 사람은 모두가 함께 서로를 해쳐 하늘 아버지와 땅 어머니를 원한 맺히게 하고 있느니라."

"무슨 말씀이신가요?"

"네 계절의 천기(天氣)는 하늘이 따라 행하는 준칙인 것이니, 이것을 위배하는 일은 곧 그 아버지를 해치는 일이 되는 것이다."

"무슨 뜻인지요?"

"지금 사람은 땅을 어머니로 삼아 의복과 음식을 얻고 있으면서도, 같이 그 어머니를 사랑하고 이익이 되는 것으로 생각하지는 않고, 도리어 해치고만 있다."

"무슨 말씀이신지요?"

"진인들은 분명히 듣거라. 사람의 [죄과는] 심하기가 이루 형언할 수 없을 정도이다. 그들이 함께 지형(地形)을 뚫어 토목 공사를 크게 일으킴에, 도리에 따르지 않고 깊이 뚫어서 지하의 황천(黃泉)에까지 닿게 하고, 얕게 뚫는다 하여도 몇 장이나 된다. 어머니 땅(地母)의 마음이 유독 근심하고 원한 삼으시는 것은 여러 자식이 공경심이 없고 효성스럽지도 않다. 이것은 항상 땅 어머니에게 극도의 분노와 근심을 끼치는 것으로, 어머니와 자식 간에 의사를 소통시킬 도리가 없게 만든다. 옛날 성인은 시운이 아직 이르지 않았을 때에 이러한 점을 설명해주었기 때문에, 인민들이 더러 제멋대로 하는 일이 있었기는 하지만, 어머니 땅은 그것을 통한으로까지 여기시지는 않았다. 그러나 어머니 땅이 마음이 극도의 통한에 도달하게 되면, 이에 위로 하늘 아버지(天父)를 느껴 움직이게 됨에도 세상 사람은 그런 줄을 알지 못한다. (땅 어머니가) 그 자식을 걱정하시는 일로 괴로움 당하는 것이 제어할 수 없을 정도에 도달하면, 위로 하늘 아버지에게 세상 사람의 죄과를 고발하기에 이르는데, 그렇게 고발하는 것이 쌓이고 횟수가 많아져 극한에 도달하게 되어 하늘 아버지의 노여움이 그치지 않아 재해가 기괴하게 수만 가지로 동시에 일어나는 것이다. 게다가 땅 어머니 또한 기쁘지 않아 항상 노여움을 표출하시고, 인민과 만물을 힘써 길러주려고 하지 않으시게 된다. 이렇게 하여 하늘 아버지와 땅 어머니께서 모두 기쁘지 못한 상태가 되면, 만물과 인민은 곧 사멸하고 만다. 도리에 의거하지 않고 일을 시행하는 것, 바로 이것이 앙화와 우환의 근원이다.

뒤에 태어난 사람이 행위함이 날로 극심하게 되면서도 도리어 천지를 증오하면서 음양의 부조화만을 말하고 있다. 그들은 또한 함께 제왕을 질시하면서, 제왕이 나라 안을 다스림에 태평하게 하지 못함을 탓하고들 있다. 오히려 사람마다 스스로 천지에게 죄과를 지으면서도 그런 줄을 스스로 알지 못하고, 도리어 자신의 허물을 덮어씌워 윗사람을 책망하기만 하였으므로, 천지께서는 더 이상 그런 세상 사람을 사랑하지 않으시게 되었다. 천지께서는 그런 그들이 죽는 것을 소홀하게 보았고, 사람에게 질병이 생겨나고 죽음에 임박하여 하늘에 호소하여도, 죄명이 명백하기에 아버지 하늘과 어머니 땅께서는 더 이상 그들을 구제해 주지 않으셨다. 말하자면 사람들의 죄과가 크고 깊음에도 불구하고 앙화의 책임을 다른 데다 덮어씌웠던 것이니, '거꾸로 행위함'의 실상이 이러하였던 것이다. 뒤에 태어난 사람은 토목 공사 벌이기를 더욱 극심하게 하여 앞 세대의 일을 넘어서고, 서로 번갈아가면서 모방하고, 이렇게 하기를 다반사로 하여 더 이상 제어지도 못하고, 더 이상 서로를 막을 수도 없게 되었으므로, 재해가 날로 많아지게 되었는데, 이는 실로 천지를 원통하게 만드는 일인 것이다. 천지는 사람의 아버지와 어머니인데, 자식이 도리어 함께 자기 부모를 해쳐 상하게 하고 병들게 만드는 것은 결코 작은 죄과가 아니다. 그러므로 천지께서는 불효와 불순종을 가장 원한이 되는 일로 생각하시고, 더 이상 세상 사람을 사면해 주시지 않게 되었다. 그리하여 세상 사람이 비록 하늘에서 생명을 받아 태어난 존재이기는 하지만, 수명이 이미 짧아져서 죽음에 정해진 시한이 없게 되었고, 더욱이 사면 받을 곳조차 없게 된 것이다. 진인들은 이러한 실정을 명백하게 깨우쳤는가?"

"예, 예."

[부(附)] "하늘과 땅의 위계질서는 마치 사람에게 남성과 여

성의 구별이 있는 것과 같은 것이지만, 이들이 좋아하고 증오하는 일은 모두가 같은 것이다. 하늘은 사람의 목숨을 길러주고, 땅은 사람의 형체를 길러준다. 그럼에도 지금 모두가 함께 아버지인 하늘과 어머니인 땅을 해치고 있다. 네 계절의 기(氣)는 하늘이 지켜 운행하는 준칙이다. 그럼에도 불구하고 그것을 거슬리는 것은 곧 아버지를 해치는 일이다. 땅을 어머니로 삼아 의복과 음식을 얻어 양육되면서도, 어머니를 사랑하거나 이롭게 해주지 못하고 도리어 해치고만 있다. 이러한 사람의 죄과는 극심한 것이어서 말로써는 이루 형언하기가 어려울 정도이다. 사람은 도리에 따르지 않고 땅의 형체를 뚫어 토목 공사를 크게 일으키는데, 깊은 것은 지하의 황천에까지 이르게 되고 얕은 것이라도 몇 장이나 된다. 어머니께서 유독 근심하시는 것은 여러 자식이 크게 순종하지 않고 불효하는 것인데, 항상 극도의 근심과 원한에 사무쳐 있게 되어 어머니와 자식 간에 소통할 수 없을 정도가 되었다.

옛날 성인은 시운이 아직 극도에 이르지 않았을 때에 천지의 뜻을 세상 사람에게 알려주셨다. 사람은 어머니인 땅을 위해 주는 것에 무지하며, 유독 어머니인 땅께서 근심스러워 하시고 원한 삼으시는 일이 극도에 도달하게 되어, 위로 아버지인 하늘을 느껴 움직이게 하고 있음에도, 그런 줄을 알지 못하고 있다. 그러므로 아버지 하늘이 내리시는 갖가지 재변이 일어나고, 어머니 땅 또한 노여움을 타 만물을 양육해주려 하지 않으시는 것이다. 하늘 아버지와 땅 어머니께서 모두 노여워하고 있으신데, 자식들이 어찌 재해를 당하지 않을 수 있겠는가? 하늘 아버지와 땅 어머니는 본래 지극히 자애로운 존재이지만, 유독 불효와 대역(大逆)만은 사면해 주지 않으시는 법이니, 이를 두려워하지 않을 수 있겠는가!"

今謹已敬受師說天之敎敕, 願聞犯地之禁. 諾, 眞人明聽. 唯唯. 天者, 乃父也. 地者, 乃母也. 父與母俱人也, 何異乎? 天亦天也, 地亦天也,[1] 父與母但以陰陽男女別耳, 其好惡者同等也. 天者養人命, 地者養人形, 人則大愚蔽且暗, 不知重尊其父母, 常使天地生凡人有悔, 悒悒不解也.

何謂也? 善哉! 子之言也, 深得天地意, 大災害將斷, 人必吉善·矣. 何謂也? 唯天師分別之. 然, 今天下之人皆共賊害, 冤其父母. 何謂也. 四時天氣, 天所案行也, 而逆之, 則賊害其父. 何謂也. 今人以地爲母, 得衣食焉, 不共愛利之, 反共賊害之.

何謂也? 然, 眞人明聽. 人乃甚無狀, 共穿鑿地, 大興起土功,[2] 不用道理, 其深者下著黃泉, 淺者數丈. 母內獨愁恚, 諸子大不謹孝, 常苦忿忿悃悒, 而無從得通其言. 古者聖人時運未得及其道之, 遂使人民妄爲, 謂地不疾痛也, 地內獨疾痛無訾, 乃上感天, 而人不得知之, 愁困其子不能制, 上愬人於父, 愬之積久, 復久積數, 故父怒不止, 災變怪萬端並起, 母復不說, 常怒不肯力養人民萬物. 父母俱不喜, 萬物人民死, 不用道理, 咎在此. 後生所爲日劇, 不得天地意, 反惡天地言不調, 又共疾其帝王, 言不能平其治內, 反人人自得過於天地而不自知, 反推其過以責其上, 故天地不復愛人也. 視其死亡忽然, 人雖有疾, 臨死啼呼, 罪名明白, 天地父母不復救之也, 乃其罪大深過, 委頓咎責,[3] 反在此也. 其後生動之尤劇乃過前, 更相倣效, 以爲常法, 不復拘制, 不知復相禁止, 故災日多, 誠共冤天地. 天地, 人之父母也, 子反共害其父母而賊傷病之, 非小罪也. 故天地最以不孝不順爲怨, 不復赦之也. 人雖命短死無數者, 無可冤也, 眞人豈曉知之邪? 唯唯.

[附] 天地之位, 如人男女之別, 其好惡皆同. 天者養人命, 地者養人形. 今凡共賊害其父母. 四時之炁, 天之按行也, 而人逆之, 則賊害其父. 以地爲母, 得衣食養育, 不共愛利之, 反賊害之. 人甚無狀, 不用道理, 穿鑿地, 大興土功, 其深者下及黃泉, 淺者數丈. 獨母愁患諸子大不謹孝, 常苦忿忿悃悒, 而無從得道其言. 古者聖人時運未得, 通其天地之意. 凡人爲地無知, 獨不(母)疾痛而上感天,[4] 而人不得知之, 故父災變復起, 母復怒, 不養萬物. 父母俱怒, 其子安得無災乎? 夫天地至慈, 唯不孝大逆, 天地不赦, 可不核哉!*

역주

1) 天亦天也, 地亦天也(천역천야, 지역천야) : 천지의 형위(形位)가 인간의 부모와 마찬가지로 존장(尊長)의 지위를 갖는다는 것을 뜻한다. '야(也)'자 바로 앞에 있는 두 개의 '천(天)'자는 '존장지위(尊長地位)'라는 뜻으로 해석된다(『금주금역(상)』). 즉 따르고 숭앙해야 할 대상이라는 뜻이다.

2) 土功(토공) : 토목 공사를 뜻한다.

3) 委頓咎責(위돈구책) : '위돈(委頓)'이란, 책임을 남에게 덮어씌우는 것. '구책(咎責)'이란, 앙화가 일어나는 것에 대한 책임을 뜻한다.

4) 獨不疾痛而上感天(독부질통이상감천) : 위에 나온 경문의 내용에 비추어 볼 때, 여기에서의 '부(不)'자를 '모(母)'자로 교정해서 보아야 한다.

* 이 단락의 글은 『합교(상)』에서 『태평경초』의 글을 참고할 수 있도록 하기 위해 여기에다 부가해 놓은 것이다(『금주금역(상)』). 『정통도장』본 『태평경』 제3권 병부(丙部) 24쪽 상단~24쪽 하단 참조.

"지금 하늘께서 그대들로 하여금 내게 와서 상세히 묻도록 하셨는데, 이는 내가 충분히 말할 수 있음을 아셔서 그런 것이니, 진인들은 쉽게 생각하지 말고 신중하지 않으면 안 되느니라."

"예, 예."

"오늘날 사람은 함께 하늘 아버지와 땅 어머니를 해치고, 그 가르침과 명령을 위반하고 있다. 진인들이 생각하기에 이런 사람들을 어찌 오래도록 길러줄 수 있을 것인가? 그러므로 하늘께서는 그런 사람을 가련히 여기지 않으시는 것이다."

"지금 천사께서는 어리석은 소생들을 가련히 여기시어 모두 말씀해 주셨습니다. 그렇지만 천지께서 항상 분노하고 근심하시어 세상 사람이 자주 토목 공사를 벌이는 것에 대해 원한을 갖고 증오하신다는 것을 어떻게 알 수 있는 것인지요?"

"좋도다! 그 질문은. 사실 하늘께서 그대로 하여 내게 되물어 보도록 하신 것인데, 천지께서 그대로 하여금 그렇게 묻도록 시키신 이유를 분명히 알아야 한다. 그렇다. 나는 하늘을 매우 두려워하여, 감히 마음속에다 감추어 둘 수 있는 것이 없는데, 내가 이렇게 하는 것은 내 몸에 재앙이 이르는 것을 두려워하기 때문에서이다. 나는 그대들로 하여금 그런 실정을 분명하게 알도록 해 줄 것이다. 그대들은 그것을 영구히 가슴속에다 새겨 두고 다시는 잊지 않도록 하라."

"지금 여기에 어떤 집안이 토목 공사를 벌여, 다른 여러 집안들이 자주 질병을 얻게 되고 때로는 죽임을 당하고, 때로는 관부를 도적질하고, 때로 군대를 일으켜, 쟁송을 벌이기도 하고, 때로는 뱀 · 벌 · 호랑이 · 승냥이와 같은 흉악한 금수가 사람을 해치는 일이 초래된다. 대규모로 토목 공사를 벌이면 크게 흉악하게 되고, 소규모로 토목 공사를 벌이면 작게 흉하게 된다. 이는 어머니 땅의 분노가 신으로 하여금 저러한 재해를 내리시도록 해서인 것이다. 이런 까닭에 천지께서는 사람에게 여러 가지 앙화를 끼치시는 것인데, 이러한 사정이 분명한 예증이다. 그대들은 이러한 실정을 알겠는가?"

"예, 예. 지금 때로 토목 공사를 벌였음에도 오히려 길하고 앙화를 당하는 일이 없는 경우가 있기도 합니다. 왜 그런 것입니까?"

"좋도다! 그대들의 물음은. 사실은 모두가 앙화를 당해야 하는 것이지만, 풍수지리상의 길지에 공사를 할 경우에 그 집이 곧바로 앙화를 당하지 않는 것일 뿐이다. 도리어 사방에 있는 다른 여러 집안이 앙화를 당하고, 오랜 시간이 흐른 후에는 공사를 벌였던 집도 앙화를 당하고 만다. 흉지에다 공사를 벌일 경우에는 땅께서 그런 공사를 용인하지 않고 곧바로 해쳐버리신다."

"그러면 다시 멀리에 있는 다른 집안도 아울러 해치시는 것은 어째서인 것입니까?"

"비유하자면, 길지에다 토목 공사를 벌이는 사람은 양에 속하는 것이어서 사면받을 수 있어 잠시 동안은 참아 주시는 것이지만, 땅의 마음은 결코 잊지 않으시기 때문에 뒤에 가서는 결국 그도 앙화를 당하고 말게 되는 것이다. 그런 사람에 대한 증오를 참지 않으시고 곧바로 '이에는 이, 눈에는 눈으로'라는 식으로 앙화를 주시는 것이다."

"훌륭하십니다! 훌륭하십니다! 지금 땅의 크기를 보면 거대하기가 이를 데 없는데, 사람은 땅에 비해 크기가 매우 작습니다. 토목 공사를 벌여 땅을 침해함이 매우 사소한 것일 수밖에 없을 것인데, 어떻게 사람이 땅에 상해를 끼칠 수 있다고 말씀하시는 것입니까?"

"좋다! 하늘께서 그대들에게 아직 명확하게 알지 못하는 것을 분명히 알게 해주시려는 것이다."

"그러시는 일인 줄을 어떻게 알 수 있습니까?"

"그대들의 말이 매우 간절한 것이라는 점으로써 알 수 있다. 그대들이 지금 말하고자 한 것이 얼마나 그대들의 마음속을 괴롭혔으면, 말하는 것이 이다지도 급박하겠는가? 천지의 정과 신이 그대들의 뱃속에 기거하시면서, 그대들로 하여금 빨리 말하라고 재촉하고 있으심에도, 그대들은 참으로 그런 줄을 스스로는 모르고 있는 것이다. 무릇 사람이 하고자 하는 것은 모두가 하늘께서 그렇게 시켜서 그런 것이다. 좋다. 감히 마음속에다 감추어 둘 수는 없는 법이다. 그대들은 분명히 듣거라."

"예, 예."

[부(附)] "큰 토목 공사를 벌이면 큰 재앙이 일어나고, 작은 토목 공사를 벌이면 작은 재앙이 일어난다. 이는 땅께서 분노하여 신으로 하여금 이러한 재앙을 낳게 하시는 것이다. 때로 토목 공사를 벌여도 곧바로 재해를 입지 않는 경우가 있는 것은, 토목 공사를 벌이는 사람이 길지를 얻었기 때문이다. 곧바로 재해를 당하는 경우는 흉지를 얻었기 때문이다."

"길지와 흉지가 토목 공사를 벌인 당사자에게만 재해를 끼치시는 것이 아니라, 멀리에 있는 다른 집의 사람에게조차 재해를 끼치는 것은 어째서입니까?"

"비유하자면, 길지를 얻어 토목 공사를 벌이는 사람은 사면을 받을 수 있어서 땅께서 잠시 동안은 참아주시지만, 땅의 마음은 끝내 그런 일을 잊지 않으시기 때문이다. 사람을 증오하는 것을 잠시 동안도 참을 수 없어 곧바로 재해를 주시는 것이다."

"땅의 신체는 거대한데, 인간을 땅에 비해 체적이 왜소한 존재일 따름이니, [인간이 지의 신체를] 뚫는 것이 어떻게 땅을 해치는 일이 될 수 있겠습니까?"

今天使子來具問, 是知吾能言, 眞人不可自易, 不可不愼也. 唯唯. 今人共害其父母, 逆其政令, 於眞人意, 寧可久養不邪? 故天不大矜之也. 今天師哀愚生爲其具說, 以何知天地常忿忿悒悒, 而怨惡人數起土乎? 善哉! 天使子屈折問之, 足知爲天地使子問此也. 諾. 吾甚畏天, 不敢有可隱, 恐身得災, 今且使子昭然知之, 終古著之胸心, 不可復忘也. 今有一家有興功起土, 數家被其疾, 或得死亡, 或致盜賊縣官, 或致兵革鬭訟,[1] 或致蛇蜂虎狼惡禽害人. 大起土有大凶惡, 小起土有小凶惡, 是卽地忿忿, 使神靈生此災也. 故天地多病人, 此明證也, 子知之邪? 唯唯. 今或有起土反吉無害者, 何也. 善哉! 子之問也, 皆有害, 但得良善土者, 不卽病害人耳. 反多四方得其凶, 久久會且害人耳. 得惡地者不忍人可爲, 卽害之也. 復幷害遠方, 何也. 是比若良善腸之人也, 雖見冤, 能强忍須臾, 心不忘也, 後會害之. 惡人不能忍, 須臾交行.[2] 善哉善哉! 今地身體積巨, 人比於地, 積小小, 所爲復小不足道, 何乃能疾地乎哉? 善哉! 子之難也. 天使子分別不明. 此以何知之? 以其言大惓惓. 子今欲云, 何心中悃悒, 欲言乃快? 天地神精居子腹中, 敬子[3]趣言, 子固不自知也. 凡人所欲爲, 皆天使之. 諾. 不敢有可匿也. 子明德.[4] 唯唯.

[附]* 大起土大災起, 小起土小災起, 是地忿使神靈生此災

* 이 단락의 글은 『합교(상)』에서 『태평경초』의 글을 참고할 수 있도록 하기 위해 여기에다 부가해 놓은 것이다(『금주금역(상)』). 『정통도장』본 『태평경』

也. 或起土不便爲災者 得良善地也, 卽災者, 得凶惡地也. 主[5] 能害人, 并害遠方, 何謂也? 比若良善之人, 雖見冤害, 强忍須臾, 心終不忘也. 惡人不能忍須臾, 便見災害也. 地體巨大, 人比於地積小, 所穿鑿安能爲害也?

역주

1) 訟(송) : 송사를 맡아 다스리는 관사(官司)를 뜻한다. 땅을 말하는 것인지에 관한 구체적인 내용은 밝히고 있지 않다.
2) 交行(교행) : '눈에는 눈, 이에는 이'라는 식으로 당한 대로 갚음하는 보복을 뜻한다.
3) 敬子(경자) : 『금주금역(상)』에서는 '경(敬)'을 '경복(敬服)시키다'라는 의미로 풀었다. 그러나 이렇게 보는 데는 두 가지 무리가 따른다. '경복'은 본래 '공경하여 복종하다'라는 능동형인데 이것을 피동형으로 삼기 위해서는 앞에다 '사(使)'자를 첨가해야 한다. 또한 문맥상 진인들은 자기가 그렇게 하는 것이 누군가가 시켜서 그런 것인 줄을 모르고 있는데, 어떻게 그런 그가 스스로 그 누구에게 경복할 수 있는가 하는 것이 문제이다. '경(敬)'은 '사(使)'자를 잘못 쓴 것이거나, 경자 앞에 사(使)가가 빠져 있는 것으로 보아야 한다.
4) 子明德(자명덕) : 『금주금역(상)』에서는 '덕(德)'자가 '청(聽)'자의 오자가 아닌지 의심스럽다고 보았다. 그렇지만 덕(德)을 득(得)의 의미로 이해하고 '청(聽)'자가 생략된 것으로 보는 것이 좋다.
5) 主(주) : 양선지(良善地)와 흉악지(凶惡地)를 뜻한다.

"지금 그대들이 말하길, '사람은 작고 또 작아서 벌이는 토목 공사로 땅을 해칠 수는 없다'고 하였다. 가령 체구가 건장한 사람은

제3권 병부(丙部) 24쪽 하단 참조.

그 신장이 1장이나 되고 뚱뚱한 허리둘레가 10위(圍)나 된다고 하자. 그의 치아에 벌레가 생긴다면, 그것은 매우 작은 것이라는 점은 말할 나위도 없을 것이다. 그러나 벌레가 그 사람의 이를 갉아먹어 치통이 생긴다면, 아무리 건장하다 하여도 고통스러울 수밖에 없을 것이고, 또한 시간이 가면 이빨은 모두 다 빠져버리게 될 것이다. 사람이 땅을 마구 파는 것은 왜소한 벌레가 땅과 같은 건장한 사람을 해치는 격이 된다. 이빨은 쇠나 돌보다도 뛰어나서 인간의 뼈 중에서도 가장 단단한 것이다. 그런데 벌레는 다만 육충(肉蟲)에 불과한 존재임에도 어째서 도리어 저 체구가 건장한 사람을 해칠 수 있는 것인가? 사람이 땅을 해치는 것도 이와 마찬가지이다. 그대들은 알겠는가? 가까이 다가오라. 더욱 분명하게 듣도록 하라."

"예, 예."

[부(附)] 그러나 비유컨대, 사람의 신장이 1장이나 되고 뚱뚱한 허리둘레가 10위(圍)나 되는데, 그런 사람의 이빨에 벌레가 생겨나 그 벌레가 이빨을 갉아먹어서, 큰 치통이 일어날 때면, 신체가 건장한 사람일지라도 계속해서 울부짖을 수밖에 없고, 게다가 시간이 많이 흐르면 치아는 모두 빠져버릴 것이다. 사람을 땅에 비유하면, 왜소한 벌래가 건장한 사람을 해치는 것과 같다. 이빨은 쇠나 돌처럼 단단한 것인 데 비해, 매우 왜소한 치충은 다만 육충(肉蟲)에 불과한 것임에도 불구하고 이처럼 건장한 사람을 해칠 수 있는 것이다.

"어떤 사람이 신장이 1장을 넘고 뚱뚱한 허리둘레가 10위(圍)를 넘는데, 이에 비해 낭종균(囊腫菌)은 그 길이가 채 1촌(寸)도 되지 못하여 그 신장이 매우 왜소하고 체적도 작다는 점은 더 말할 나위가 없다. 그렇지만 이 낭종균이 인간의 피부 속에서 아침저녁으로 신체를 뚫어대면, 그토록 건장한 사람도 병이 들고 결국에는 죽고 만다. 사람과 땅 사이의 대·소를 비유하여 논하자면, 바로 이와 같은 것이다."

"낭종균은 둘레가 매우 작은 것인데도 어떻게 도리어 그토록 건장한 사람을 해칠 수 있는 것이겠습니까?"

"진인들의 우매함은 어찌 이다지도 심한가? 앞으로는 그대를 속인과 다를 것이 없는 사람으로 볼 것이다."

"저는 사실 그 점을 잘 알지 못합니다."

"그대조차도 알지 못한다고 말하고 있을진대, 일반 사람을 말해 무엇하겠는가?"

"허물이 있고 더욱이 우매하기까지 하니, 오직 천사께 제대로 알지 못하는 도의 일에 대해 듣고 싶습니다. 어리석은 제자에게 그 깊은 뜻을 모두 말씀해 주신다면 천만 다행이겠습니다."

"그렇게 하자. 나는 천지께서 앓고 있는 병의 극심함을 알고 있으므로, □□하게 그대들에게 말해 줄 것이다. 나는 다시 그대들에게 한 가지 사례를 들어 설명하여, 그대들이 그러한 실정을 세세하고도 매우 분명하게 알게 해 주겠다."

"예, 예."

"지금 대장부와 힘센 장사라면 제어하지 못할 것이 없다고 할 것이나, 개선충(疥癬蟲)은 작고 작아서 볼 수가 없는 미물이다. 그러나 한 됫박 가량의 개선충이 함께 대장부의 피부를 갉아먹는다면, 이 사람들은 병들고 지독한 통증을 느끼게 되어 편안히 누워 있을 수 없으며, 극심할 경우에는 병상에 드러눕고 말 것이다. 이제 개선충이나 벼룩 그리고 이와 같은 것들은 작고 작은 것인데, 이러한 것들이 많이 꼬여들어 같이 사람의 피부를 갉아먹을 경우,

[개선충은 독충으로 변모하게 되는데,] 이렇게 독충으로 변모한 것은 사람을 죽이게 될 것이다. 개선충과 벼룩들이 함께 사람을 괴롭혀 편안히 앉아 있을 수 없게 만들 것이며 모두 부스럼을 발생시킨다. 무릇 사람의 크고 작음을 땅에다 비유하면, 바로 이와 같은 것이다. 아직도 알지 못하겠는가?"

"예, 예."

[부(附)] 지금 대장부와 거대한 힘을 지닌 역사로서 개선충을 제어하지 못함이 없을지라도 한 됫박이나 되는 개선충이 함께 그들의 피부를 갉아먹는다면, 이내 통증을 느껴 편안히 누워 있을 수 없세 되며, 극심할 경우에는 병상에 드러눕고 만다. 이제 개선충·벼룩·이와 같은 것들은 작고도 작지만, 이들이 많이 꼬여들어 함께 사람의 피부를 갉아먹을 경우, 독충으로 변모한 것들은 사람을 죽일 수도 있다. 벼룩과 이는 함께 사람을 괴롭혀 편안히 앉아 있을 수 없게 만드는 것들이며, 모두가 사람에게 부스럼을 발생시키는 존재일 뿐이다. 인간이 천지를 해치는 일 역시 이와 마찬가지인 것일 따름이다."

今子言, 人小小, 所動爲不能疾地. 今大人軀長一丈, 大十圍,[1] 其齒有齲蟲, 小小不足道, 合人齒.[2] 大疾當作之時, 其人啼呼交, 且齒久久爲墮落悉盡. 夫人比於天地大小, 如此蟲害人也. 齒尚善金石骨之堅者也. 夫蟲但肉耳, 何故反能疾是子? 人之疾地如此矣. 子知之邪? 行, 眞人復更明開耳. 唯唯.

[附]* 然比夫人軀長一丈, 大十圍, 其齒齲間蟲, 小小不足

* 이 단락의 글은 『합교(상)』에서 『태평경초』의 글을 참고할 수 있도록 하기 위해 여기에다 부가해 놓은 것이다(『금주금역(상)』). 『정통도장』본 『태평경』 제3권 병부(丙部) 24쪽 하단 참조.

道, 食人齒. 大疾當作之時, 其人啼呼, 久久齒爲之墜落悉盡. 人比於天地大小, 如此蟲與人矣. 齒若金石之堅者, 小蟲但肉耳, 而害物若此.

夫人或有長出丈, 身大出十圍, 疽蟲長不過一寸, 其身小小, 積小不足道也, 居此人皮中, 旦夕鑿之, 其人病之, 乃到死亡, 夫人與地大小, 比若此矣. 此蟲積小, 何故反賊殺此人乎? 眞人其爲愚暗, 何故大劇也? 將與俗人相似哉. 實不及. 子尙不及, 何言凡人乎? 有過有愚, 唯天師願聞不及業, 幸爲愚生竟說其意. 諾, 不匿也. 吾知天地病之劇, 故□□語子也. 行復爲子說一事, 使子察察重明知之. 唯唯. 今大丈夫力士無不能拘制, 疥蟲小小不足見也. 有一斗所共食此人, 病之疾痛不得臥, 劇者著床. 今疥蟲蚤蝨小小, 積衆多, 共食人, 蠱蟲者殺人, 疥蟲蚤同使人煩懣, 不得安坐, 皆生瘡瘍. 夫人大小比於地如此矣, 寧曉解不? 唯唯.

[附]* 今有大丈夫巨力之士無不能制蚧蟲[3]者, 一升蚧蟲共蝕此人, 乃病痛不得臥, 劇者著床. 今蛄蟲蚤蝨小小, 積衆多, 共食人, 蠱蟲者能殺人, 蚤蝨同使人煩滿, 不得安坐, 皆生瘡耳. 人之害天地, 亦若是耳.

역주

1) 大十圍(대십위) : 허리둘레가 뚱뚱함을 뜻하는 말이다. 양손의 무지와 식지를 합하여 잰 길이가 1위(一圍)이다(『금주금역(상)』).

2) 合人齒(합인치) : 『태평경초』에서 "식인치(食人齒)"라고 기술한 것에 의거해 볼 때, 이 구절에서의 '합(合)'자를 마땅히 '식(食)'자로 교

* 이 단락의 글은 『합교(상)』에서 『태평경초』의 글을 참고할 수 있도록 하기 위해 여기에다 부가해 놓은 것이다(『금주금역(상)』). 『정통도장』본 『태평경』 제3권 병부(丙部) 24쪽 하단~25쪽 상단 참조.

정해서 보아야 한다(『금주금역(상)』).

3) 蚧蟲(개충) : '개(蚧)'를 '개(疥)'자로 교정해서 보아야 한다. 뒤의 '고충(蛄蟲)'에서의 '고(蛄)'자 역시 '개(疥)'자로 교정해서 보아야 한다.

"지금 그대들은 내가 말한 바를 들어 왔으나, 아직 그대들이 법으로 삼기에 부족한 감이 있다. 이제 그대들을 위해 말하겠다. 사람은 작고 작을지라도, 땅의 형상을 해치고 괴롭히고 있으니, 나는 사람으로 하여금 분명하게 스스로 알도록 하여, 저렇게 하는 것이 깊은 죄과가 된다는 것을 보여 주겠다. 이제 큰 마을 하나에는 100가구가 있고 또 100개의 우물이 있다. 한 향(鄕)에는 1000가구가 있고 또 1000개의 우물이 있다. 한 현(縣)에는 만 가구가 있고 또 만 개의 우물이 있다. 한 군(郡)에는 10만 가구가 있고 또 10만 개의 우물이 있다. 한 주(州)에는 1억 가구가 있고 또 1억 개의 우물이 있다. 가장 큰 우물의 깊이는 1장(丈)이나 되고, 중간 크기 우물의 깊이는 수 척(尺)이며, 가장 작은 우물의 깊이도 3척이나 된다. 지금 땅을 뚫어 지하로 내려가 황천에까지 닿은 것이 세상에 몇 개나 될 것인가? 때로는 한 가구에 몇 개의 우물이 있기도 하다. 이제 가장 작은 우물만을 계산해 보더라도, 10개 우물의 길이는 3장이 되고, 100개 우물의 길이는 30장이 되며, 1000개 우물의 길이는 300장이 되고, 만 개 우물의 길이는 3000장이 되며, 10만 개 우물의 길이는 3만 장이 된다. 온 세상이 이와 같다면, 세상에는 전부 몇 개의 우물이 있겠는가? 땅을 뚫는 것은 땅속의 물을 얻기 위함인데, 물은 곧 땅의 피이다. 이제 그대들의 몸을 뚫어 피를 뽑아낸다면, 그대들은 어찌 괴로워하지 않겠는가? 지금 1억 개의 우물이 있다고 한다면, 그 길이와 넓이는 몇 리나 될 것인가? 그대 스스로 자세히 계산해 보라. 천하에 과연 몇억 개의 우물이 있을 것인가? 그러므로 사람이 하늘과 땅을 해치고 있음은 이미 분명한 일이다.

자식이 그 어머니를 해쳐 병들게 하는 것은 원한을 사는 일 가운데서도 가장 극심한 것이다. 땅의 기가 밖으로 흘러나오면 사람을 병들게 하는 것이 극심함에도, 사람은 땅 어머니를 사랑하거나 연민하지 않고, 거꾸로 항상 천지에 원한을 맺히게 하고 있으니, 어찌 순수하고 조화로울 수 있겠는가? 이는 거꾸로 배반하는 것은 아닌가? 이제까지 말한 것은 단지 여러 가지 우물에 관한 것을 기록하고 말한 것일 뿐이다. 오늘날 천하에서 화려한 주택을 짓고 장관을 이루는 능묘군(陵墓群)을 조성하며, 산과 언덕을 깎아내고, 쇠와 돌을 채취하며, 건축 재료를 구워내고, 도랑과 관개 수로를 제멋대로 굴착하여 때로 틀어막고 가로막음으로써, 본래 통해야 할 것임에도 통하지 못하고 있는 것들이 얼마나 많은가? 이제 샘물을 보더라도 어떤 것은 마땅히 흘러가야 하는 것이고, 어떤 것은 마땅히 통해야 하는 것임에도, 그것을 틀어막아야 한다거나 뚫어놓아야 한다고 말하는 것이 얼마나 많은가?

지금 샘물은 마땅히 통해야 하고, 지세를 따라서 흘러야만 하는 것으로, 또한 천지의 저절로 그러한 방향으로 높은 데서 낮은 곳으로 흘러내려야 한다. 오늘날 어떤 샘은 그렇지 못하다. 제멋대로 땅의 형체를 뚫어 놓고 있으니, 이런 것은 모두가 어머니 땅의 부스럼덩이가 되는 것이다. 또 어떤 샘은 막히고 끊기어 마땅히 통해야 할 것임에도 통하지 못하고 있다. 제왕의 다스림이 조화롭지 못하여, 어머니 땅은 크게 병통으로 여기시나, 자신에게 그러한 통한을 느끼게 만든 자에게 질병을 발생시킨다는 점은 적극적으로 말해주시지는 않는다. 어머니 땅의 정과 신들이 위로 올라가 하늘에 통하지 못함을 고발하는 일이 하루도 그치지 않고 있다. 천지는 이런 일로 인해 기쁘지 못하다. 이런 까닭에 태화(太和)의 순수한 기(氣)가 제대로 이르지 못하고 있다. 진인들은 이러한 실정을 이제 이해하겠는가?"

"예, 예."

"지금 사람이 천지 안에서 살아가려면, 결국 방실(房室)을 지어 스스로를 덮어야 하고, 우물에서 마셔야 합니다. 어째서 그렇게 말씀하시는 것인지요?"

"좋다! 그대들의 물음. 지금 하늘은 사람이 방실 만드는 것을 싫어하시지는 않는다. 사람은 이에 어머니 땅을 뚫기를 너무 깊게 하고 있다. 모두가 어머니 땅의 부스럼덩이가 되는 것으로서, 어떤 것은 어머니 땅의 뼈를 깎아내는 것이고, 어떤 것은 어머니 땅의 피를 짜내는 일이다."

"무슨 뜻인지요?"

"'샘'은 어머니 땅의 피이다. '돌'은 어머니 땅의 뼈이다. '좋은 흙'은 어머니 땅의 육질이다. 샘을 뚫는 것은 어머니 땅의 피를 짜내는 일이 되고, 돌을 깨뜨리는 것은 어머니 땅의 뼈를 쪼아내는 일이며, 좋은 흙을 깊이 파내고 그 속에다 기와와 돌 및 견고한 목재를 넣는 것은 어머니 땅을 억지로 늘리는 일이 된다. 어머니 땅은 마음속으로 유독 이런 일들을 병통으로 여기시어, 당사자 한 사람만을 극단으로 대하는 것이 아니다."

"마땅히 어찌 해야 하는 것인지요?"

"땅이란 만물의 어머니로서 기꺼이 만물을 즐겨 기르면서도, 그 무거움을 알지 못한다. 비유컨대, 여성이 태아를 모태에 품고 있는 것과 같은 것으로서, 태아가 도를 지켜 제멋대로 그 어머니의 배를 뚫지 않아, 그 어머니가 병을 앓지 않고 있는 상태인 것과 같다. 태아가 제멋대로 어머니의 배를 뚫어 자기 삶을 추구한다면, 어머니는 그것을 병통으로 여기게 된다. 사람이 제멋대로 땅을 깊이 파지 않고, 그 위에서 기거하기만 하고, 스스로 가리고 감추는 것으로 만족한다면, 어머니 땅께서는 병통으로 생각하지 않으실 것이고, 사람을 크게 사랑하셔서, 사람을 길하고 이롭게 해주실 것이다."

行, 今子或見吾所說, 如不足以爲法也, 今爲子言之. 人雖小, 其冤愁地形狀, 使人昭然自知, 深有過責, 立可見也. 今一大里有百戶,[1] 有百井. 一鄕有千戶,[2] 有千井. 一縣有萬戶, 有萬井. 一郡有十萬戶, 有十萬井. 一州有億戶,[3] 有億井. 大井一丈, 中井數尺, 小井三尺. 今穿地下著黃泉. 天下有幾何哉? 或一家有數井也. 今但以小井計之, 十井長三丈, 百井長三十丈, 千井三百丈, 萬井三千丈, 十萬井三萬丈. 天下有如此者凡幾井乎? 穿地皆下得水, 水乃地之血脈也.[4] 今穿子身, 得其血脈, 寧疾不邪? 今是一億井者, 廣從凡幾何里?[5] 子自詳計之. 天下有幾何億井乎哉? 故人爲冤天地已明矣. 子賊病其母, 爲疾甚劇, 地氣漏泄, 其病人大深, 而人不愛不憐之, 反自言常冤天地, 何不純調也? 此不反邪? 是尙但記道諸井耳. 今天下大屋丘陵冢, 及穿鑿山阜, 采取金石, 陶瓦豎柱, 妄掘鑿溝瀆, 或閉塞壅閼, 當通而不得通有幾何乎? 今是水泉, 或當流, 或當通, 又言閉塞穿鑿之幾何也? 今水泉當通, 利之乃宣,[6] 因天地之利瀆, 以高就下. 今或有不然, 妄鑿地形, 皆爲瘡瘍. 或有塞絶, 當通不通. 王治不和, 地大病之, 無肯言其爲疾病痛者. 地之精神, 上天告愬不通, 日無止也. 天地因而俱不說喜, 是以太和純氣[7]難致也, 眞人寧解不邪? 唯唯. 今人生天地之間, 會當得室廬以自蓋, 得井飮之, 云何乎? 善哉! 子之言也. 今天不惡人有室廬也, 乃其穿鑿地大深, 皆爲瘡瘍, 或得地骨, 或得地血. 何謂也? 泉者, 地之血. 石者, 地之骨也. 良土, 地之肉也. 洞泉爲得血, 破石爲破骨, 良土深鑿之, 投瓦石堅木於中爲地壯, 地內獨病之, 非一人甚劇. 今當云何乎? 地者, 萬物之母也, 樂愛養之, 不知其重也, 比若人有胞中之子, 守道不妄穿鑿其母, 母無病也. 妄穿鑿其母而往求生, 其母病之矣. 人不妄深鑿地, 但居其上, 足以自彰隱而已, 而地不病之也. 大愛人使人吉利.

역주

1) 今一大里有百戶(금일대리유백호) : '리(里)'는 동한(東漢) 시대 기층의 행정 단위였다. 그것은 100가구로 조성되었고, 거기에다는 이괴(里魁)를 두었다. 리(里) 아래에는 50가구로 구성되는 사(司)가 있었다. 이런 연유로 여기에서는 '대리(大里)'라고 한 것이다(『금주금역(상)』).

2) 一鄕有千戶(일향유천호) : '향(鄕)'은 동한 시대 기층의 행정 단위였다. 혹설에는 10리(里)가 1향(鄕)이 된다고 하고, 혹설에는 10리(里)를 1정(亭)으로 하고 10정이 1향(鄕)이 된다고도 한다. 향에다는 향관(鄕官)을 두고 유질(有秩)·삼로(三老)·유요(游徼) 등을 관장하게 하였으며, 분별하여 1향의 정령(政令)·교화(敎化)·치안(治安)을 관장하도록 하였다(『금주금역(상)』).

3) 一州有億戶(일주유억호) : '주(州)'는 양한 시대 때 설치하였던 감찰구명(監察區名)이다. 경기(京畿)를 포함하여 모두 13주가 있었고, 각 주에다는 자사(刺史)를 두었다. 경사(京師)는 사예교위(司隸校尉)라고 불리었다(『금주금역(상)』).

4) 水乃地之血脈也(수내지지혈맥야) : 이는 선진(先秦)에서 진한(秦

漢) 시기에 통행되던 관점이다. 『관자(管子)』「수지(水地)」에 "물이 란 땅의 혈기로서, 마치 사람의 신체에서 혈맥이 흐르는 것과도 같은 것이다[水者, 地之血氣, 如筋脈之通流者也]"라고 한 글이 있다. 『논형(論衡)』「서허(書虛)」에도 이와 비슷한 글이 들어 있다(『금주금역(상)』).

5) 廣從凡幾何里(광종범기하리) : 동서를 광(廣)이라 부르고, 남북을 종(從)이라 부른다. 여기에서의 '종(從)'은 종(縱)과 통하는 글자이다(『금주금역(상)』).

6) 利之乃宣(이지내선) : '이지'(利之)란 지세(地勢)를 따르는 것을 말한다. 선(宣)이란 유설(流泄), 유통(流通)하는 것을 뜻한다.

7) 太和純氣(태화순기) : 태양(太陽)·태음(太陰)·중화(中和), 즉 3기(氣)의 융합체를 뜻한다(『금주금역(상)』).

"이제 스스로 가리고 감추는 것이 어느 정도이어야 하는지요."

"무릇 흙을 파서 땅속으로 들어가는 것은 3척(尺)을 넘지 않고 그 위에서 그쳐야만 한다."

"어째서 3척의 깊이에서 머무는 것을 법으로 삼는 것입니까?"

"1척의 깊이는 양(陽)이 비추는 곳으로, 그 기는 하늘에 속하는 것이다. 2척의 깊이는 사물이 뿌리를 내리는 곳으로, 그 기는 중화(中和)에 속한다. 3척의 깊이는 땅의 몸체에 연결되는 곳으로, 그 기는 음(陰)이 된다. 3척을 넘어서 아래로 더 내려가는 것은 지형(地形)을 손상시키는 일로서 모두가 흉한 것이 된다."

"'옛날 사람은 굴에서 살았다'라고 하신 말씀은 무슨 뜻인지요?"

"그렇게 하는 것 또한 지형을 해치는 일일 따름이다. 그때에는 대부분의 사람이 산의 계곡에 의지하여 바위굴을 지어 살았고, 평지에 거처하여 살 경우에도 최소한의 나무 기둥만을 세워 평지에는 기둥이 매우 적었으며, 또한 흘러가는 물가에 의지하여 사는 일이 많아 어머니 땅을 해치는 일도 적었던 까닭에, 그때 사람들은 질병을 적게 앓았다. 그러나 뒤에 태어난 사람은 그렇게 하는 것이 죄과가 됨을 알지 못하고 더욱 심하게 어머니 땅을 해쳤기 때문에, 많은 사람이 천수를 제대로 누리지 못하게 되었다."

"어째서 그런 것입니까?"

"그것은 극심한 병통이니라."

[부(附)] 땅을 뚫어 샘물을 보는 것은 땅의 피를 보는 것과 같다. 돌은 땅의 뼈와 같다. 흙은 땅의 살과 같다. 어머니 땅의 피를 뽑고 뼈를 깨뜨리고 살을 뚫으며, 게다가 땅속에 기와나 돌이나 견고한 목재를 넣는 것은 어머니 땅의 부스럼덩이가 된다. 땅이란 만물의 어머니인데, 이처럼 병 주고 병문안하는 식으로 대한다면, 어찌 편안하실 수 있겠는가? 무릇 사람은 어머니 땅의 신체 위에서 거주해야 하며, 또한 어느 정도 스스로 자신을 보호할 수 있어야 한다. 땅를 뚫는 것이 1척인 곳은 양이 비추는 곳으로서, 그 기(氣)는 하늘에 속한다. 2척인 곳은 식물이 뿌리를 내리는 곳으로서, 그 기는 중화에 속한다. 3척인 곳은 땅의 몸체에 맞닿는 곳으로서 음이다. 이 3척을 넘어서서 더 내려가는 것은 모두가 지형(地形)을 손상시키는 일이다.

[부(附)] 오늘날에는 사람이 방실(房室)을 짓는 일을 미워하지 않아, 이에 악한 사람이 땅을 뚫는 정도가 매우 깊어졌는데, 모두가 (땅을) 손상시키는 일이다. 땅의 뼈를 깨뜨리기도 하고, 땅의

피를 구하기도 한다. 샘물은 땅의 피이고, 돌은 땅의 뼈다. 땅은 사람의 어머니인데, 사람이 자기 어머니의 몸을 제멋대로 뚫는다면, 어머니는 병통으로 여기고 근심스러워하실 것이므로, 사람에게 많은 병이 생겨서 천수를 제대로 누리지 못하게 된다. 무릇 땅을 뚫고 흙을 파서 땅속으로 들어가는 것은 3척을 넘어서지 않음을 법으로 삼아야 한다. 1척이란 양이 비추는 곳으로, 그 기는 하늘에 속한다. 2척은 식물이 뿌리를 내리는 곳으로, 그 기는 중화에 속한다. 3척이란 땅의 몸에 맞닿는 곳으로, 그 기는 음에 속한다. 이 3척을 넘어서서 더 내려가는 일은 지형을 손상시키는 것으로서, 모두가 흉해를 일으키는 원인이다. 옛날 사람은 산 계곡 어두운 굴에 의지하여 살면서 집의 기둥을 많이 세우지 않았던 까닭에 질병을 조금밖에 앓았지만, 후대의 사람은 흙을 해치는 일을 과다하게 일으키고 있기 때문에 질병을 많이 앓게 된 것이다."

"오늘날 때로 흐르는 물 근처에서 기거하여 우물을 파는 일이 없음에도, 참으로 많은 질병을 앓고 천수도 제대로 누리지 못하는 자가 있습니다. 왜 그런 것인지요?"

"그것은 하늘과 땅께서 이미 [다른 집 사람이 한 일로 인해] 노여워하셔서 인근에 있는 사람에게까지 미친 것이며, 다시 서로 승부(承負)한 것이기 때문이다. 이것은 한 집안에 죄과가 있을 경우 그의 형제들에게까지 미치는 것과도 같다."

"지금 어떤 자는 자신이 토목 공사를 직접 벌이지 않고, 남이 이미 지어 놓은 집에 편하게 들어가 살고 있음에도, 스스로 흉한 해를 마주치기도 하는데, 어째서입니까?"

"그것은 이롭지 못한 신을 범했기 때문이다."

"어떤 신을 범한 것인지요?"

"신은 하나만이 아니므로, 꼭 짚어 말해주기는 어렵다. 진인들은 이런 사정을 분명히 알겠는가?"

"예, 예."

"이런 까닭에 사람은 땅 위에 기거하면서도, 서로 힘써 선을 행하도록 서로 가르치지 않는다. 그러므로 일이 생기면 허물이 서로 미치게 된다. 이것이 원한이니라."

[부(附)] "오늘날 어떤 사람은 항상 흐르는 물 근처에서 거처하여 우물을 파는 일이 없는데도, 어떤 이유에서 질병을 많이 앓고 천수도 제대로 누리지 못합니다. 이는 왜 그런 것인지요?"

"그러한 일은 분명코 천지께서 이미 다른 사람의 일로 인해 노여워하시어 가까이 있는 사람에게까지 다시 서로 승부하게 한 것이니라. 비유하자면, 한 집안에 죄과가 있으면 그 형제들에게까지 미치는 것과 같다. 땅을 뚫는 것은 지하로 내려가 물을 얻기 위함이라는 것을 알 수 있지만, 물이란 곧 땅의 혈맥이니, 어찌 병통이 되지 않겠는가?"

또 어떤 사람이 물었다. "오늘날 어떤 자는 자신이 직접 토목공사를 벌이지 않고 다른 사람이 이미 지어 놓은 집에 다만 편리한 때에 들어가 살고 있음에도 앙화를 당하고 마는데, 이는 어째서입니까?"

"그렇게 한 사람의 행동이 이롭지 못한 것이어서 신을 범하였기 때문이다."

"어떤 신을 범한 것입니까?"

"신은 하나만이 있는 것이 아니므로 꼭 짚어 이름을 말하기는 어렵다."

"오늘날 때로 어떤 사람은 흐르는 물이 매우 멀어서 결국 마땅히 우물물을 마셔야 살아갈 수 있습니다. 이런 경우에는 마땅히 어떻게 조치해야 하는 것인지요?"

"좋다! 그대들의 물음은. 그러나 오래된 우물이 있을 경우에는 마땅히 다른 사람과 더불어 그 물을 함께 마셔야 한다. 우물을 자주 쉽사리 바꾸어서는 안 된다. 이미 우물을 바꾸어야만 할 때에는, 마땅히 옛 우물을 메워 땅의 기를 막아 밖으로 빠져나오지 못하도록 해야 한다. 땅의 기를 마셔버리면 땅을 쇠락하게 하여 만물을 양육하실 수 없게 된다. 메우고 막아야 할 때에는 그 안에 설치하였던 구조물을 제거해야 한다."

"무슨 뜻인지요?"

"우물 속에 있는 기와나 돌이나 목재는 본래에는 없었던 것이 지금은 있게 된 것이라는 말이다. 비유하자면, 사람의 피부 속에 쓸데없는 기이한 물질이 들어가 있어 질병을 일으키는 것과 같다."

"수고하셨습니다! 수고하셨습니다! 천사님을 뵙고 세세하게 않았더라면 전혀 알 수 없었을 것입니다."

"진인들은 앞으로 나오라."

"예, 예."

"그대들이 일에 관해서 묻는 것은 항상 어찌 이처럼 한결같이 극진하고 상세한 것인가?"

"저희가 상세하게 여쭙는 까닭은 천사님을 뵈올 때마다 '사람의 수명은 하늘과 땅에 있는 것이므로, 하늘과 땅이 항상 기뻐하셔야만 다스림이 태평에 이르게 되고, 천수를 누리는 것도 그에 따라 오는 것이다'라고 말씀하시기 때문입니다. 이런 까닭에 저는 천지 사이에서 살면서 천지를 분노하게 만들지는 않을까 항상 두려워하여 근면히 상세하게 여쭙는 것입니다. 하늘과 땅께서 불화하시면, 저의 천수를 다 누릴 수 없습니다."

"좋도다! 그대들의 말이여."

"저희가 항상 하늘과 땅의 분노하심을 두려워하는 까닭은, 하늘과 땅의 독기(毒氣)가 많이 쌓이게 되면 해치고 죽이는 일이 끊이지 않아, 제왕이 근심하고 그 다스림이 평화롭지 못하므로, 항상 그의 근심을 돕고자 하여서입니다."

"그대들은 어째서 미리 왕자를 도와 그것을 우려하는 것인가?"

"저희들은 이런 말을 들은 적이 있습니다. '다른 사람에게 공덕을 쌓는 것은 장차 하늘께 보답하는 것이다.' 그래서 저는 항상 즐겨 하늘의 마음을 칭하는 것입니다."

"좋구나! 그대들의 뜻이여."

今願聞自彰隱多少而可. 凡動土入地, 不過三尺, 提其上. 何止以三尺爲法? 然, 一尺者, 陽所照, 氣屬天. 二尺者, 物所生,[1) 氣屬中和. 三尺者, 屬及地身, 氣爲陰. 過此而下者, 傷地形, 皆爲凶. 古者穴居云何乎? 同賊地形耳. 多就依山谷, 作其巖穴, 因地中又少木梁柱於地中, 地中少柱, 又多倚流水, 其病地少微, 故其人少病也. 後世不知其過, 多深賊地, 故多不壽, 何也? 此劇病也.

[附]* 穿地見泉, 地之血也. 見石, 地之骨也. 土, 地之肉也. 取血破骨穿肉, 復投瓦石堅木於地中, 爲瘡. 地者, 萬物之母

* 이 단락의 글은 『합교(상)』에서 『태평경초』의 글을 참고할 수 있도록 하기 위해 여기에다 부가해 놓은 것이다(『금주금역(상)』). 『정통도장』본 『태평경』 제3권 병부(丙部) 25쪽 상단 참조.

也, 而患省若此, 豈得安乎? 凡人居母身上, 亦有障隱多少. 穿地一尺, 爲陽所照, 氣屬天. 二尺者, 物之所生, 氣屬中和. 三尺者及地身, 陰. 過此已往, 皆傷地形也.

[附]* 今天不惡人有廬室也, 乃惡人穿鑿地太深, 皆爲創傷, 或得地骨, 或得地血者, 泉是地之血也, 石爲地之骨也. 地是人之母, 妄鑿其母, 母旣病愁苦, 所以人固多病不壽也. 凡鑿地動土, 入地不過三尺爲法 : 一尺者, 陽所照, 氣屬天也. 二尺者, 物所生, 氣屬中和也. 三尺者及地身, 氣屬陰. 過此而下者. 傷地形, 皆爲凶也. 古者依山谷巖穴, 不興梁柱, 所以其人少病也, 後世賊土過多, 故多病也.

今時時有近流水而居, 不鑿井, 固多病不壽者何也? 此天地旣怒, 及其比伍,[2] 更相承負, 比若一家有過, 及其兄弟也. 今人或有不動土, 有所立, 但便時就故舍, 自若有凶, 何也? 是者行不利犯神. 何神也? 神非一, 不可豫名也.[3] 眞人曉邪? 唯唯. 是故人居地上, 不力相敎爲善, 故動作, 過反相及也, 是者冤. [附]** 今時有近流水而居, 不鑿井, 何故多病不壽, 何也? 答曰, 如此者, 是明天地旣怒, 及其比伍, 更相承負, 比如一家有過, 及其兄弟也. 是知穿地皆下得水, 水乃地之血脈, 寧不病乎? 又云, 有問者曰, 今人或有不動土, 有所立, 便旦時有就故舍, 自若有凶, 何也? 答曰, 如是者行動不利, 犯神凶也. 問曰,

* 이 단락의 글은 『합교(상)』에서 「삼통주낭(三洞珠囊)」 권1에 채록되어 있는 『태평경』의 글을 참고할 수 있도록 하기 위해 여기에다 부가해 놓은 것이다(『금주금역(상)』).

** 이 단락은 『합교(상)』에서 『삼통주낭(三洞珠囊)」에 채록되어 있는 『태평경』의 글을 참고할 수 있도록 하기 위해 여기에다 부가해 놓은 것이다(『금주금역(상)』).

犯何神也? 答曰, 神者非一, 不可務名也. 今人或大遠流水, 會當得井水飮之乃活, 當云何乎? 善哉! 子之言也. 然有故井者, 宜使因故相與共飮之, 愼無數易之. 旣易, 宜塡其故, 塞地氣, 無使發泄. 飮地形,[4] 令地衰, 不能養物也. 塡塞故, 去中壯. 何謂也? 謂井中瓦石材木也, 此本無今有, 比若人身中有奇壯以爲病也. 可愾哉! 可愾哉! 卿不及天師詳問, 不但知是.[5] 眞人來前. 唯唯. 子問事, 恒常何一究詳也? 所以詳者, 比與天師會見, 言人命在天地, 天地常悅喜, 乃理致太平, 壽爲後, 是以吾居天地之間, 常駭忿天地, 故勉勉也. 天地不和, 不得竟吾年. 善哉! 子之言也. 吾所以常恐駭者, 見天地毒氣積衆多, 賊殺不絶, 帝王愁苦, 其治不平, 常助其憂之. 子何豫助王者憂是乎? 吾聞, 積功於人, 來報於天, 是以吾常樂稱天心也. 善哉! 子意.

역주

1) 物所生(물소생) : '물(物)'은 식물을 가리키는 말이다. '생(生)'이란, 뿌리를 박고 살아갈 수 있는 깊이의 정도를 뜻한다.

2) 比伍(비오) : 우물을 깊이 파거나 여러 개의 우물을 판 집안의 인근에 있는 사람을 뜻한다. 동한(東漢) 시대에는 5가(五家)를 1오(一伍)로 삼고 거기에다 오장(伍長)을 두었다. '오(伍)'는 가장 기본적이고 말단적인 지방 행정 단위이다(『금주금역(상)』).

3) 不可豫名也(불가예명야) : '예명(豫名)'이란, 미리 말하다라는 의미이다. 후한(後漢) 시기에는 민간에서 꺼리는 것이 매우 많았는데, 여기에서는 그 근본을 말한 것이다. 이에 관해서는 『논형(論衡)』의 「힐술(詰術)」·「기일(譏日)」·「변수(辨祟)」를 참고할 수 있다(『금주금역(상)』). 그런데 다음 단락에서 소개되는 『삼통주낭』의 글에서는 이 구절을 "불가무명야(不可務名也)"로 하고 있다. '무명(務名)'이란, '억지로 이름을 거명하는 것'을 의미한다. 이렇게 보는 것이 나을 것 같다.

4) 飮地形(음지형) : 문맥상 '지형(地形)'을 '지기(地氣)'로 교정해서 보아야 한다.

5) 可慨哉! 可慨哉! 卿不及天師詳問之, 不但知是(가해재! 가해재! 경불급천사상문지, 부단지시) : 이 구절들의 의미는 "가해재! 가해재! 향천사불시, 우생심무유득지차야(可慨哉! 可慨哉! 嚮天師不示, 愚生心無由得知此也)"(『태평경』 제36권 「사사부득과생법 제46(事死不得過生法第四十六)」)라는 구절들의 의미와 거의 유사하다. 『합교(상)』에서는 '경불급(卿不及)'에서의 "'경(卿)'자는 향(鄕)자를 잘못 쓴 것이 아닌가 의심되는데, '향(鄕)'은 '향(向)'과 통하는 글자이다"라고 하였다. 그런데 향(向)은 다시 향(嚮)으로서, '과거' 또는 '이제 막'이라는 의미이다.

"지금 천사께서는 이미 어리석은 제자를 깨닫도록 하시고 하늘께서 꺼리시는 것이 무엇인지 알려주셨습니다. 다시 한 가지 의심스러운 일을 여쭙고자 합니다. 오늘날 물가나 해변, 그리고 저지대에 방실을 지음에 때로는 기둥을 세우지 않고 땅을 파 들어가더라도 3척의 깊이를 지켜 바로 물을 얻기도 합니다. 이런 경우는 어떻다고 할 것인지요?"

"좋도다! 그대들의 물음이여. 그런 일 또한 똑같이 땅을 상해하는 것일 따름이다. 마땅히 훨씬 얕게 파야만 한다. 3척의 깊이는 땅의 얇은 피부로서 땅의 경맥(經脈)에 가까운 곳이다. 그대들이 증거를 알고자 하면, 사람에 비유해 보면 된다. 두꺼운 피부에서는 어렵게 피를 얻지만, 피가 흘러나오게 한 것 자체 또한 상해이다. 얇은 피부에서는 쉽게 피를 얻지만, 피가 흘러나오게 한 것 또한 상해이다. 피를 흘리게 하는 것 또한 상해이고, 모두 해를 기치는 것이다. 그러므로 피는 땅의 경맥을 이해하는 중요하고 참된 증거다. 사람을 상해함에 있어, 그 피부의 두껍고 얇음을 막론하고 피를 흘리게 한 것은 죄명이 명백한 것이다. 사람은 천지를 본받아 다치기를 바라지 않으며 다친다면 분노하는데, 땅만이 어찌 다치기를 즐기신다고 말할 수 있겠는가? 천지는 곧 사람의 참된 근본이며 음양의 부모이다. 자식이 어떤 이유로 마땅히 그 부모를 상해할 수 있겠는가? 진인들은 마땅히 이 점을 본 마음에 깊이 기억해 두어야 한다. 어리석은 사람은 때로 이 점을 가벼이 여기고 소홀히 하여 알지 못하는데, 이는 큰 죄과이다."

"지금 자식은 마땅히 어머니에게서 음식을 얻어야 하는 까닭에, 사람이 우물을 뚫어 물을 마시고 있습니다. 이것이 어찌 그토록 극심한 죄과가 된다는 말씀입니까?"

"그대들의 말은 이미 하늘의 마음을 잃은 것이 분명하다. 오늘날 사람은 그 어머니에게서 마실 것을 찾아서 흘러나오는 샘물을 찾아간다. 그러므로 사람에게서 유방은 샘이 흘러나오는 곳이다. 이것이 자식들에게 마실 것을 주는 것은, 비유하자면 땅에 자연적인 샘이 사람에게 마실 수 있게 하는 것과도 같다. 어찌 무고하게 땅의 피부를 뚫어 피를 마실 수 있겠는가? 진인들이 어려운 물음은 참으로 아무 의미가 없는 것이다."

"어리석은 제자는 허물을 지어 천사께서 꺼리시는 바를 범하게 되었습니다."

"겸양할 필요 없다. 그런대로 좋다. 그대들의 어려운 듯한 물음은 궁극적인 것도 아니고, 도의 지극한 비결을 얻은 것도 아니다. 나는 그대들의 말을 미워하지는 않는다. 이는 필시 황천(皇天)께서 크게 싫어하시는 일이 있어서, 그대로 하여금 내게 오도록 하여 □□[이러저러한 것들을 반복해서]을 묻도록 하신 것일 터이다.

그래서 그대들의 말은 이리저리 굴절되어 그칠 곳이 없었을 것이다."

"이제 오로지 천사께 바라옵건대, 저희가 짓는 허물을 제거해 주시옵소서. 이 어리석은 제자들은 말하고자 하는 바를 스스로는 멈출 수가 없습니다."

"편하게 말하거라. 어찌 겸양만 할 일이겠는가? 그대들은 이미 천지를 위해 수고를 마다하지 않고 먼 거리에서 나를 찾아온 것이니, 신중하게 나의 책과 글이 닫혀서 끊어지는 일이 없도록 하라."

"예, 예."

"대저 사람은 나의 글을 보지 못하여, 자신의 죄과가 지나치게 무거움을 스스로 알지 못하고, 도리어 항상 함께 천지에 허물 짓고 죄를 지으면서도 '어찌 불화한 것인가?' '다스림이 어찌 한결같이 악화되기만 하고 태평하지 못한가?'라고만 말한다. 사람마다 천지에 죄짓고 있음을 알지 못하며, 앞뒤 세대가 그것을 승부(承負)하고 있으니, 뒤에 태어나는 사람은 발생하는 여러 재앙을 당하고 천명을 회복하지 못하여 죽고 사는 데 정해진 시한이 없게 되었다. 진인들이 노력하여 나의 글이 끊어지지 않도록 노력하라. 그러면 하늘과 땅은 장차 세상 사람에게 분노를 드러내지 않으리라."

"예, 예."

"진인들은 처벌 받아 유배되게 된다면, 흉하게 되는 것이다."

"예, 예."

"이 책을 덕 있는 군주에게 넘겨주어 마땅히 사람들에게도 보여 주거라. 사람은 곧 천지의 자식이며 만물의 우두머리이다. 이런 자식을 위해주는 길은 마땅히 어떤 것이어야 하는가? 모든 것을 각자가 스스로 깊이 생각해야 한다. 이후로 부유함과 장수를 즐기고 질병이 없고자 하는 사람이라면, 이 책 속의 말을 생각하여 마음에 새겨두고 각자 자신을 위해 도모해야 한다. 진인들은 이 책을 감추어 두지 말고, 서로 서로에게 말해 주도록 하라. 천지의 신께서는 이에 이 책을 따라 나아가셔서 세상 사람들이 무엇을 말하는가를 면밀히 살펴보실 것이다. 진인들은 알겠는가?"

"지금 어찌 사람을 따라 나아가시는 것을 알 수 있습니까?"

"그대들은 내 말을 믿지 못하는구나. 그대들은 다음 말을 경계하라. '이 책을 전하지 못하고 감추어 두면 곧 병이 생길 것이다.' '감히 이 책을 전하지 못하는 자는 곧 불길할 것이다.' 이것이 곧 '하늘과 땅의 신께서 이 책을 따라 나아가시어 세상 사람의 말을 면밀히 보실 것'이라는 말에 대한 분명한 증거이다. 두려워할 만한 일이 아닌가!"

"예, 예."

"돌아가라. 스스로 노력하고 또 노력하라! 대저 사람의 수명은 하늘과 땅에 달려 있는 것이니, 편안하기를 바라는 사람이라면 마땅히 먼저 하늘과 땅을 편히 해 드린 뒤에야 오래도록 편안할 수 있을 것이다. 오늘날 사람은 거꾸로 천지를 근심하게 하고 함께 부모인 하늘과 땅을 해치고 있다. 어찌 편안함과 길함을 얻을 수 있겠는가? 앞 세대와 뒷 세대가 이렇게 행하여 쌓임이 오래되므로 재앙과 변괴가 끊이질 않는 것이다. 나의 말에는 착오는 없다. 나는 항상 땅의 신께서 하늘로 올라가 스스로 고발하시는 것을 보는데, 이 일은 지금까지 끊인 적이 없다. 이런 까닭에 그 □□[원한을] 제대로 알아야만 할 것인데, 지금 진인들이 연이어 하나하나 묻는 것을 보니, 곧 하늘께서 시켜서 하는 것임을 알 수 있다. 진인들이 와서 물으니, 이는 하늘께서 이 일을 한꺼번에 깨닫기를 바라신 것이다. 사람으로 하여금 '백성은 단지 천을 질책할 줄만 알지 깊이 자책할 줄은 모른다'라는 점을 스스로 알 수 있도록 하신 것이다."

"지금 어찌 저희들로 하여금 한꺼번에 이런 저런 것들을 여쭈어보도록 하시는 것인지요?"

"그대들에게 묻도록 하시는 이유는 다음과 같다. 하늘의 지극히 높은 태평의 기(上皇太平氣)가 이르게 되면 다스림은 마땅히 태평해지는 것이다. 어리석은 백성이 하늘과 땅께서 꺼리시는 것을 범하는 일이 그치지 않고, 함께 바른 기를 어지럽혀 흉해가 되도록 할 것을 두려워하시기 때문이다. 이렇게 한다면 태평한 기가 때와 조화를 이룰 수 없을 것이니, 그대로 하여금 (나에게) 물어보도록 하시는 것이다. 기꺼이 백성이 다시는 범하는 일이 없도록 한다면, 천지는 증오심을 갖지 않고 오히려 사람을 사랑하여 오곡과 만물을 잘 길러 주실 것이다. 그러나 만약 백성이 그것을 소홀히 하여 하늘과 땅이 분노하여 사람을 사랑하지 않으시게 되면, 오곡과 만물을 길러주려 하지 않으실 것이다. 그러므로 '장차 흉해지려는 때에는 잘 자라는 만물이 없고, 장차 흥성하려고 하는 때에는 그 만물이 잘 자란다'라는 것은, 이런 뜻을 이르는 말이다. 진인들은 알겠는가?"

"훌륭하십니다! 훌륭하십니다! 옛적에는 마땅히 태평성세와 다름이 없었을 터인데, 어째서 백성이 토지를 움직이는 일을 금지하지 않았습니까?"

"좋도다! 그대들의 물음은. 하늘과 땅이 처음으로 일어났을 당시에는 오늘날과 같은 정황이 아니었다."

"어떻게 알 수 있는지요?"

"지금 하늘의 수도에서 천거하여 위기지인(委氣之人)·신인

(神人)·진인(眞人)·선인(仙人)·도인(道人)·성인(聖人)·현인(賢人)에게 마땅히 덕을 갖춘 군주의 가르침을 보좌하도록 봉록을 주어 보내신 것이다. 이렇게 하여 전에는 없던 것을 이루게 된다. 처음 음과 양이 개벽한 이래 저들을 하늘의 백성(天民)으로 가려 뽑아 하늘의 벼슬을 살게 한 것이다. 그전에는 이런 일이 없었으므로, 가장 성대한 것이니라."

"두렵습니다! 두렵습니다!"

"이런 까닭에 하늘의 수도에서는 제일 첫째의 도를 모두 내어놓아 천하 사람이 선하게 되는 법을 가르쳤다. 사람이 선량해지면 그 다스림이 평안해지고, 군왕은 즐거이 노닐게 되어 아무런 근심이 없게 된다."

"훌륭하십니다! 훌륭하십니다! 즐겁습니다! 참으로 즐겁습니다!"

"이런 까닭에 진인들을 가르쳐서 이 책을 급히 내놓는 것이니, 삼가 감추어 두지 말고 백성들에게도 보여주도록 하라. 그러면 백성이 하늘께서 꺼리시는 것이 무엇인가를 알게 되고, 또한 장차 스스로 금기를 위반하는 일을 그만두게 될 것이다. 만일 백성이 그만두지 않는다면, 그에 대한 앙화가 후세에까지 미쳐 다시는 구제받지 못할 것이다. 하늘과 땅께 죄를 지으면 기도할 곳도 없게 된다. 진인들은 이제 잘 알겠는가?"

"예, 예."

"돌아가라. 책 가운데 의문스러운 점이 있거든 다시 와 물어보라."

"예, 예."

이상은 천지의 원한 맺힘을 풀어내는 방법을 설명한 것이다.

今天師旣開通愚生，示以天忌，願復乞問一疑事．今河海下田作室廬，或無柱梁，入地法三尺輒得水，[1] 當云何哉？善乎！子之問也．此同爲害耳，宜復淺之．此者，地之薄皮也，近地經脈．子欲知其效，比若人，有厚皮難得血，血出亦爲傷矣．薄皮者易得血，血出亦爲傷，俱害也．故夫血者，天地之重信效也．[2] 夫傷人者，不復道其皮厚與薄也，見血爲罪名明白．夫人象天地，不欲見傷，傷之則怒，地何獨欲樂見傷哉？夫天地，乃人之眞本，陰陽之父母也．子何從當得傷其父母乎？眞人宜深念是於赤心，[3] 愚人或輕易，忽然不知，是爲大過也．今子當得飮食於母，故人穿井而飮之，有何劇過哉？子言已失天心明矣．今人飮其母，乃就其出泉之處．故人乳，人之泉坼也．[4] 所以飮子處，比若地有水泉可飮人也．今豈可無故穿鑿其皮膚而飮其血汁邪？眞人難問，甚無意．愚生有過，觸天師忌諱．不謙也．然，難問不極，亦不得道至訣也．不惡子言也，此必皇天大疾，乃使子來，□□問是，[5] 此故子言屈折不止也．今唯天師原之，除其過．愚生欲言，不能自禁止．平行，何所謙？子旣勞爲天地遠來問，愼無閉絶吾書文也．唯唯．凡人不見睹此書，不自知罪過重，反獨常共過罪天地，何不和也？治何一惡不平也？不知人人有過於天地，前後相承負，後生者得幷災到，無復天命，死生無期度也．眞人努力，無滅去此文，天地且非怒人．[6] 唯唯．眞人被其讁罰，則凶矣．唯唯．書以付歸有德之君，宜以示凡人，人乃天地之子，萬物之長也．今爲子道，當奈何乎？俱各自深思，從今以往，欲樂富壽而無有病者，思此書言，著之胸心，各爲身計，眞人無匿也，傳以相告語．今天地之神，乃隨其書而行，察視人言何也？眞人知之邪？今以何知其隨人而行？以吾言不信也．

子誠, 絶匿此書, 卽有病. 有敢絶者, 卽不吉, 是卽天地神隨視人之明證也, 可畏哉! 唯唯. 行去, 自勵自勵! 夫人命乃在天地, 欲安者, 乃當先安其天地, 然後可得長安也. 今乃反愁天地共賊害其父母, 以何爲而得安吉乎哉. 前後爲是積久, 故災變不絶也, 吾語不誤也. 吾常見地神上自訟, 未嘗絶也. 是故誠知其□□, 見眞人比如丁寧問之, 卽知爲天使.[7] 眞人來問, 是天欲一發覺此事, 令使人自知, 百姓適知責天, 不知深自責也.

今天何故一時使吾問是乎? 所以使子問是者, 天上皇太平氣且至, 治當太平, 恐愚民人犯天地忌諱不止, 共亂正氣, 使爲凶害, 如是則太平氣不得時和, 故使子問之也. 欲樂民不復犯之, 則天地無病而愛人, 使五穀萬物善以養之也. 如忽之忿不愛人, 不肯養之也. 故將凶歲者, 無善物. 將興歲, 其物善, 此之謂也. 眞人知之邪? 善哉善哉! 古者同當太平, 何不禁人民動土地哉? 善乎! 子之問事也. 天地初起, 未嘗有今也. 以何明之. 今者天都擧, 故乃錄委氣之人神人眞人仙人道人聖人賢人,[8] 皆當出輔德君治, 故爲未嘗有也. 初陰陽開闢以來, 錄天民仕之, 未嘗有此也, 故爲最大也. 可駭哉! 可駭哉! 是故都出第一之道, 敎天下人爲善之法也, 人善卽其治安, 君王樂遊無憂. 善哉善哉! 樂乎樂乎! 是故敎眞人急出此書, 愼無藏匿, 以示凡民, 百姓見禁且自息, 如不止, 禍及後世, 不復救. 得罪於天地, 無可禱也. 眞人寧知之邪? 唯唯. 行去, 書中有所疑乎, 來問之. 唯唯.

右解天地冤結.

역주

1) 入地法三尺輒得水(입지법삼척첩득수) : 이 구절에서의 '법(法)'자를 『삼통주낭』 권1에서는 '미(未)'자로 인용하였다[『합교(상)』].

2) 天地之重信效也(천지지중신효야) : '중신효(重信效)'란, 중요하고

도 진실한 증거라는 뜻이다[『금주금역(상)』]. 문맥상 이 구절에서의 '천(天)'자는 빼버려야 옳다.

3) 赤心(적심) : 일말의 거짓도 없는 참된 마음이라는 뜻이다. 이는 『태평경』에서 총 3회 사용하고 있는 특수한 용어이다.

4) 人之泉坼也(인지천탁야) : '탁(坼)'은 터지다 · 갈라지다라는 뜻이다. 이 구절은 사람의 신체상에 샘이 터져 있는 곳이라는 의미이다.

5) □□問是(□□문시) : '□□'는 본래 글자가 결여되어 있는 부분이다. 문맥에 따라 여기에다 글자를 보충하자면, '반복(反復)'이라는 글자가 어울릴 것이다.

6) 天地且非怒人(천지차비노인) : 『정독』에서는 이 구절 가운데의 '비(非)'는 '따져 나무라다'라는 의미라고 이해한다. 그리고 이 구절 앞에 "멸거차문(滅去此文)"이라는 네 글자가 빠져 있는 것으로 본다. 이렇게 보면, "만일 나의 이 글을 멸절시킨다면, 천지는 장차 사람에게 그 죄과를 따져 묻는 분노를 표출하실 것이다[滅去此文, 天地且非怒人]"와 뒷 구절의 "진인피기적벌, 즉흉의(眞人被其謫罰, 則凶矣)"가 보다 잘 호응하게 되는 것으로 보인다. 그러나 이 편 전체의 내용에 의거해서 생각해 보면, 본문의 번역을 그대로 두는 것도 무방하다.

7) 是故誠知其□□, 見眞人比如丁寧問之, 卽知爲天使(시고성지기□□, 견진인비여정녕문지, 즉지위천사) : 이 구절들을 『합교(상)』에서는 "是故誠知其□□見眞人, 比如丁寧問之, 卽知爲天使"로, 『금주금역(상)』에서는 "是故誠知其□□. 見眞人比如丁寧問之, 卽知爲天使"로, 『정독(상)』에서는, "是故誠知其□. □見眞人比如丁寧問之, 卽知爲天使"로 각기 달리 단구하였다. 『금주금역(상)』의 견해가 본 번역에서의 단구에 가깝다. '□□'는 본래 글자가 결여되어 있는 부분이다. 번역자가 생각하기에, 여기에다 '원결(冤結)'이라는 두 글자를 넣어서 보는 것이 합당하다. 즉 '천지의 원한[冤結]이 무엇인가를 분명하게 알아야만 한다'라는 뜻이다. '정녕문지(丁寧問之)'에서의 '정녕(丁寧)'은 '반복하여 세밀하게 하는 것'을 뜻하는데,

이는 앞서 나온 "자언굴절부지(子言屈折不止)"의 의미와 같은 것이다. '비여(比如)'란 '연이어'라는 의미인데, 여기에서의 '여(如)'자는 형용사 어미로 사용된 것이다.

8) 故乃錄委氣之人神人眞人仙人道人聖人賢人(고내록위기지인신인진인선인도인성인현인) : '녹(錄)'은 채용(採用)을 의미한다. 위기지인(委氣之人)에서부터 현인(賢人)에 이르기까지, 앞의 5종은 신선(神仙)에 속하는 자들이고 뒤의 2종은 후보 신선에 속하는 자들이다. 이들의 직무에 관한 것은 『태평경』 제42권 「구천소선왕멸법(九天消先王滅法)」의 글을 참고할 수 있다(『금주금역(상)』).

太平經

제46권

『태평경초』

병부(丙部)의 12

제62 도무가각이적법(道無價卻夷狄法) : 도의 가치는 헤아릴 수 없고, 이적을 물리칠 수 있다는 법

해제 저자는 『태평경』은 천하의 지극한 보물이며, 천기비결(天機秘訣)이라고 본다. 이런 의미에서 『태평경』은 그 무엇과도 비교할 수 없는 무가상보(無價上寶)라 할 수 있다. 그렇다면 이와 같은 '무가상보'는 어떻게 그 가치를 증명할 수 있을까? 이 장에서는 "제왕으로 하여금 천지의 환심을 얻게 하고 천하의 여러 신하들이 모두 기뻐하게 되고 기어 다니고 걸어 다니고 요동치는 동물과 식물들이 기꺼워하지 않는 것이 없으며 오랑캐들은 물러나거나 항복하게 되며 상서로운 조짐들이 빠짐없이 출현하고 재앙이 모두 제거되고 나라가 안정적으로 유지되고 백성들은 장수를 하게 되어 모든 일이 좋은 결과를 초래하게 된다"고 설명하고 있다. 이런 이유로 천금의 보물보다, 만 명의 미녀보다 효용성에서 비교할 수가 없는 것이다. 이와 같은 효용을 가지고 있는 『태평경』을 숙지하고 있는 도인이 나라에 올바른 건의를 하여 제왕이 잘 듣고 따라야 효과를 볼 수 있기 때문에 여기에서 말하는 『태평경』의 가치는 『태평경』을 숙지하는 도인을 포함하고 있다. 한나라 말의 상황은 융성기가 지나가고 이민족과의 갈등이 첨예한 시기였다. 그러므로 당시의 가장 중요한 초미의 관심사는 이 이민족과의 갈등이 없는 평화로운 상태였으며, 나라 계책의 우선 순위도 이 문제의 해결에 있었다. 이런 이유로 사실상 '무가(無價)'의 내용 중 하나로 들어가 있는 '각이적(却夷狄 : 이민족을 물리치다)'이 다시 강조되어 '도무가각이적법(道無價卻夷狄法)'이 된 것이다.

"천사께서 가시면, 장차 언제 돌아오실지 기약이 없습니다. 원하옵건대, 다시 한두 가지 도저히 해결할 수 없는 의문을 여쭙고자 합니다."

"오라. 지금 속 시원하게 말해보거라. 나는 이미 떠나도록 되어 있다. 묻고자 하는 것이 무엇인가?"

"영명하신 천사께서 지난번 제자에게 주신 도서(道書)에 대하여 여쭙고자 하였으나, 너무 공손하지 않은 것 같고 크게 잘못된 것이 아닌가 생각했었습니다. 그런데 지금 여쭙지 않는다면 영원히 알 수 없을 것 같습니다."

"거리끼지 말고 물어 보라."

"영명하신 천사께서 우둔한 제자들에게 분명하게 알려 주시기를 바라옵니다."

"좋다."

"천사께서 전후로 제자들에게 주신 도서들의 가치는 얼마나 되는 것인지요?"

"아! 그대들의 어리석음은 너무 심하지 않은가! 우리의 도에 그것을 헤아릴 수 있는 표준이 있다고 생각하는가? 그렇다. 내가 그대들에게 자세하게 말하여 깨닫게 하고 천도의 경중이 어떠하고 가치가 어떠한지를 깊이 알 수 있도록 하겠다. 자! 지금 아들에게 천근의 황금을 주어 아들로 하여금 나라에 바치게 한다면, 천지의 환심을 얻어 음양을 조화시키고 재앙이 모두 사라지고 인군 제왕의 장수를 늘리고 다스림이 최상의 태평상태를 이룰 수 있겠는가? 또 지금 만 쌍의 벽옥을 나라에 귀속시키게 하여 보배로 여겨 보관하게 한다면, 이것은 천하의 보배로운 물건이 될 것이다. 그렇다고 하여 천지사방 태화(太和)의 기운이 나타나고 상서로운 조짐이 모두 나타나서 오랑캐들이 만 리 밖으로 물러나서 해를 끼치지 않게 될 수 있겠는가?

지금 내가 그대들에게 전수한 도는 두루 갖추고 있어 제왕으로 하여금 천지의 환심을 얻게 하고 천하의 여러 신하들이 기뻐하게 되고 기어 다니고 걸어 다니고 요동치는 무리들이 기꺼워하지 않는 것이 없게 하며, 오랑캐들은 물러나거나 항복하게 되며 상서로운 조짐들이 빠짐없이 나타나고, 재앙이 모두 제거되고, 나라가 안정적으로 유지되고, 백성들은 늙도록 장수하여 모든 일이 좋은 결과를 초래하게 된다. 내 책을 근거로 실천하여 오로지 그 뜻을 얻고자 한다면, 그에 대응하지 않음이 없을 것이니, 비유하자면 기준에 딱 들어맞아 예외가 없는 것과 같다. 의당 크게 □□하게 될 것이니, 내가 하늘을 대신하여 말해주는 것이며, 그대를 속이는 것이 아니다. 이제 이 하늘의 법(天法)으로 덕 있는 제왕을 보필하여 근심이 없게 한다면 하루하루를 즐겁게 보내게 할 것이니 그 가치가 얼마나 되겠는가! 그대들의 어리석은 마음은 풀리지 않았는가?

좋다. 다시 그대들을 위하여 한 가지 말하겠다. 천하 사람들이 좋아하여 기쁘게 하는 것 중 아름다운 여자보다 좋은 것이 없을 것이다. 얻어 함께 살고 아이를 낳아 한마음으로 살아간다면, 참으로 바랄 만한 좋은 일로서 어디 짝할 데가 없을 것이다. 지금 만 명의 미녀를 나라에 바친다면 기뻐하고 좋아하지 않을 이가 없을 것이고, 보는 사람마다 자기가 늙어 감을 알지 못할 것이다. 그러나 그 결과 어찌 천지를 편안하게 한다거나, 만국의 환심을 얻을 수 있을 것이며, 팔원(八遠)에 이르도록 좋은 조짐이 발생하게 되어 천하가 태평하게 할 수가 있겠는가?

나의 도는 위로는 끝없이 멀리 있는 하늘을 편안하게 하고 아래로는 끝없이 펼쳐진 땅을 무리 없이 다스릴 수 있어 땅끝에 이르기까지 기뻐하여 와서 항복하지 않은 사람이 없고 요란한 무리들은 그 덕화를 입어 그 있어야 할 자리를 얻지 못하는 것이 없게 될 것이다. 그 가치는 얼마나 될까. 그대 스스로 깊게 그 뜻을 헤아려 보거라.

그대들이 즐겨 큰 공을 세워 하늘에 보답하여 하늘의 마음을 얻기를 바란다면, 속히 나의 책을 가지고 가서 아뢰도록 하라. 기묘하지만 거짓된 것과 진귀한 물건을 쌓아서 위로 하늘을 받칠 수 있는 기둥을 만들더라도 하늘은 기뻐하지 않아 그 지극한 마음을 얻지는 못할 것이다. 하늘의 마음을 얻고자 한다면 아침저녁으로 내 책에 있는 말을 생각해야 한다. 그 말의 뜻을 얻게 되면, 바로 또한 하늘의 마음을 얻게 될 것이다. 그 가치가 얼마나 되겠는가?

[기] 이런 이유로 나라에 천금을 바치는 것은 한마디 중요한 말을 남겨 다스릴 수 있도록 하는 것만 못하다. 나라에 만 쌍의 벽옥을 바치는 것은 두 사람의 큰 현자를 추천하는 것만 못하다. 대저 중요한 말과 대현과 진귀한 도라야 제왕으로 하여금 편안하게 침목을 베고서 다스려도 매우 즐겁고 태평을 누릴 수 있게 하며,

재앙과 변고를 제거하고 천하를 안정되게 할 수 있다. 이 책은 대현과 중요한 말과 진기한 도를 가져올 수 있는 것이니, 그 가치가 얼마나 되겠는가?

그러므로 옛적 성현과 제왕은 재화에 가난해 본 적이 없었다. 항상 선비가 부족하여 고심하였고, 대현이 오지 않고, 백성들이 모여들지 않음을 걱정하였다. 모두가 밖으로 나가 [유덕한 군주가 있는 나라]로 귀순하여 나날이 [인구가] 줄어드는 것을 걱정하였다. 바로 이런 이유로 황천(皇天)의 마음에 맞지 않을까 항상 근심하였던 것이다. 만약 단지 기이하고 희소한 물건들이 풍부한 것을 즐기고자 하였다면, 하늘과 땅의 마음을 얻어 사해를 안정시키지 못하였을 것이다. 금과 옥과 벽옥과 기이한 보물들을 쌓아놓아 천리를 종횡으로 채워 위로 하늘에 이르게 하더라도 대현과 성인과 신선 선비가 와서 통치를 도와주게 할 수는 없다.

그대들은 세세하게 내 책에 대해 숙고하라. 대현이 스스로 찾아와서 함께 제왕의 다스림을 보좌해주어 매일 아침 함께 계책을 세운다. 비유컨대, 도시의 시장사람들이 아침마다 모여 갖가지 물건들을 쌓아두고 각기 자기가 가지고 있는 물건을 밑천으로 필요한 물건을 찾아와서 구할 수 있는 것과 같다. 나의 책을 얻어서 실천한다면 천지가 다시 밝아지고 해와 달과 하늘에 떠 있는 별들이 모두 다시 빛을 발하여 팔방의 무궁한 곳까지 비추게 될 것이니, 사방의 오랑캐들도 즐거운 마음으로 와서 항복하지 않은 자가 없을 것이고 현명한 유생들도 모두 세상에 나와서 다시 은거하지 않게 될 것이며, 전투니 전쟁이니 하는 것들도 모두 없어져서 천하 사람들이 모두 옷을 늘어뜨리고 팔짱을 끼고 다니게 될 것이다. 다시는 서로 다치는 일이 없게 될 것이어서 모두 한 마음으로 선행을 하여 함께 제왕을 기쁘게 할 것이다. 내 책이야말로 이와 같은 효험을 낼 수 있는 것이니, 그 가치가 얼마나 되겠는가! 그대들은 정녕 알겠는가?

[부(附)] "나라에 천근의 금을 바치고자 하는 것은 한마디 긴요한 말을 바쳐서 태평하게 다스리고 재앙을 제거하여 천하를 안정시키는 것만 못하다. 옛날 제왕들은 재화에 대해 근심한 적은 없고, 인재가 부족할까 걱정하였고, 대현이 나타나지 않고, 백성들이 모이지 않고 모두 밖으로 다른 나라로 가서 나날이 [백성의 수가] 적어짐을 근심하였다. 이런 이유로 황천의 마음에 맞추지 못하였다. 만약 금이나 옥과 희귀한 물건들을 쌓아놓아 천리에 종횡으로 겹겹이 놓아 곧바로 위로 하늘에 이르더라도 끝내 대현과 성인과 신선 선비들이 와서 그들의 힘을 바탕으로 제왕의 다스림을 돕게 할 수는 없다.

그러므로 옛날 성현들은 홀로 도를 깊이 알아 기가 평화로움을 중시하였다. 이런 이유로 어느 일정 지역만을 화평하게 만들지 않았다. 덕 있는 사람들에게 귀속시키니 그들은 천지의 마음과 뜻을 파악하여 도를 높이고 덕을 중시하였다. 어리석은 사람은 희귀한 물건을 중시하므로 천서(天書)가 내려오지 못하고, 성현이 그 책을 받을 수 없는 것이니, 바로 이것을 말한다. 자네들은 신중하게 생각해보라. 나의 말은 그릇되지 않은 것이다. 그대들은 나의 도를 신중하게 생각하라. 대저 사람이 진귀한 물건과 벽옥과 돈을 가지고 있다면, 밤에도 대낮처럼 지키고 앉아 지키느라 잠도 자지 못한다. 그렇지만 그것은 진귀한 물건에 불과할 따름이다. 어찌 하늘의 보배로운 비밀을 전하는 도서와 같을 것이며, 천지와 팔극과 팔원을 안정시킬 수 있는 것이라고 할 수 있을 것인가? 나가 보라. 그대들은 삼갈지어다."

"예. 예."

"내 책은 바로 신의 아전이 항상 곁에 앉아서 지키고 있느니, 자네는 거듭 경계할지어다."

"예. 예."

"나의 책은 해와 달과 별의 삼광(三光)의 신리(神吏)가 항상 따라다니며 빛을 비추며 살펴보느니라."

"예. 예."

"나의 책은 바로 하늘과 땅의 마음과 뜻이다. 그대들은 거듭 깊고 세심하게 생각할지어다."

"예. 예."

"그대들이 나의 말을 잘 들을 수 있다면, 다시 여러 가지 보이지 않는 일에 대해 이야기해 주겠다."

"예, 예."

"입에서 나와 귀로 들어가는 것은 곧 무리들에게 전해 줄 수 없는 것이다. 제왕이 그것을 얻으면 천하가 복종하고 신이 제왕의 다스림을 도와주어 사람들은 자발적으로 선행하게 하여 명령을 내리지 않아도 날마다 저절로 균일하게 된다."

"예. 예."

"저희 제자 여섯은 모두 어리석고 어두워 제대로 말할 줄 몰라 금기를 범하게 되었습니다. 지금 천사께서 몸소 황천(皇天)을 대신하여 도와 덕을 말씀해 주시고, 제왕을 위하여 만만세의 보물그릇(寶器)을 만들어 주셨습니다. 정녕코 천사께서는 마음에 가지고 계시는 비전[內事]을 숨기지 마시고 낱낱이 드러내어 주옵소서. 진실로 엎드려 엄한 가르침과 비밀스런 명령을 받게 해 주옵소서. 감히 누설하지 않겠습니다."

"좋다! 이제 자네들을 위해 황천의 입장에서 생각하겠다. 낱낱이 공개할 수 있는 것이라면 감히 숨겨두지 않을 것이고, 공개할 수 없는 것이라면 감히 망령되이 전할 수는 없다. 천지의 운이란 스스로의 역수가 있는 법이니, 지금 그 시운을 헤아려 내놓아 평상 행할 수 있도록 하여, 나라가 대길하게 하고 위태롭거나 망하지 않도록 할 것이다. 이런 이유로 소인에게 전수해 주지 않고 제왕에게 전수해 주는 것이다. 제왕의 역수는 항상 천지와 같은 마음이니, 이것을 시행할 수 있는 것이나, 소인은 시행할 수 없는 것이다. 이런 이유로 군자에게 귀속시키는 것이니, 적합한 사람에게 귀속시키고자 함이다."

이상은 도와 덕 가치의 귀천을 헤아려 어리석은 사람 마음(의 의심)을 풀어준 내용이다.

天師將去, 無有還期, 願復乞問一兩結疑. 行, 今疾言之, 吾發已有日矣, 所問何等事也. 願乞問明師前所賜弟子道書, 欲言甚不謙大不事, 今不問入, 猶終古不知之乎. 行勿諱. 今唯明師開示下愚弟子. 諾. 今師前後所與弟子道書, 其價直多少. 噫. 子愚亦大甚哉. 迺謂吾道有平耶. 諾. 爲子具說之, 使子覺悟, 深知天道輕重, 價直多少. 然今且賜子千斤之金, 使子以與國家, 亦寧能得天地之歡心, 以調陰陽, 使災異盡除, 人君帝王考壽, 治致上平耶. 今齎萬雙之璧玉以歸國家, 寶而藏之, 此天下之珍物也, 亦寧能使六方太和之氣盡見, 瑞應悉出, 夷狄卻去萬里, 不爲害耶. 今吾所與子道畢具, 迺能使帝王深得天地之歡心, 天下之群臣遍說, 跂行動搖之屬[1]莫不忻喜, 夷狄卻降, 瑞應悉出, 災害畢除, 國家延命, 人民老壽. 審能好善, 案行吾書, 唯思得其要意, 莫不響應, 比若重規合矩, 無有脫者也. 成事大□□,[2] 吾爲天談, 不欺子也. 今以此天法奉助有德帝王, 使其無憂, 但日遊, 其價直多少哉. 子之愚心, 解未乎哉. 諾. 復爲子陳一事也. 天下之人好善而悅人者, 莫善於好女也, 得之迺與其共生子, 合爲一心, 誠好善可愛, 無復雙也. 今以萬人賜國家, 莫不悅且喜, 見之者使人身不知其老也, 亦寧能安天地, 得萬國之歡心, 令使八遠響應, 天下太平耶哉. 吾道乃能上安無極之天, 下能順理無極之地, 八方莫不悅樂來降服, 擾擾之屬者, 莫不被其德化, 得其所者也. 是價直多少, 子自深計其意.

子欲樂報天重功, 得天心者, 疾以吾書報之. 如以奇僞珍物累積之, 上柱天,[3] 天不爲其說喜也, 不得天之至心也. 欲得天心, 乃宜旦夕思吾書言, 已得其意, 卽亦得天心矣, 其價直多少乎. [起]故賜國家千金, 不若與其一要言可以治者也. 與國家萬雙璧玉, 不若進二大賢也.[4] 夫要言大賢珍道, 乃能使帝王安枕而治, 大樂而致太平, 除去災變, 安天下, 此致大賢要言奇道,[5] 價直多少乎哉. 故古者聖賢帝王, 未嘗貧於財貨也, 乃常苦貧於士, 愁大賢不至,[6] 人民不聚, 皆欲外附, 日以疏少, 以是不稱皇天心, 而常愁苦. 若但欲樂富於奇僞之物, 好善之, 不能得天地之心, 而安四海也. 積金玉璧奇爲物, 橫縱千里, 上至天, 不能致大賢聖人仙士, 使來輔治也. 子詳思吾書, 大賢自來, 共輔助帝王之治. 一旦[7]而同計, 比若都市人一旦而會, 萬物積聚, 各資所有, 往可求者. 得行吾書, 天地更明, 日月列星皆重光, 光照紘遠八方,[8] 四夷見之, 莫不樂來服降, 賢儒悉出, 不復蔽藏, 其兵革皆絶去, 天下垂拱而行, 不復相傷, 同心爲善, 俱樂帝王. 吾書乃能致此, 其價直多少, 子亦知之耶. [止]

[附]* 欲與國千斤金, 不若與一要言, 以致治太平, 除災安天下. 古者帝王未嘗患財貨, 乃患貧於士, 愁大賢不至, 人民不聚, 皆欲外附, 日以疏少, 以是不稱皇天之心. 若積金玉奇物, 縱橫千里, 直上至天, 終不致大賢聖人仙士來, 賴助帝王之治.

故古者聖賢獨深知道重氣平[9]也, 故不以和土,[10] 但付歸有德. 有德知天地心意, 故尊道重德. 愚人實奇僞之物,[11] 故天書不下, 賢聖不授, 此之謂也. 子其愼之矣, 吾言不誤也, 子愼吾道矣. 夫人持珍物璧玉金錢行, 冥尙坐守之, 不能寐也. 是尙但珍物耳, 何言當傳天寶祕圖書, 乃可以安天地六極八遠乎. 出, 子復重愼之. 唯唯. 吾書乃天神吏常坐其傍守之也, 子復戒之. 唯唯. 吾書乃三光之神吏常隨而照視之也. 唯唯. 吾書卽天心也意也,[12] 子復深精念之. 唯唯. 子能聽吾言者, 復爲子陳數不見之事. 唯唯. 出口入耳, 不可衆傳也.[13] 帝王得之天下服, 神靈助其行治, 人自爲善, 不日令而自均也.[14] 唯唯. 弟子六人[15] 悉愚暗, 無可能言, 必觸忌諱. 今俱唯師自爲皇天陳列道德, 爲帝王制作萬萬歲寶器, 必師且悉出內事無隱匿, 誠得伏受嚴敎密敕, 不敢漏泄. 諾. 今且爲子考思於皇天, 如當悉出, 不敢有可藏. 如不可出, 亦不敢妄行. 天地之運, 各自有歷, 今且案其時運而出之, 使可常行, 而家國大吉, 不危亡. 所以不付小人, 而付帝王者, 帝王其歷, 常與天地同心, 乃能行此. 小人不能行, 故屬君子 令付其人也.

右平道德價數貴賤解通愚人心.

* 이 부분은 본래 『태평경』에 없는 부분으로 왕명이 『초(鈔)』에 의거해 보충한 부분이다. 일종의 참고자료이다. 내용은 위와 대동소이하다.

역주

1) 跂行動搖之屬(기행동요지속) : ‘기행(跂行)’은 동물을 지칭하고, ‘동요(動搖)’는 식물을 말한다. 속(屬)은 그런 무리들을 말한다.

2) 成事大□□(성사대□□) : 『금주금역(상)』에 의하면, ‘성사(成事)’는 한대의 관용어로 ‘이미 이루어진 사례[已成事例]’라는 의미이다. 즉 ‘으레 … 하다’의 ‘으레’이다. 그 이외 대부분의 주석은 ‘성사(成事)’를 ‘성취한 일’로 본다. 『정독』은 빠진 두 글자를 ‘중다(衆多)’로 추측하고 있다. 그렇다면 ‘성취한 일이 매우 많다’라는 의미가 된다.

3) 上柱天(상주천) : ‘주(柱)’는 ‘주(拄)’의 가차로 볼 수 있다. 그렇게 본다면 “위로 하늘을 받칠 수 있을 만큼 쌓는다”라고 해석할 수 있을 것이다. 또는 “위로 하늘에 닿을 만큼 기둥처럼 쌓는다”고도 볼 수 있을 것이다. 어떤 방식을 따르든 보물의 양이 무수히 많다는 것을 의미한다.

4) 與國家萬雙璧玉, 不若進二大賢也(여국가만쌍벽옥, 불약진이대현야) : 여기에서 ‘이대현(二大賢)’은 아마도 왕의 좌우대신을 염두에 두고 한 말로 해석된다. 『금주금역(상)』에는 재미있는 설명이 있다. “둘과 만에는 서로 비교를 하는 의미가 있다. 즉 현인이 벽옥보다 만배나 중요하다는 의미이다.”

5) 此致大賢要言奇道(차치대현요언기도) : 이 부분에 대해서는 각 해설서의 설명이 다르다. 『금주금역(상)』에서는 “이 (책은) 대현과 요도와 기도를 헌상할 수 있으니” 정도의 의미로 보고 있다. 그렇다면 ‘차(此)’는 이 책을 지칭하고, ‘치(致)’는 ‘헌상하다’의 의미로 보고 있는 것이다. 『전역(상)』에서는 “이처럼 대현인을 부를 수 있는 중요한 말과 기이한 도는”이라고 보고 있다. 그런데 글의 내용을 보면, 대현(大賢) · 요언(要言) · 기도(奇道)는 병칭되어 한다. 그러므로 『전역(상)』의 해석을 따르기가 어렵다. 그리고 ‘치(致)’에 ‘헌상’의 훈고가 있는지도 매우 의심스럽다. 역자가 보기에 ‘차치대현요언기도(此致大賢要言奇道)’는 ‘차(서능)치대현 · 요언 · 기도(此(書能)致大賢 · 要言 · 奇道)’의 의미가 아닌가 한다. 즉 “이 책은 (천하태평을 만들 수 있는) 대현과 요언과 기도를 초래할 수 있으니” 정도의 의

미이다. 우선 이 입장을 따라 번역하였다.

6) 大賢不至(대현부지) : 원래 "大賢大至"로 되어 있으나 『초(鈔)』에 의고해 '不'로 바로잡았다.

7) 一旦(일단) : 『정독』에서는 '삽시간에'의 의미로 보고 있고, 『금주금역(상)』에서는 '하루 새벽에'라고 보고 있다. 옛날에는 새벽과 오전에 조회를 보았으므로 이것을 지칭할 것이다. 그런 의미에서 '매일 아침'이라 번역하였다. 그 뒤의 시장 비유로 이렇게 보는 것이 보다 자연스럽다.

8) 光照紘遠八方(광조굉원팔방) : 『회남자』에 의하면, 구주(九州) 밖에 팔인(八殥)이 있고, 팔인 밖에 다시 팔굉(八紘)이 있는데, 여기가 극한(極限)이라고 한다. 그러므로 '광조굉원팔방(光照紘遠八方)'은 "빛이 땅의 극한에 이르기까지 모두 비춘다"라는 의미가 될 것이다.

9) 古者聖賢獨深知道重氣平(고자성현독심지도중기평) : 의미로 보면 "古者聖賢, 獨深知道, 重氣平"과 같이 나눌 수 있을 것이다. 여기에서 '기평(氣平)'의 의미가 정확하게 무엇인지 불분명하다. 아마도 '기화(氣和)' 즉 '화평한 기운'을 의미하는 듯하다.

10) 故不以和土(고불이화토) : 우선 『전역(상)』에서는 "이 구절은 의미가 통하지 않는 듯하다. '화토(和土)'는 '사토(私土)'의 잘못인 듯하다"라고 말하고 있다. 『금주금역(상)』에서는 "'화토(和土)'는 한 지역만을 편안하게 해 주는 것이다"라고 해설하고, 『정독』에서는 "'지사(知士)'가 되어야 할 듯하다. '지(知)'는 '지(智)'이다. '불이지사(不以知士)'는 지사(智士)에 '의지하지 않는다'라는 의미이다"라고 하고 있다.

11) 愚人實奇僞之物(우인실기위지물) : '실(實)'에 대해 『금주금역(상)』에서는 '중시하다'라고 보고 있고, 『정독』에서는 '보(寶)'자로 보아야 한다고 주장한다. 즉 보배로 여긴다는 의미이다. 단지 '실(實)'에는 '충만하게 하다' '채우다'라는 의미도 있다. '실기위지물(實奇僞之物)'은 "많은 사치품으로 도배하다" 정도의 의미로 보아도 될 듯

하다.

12) 天心也意也(천심야의야) : 대부분 '心也'의 '也'를 '地'의 오사(誤寫)로 본다. 즉 '天心地意也'이다.

13) 不可衆傳也(불가중전야) : 집단적인 방식으로 전달이 불가능하다. 도교는 일반적으로 단전(單傳)이거나 비전(秘傳)을 원칙으로 한다. 왜냐하면 근기에 합당하지 않은 사람에게 함부로 전달하면 전달자나 피전달자에게 화만 불러오기 때문이다. 이런 이유로 전수의 대상은 신중하게 선택하여야 한다.

14) 不日令而自均也(불일령이자균야) : 여기에서 '균(均)'은 '평균(平均)' '균평(均平)' 또는 '화해(和諧)'의 의미이다. 『노자·32장』에 대한 상이주(想爾注)에서 다음과 같이 설명하고 있다. "왕이 도를 높이면 관리와 백성들이 본받으려 노력을 하여 법률을 두려워하지 않고 천신을 두려워하게 되어 감히 악행을 하지 못하며, 모두 자기 생명을 온전하게 하고자 하여 칙령을 내릴 필요도 없이 저절로 평균(平均)해지게 된다(王者尊道, 吏民企效, 不畏法律, 乃畏天神, 不敢爲非惡, 皆欲全身, 不須令勑而自平均)."

15) 弟子六人(제자육인) : 천사로부터 도를 배우는 육방진인(六方眞人)을 말한다. 그 중 한 사람의 이름은 '순(純)'이며 나머지는 알 수 없다.

제47권 병부(丙部)의 13

『태평경초』

제63 상선신자제자위군부사득선방결(上善臣子弟子爲君父師得仙方訣) : 최상의 선한 신하·제자가 군주·어버이·스승을 위하여 선을 이루는 법의 비결

해제 이 장은 도교의 충효(忠孝) 사상과 수양의 관계를 논하면서, 제왕에게 무위(無爲)의 다스림을 실현하도록 하는 사람이 최고의 신하·제자·효자임을 밝히고 있다. 제목에서 말하는 '상선(上善)'은 『노자(老子)』 제8장에 나오는 '최고 내지 최상의 아름다움 내지 훌륭함(善)'을 의미한다.

"진인들은 앞으로 나오라! 신하와 백성의 무리들은 어찌해야 마땅히 최고로 훌륭한 사람들이라 할 수 있는가? 진인들은 고민스럽겠지만 더욱 상세하게 나에게 최선을 다하여 말해보라."

[진인들이 대답하였다.] "예. 예. 도리어 허물이 될까 두렵사옵니다."

"무얼 그리 겸손한가? 좋다."

"성심껏 말씀드리자면, 지금 나라의 군주와 신하, 그리고 백성의 무리가 되어서 항상 조심하고 성실하여 일찍이 감히 왕법을 위반하지 않고, 태어나서 죽음에 이르러 마칠 때까지 감히 중대한 과오를 범하지 않고 살면서 죄명이 없는데, 이러한 사람이 당연히 최상의 아름다운 사람이라고 할 수 있습니다."

"아! 그대들이 말한 것은 거의 비슷한 유가 아닌가? 마치 옳은 것 같으나 실지로는 그릇된 것이다. 그대들이 말한 것은 중급의 선한 사람(中善之人)이라 할 수 있을 뿐이고, 최상의 선한 사람(上善之人)에 속한다고는 할 수 없다. 좋다, 그럼 진인들은 다시 내게 최상의 선한 효자의 행실은 마땅히 어떠해야 하는지 말해 보라. 그것을 더욱더 정밀하게 말해보라."

"지금 말한 것이 이미 천사님의 뜻과 부합하지 않아 감히 다시 말씀드리지 못하겠습니다."

"무얼 그리 겸손해 하느냐? 진인들은 알고 있는 바를 말하였지만, 이해하지 못한 바에 대해서는 내가 다시 설명할 것이다."

"예. 예. 최상의 선한 효자의 행실은 항상 도를 지켜서 감히 부모를 근심케 하지 않도록 하고, 평상시에 잘 봉양하고 아침저녁으로 문안을 올리며, 태어난 뒤 사리를 분별할 줄 알게 된 이후 중대한 과실이나 죄명이 없는 이런 사람이 최상의 효자라 할 것입니다."

"아! 진인들이 말한 것은 마치 맞는 것 같지만 그르다. 그것은 중급 정도의 선한 사람이지, 최상의 효에 적중한 것은 아니다. 정확하게 의미를 이해하지 못한 것은 잘못이지만, 잘못 이해한 것이 아니다. 지금 진인들은 스승을 위하여 제자들이 실천하도록 하라. 진인들은 그들이 무엇라고 말하는지 살펴보라. 지금 그대들의 말처럼 이와 같이 한다면, 속인이 우매하고 무지하여 이처럼 교화하기 어려움을 알게 될 것이다. 그대들의 어리석음은 날로 오랜 시간 동안 쌓여왔기 때문에 최상의 선한 효자를 보고도 어떤 사람은 도리어 그 사람을 괴이하다고 여기기도 한다. 그대들이 미치하지 못하니 내가 그대를 위해 설명해 줄 것이다."

"예. 예."

"말하기 비록 힘들겠지만 최상의 선한 제자에 대하여 말해보라."

"지금 이미 천사께 두 번이나 잘못 말씀드려서 감히 다시 말씀드리지 못하겠습니다."

"괜찮다. 그대들은 마땅히 스스로 노력하고 더욱 주의를 기울여 말해보라. 사람의 제자가 되어서 가르침을 받고도 믿지 않고서 오히려 매우 심한 죄를 짓게 된다. 다만 이해할 수 없는 점은 (이러한 문제가) 천하에 예부터 지금까지 두루 공유하는 것이다. 편하게 말해보거라."

"예. 예. 사람의 제자가 되어서 아침저녁으로 항상 삼가고 근면하며, 스승의 가르침을 따르며, 하는 말은 털끝만큼도 잘못이 없고, 감히 경망스럽게 말하여 스승의 글을 어지럽히지 않으며, 들고 날 때는 스승이 근심하지 않도록 합니다. 스승에게 가르침을 받은 이후에는 감히 옳지 않은 일을 하거나 사악한 마음을 지니지 않으며, 즐겁게 날로 선한 일을 하는 데로 나아가며, 악의를 없게 하고 스승의 마음을 거역하지 않는다면, 이것이 최고로 선한 제자라고 할 것입니다."

"아! 진인의 말은 거의 비슷하지만 이는 최고로 선한 제자라

할 수 없고 중급 정도의 선한 자질을 지닌 제자에 해당되는 것일 뿐이다."

"실로 미치지 못하였습니다. 우매한 소생이 스승님의 엄한 가르침을 받고서 스스로 애써 세 가지 일에 대해 말씀드렸는데, 세 가지 일이 천사님의 뜻과는 모두 부합하지 않으니, 지은 죄과가 매우 무겁고 지은 죄를 없애지 못할까 걱정됩니다."

"무릇 사람은 행함에 완전하게 이해할 수 없는 것이 있다. 그대들은 악의가 없으니 죄가 없다. 지금 천하 사람들은 모두 크게 어리석고 어두워서 하나도 옳은 것이 없다. 진인인 그대조차도 설명하는 것이 항상 이와 같은데, 지금 평범한 사람이나 우매한 사람들에게 무엇을 바랄 수 있겠느냐?"

"세상 사람들은 늘 통달하지 못하고 그들의 어리석은 마음을 믿는 것이 참으로 이와 같습니다. 천사께서 다행히도 매 건의 일마다 일일이 저를 가엾게 여기시어 이미 분명하게 가르쳐주시고자 하셨을 것입니다. 저희가 완전하게 이해하지 못한 것에 통달할 수 있도록 다시 가르침을 받고자 하오니, 오로지 영명하신 천사께서 가르침을 주시면 고맙겠습니다."

"내 장차 진인들을 위하여 세세하게 설명을 할 것이니, 그대들은 마땅히 힘써 그것을 따르고 기억하도록 하라."

"예, 예."

"좋다. 대저 최상의 선한 신하와 백성의 무리들은 그 행위들이 항상 아침저녁으로 그 군왕을 걱정하고 염려하는 것이다. [그들은 군왕이] 편안하고자 하는 마음을 가지고, 병으로 인한 고통이 바로 다스려지길 생각하고, 항상 제왕이 소매를 늘어뜨리고 팔짱을 끼고서 저절로 다스려지게 하는 것이 그 신하와 백성들이 본받지 않을 수 없어서 효성스럽고 자애롭게 되는 것을 기뻐한다. 그들이 다스림으로 삼는 것은 단지 왕이 편안하게 앉아서 오래도록 즐거움을 누리도록 하는 것을 즐기는 것이며, 그 다스림은 바로 위로는 하늘의 마음을 얻고 아래로는 땅의 뜻을 얻어, 중앙으로는 만백성이 모두 기뻐하고 원수를 지거나 직위를 잃는 일이 없도록 한다. 기어 다니는 무리는 (자연적) 습성에 따라 그렇게 행동하고, 전염병을 얻음이 없이 자연적으로 죽게 되는 것이니, 만물은 각각 맡은 바 도리를 다하지 않는 게 없다. 천지가 화합하고 세 가지 기가 함께 기뻐하니, 군주는 이로써 수명을 늘리고, 백성들은 마땅히 제왕으로 하여금 (장생불사하는) 기이하고 특별한 방술(方術)을 탐구하도록 하여 감추어지고 은폐되었던 신비한 책들이 그들을 위해 나오지 않는 것이 없게 되는데, 천하가 이에 호응하여 (출현하게 된) 모든 것이 괴이하고 놀라워서 말한다. '좋도다! 있어 본 적이 없었다!' 노인에서 아이에 이르기까지 다시 악한 일 하는 것을 알지 못하고 모두가 그 기이하고 특별한 묘방을 찾아 가지고 와서 제왕에게 바친다. 제왕은 그것을 얻어서 수명을 늘릴 수 있게 된다. 모두가 그 군주가 또한 늙는 것을 애석하게 생각하면 군주의 다스림은 비로소 하늘의 마음(天心)을 얻게 된다. 천지는 신을 시켜 선약(仙藥)을 보내 알리는데, 그것을 얻어 복용한다면 세상이 다하도록 시간이 다함을 알지 못하게 된다. 이것이 이른바 최고로 선하다는 신하이자 백성이 실천하여 이루는 것이다. 진인들은 정녕 이것을 명백하게 알지 못하겠는가?"

"예. 예."

[부(附)] 기어 다니고 걸어 다니는 무리는 응하여 변화시키지 않음이 없다. 만물은 각각 모두 맡는 바가 있다. 천지가 화합하고 군주가 수명이 늘어나게 되며, 노인에서 아이에 이르기까지 다

시 악하게 되는 것을 알지 못한다. 천하가 또한 그 군주가 늙게 될까 애석해 하면, 천지는 반드시 신인(神人)에게 선약(仙藥)을 보내 알리는데, 제왕이 그것을 복용하면 수명이 무궁하게 된다.

眞人前, 凡爲人臣子民之屬, 何者應爲上善之人也. 眞人雖苦, 宜加精爲吾善說之. 唯唯. 但恐反爲過耳. 何謙. 諾. 誠言今爲國君臣子及民之屬, 能常謹信, 未嘗敢犯王法, 從生到死, 訖未嘗有重過, 生無罪名也, 此應爲最上善之人也. 噫. 子說似類之哉, 若是而非也. 子之所說, 可謂中善之人耳, 不屬上善之人也. 行, 眞人復爲吾說最上善孝子之行當云何乎. 宜加精具言之. 今所言已不中天師意, 不敢復言也. 何謙. 眞人取所知而言之, 不及者, 吾且爲子達之. 唯唯. 然上善孝子之爲行也, 常守道不敢爲父母致憂, 居常善養, 旦夕存其親, 從已生之後, 有可知以來, 未嘗有重過罪名也, 此爲上孝子也. 噫. 眞人所說, 類似之又非也, 此所說謂爲中善之人也, 不中上孝也, 不及爲過, 非過也.[1] 今乃以眞人爲師弟子行作法, 眞人視其且言何耳. 今子言財如是, 俗人愚闇無知, 難教是也. 積愚日久, 見上善孝之人, 或反怪之, 子不及, 爲子說之. 唯唯. 行雖苦, 復爲吾具說上善之弟子. 今已有二過於天師, 不敢復言也. 行, 子宜自力加意言之. 爲人弟子見教而不信, 反爲過甚深也. 但不及者, 是天下從古到今所共有也. 平說之. 唯唯. 然爲人弟子, 旦夕常順謹, 隨師之教敕, 所言不失銖分, 不敢妄說亂師之文, 出入不敢爲師致憂. 從見教於師之後, 不敢犯非歷邪, 惀惀日嚮爲善, 無有惡意, 不逆師心, 是爲上善弟子也. 噫. 眞人言, 幾類似之, 是非上善之弟子也, 財應中善之弟子耳.

實不及. 愚生見師嚴敕, 自力强說三事, 三事不中明天師意,爲過責甚重, 恐復有罪不除也. 凡人行有不及耳, 子無惡意, 無罪也. 今天下人俱大愚冥冥, 無一知是也. 極於眞人, 說事常如此, 今何望於俗夫愚人哉. 其常不達, 信其愚心, 固是也. 天師幸事事哀之, 旣闓示之, 願復見爲達其所不及, 恩惟明師師行. 吾將爲眞人具陳說之, 子宜自力, 隨而記之. 唯唯, 諾. 然,夫上善之臣子民之屬也, 其爲行也, 常旦夕憂念其君王也. 念欲安之心, 正爲其疾痛, 常樂帝王垂拱而自治也, 其民臣莫不象之而孝慈也. 其爲政治, 但樂使王者安坐而長游, 其治乃上得天心, 下得地意, 中央則使萬民莫不懽喜,[2] 無有冤結失職者也. [起]跂行之屬, 莫不嚮風而化爲之,[3] 無有疫死者, 萬物莫不盡得其所. 天地和合, 三氣俱悅, 人君爲之增壽益算, 百姓尙當復爲帝王求奇方殊術, 閉藏隱之文莫不爲其出, 天下嚮應, 皆言咄咄. 善哉, 未嘗有也. 上老到於嬰兒, 不知復爲惡, 皆持其奇殊之方, 奉爲帝王. 帝王得之, 可以延年. 皆惜其君且老, 治乃得天心, 天地或使神持負藥而告, 子之得而服之, 終世不知窮時也. 是所謂爲上善之臣子民臣之行所致也. 眞人寧曉知之不邪. 唯唯. [止]

[附] 跂行之屬, 莫不嚮風而化, 萬物各得其所. 天地和悅, 人君爲增壽, 上老至于嬰兒, 不知復爲惡. 天下且惜其君恐老, 天地必使神人持負靈藥告之, 帝王服之, 壽無窮矣.

역주

1) 不及爲過, 非過也(불급위과, 비과야) : '불급(不及)'은 최상의 선(善)에 대한 의미를 완전하게 이해하지 못하였음을 말한다. 진인들은 최상의 선(善)에 대한 의미를 완전하게 이해하지 못하지만 '선(善)'의 의미에서 완전하게 벗어난 것 또한 아니기 때문에, '비과야(非過也)'라고 하였다.

2) 中央則使萬民莫不懽喜(중앙칙사만민막불환희) : '중앙(中央)'은 인간 세계를 말한다. 인간은 위의 하늘과 아래의 땅이 교합해서 형성되었기 때문에 '중앙'이라고 표현하였다.

3) 莫不嚮風而化爲之(막불향풍이화위지) : 동물들이 자신들의 자연적 본성에 의해 영향을 받아 행동하는 것을 의미한다.

"그대들은 이미 깨달았다고 할 것이다. 그러므로 태고(太古)적 상황제(上皇帝)의 제일가는 훌륭한 신하와 백성은 그 행실이 이와 같았다. 무엇으로써 그것을 구할 수 있으며, 이러한 다스림이 올바르게 되었는가? 나의 도서(道書)는 바로 상고 시대의 제일가는 글이다. 진인들이 그 뜻을 깊이 생각한다면 하늘의 마음을 얻을 것이다. 나는 경건하게 하늘의 마음에게 전수받아서 아래로 유덕한 군주를 위하여 재난을 해결해주고 재앙을 없애고자 하지만, 나는 하늘의 위엄이 두려워 감히 그것을 모두 말할 수는 없도다! 하늘이 장차 나를 꾸짖을 것이니 진인에게 도서(道書)를 부탁하여 속히 그것을 가지고 돌아가서 가장 훌륭한 최상의 덕을 지닌 군주가 그것을 얻어 다스릴 수 있게 한다면, 하늘과 서로 같게 될 것이니, 하늘과 어떠한 차이가 있을 수 있겠는가!"

"훌륭하십니다! 훌륭하십니다! 천사님의 말씀을 들으니 이윽고 하늘의 태평기가 참으로 이미 이르렀음을 알겠습니다. 이르렀다고 하는 까닭은 글(文)이 이미 나왔기 때문입니다. 즐겁습니다! 다시 무슨 근심이 있겠습니까? 지금 백성은 스승님의 일에 관여하지 않는데 무엇 때문에 선(善)을 보면 기뻐하고 악(惡)을 보면 걱정하겠습니까? 그러한 까닭은 선한 기가 이르면 사악한 기가 숨기 때문입니다. 제가 또한 항상 편안하면 질병과 상해를 면할 수 있습니다. 대저 악한 기가 이르면 선한 기가 숨게 되므로 저는 재앙을 입을까 두려워하여 감히 행동하지 못하는데, 천하가 모두 그렇습니다. 그러므로 저희는 선을 보면 기쁩니다."

"옳도다! 그대들의 말이여!"

"천사님께서 다행히 불쌍히 여기시어 이미 최상의 선한 신하와 백성이 되는 법을 말씀하셨습니다. 원컨대, 다시 최상의 효도 방법을 여쭙고 싶습니다."

"좋다! 그대들이 대답하기 어려운 질문을 하는구나! 그렇다! 가장 선한 효자는 부모가 늙어 돌아가심을 염두에 두고 홀로 한가롭게 있을 때도 항상 생각하면서 병이 없어지길 바라고, 어디에서 불사(不死)의 기술을 얻을 것인지를 생각하며, 부모와 함께 그곳으로 가서 자리 잡고 살면서, 재화는 경시하고 도(道)만을 중시하며 살아갈 뿐이다. 가련한 곡조를 연주하고 노래하는 것에 힘써서 그 부모를 즐겁게 하고 그 뜻을 감화시켜 불사의 도에 들어갈 수 있게 함으로써, 즐거움을 영원하게 누리며 그들과 함께 살아가니 늙는 것을 알지 못하고, 항상 묘방을 찾기 위하여 요원한 곳까지 두루 도달한다. 지극한 정성은 바로 하늘을 감동시키며, 힘을 다하여 이르게 한다. 입고 먹는 재화는 스스로 넉넉한 것으로 간주하고, 다시 후대를 위해 진기한 보물을 놓아 두지는 않는다. 도리어 모든 것은 부모를 근심걱정하게 하고 그들을 지키는 데만 힘쓴다. 집안에서 먼저 죽은 사람의 넋들이 또한 근심걱정으로 괴로워하지 않게 한다. 제사는 먹는 것이 길하고 상서롭기만을 추구하지 않으며, 지하에 계신 혼백에게 스스로 사랑하도록 축원하며, 스스로를 걱정하거나 가엾게 여길 수 있게 할 위패는 세우지 말아야 한다. 이것이 태고(太古) 상황(上皇)의 가장 선한 효자의 행실로 칭해지며, 사방에서 그 선행을 듣고 기뻐함이 먼 곳에 있는 게 아니고, 모두가 즐겁게 본받아야 할 것이라고 생각한다. 서로 모방하여 본받아야 할 것이기 때문에 제왕을 위하여 자애롭고 효성스러운 신하들이 생겨난다. 대저 효자가 부모를 걱정하고 선한 신하가 군주를 걱정하는 것은 마땅히 이와 같은 것이다. 진인들이 오늘 아침 말한 것은 가까스로 평범한 행실에 그치는 것이며, 각자 자기 몸을 보전하고자 할 뿐인 것으로, 위로는 군주와 부친과 스승에게 무슨 이익이 있겠으며, 어찌 최상의 선한 사람이라고 말할 수 있겠는가? 그것은 자신의 복과 이로움을 위하는 사람일 뿐이다. 진인들이 오히려 이것을 선하다고 하니 하물며 세속의 사람들이야 어떻겠는가? 스스로 행동할 때 근신하고 왕법을 어기지 않고 죄명이 없는 사람들은 울부짖으며 스스로 말하길, 하늘을 저버리지 않고 군주와 어버이와 스승을 저버리지 않는다고 한다. 그대들의 행적은 단지 스스로 몸을 보존하는 것일 뿐인데도, 도리어 심각하게 스스로가 위에 공적이 있다고 말하며, 천지를 향해 울부짖는데, 이는 가장 어리석은 사람에 속하는 것으로 가장 선한 사람이라고 할 수 없다. 지금 진인에게 분별하여 구체적으로 말하는 까닭은, 그대로 하여금 이 글을 최상의 덕을 지닌 군주에게 주도록 함으로써 많은 현자들에게 보여 더욱 엄격하게 경계시키고, 완전하게 깨우치도록 해서, 스스로 행실의 옳고 그름뿐만 아니라, 위로는 군주와 어버이와 스승에게 유익한 것인지 아닌지를 알게 한다. 태상(太上) · 중고(中古)시대 이래로 사람은 더욱 어리석어지고 날로 재물이 많아졌는데, 그 사악한 행위를 행하고서도 도리어 스스로 천지, 군주, 어버이, 스승에게 공이 있다고 말하는데, 이들은 바로 크게 거슬리고 이치에 통달하지 못한 자들이다. 진인들 또한 이를 알겠는가?"

"예. 예."

子可謂已覺矣. 是故太古上皇帝第一之善臣民, 其行如此矣. 以何能求之, 致此治正也. 以此道吾道, 正上古之第一之文也. 眞人深思其意, 卽得天心矣, 吾敬受是於天心矣, 而下爲德君解災除諸害, 吾畏天威, 敢不悉其言. 天且怒吾屬書於眞人,[1] 疾往付歸之, 上德君得之以治, 與天相似, 與天何異哉. 善乎善乎. 見天師言, 承知天太平之平氣眞眞已到矣. 其所以致之者, 文已出矣. 樂哉復何憂. 今民非子事, 何故見善卽喜, 見惡則憂之乎. 所以然者, 善氣至, 卽邪惡氣藏. 吾且常安, 可無疾傷. 夫惡氣至, 則善氣藏, 使吾畏災不敢行, 天下皆然. 故吾見善則喜也. 善哉, 子之言也.

天師幸哀, 已爲說上善臣子民之法, 願復聞上孝之術. 善哉, 子難問也. 然, 上善第一孝子者, 念其父母且老去也, 獨居閒處念思之, 常疾下也, 於何得不死之術, 嚮可與親往居之, 賤財貴道活而已. 思弦歌哀曲,[2] 以樂其親, 風化其意, 使入道也, 樂得終古與其居, 而不知老也, 常爲求索殊方, 周流遠所也. 至誠乃感天, 力盡乃已也. 其衣食財自足, 不復爲後世置珍寶也. 反悉愁苦父母, 使其守之, 家中先死者, 魂神尙不樂愁苦也. 食而不求吉福, 但言努力自愛於地下, 可毋自苦念主者也.[3] 是名爲太古上皇最善孝子之行, 四方聞其善, 莫不遙爲其悅喜, 皆樂思象之也. 因相倣效, 爲帝王生出慈孝之臣也. 夫孝子之憂父母也, 善臣之憂君也, 乃當如此矣. 眞人今且所說, 但財應平之行, 各欲保全其身耳, 上何益於君父師, 而反言爲上善之人乎. 此財名爲自祐利之人耳. 眞人尙乃以此爲善, 何況俗人哉. 自見行謹信, 不犯王法, 而無罪名者, 啼呼自言, 不負天, 不負君父師也. 汝行適財自保全其身耳, 反深自言有功於上, 而啼呼天地, 此悉屬下愚之人也, 不能爲上善之人也. 今所以爲眞人分別具說此者, 欲使眞人以文付上德之君, 以深示敕衆賢, 使一覺悟, 自知行是與非, 亦當上有益於君父師不邪. 太上中古以來, 人益愚, 日多財, 爲其邪行, 反自言有功於天地君父師, 此卽大逆不達理之人也. 眞人亦豈知之耶. 唯唯.

역주

1) 天旦怒吾屬書於眞人(천단노오속서어진인) : 여기서 '단(旦)'은 『합교(合校)』를 참고로 '장차(且)'로 해석하였다.
2) 思弦歌哀曲(사현가애곡) : '사(思)'는 항상 생각하며 강구하는 것으로, '애곡(哀曲)'은 자식이 부모를 사랑하는 마음이 지극해서 천지사방이 그것을 애처롭게 느낄 정도로 효행의 마음이 발현된 곡조를 의미한다.
3) 可毋自苦念主者也(가무자고념주자야) : '주(主)'는 위패의 의미로 해석했으며, 앞의 역주와 마찬가지로 기복을 바라는 마음에서 자신의 걱정과 근심을 담아 앞서 죽은 사람의 위패를 세우지 말 것을 경계한 내용이다.

"그대들은 이미 깨달았다고 할 수 있다. 지금 선을 행하는 일은 실로 매우 어려운 것이다. 그대들은 신중하라. 그대들이 힘들이지 않고 나의 글(文)을 통달해서 천지의 커다란 병통을 해소하고자 한다면, 제왕으로 하여금 노닐면서 근심을 없도록 하고, 할 일도 없게 해야 한다. 천하가 기뻐하지 않음이 없음을 아래로 초목까지 미치게 해야 할 것이니라. 그대들은 아직 가장 선한 사람과 상응하지 못하면서 다만 그대들의 몸만 보전하려고 생각하는 사람일 뿐이니, 또한 무엇으로 천지를 대할 것인가? 대저 사람은 그 몸을 온존케 하는 일을 즐기며, 소인은 더욱 심하게 집착하는데, 그대들 역시 알겠는가?"

"예. 예."

"그대들은 이미 깨달았다고 할 수 있으나, 신중하라."

"예. 예. 지금 천사께서 다행히 어리석고 얕아서 도를 통달하지 못한 소생을 불쌍히 여기시니, 원컨대 가장 선한 제자의 행실에 대해서 다시 여쭙고 싶습니다."

"좋다! 최상의 선한 제자는 스승의 도와 덕을 배운 뒤는 스승의 은혜(곧, 가르침)에 따라 생각하여, 드디어 사람이 되는 것이다. 오랜 동안 현자와 서로 교류하며 대오에서 이탈하지 않고 때로 관직을 얻어 부모에게 보답하거나, 도를 깊이 체득하여 스스로 기르는 도술(道術)을 깨우치는 것이다. 대저 사람은 곧 부모로부터 생겨나고 스승으로부터 도·덕을 성취하며 군주로부터 영화로움과 존귀함을 얻는 것이므로, 매양 홀로 한곳에 있을 때면 군주와 어버이와 스승이 늙어 가는 것을 보며 그들에게 보답할 수 없음을 염려하고, 스승을 위해 특이한 방술이나 비밀의 글을 찾아 공로에 보답할 수 있기를 항상 생각해야 한다. 오로지 마음은 순일하게 그러한 것을 얻지 못할까 염려한다. 그것을 염려하기 때문에 바로 행동하는데, 현자가 되기 위해 계속 배우는 사람은 자기 스승에 의탁하고, 그 스승을 대신해 말하거나, 또는 스승이 위로는 나라를 위한 선한 보좌관이 되도록 하여, 지금 다시 위 어른이 제왕의 다스림에 유익하도록 한다. 이렇게 하면 바로 태고시대 최상의 선한 제자와 상응한다고 할 수 있다. 뒤에 태어난 명철한 군주와 현명한 신하들 또한 최상의 선한 인물이라고 할 수 있다. 만약 그대처럼 지금 쉽게 가르칠 수 있고 성실하게 따를 수는 있다고 하여

도, 지금부터 스승의 마음을 통찰하지 못한다면, 단지 성실히 따르는 제자일 뿐으로, 다만 자신의 몸만을 보전하기에 힘쓰는 사람이라고 할 것이다. 위로는 무슨 이득이 될 것이며, 선한 제자가 된다고 할 수 있겠는가? 진인들이 오히려 이러한 말을 하니, 백성과 어리석은 사람들이 항상 스스로가 스승에게 공적이 있다고 말하는 것은 참으로 옳은 것이다. 대저 사람의 신하 및 제자가 되고 사람의 자식이 되어서 군주와 어버이와 스승의 가르침과 명령을 따르지 않는 것은 모두 대역(大逆) 죄에 해당하는 것으로 달리 말할 수는 없는 것이다. 진인들이 말한 선한 자식과 백성과 신하, 선한 제자 등 그 행실은 단지 죄명에 부합하지 않을 뿐이다. 어리석구나, 그대들이여! 무엇을 일러 선하다고 할 것인가? 따라서 세속 사람의 어리석음은 유독 이미 깊이 파고든 지 오래되었다. 지금 진인들이 말하는 바로써 이미 실상을 알았으니, 왜곡되게 사악함과 간악함에 빠져서 미혹된 지 오래라는 것을 알라. 그러므로 하늘이 홀로 이러한 정황을 속 깊게 알기 때문에 노하고 기뻐하지 않아, 재앙이 쌓이고 쌓여서 다시 서로 승부(承負)하기에 이르렀다. 모든 것이 진인들이 말하고 행동하는 것처럼 가까스로 자신의 몸만을 보호하고 잘못을 저지르지 않으면서도, 스스로 천지에 공이 있고 다른 사람을 돕는다고 말하고 있으니, 이것은 큰 어리석음이 심하다고 하는 것이다. 그대들은 다시 신중하라. 그대들의 말은 아직 하늘의 마음(天心)에 완전하게 부합하지 않는다. 내가 진인에게 말하게 하는 까닭은 오랜 제자 때문이 아니라 속인의 득실을 보고자 한 것이다. 어찌 큰 죄가 되겠느냐? 그러므로 그대들에게 말하게 하여 굽은 것인지 곧은 것인지를 보려 했을 뿐이다. 그대들은 알겠는가?"

"예. 예."

"가거라. 그대들은 이미 깨달았노라. 본래 진인을 깨닫게 하려 했을 때 말하도록 하려고 한 것은 아니었다. 그대들이 매우 간절하게 매일 선을 쌓아 나가는 것을 보았으므로, 그대들과 깊은 말을 하며 천지의 뜻을 밝혀서, 제왕이 근심 걱정으로 괴로워하고 백성의 원한이 맺히며, 만물이 이치를 잃는 것을 해소하고자 하였다. 지금 그대를 위하여 이미 (하늘의) 법을 진술하고 도의 뜻을 말하였을 뿐이다. 더 이상 아낄 것이 없다. 그대들은 오로지 노력하고, 기억하라."

"예. 예."

"나는 이전에 많은 제자를 보았지만 더불어 말할 수 없었기 때문에 궁극적인 말에 대하여 더불어 탐구할 수 없었다. 그러므로 나의 도가 전해져 드러날 수 없었다. 그대들은 알겠는가?"

"예. 예."

"가라! 그대들은 이미 환하게 깨우쳤다."

子可謂已覺矣. 今爲行善, 實大難也, 子愼之. 子不力通吾文, 以解天地之大病, 使帝王游而無憂無事, 天下莫不懽喜, 下及草木, 子未能應上善之人也, 財名爲保全子身之人耳, 又何以置天地乎. 夫人欲樂全其身者, 小人尤劇, 子亦知之乎. 唯唯. 子可謂爲已覺矣, 愼之. 唯唯. 今天師幸哀愚賤不達道之生, 願復聞上善之弟子行也. 然, 上善之弟子也, 受師道德之後, 念緣師恩, 遂得成人. 乃得長與賢者相隨, 不失行伍, 或得官位, 以報父母, 或得深入道, 知自養之術也. 夫人乃得生於父母, 得成道德於師, 得榮尊於君, 每獨居一處, 念君父師將老, 無有可以復之者, 常思行爲師得殊方異文,[1] 可以報功者. 惟念之正心痛也, 不得奇異也. 念之故行, 更學事賢者, 屬託其師,[2]

爲其言語, 或使師上得國家之良輔, 今復上長有益帝王之治. 若此乃應太古上善之弟子也. 及後生者明君賢者, 名爲上善之人. 若眞人, 今且可言易敎謹信, 從今不逹師心, 此者, 財應順弟子耳, 但務成其身也. 又何益於上, 而言爲善弟子乎哉. 眞人說尙言, 而民俗夫愚人常自言有功於師, 固是也. 夫爲人臣子及弟子爲人子, 而不從君父師敎令, 皆應大逆罪, 不可復名也. 眞人所說善子民臣善弟子, 其行財不合於罪名耳. 愚哉子也, 何謂爲善乎. 是故俗夫之人愚, 獨已洞逹久矣. 今以眞人說繩之, 已知其實, 失正路, 入邪僞, 迷惑久哉. 是故天獨深知之, 故怒不悅, 災委積, 更相承負是也. 皆若眞人言行, 財保其身不犯非者, 自言有功於天地旁人也, 是其大愚之劇者也, 子復愼之. 子言未盡合於天心也, 吾所以使眞人言者, 不以故子也. 但欲觀俗人之得失, 以何爲大過乎. 故使子言之, 視其枉直非耳. 子亦知之耶.[3] 唯唯. 行, 子已覺矣. 本覺眞人之時, 不欲與眞人語言也. 見子惓惓, 日致善也, 故與子深語, 道天地之意, 解帝王之所愁苦, 百姓之冤結, 萬物之失理耳. 今旣爲子陳法言義, 無所復惜也, 子但努力記之. 唯唯. 吾向睹幾何弟子, 但不可與語, 故不與硏究竟語也. 故吾之道未嘗傳出也, 子知之耶. 唯唯. 行去, 子曉矣.

역주

1) 常思行爲師得殊方異文(상사행위사득수방이문) : '행(行)'을 '곧, 머지않아'의 의미로 해석했다. 『도전론(道典論)』에 '행(行)'자가 없다. '득(得)'은 『초(鈔)』에서 '구(求)'로 되어 있으며 이에 근거하여 해석하였다.

2) 更學事賢者, 屬託其師(경학사현자, 촉탁기사) : '경(更)'은 '계속해서'라는 의미로, '사(事)'는 앞의 '학(學)'과 같은 동의어로, '촉(屬)'은

의뢰한다는 '촉(囑)'의 의미로 해석하였다. 즉 훌륭한 제자는 현자가 되기 위해 끊임없이 학습에 정진하는데, 그 학습의 내용은 자신의 스승 학설을 받들고 의뢰하는 데 있다는 의미이다.

3) 子赤知之耶(자적지지야) : 『합교(合校)』에 의거해 '적(赤)'은 '역(亦)'의 의미로 해석했다.

"그렇습니다. 천사께서 이미 제자를 불쌍히 여기시어 진실한 말을 꺼리질 않으셨습니다. 군주가 현명하면 신하들 대다수가 충직하고 스승이 명철하면 제자들 대다수가 꺼리지 않고 말한다고 하셨습니다."

"좋다! 그대들의 말은 의미를 깨우쳤도다. 바로 말하라."

"지금 천지에 실제로 신선이 되는 불사(不死)의 비방이 마땅히 있다면, 불로(不老)의 방법 또한 얻을 수 있지 않을까요?"

"좋도다! 진인들이 묻고자 한 것이! 그렇다. 얻을 수 있다. 천상에 쌓여 있는 신선이 되는 불사약의 양은 마치 큰 창고에 쌓여 있는 곡식과 같이 많다. 신선이 입는 옷은 마치 커다란 관부에 쌓여 있는 베와 비단처럼 많다. 여러 신선들이 거주하는 저택의 수는 마치 천자가 거주하는 저택처럼 많다. 늘 큰길에 살기 때문에 하늘에 들어갈 수 있다. 큰길이란 신이 머무는 집에 거주하는 것이다. 만약 사람에게 도와 덕이 있으면 고을의 관리가 머무는 집에 거주하는 것과 같다. 하늘은 신선의 옷과 불사의 비방에 인색하지 않지만, 사람에게 주기는 어렵다. 사람이 천지에 큰 공이 없으면, 천지의 큰 병을 다스리거나 음양의 기를 소통시킬 수 없고 해·달·별의 삼광, 네 계절, 오행(木·火·土·金·水), 천지신령(天地神靈)에 이로울 게 없으므로, 하늘은 불사의 비방과 신선의 옷을 주지 않는다. 이것은 바로 특별한 공로가 있는 사람에게만 주는 것이다.

그대들은 그 커다란 효험을 알고 싶은가? 예컨대 제왕이 지닌 큰 창고의 곡식과 큰 관부의 베나 비단과 같다. 대저 큰 창고 안의 곡식은 몇 말이나 곡(斛)이 되는지 알 수 없지만, 공이나 도·덕이 없는 사람은 한 되조차도 얻을 수가 없다. 사람이 죄를 지으면 도리어 감옥에 들어가고, 바로 죄에 대하여 심문받고, 그 죄상을 상주하도록 하는데, 이것이 뚜렷한 효험이다. 지금 사람은 실로 악해서 하늘의 마음에 부합하지 않으므로, 하늘은 신비한 약방을 갖추어 보여주지 않는다. 도리어 날마다 귀신과 정령으로 하여금 감시케 하여 형용할 수 없는 사람에게 형벌을 주기 때문에, 병든 자가 끊이질 않고 죽는 자가 매우 많다. 예컨대 천자가 어지럽게 다스리면 감옥에는 죄인이 많게 되고 참혹하게 죽는 자도 많게 되는 것이다. 제왕에게 커다란 공이 있다면, 궁실에는 많은 관곡이 쌓여 있고 베와 비단이 있게 되어, 항상 옷과 양식을 얻을 수 있을 것이다. 대저 인명은 제왕에게 있지만, [제왕은] 항상 선한 사람과 더불어 다스릴 것을 생각하는데, 어찌 인색하겠는가?

군주의 직책은 반드시 많은 현명하고 온화한 사람들과 함께 평화롭게 천하를 다스려야만 한다. 대저 군주에게 현명한 신하가 없고 어버이에게 효자가 없으며 스승에게 순종하는 선한 제자가 없다면, 그 근심은 말로 다할 수 없다. 그러므로 상고시대 삼황(三皇)은 아무 일도 하지 않고 내버려둠으로써 일도 없고 근심도 없었다. 신하들은 근신하고 착해서 군주를 걱정하고 항상 마음으로 고통스러워하였기 때문에, 군주를 도와 천하를 평화롭게 할 수 있었으며, 더욱이 또한 그를 위해 천상에서 신선의 비방을 찾아 그 군주에게 주어서 장수할 수 있게 하였다. 때로 어떤 사람은 큰 공로가 있고, 공로가 크다면 나아가 신선이 될 수 있어서 함께 천상의 일을 다스리고, 하늘은 또한 그에게 옷과 양식을 주었는데, 이것이 뚜렷한 효험이며 헛된 말이 아니다. 대저 중고시대 이래로 참된 도를 시기하여 그것을 막고 단절하였다. 특히 서로 거짓된 도로써 속이며 사람들을 어리석게 하여 현명한 사람은 갈수록 적어지게 되었다. 그러므로 많은 군주와 신하들이 모두 근심걱정으로 괴로워하였지만, 오히려 천하를 평화롭게 할 수 없었고 또한 많은 사람들이 장수할 수 없었다. 그거는 비단 지금 하고시대 사람들의 잘못이 아니며, 유래한 지가 오래 되었다. 큰 허물이 여기에 있게 되었다. 그대들 또한 어찌 알겠는가?"

"예. 예."

"지금 천상에 쌓인 기이한 비방과 신선의 옷은 헤아릴 수 없이 많다. 그러나 사람에게 큰 공이 없으면 그것을 얻을 수 없다. 예컨대 사람이 관리의 집, 돈, 곡식, 베, 비단 등을 소유하려면 항상 큰 도에 거처해야 하고 가족을 위해 도망쳐 숨지 않는다. 또한 공과 덕이 없는 사람은 곡식 한 말, 동전 한 닢, 베와 비단 한 치조차도 얻을 수 없는데, 이것이 뚜렷한 효험이다. 그러므로 아득히 먼 중고시대 이래로 참된 도가 날로 쇠약하고 적어지게 되었기 때문에 참된 수명과 신선의 비방을 얻을 수 없게 되었다. 그러나 사람이 죄를 짓고도 오히려 장수하는 것은 극히 드문 천하의 장수한 사람이라고 하는데, 무엇 때문인가? 참된 도와 덕이 많아지면 바른 기가 많아지기 때문에, 사람이 병에 적게 걸리고 오래 살 수 있게 된다. 사악하고 거짓된 글이 많아지면 사악한 기가 많아지기 때문에, 사람들이 병에 많이 걸리고 오래 살 수 없게 되는데, 이것이 하늘과 저절로 그러한 자연의 법칙이다. 그러므로 고대 삼황의 신하들은 참된 도를 많아지게 했으므로, 그 군주가 오래 살 수 있었다. 오제(五帝)의 신하들은 참된 도를 적게 하였기 때문에 그 군주가 삼황의 수명만큼 살 수 없었다. 삼왕(三王)의 신하들은 더욱 참된 도를 적게 하였기 때문에 오제의 수명만큼 살 수 없었다. 오패(五覇)의 신하들은 전공과 거짓된 글과 형벌을 최상으로 여겨서 하나의 참된 도도 없었기 때문에, 요절한 사람이 많았는데, 이것이 뚜렷한 효험이다. 그 중 때때로 장수한 사람은 극히 드문 천하의 장수한 사람인이다. 그대들은 잘 알겠는가?"

"예. 예."

然, 天師旣哀弟子, 得眞言不諱, 君賢則臣多忠, 師明則弟子多得不諱而言. 善哉, 子之言也, 得覺意, 行言之. 今天地實當有仙不死之法, 不老之方, 亦豈可得耶. 善哉, 眞人問事也. 然, 可得也. 天上積仙不死之藥多少, 比若太倉之積粟也. 仙衣多少, 比若太官之積布白也.[1] 衆仙人之第舍多少, 比若縣官之室宅也. 常當大道而居, 故得入天. 大道者, 得居神靈之傳舍室宅也. 若人有道德, 居縣官傳舍室宅也. 天上不惜仙衣不死之方, 難予人也. 人無大功於天地, 不能治理天地之大病, 通陰陽之氣, 無益於三光四時五行天地神靈, 故天不予其不死之方仙衣也. 此者, 乃以殊異有功之人也. 子欲知其大效乎. 比若帝王有太倉之穀, 太官之布帛也. 夫太倉之穀幾何斗斛,[2] 而無功無道德之人不能得其一升也. 而人有過者, 反入其獄中, 而正尙見治, 上其罪之狀, 此明效也. 今人實惡, 不合天心, 故天不具出其良藥方也. 反日使鬼神精物行考, 笞擊其無狀之人, 故病者不絶, 死者衆多也. 比若縣官治亂, 則獄多罪人, 多暴死者, 此之謂. 如有大功於帝王, 宮宇積多官穀有布帛, 可得常衣食也. 夫人命帝王, 但常思與善人爲治, 何惜愛哉. 人君職會, 當與衆賢柔共平治天下也. 夫君無賢臣, 父無孝子, 師無順善弟子, 其爲愁不可勝言也. 是故上古三皇垂拱, 無事無憂也. 其臣謹良, 憂其君, 正常心痛, 乃敢助君平天下也, 尙復爲其索得天上仙方以予其君也, 故其君得壽也. 或有大功, 功大尙得俱仙去, 共治天上之事, 天復衣食之, 此明效也, 不虛言也. 夫中古以來, 多妒眞道, 閉絶之. 更相欺以僞道, 使人愚, 令少賢者. 故多君臣俱愁苦, 反不能平天下也, 又多不壽. 非獨今下古人過也, 所由來久矣, 或大咎在此, 子亦豈知之耶. 唯唯. 故今天上積奇方仙衣, 乃無億數也, 但人無大功, 不可而得之耳. 比若人有縣官室宅, 錢穀布帛, 常當大道而居, 爲家不逃匿也. 而無功德者, 不能得穀一斗, 錢一枚, 布帛一寸, 此明效也. 故太古中古以來, 眞道日衰少, 故眞壽仙方不可得也. 而人過得獨壽者, 極是其天下之大壽人也, 何也. 眞道德多則正氣多, 故人少病而多壽也. 邪僞文多, 則邪惡氣多, 故人多病而不得壽也, 此天自然之法也. 故古者三皇之臣多眞道也, 故其君多壽. 五帝之臣少眞道,[3] 故其君不若三皇之壽也. 三王之臣復少眞道,[4] 不能若五帝也. 五霸之臣最上功僞文禍,[5] 無有一眞道, 故多夭死, 是明效也. 其中時時得壽者, 極天下之壽人也, 子重知之耶. 唯唯.

역주

1) 比若太官之積布白也(비약태관지적포백야) : '태관(太官)'은 궁정의 의복, 보화, 연회를 담당하던 관부이다. '白(백)'은 '비단(帛)'의 오자이다.

2) 夫太倉之穀幾何斗斛(부태창지곡기하두곡) : '두곡(斗斛)'은 곡식(穀食)을 되는 말(斗)과 휘(斛)의 용량을 말한다.

3) 五帝之臣少眞道(오제지신소진도) : '오제(五帝)'는 황제(黃帝), 전

욱(顓頊), 제곡(帝嚳), 요(堯), 순(舜)을 말한다.

4) 三王之臣復少眞道(삼왕지신부소진도) : '삼왕(三王)'은 하(夏)나라의 우(禹), 상(商)나라의 탕(湯), 주(周)나라의 문(文)과 무(武)를 말한다.

5) 五霸之臣最上功僞文禍(오패지신최상공위문화) : '오패(五霸)'는 춘추(春秋)시대 제(齊)나라의 환공(桓公), 진(晉)나라의 문공(文公), 진(秦)나라의 목공(穆公), 송(宋)나라의 양공(襄公), 초(楚)나라의 장왕(庄王)을 일반적으로 말한다. '공(功)'은 전쟁에서 거둔 공적을, '위문(僞文)'은 통치와 전쟁 수행을 위해 백성들을 속이며 자연의 이치를 위배하는 사악하고 거짓된 글을, '화(禍)'는 죄를 물어 형벌을 가하는 것을 의미한다.

"그러므로 옛날 성현은 선과 악의 징조를 살펴서 스스로가 편안함과 위태로움, 길함과 흉함을 알았다. 이 가장 선한 글을 얻어서 응한 사람의 다스림은 이미 더할 나위 없는 최상에 이른 것이다. 중급의 글을 얻어서 응한 사람은 이미 중급 자질의 사람이다. 하급의 글을 얻어서 응한 사람은 이미 하급 자질의 사람이다."

"무엇을 말씀하시는 것인지요?"

"얻은 글이 삼황(三皇)의 글과 같은 것이라면 가장 좋은 것이다. 만약 오제(五帝)의 글을 얻는다면 중급이다. 만약 삼왕(三王)의 글을 얻는다면 대략 중급과 하급 사이이다. 만일 오패(五霸)의 글을 얻는다면 최하이다."

"무엇으로 이 글들을 밝힐 수 있습니까?"

"좋도다! 그대들이 한 질문이! 형벌을 없애고 스스로 다스리는 것을 가르치는 것이 최상이다. 가르침과 명령을 내면서도 두려

위함을 좀 더 작게 하는 것은 중급이다. 작은 형벌로 다스리도록 가르치는 것은 중급과 하급 사이에 해당한다. 전공과 거짓을 많이 가르치고, 허위로써 실질을 삼고, 법도를 잃고 실속이 없이 겉만 화려하여 책을 던져두며, 다스리는 일은 형벌을 폭압적으로 사용하고 사악한 글들이 많게 해서, 참된 도가 지켜질 수 없는 것은 하급에 해당하는 패도의 효험이다. 그러므로 옛날의 성현은 하늘의 가르침과 명령을 얻을 수 있는지를 살펴서 스스로 우열을 알았다. 가르침과 명령을 듣고자 한다면, 누구에게 지니고 가게 하겠는가? 그리하여 어떤 때는 그[군주]를 위하여 현자를 강생시켜 그 다스림을 보좌하도록 하였는데, 이것은 마치 사람의 집안이 흥성하려면 반드시 현명한 자식이 출생하는 것과 같다. 어떤 때는 하수(河水)와 낙수(洛水)에 그를 위해 글과 그림으로 징조를 보여 증서(券書)로서 삼은 것이 바로 그러하다. 그대들은 알겠는가?"

"예. 예."

"다시 진인들을 위하여 거듭 명백하게 설명하겠다. 한 집안 사람이 장차 쇠망하려면 태어나는 자식들이 흉악하다. 군주가 장차 쇠망하려면 하늘은 현량을 낳아 보좌하도록 하지 않는다. 집안이 장차 쇠망하려면 자손이 참된 도와 덕을 좋아하지 않고, 오히려 간사하고 거짓되며 실속이 없이 겉만 화려하고, 전공과 사악하고 음란한 방법을 좋아한다면, 흉악하고 문란한 집안을 이루게 된다. 또한 집안이 장차 흥성하려면 반드시 참된 도와 덕, 기이한 비문(秘文)과 특수한 비방(秘方)을 구하여 스스로가 구제될 수 있게 하는 것이다. 군자가 장차 흥성하려면 하늘은 반드시 참된 비밀의 글과 참된 도와 참된 덕을 부여해서 선한 사람이 그와 더불어 함께 다스리도록 한다. 하도낙서(河圖洛書) 또한 때에 맞게 어떤 계시를 내린 것인데, 재해가 날로 줄어들고 길한 징조가 날로 드러나고 좋은 현상들이 날로 많아졌으니, 이것이 바로 그 효험이다."

"훌륭하십니다! 훌륭하십니다!"

"진인들은 돌아가서 근면하고 노력하도록 하라! 마땅히 하늘에 공이 있으면 당연히 유덕한 군주가 더욱 총명해지도록 도울 수 있다."

"무엇을 말하는 것입니까?"

"하늘에 큰 공을 세우고자 한다면 그대들은 지금 또한 신선의 경지에 이른 사람이라 할 수 있다. (나라를) 다스림에 명예를 얻지 못하는데 하늘에 대해 어떤 공을 이룰 수 있겠는가?"

"지금 어떻게 해야만 합니까?"

"오직 문서(文書)를 덕이 있는 군주에게 맡겨야 한다. 덕이 있는 군주는 하늘의 자식이며 하늘의 마음에 응한다. 마땅히 이것으로써 다스려서 하늘의 중대한 은공에 보답하고 천하를 안정시키고 그 몸을 흥하게 하니, 곧 자식 또한 길하게 하고 자식의 수명을 보존케 한다."

"훌륭하십니다. 예. 예."

"가거라. 세 가지 행위에 관한 이야기를 다 마쳤다. 이것을 많은 현명한 사람과 일반인들에게 보여서 후대가 선을 쌓길 마땅히 이와 같게 하라."

"감히 단지 그 몸을 이롭게 하고서 스스로 옳다고 말하지 못하게 하고, 위로 하늘과 군주와 어버이와 스승을 모시도록 하겠습니다."

"진인들이 말한 사람의 행위는 더욱이 중급 이상이라고 간주할 수 있는데, 그들은 매우 어리석어 악한 성품과 악한 행동을 하는 자가 많이 쌓이게 되어 마침내 수를 헤아릴 수 없을 정도까지 이르게 되었다. 도서(道書)를 하고(下古) 시대의 사람들에게 전하여 각자가 심각하게 스스로 실제로 검증하도록 했지만, 무엇으로 위로 하늘, 군주, 어버이, 스승에게 유익하게 하고 그것을 증진시켰으며 단지 각자가 이익만을 돕지 않는가? 위 하늘은 심각하게 인심이 □□한지 알았기 때문에, 그래서 병통이 있는 사람들이 많게 되었다."

"훌륭하십니다! 어리석은 소생들이 하늘의 마음과 스승의 말씀을 알게 되니 크게 깨닫게 되었습니다."

"그대들은 쉽게 깨달은 사람이라 하겠으나, 지금 세상에 매우 어리석은 사람들이 많아서 스스로 어리석은 마음을 믿고 더 이상 다른 사람의 말을 믿으려 하지 않으며, 허물은 바로 천도를 훼손시키고 제왕을 근심스럽고 고통스럽게 하는 것이다. 바로 이것은 매우 어리석은 선비로부터 기원하지만, 도리어 대다수가 참된 도와 선한 덕을 시기하고, 어리석은 것을 말하고 어질지 못한 마음을 믿게 되니, 하늘이 그것을 고통스럽게 여겨서 나로 하여금 최상의 덕을 지닌 군주를 위하여 이 비문을 내어 주었다. (비문의 내용을) 스스로 이룰 수 있다면 그 몸을 안전하게 하고 그 다스림을 평안히 할 수 있을 것이다. 하늘의 마음을 얻는다는 것은 아득한 옛날 상황의 군주가 깊게 하늘과 두터운 관계를 유지한 바로 이와 같은 것인데, 진인들이 어찌 이해하지 못할 수 있겠는가?"

"예. 예."

"가거라. 그대들은 이미 깨달았으니 가서 그것을 깊이 생각해 보라."

"예. 예. 원컨대 다시 한 가지 일을 여쭙길 청합니다."

"말해 보라."

"천사께서 이러한 법을 진술하고 글을 가르치시는데 무엇 때문에 한결같이 번잡한 것인지요?"

"좋도다! 그대들이 어려운 문제를 묻는 걸 보니 도의 의미를 이해했다고 할 수 있다. 그러나 천하가 좋아하는 선과 악은 의미는 같지만 사용하는 의미는 각기 다르다. 그러므로 도란 거의 같은 것 같지만 다른 것으로, 하나의 일이 나뉘어 11,520자가 된 연후에, 천도는 축소되어 구비되고 왕도 또한 축소되어 갖추어진다. 만일 천지, 상하, 팔방, 육합, 표리 등에 내포된 것을 모두 완전하게 서술하려 한다면, 이 도서(道書)는 미처 기록해낼 역량이 되지 않는다고 할 것이다. 진인들은 알겠느냐?"

"예. 예."

"가라. 그들은 이미 깨우쳤다. 이 도서를 도와 덕이 있는 군주에게 전하고 반포하게 하여 일반사람들이 스스로 행위의 득실에 대해 생각하고 천지의 질병을 구제하고 제왕을 평안하게 해서, 그 다스림이 태평을 이루도록 하라. 진인들은 알겠는가?"

"예. 예."

"가서 스스로 힘써 소홀히 하지 말라."

"예. 예."

이상은 군주와 신하, 어버이와 자식, 스승과 제자를 구분하며 그 선하고 악한 행위의 득실에 대한 내용을 살펴본 것이다.

是故古者聖賢,[1] 但觀所得瑞應善惡, 卽自知安危吉凶矣. 其得上善文應者, 其治已最無上矣. 其得中文應者, 已象中人矣. 其得下文應者, 已象下人矣. 何謂也. 謂得文如得三皇之文者, 卽其上也. 若得五帝之文者, 卽其中也. 若得三王之文者, 卽其大中下也. 如得五霸之文者, 卽其最下也. 何以明如斯文乎. 善哉, 子之言也. 敎其無刑而自治者, 卽其上也. 其出敎令, 其懼之小畏之者, 卽其中也. 教其小刑治之者, 卽其大中下也. 多敎功僞, 以虛爲實, 失其法, 浮華投書, 治事暴用刑罰, 多邪文, 無眞道可守者, 卽是其下霸道之效也. 古有聖賢, 但觀可得天敎敕, 卽自知優劣矣. 願聞敎者, 使誰持往乎. 然或爲其生賢, 輔助其治, 此若人家將興, 必生賢子也. 或河洛爲其出應文圖,[2] 以爲券書, 卽是也. 子知之耶. 唯唯.

復爲眞人更明之. 家人且衰, 生子凶惡. 人君且衰, 天不爲生賢良輔也. 人家且衰, 子孫不好爲眞正道德, 反好佞僞浮華, 功邪淫法, 卽成凶亂家矣. 且人家興盛, 必求眞道德, 奇文殊方, 可以自救者. 君子且興, 天必子其眞文眞道眞德,[3] 善人與其俱共爲治也. 河洛尚復時或敕之, 災害日少, 瑞應日來, 善應日多, 此卽其效也. 善哉善哉. 行去, 眞人勉之力之. 當有功於天, 當助德君爲聰明. 何謂也. 欲有大功於天者, 子今又去世之人也. 不得譽於治, 以何得有功於天乎. 今當奈何哉. 但以文書付歸德君. 德君, 天之子也, 應天心. 當以此治報天重功, 而以安天下, 興其身, 卽子亦得吉, 保子壽矣. 善哉. 唯唯. 行去, 三行之說已竟矣. 以是示衆賢凡人, 後世爲善, 當若此也. 勿敢. 但財利其身者, 自言爲善, 上以置天君父師也. 眞人所說人行也, 尙可折中以上, 及其大下愚爲惡性惡行者積多, 訖不可勝名, 以書付下古之人, 各深自實校爲行, 以何上有益於天君父師, 其爲行增, 但各自祐利而已邪. 天深知人心□□哉, 故病者衆多也. 善乎. 愚生得睹天心師言, 已大覺矣.

子可謂易覺之人也, 今世多下愚之人, 自信愚心, 不復信人言也, 過在此毁敗天道, 使帝王愁苦者, 正起此下愚之士, 反多妒眞道善德, 言其不肖而信其不仁之心, 天病苦之, 故使吾爲上德之君出此文, 可以自致, 能安其身而平其治. 得天心者, 太古上皇之君深與天厚者, 正以此也, 眞人寧曉不邪. 唯唯. 行, 子已知之, 去矣, 行思之. 唯唯. 願復請問一事. 行言. 天師陳此法敎文, 何一衆多也. 善哉, 子之難也, 可謂得道意矣. 然天下所好善惡, 義等而用意各異. 故道者, 大同而小異, 一事分爲萬一千五百二十字,[4] 然后天道小耳, 而王道小備.[5] 若令都道天地上下八方六合表裏所有, 謂此書未能記其力也. 眞人寧知之耶. 唯唯. 行, 子已知之矣. 以此書付道德之君, 令出之, 使凡人自思行得失, 以解天地之疾, 以安帝王, 其治立平. 眞人曉邪. 唯唯. 行去, 自厲勿忽也. 唯唯.

右分別君臣父子師弟子知其善惡行得失占.

역주

1) 是故占者聖賢(시고점자성현) : '점(占)'은 '고(古)'가 되어야 맞다.
2) 或河洛爲其出應文圖(혹하락위기출응문도) : '하락(河洛)'은 황하(黃河)와 낙수(洛水)를 말한다. '도(圖)'는 복희씨(伏羲氏)가 황하(黃河)에서 얻은 '하도(河圖)'라는 그림으로서 『주역』의 팔괘(八卦)의 근원이 된 것이라 하며, '문(文)'은 하우씨(夏禹氏)가 치수(治水) 사업 중 낙수(洛水)에서 얻었다는 '낙서(洛書)'라는 글로서 『서경』「홍범구주(洪範九疇)」의 기원이 된 것이다.
3) 天必子其眞文眞道眞德(천필자기진문진도진덕) : '자(子)'는 '여(予)'로 풀이해야 한다.
4) 一事分爲萬一千五百二十字(일사분위만일천오백이십자) : 천인상응(天人相應)의 이론에 비추어 볼 때, '만일천오백이십(萬一千五百二十)'이란 숫자는 작은 별의 숫자를 말한다. 이를테면, 장형(張衡)의 『영헌(靈憲)』에 "작은 별의 수가 대개 11,520개이다(微星之數, 盖一千五百二十)"라는 기록이 있다.
5) 然后天道小耳, 而王道小備(연후천도소이, 이왕도소비) : '이(耳)'는

'구(具)'로 해석해야 의미가 통한다. 천도(天道)가 하나의 작은 별마다 축소되어 구비되어 있듯이 왕도(王道) 또한 매 한 글자마다 축소되어 갖추어져 있다는 의미이다.

제64 복인이도불이위결(服人以道不以威訣) : 사람을 위력이 아닌 도로써 복종케하는 비결

해제 어떠한 방법으로 사람을 복종시킬 것(服人)인가에 대한 통치방법에 대해서 논한 부분이다. 작자는 도치(道治)와 덕치(德治)를 역설하고 법치(法治)와 패도(霸道)에 의한 무력다스림을 비판하고 있다. 본 편의 통치방법을 "도(道)로써 하지 위세(威)로써 하지 않는다(以道不以威)"라는 제목을 통해서도 전체 내용을 개관할 수 있다.

"진인들은 앞으로 나오라. 무릇 사람이 엄격함 · 두려움 · 지혜 · 간계 · 상법 · 위세로써 다른 사람을 복종시켜야 하는가? 그렇지 않은가? 그대 스스로가 자세히 말해보라."

"사람은 엄격함 · 두려움 · 지혜 · 간계로써 다른 사람을 승복시키려고만 합니다."

"어찌 그러한가?"

"대저 사람들은 이러한 방법으로써 다른 사람을 바르게 다스릴 수 있습니다."

"아! 진인의 속마음이 단지 세속 사람과 같은 생각일 뿐이니, 상급의 진인들이라 말할 수 없구나. 내뱉는 말이 모두 세속 사람과 같아서 하늘의 마음을 받아들이지 못하고 있다. 대저 상급의 진인들이 하는 말은 마땅히 하늘의 마음과 같아야 한다. 지금 엄격함·두려움·지혜·간계 등으로써 다른 사람을 승복시킨다면 귀신도 그를 꾸짖고 증오하며, 비단 귀신이 꾸짖고 증오할 뿐만 아니라 음양의 신 또한 꾸짖고 증오하는데, 비단 음양의 신만이 꾸짖고 증오하겠는가! 그러므로 천지가 개벽한 이래 천하가 한결같게 병으로 고통스러워해서 함께 다스리고자 한 것인데, 모두가 이것[道와 德]으로써 사람을 승복시켰고 그것[嚴·畏·智·詐]으로 복종시켜 다스리지 않았던 것이다.

그러므로 그 중 강압적으로 복종되어 억울한 사람들의 경우, 귀신이 그들을 돕고 천지가 그들을 돕는다. 천지가 그를 돕기 때문에 사람들 역시 그 승복시킨 사람을 다스리고 복종하는 사람들을 돕는다. 그러므로 삼황(三皇) 시대 상급의 성인들은 다른 사람들을 굴복시킬 때 바로 도와 덕으로써 사람을 다스렸다. 다른 사람을 굴복시킬 때 엄격함·위협·모략·간계 등에 의거하지 않았다. 대저 엄격함·두려움·지혜·간계·형(刑)·벌(罰)로써 다른 사람을 굴복시키는 사람은 바로 도적이라 할 것이다. 대저 도적은 전적으로 이것(위에 나온 여러 가지 위협적인 방법들)으로써 사람들을 굴복시키는데, 군자는 [도적과] 무엇으로 자연스럽게 분별될 수 있으며 특별히 다르다고 표명할 수 있겠는가? 그런데 진인들은 당연히 이로써 할 것을 말하니, 어찌 어리석지 않은가? 이것이 바로 중고시대 이래로 천지를 혼란하게 한 것임을 그대들은 아는가?

그러므로 상고시대에 도와 덕이 있는 군주는 엄격함·두려움·지혜·간계 등을 사용하여 백성들을 다스리지 않았다. 중고시대에는 법규를 설치하였지만 감히 쓰지 않았다. 하고시대에는 엄격함·두려움·지혜·간계·형·벌을 적게 사용하여 백성을 다스렸으니 작은 혼란이 있었다. 대저 매우 어리석은 우두머리가 패도(霸道)를 크게 흥성시키며 위엄과 형벌로써 선비 무리에게 두려움을 주었기 때문에, 관리와 백성이 자주 반역을 하였다. 그러므로 도로써 다스리는 사람은 맑고 깨끗하게 살았다. 덕으로 다스리는 사람은 나아가고 물러섬의 두 가지 헤아림이 있었다. 하고(下古) 시대의 사람들은 나아가고 물러서는 것이 다스리기 어렵게 되어 지혜와 간계가 많게 되었다. 하늘은 도로써 다스리기 때문에 그 형상이 맑고 해와 달과 별의 삼광(三光)이 밝게 빛난다. 땅은 덕으로 다스리기 때문에 욕됨을 참고 견딘다. 사람은 중화로써 다스리기 때문에 나아가고 물러남이 대부분 [자신에게] 편하도록 하는데, 그 말은 쉽게 변하고 일정한 연고가 없다. 천정(天正)이 그 처음이 되고 지정(地正)이 중간이 되고, 인정(人正)이 가장 아래에 거처하며, 아래로 극한에 이르게 되면 위로 되돌아간다. 무엇으로 아래의 극한임을 아는가 하면, 그 말의 나아가고 물러남이 늘 변하여 다른 말들이 나가고 들어오는 것으로써 안다.

이 세 기(氣)가 아래로 극한에 이르면, 아래의 극한에서 당연히 위로 돌아온다. 나아감과 물러섬을 말하는 것은 항상됨이 없고 들고 나옴은 다른 말이다. 이 세 기가 아래로 극함이니, 아래로 극하면 위로 돌아가야만 한다. 도에 나아간 뒤에 태평을 얻게 되고 하늘과 서로 비슷하게 된다. 덕으로 나아가면 중급의 태평한 상태를 얻게 되고 땅과 서로 비슷하게 된다. 화(和)로 나아가면 작은 혼란의 상태를 얻게 되고 사람과 같게 된다. 엄격함 · 두려움 · 지혜 · 간계 · 형 · 벌로 나아가면 날로 혼란하게 되기 때문에, 패주(霸主)와 서로 비슷하게 되고 형벌이 크게 일어난다. 지금 진인들은 도리어 당연히 엄격함 · 두려움 · 지혜 · 간계로써 해야 한다고 하는데, 이것이 바로 하늘의 큰 뜻을 혼란케 하는 것이다.”

"지금 천사께서는 엄격함·두려움·형·벌로써 하는 것이 부당하다고 말씀하십니다. 하늘은 왜 때로 우레와 번개와 벼락을 내려서 사람의 목숨을 취하는 것입니까?"

"좋도다! 그대들이 어려운 문제를 물으니 그 뜻을 깨우친 것 같구나. 그런데 사람의 목숨을 취하는 까닭은 제왕은 공경받고 중시되는 바이나 일을 함에 악함을 베풀고자 하면 쉽사리 사람에게 원한을 갖기 때문이다. 사람은 바로 지극히 존귀한 존재인데도 도리어 사람에게 육축(六畜)과 같이 먹게 함으로써, 하늘은 그것을 다스린다. 또한 굴복한 사람에게 그러한 음식을 먹도록 돕는 그런 사람을 혐오한다. 그러므로 하늘은 크고 작은 사람을 막론하고 쉽게 사람에게 원한을 갖게 되므로, 모두가 다 다스림을 받지만, 굴복한 사람을 가련하게 여겨 돕는 것이다. 그러므로 군자가 사람을 승복시키는 것은 단지 도와 덕에 합당해야 하며, 도적질이나 해로움을 주어 다른 사람을 승복시키거나 원통하게 하지 않는다. 대저 엄격함·두려움·지혜·간계는 오직 죄가 커서 형용할 수 없는 사람을 엎드리게 할 수는 있지만, 도와 덕으로 항복시킬 수 없으므로, 무도한 짓을 하려는 사람은 당연히 이것[道와 德]을 아래에 둔다. 예컨대 죄가 커서 형용할 수 없는 사람을 징벌하는 것은 마땅히 실현할 수 없는 것이다. 하늘의 마음과 합하여 다스리고 천지의 마음을 얻고자 하는 것은 바로 도와 덕을 실천하는 것이다.

그러므로 옛날의 성현은 도와 덕을 쓰거나 어짊(仁)과 사랑(愛)으로 이롭게 하여 사람을 승복시키는 것을 귀하게 여겼으며, 엄격함·두려움·형·벌을 쓰거나 두려워 놀라게 하는 것으로 사람을 승복시키는 것을 귀하게 여기지 않았다. 이러한 사악하고 왜곡되며 항상 위협하여 두려워하게 하는 것으로써 사람을 굴복시킨다면, 상황의 태평기가 사람의 다스림을 돕게 할 수 없게 한다. 그러한 까닭은 사람을 다스리면서도, 커다란 원한이 맺힌다 하여도 그것이 두려워 감히 말할 수 없다는 것을 알지 못하기 때문이다. 예컨대 도적이 사람의 의복을 탈취했지만 사람은 그 잘못을 분명히 알면서도 감히 말하지 못하고, 도리어 그 이름을 미화하며 장군(將軍)이니 상군(上君)이라고 부르는데, 바로 이와 같은 상황을 말하는 것이다. 때로 역량이 약하여 스스로가 하소연할 수 없는 것 역시 감히 말하지 못하는 것인데, 모든 것이 닫히고 끊겨서 통하지 않아서 음양과 하늘의 기운이 조화하지 못하도록 하는 것을 말한다. 하늘이 군주를 임명하는 것은 본래 강한 것을 다스리고 열악한 것을 돕도록 책무를 부여한 것이지만, 포악한 관리는 도리어 이러한 엄격하고 두려운 위세에 의지하여 백성들을 위협하고, 지혜와 간계로써 그들을 두렵고 놀라게 한다. 가령 태평기가 도래해서 덕 있는 군주가 다스릴 때, 이러한 상황이 올바른 기를 혼란시키지나 않을까 염려되기 때문에, 그러므로 이것[道書]을 진인에게 보이는 것이다. 최상의 덕을 지닌 군주에게 주어서 여러 현자들과 사람들에게 보이고 관리와 백성들 스스로가 생각하고 익히도록 한다면, 위로 이로울 것이니 신중을 기하여 혼란되게 하지 말라!"

"예. 예."

"가라. 그대들은 이미 깨달았다. 가서 항상 신중하게 말하고 함부로 말하지 말라. 하늘이 사람을 책망할 것이다."

"예. 예."

"사람들은 이해할 수 없을 것 같으니, 좋은 질문 같지는 않구나!"

"예. 예."

이상은 승복함의 내용을 분별하고 천(天), 지(地), 인(人), 귀신(鬼神)이 질책하고 증오하고 도와주는 방법을 설명한 것이다.

眞人前, 凡人當以嚴畏智詐常威勝服人邪, 不宜邪, 子自精言之. 然人致當以嚴威智詐勝服人. 何也. 夫人以此乃能治正人. 噫. 眞人內但俗夫之人知耳, 未得稱上眞人也, 其投辭皆類俗人, 不入天心也. 夫上眞人投說, 乃當與天心同也. 今以嚴畏智詐勝服人, 乃鬼神非惡之也, 非獨鬼神非惡之也, 乃陰陽神非惡之也, 非獨陰陽神非惡之也. 是故從天地開闢以來, 天下所共病苦, 而所共治者, 皆以此勝服人者, 不治其服者. 故其中服而冤者, 乃鬼神助之, 天地助之. 天地助之, 故人者, 亦治其勝人者, 而助服其服者也.[1] 是故古者三皇上聖人勝人, 乃以至道與德治人. 勝人者, 不以嚴畏智詐也. 夫以嚴畏智詐刑罰勝人者, 是正乃寇盜賊也.[2] 夫寇盜賊亦專以此勝服人, 君子以何自分別, 自明殊異乎, 而眞人言當以此, 曾不愚哉. 是正從中古以來, 亂天地者也, 子知之耶. 是故上古有道德之君, 不用嚴畏智詐治民也. 中古設象, 而不敢用也. 下古小用嚴畏智詐刑罰治民, 而小亂也. 夫下愚之將, 霸道大興, 以威嚴與刑罰畏其士衆, 故吏民數反也. 是故以道治者, 淸白而生也. 以德治者, 進退兩度也.[3] 故下古之人進退難治, 多智詐也. 天以道治, 故其形淸, 三光白. 地以德治, 故忍辱. 人以和治, 故進退多便, 其辭變易無常故也. 天正爲其初, 地正爲其中, 人正最居下[4] 下極故反上也. 以何知其下極也, 以其言進退無常, 出入異辭也. 此三氣下極也, 下極當反上, 就道, 乃后得太平也, 與天相似. 就德乃中平也, 與地相似. 就和乃得小亂也, 與人相似. 就嚴畏智詐刑罰乃日亂, 故與霸君相似, 刑罰大起也. 今眞人反言當以嚴畏智詐, 此乃亂天義者也.

今天師言, 不當以嚴畏刑罰也. 天何故時遣雷電辟歷取人乎. 善哉. 子之難也, 得其意. 然所以取之者, 人主由所敬重, 事欲施惡, 以易冤人. 人乃至尊重, 反使與人六畜同食,[5] 故天治之也. 而助其服人食, 此人惡之也. 是故天下無大無小, 輕易冤人者也, 悉共見治也, 而怜助服者也. 故君子勝服人者, 但當以道與德, 不可以寇害勝人冤人也. 夫嚴畏智詐, 但可以伏無狀之人, 不可以道德降服, 而欲爲無道者, 當下此也. 比若雷公以取無狀之人, 不可常行也. 與天心逆治,[6] 欲得天地心者, 乃行道與德也. 故古者聖賢, 乃貴用道與德, 仁愛利勝人也, 不貴以嚴畏刑罰, 驚駭而勝服人也. 以此邪枉安威駭服人者, 上皇太平氣不得來助人治也. 所以然者, 其治理人不知, 或有大冤結, 而畏之不敢言者, 比若寇盜賊奪人衣服也, 人明知其非而不敢言, 反善名字爲將軍上君, 此之謂也. 或有力弱而不能自理, 亦不敢言, 皆名爲閉絶不通, 使陰陽天氣不和. 天之命人君也, 本以治强助劣弱爲職, 而寇吏反以此嚴畏之威之也, 乃以智詐驚駭之, 使平氣到, 德君治, 恐以是亂其正氣, 故以此示眞人也. 以付上德君, 以示諸賢及凡人, 使吏民自思治, 當有益於上, 愼毋亂之也. 眞人覺曉知之邪. 唯唯. 行, 子已覺矣. 去, 常愼言, 毋妄語也, 天非人. 唯唯. 凡人不及, 不若好問也. 唯唯.

右分別勝服天地人鬼神所非惡所助法.

역주

1) 而助服其服者也(이조복기복자야) : 앞의 '복(服)'자가 없어야 의미가 통한다.

2) 是正乃寇盜賊也(시정내구도적야) : '구도적(寇盜賊)'은 원수와 도적을 말하는데 『초(鈔)』에는 '구(寇)'자가 없다. 여기서도 '구(寇)'를

빼고 해석하였다.

3) 進退兩度也(진퇴양탁야) : '양탁(兩度)'은 '두 가지 생각'으로 해석하였다. 덕으로 다스리는 사람은 맑고 깨끗하게 살아가는 도로써 다스리는 사람의 바로 아래 등급에 속한다. '진퇴양탁야(進退兩度也)'는 덕으로 다스리는 사람이 나아가야 할 것(道治)과 물러나야 할 것(覇治)의 두 가지 사이에서 무엇을 선택할지 헤아리는 것을 말한다.

4) 天正爲其初, 地正爲其中, 人正最居下(천정위기초, 지정위기중, 인정최거하) : 『서(書)』「감서(甘誓)」에 우(禹)의 아들 계(啓)가 감(甘)에서 여섯 장군(六卿)을 불러 놓고 "오행을 위협하고 모욕하며 삼정(三正)을 게을리 해서 폐기하니 하늘에서 그 명(命)을 끊으시어… (威侮五行, 怠棄三正, 天用勦絶其命…)"라고 연설하는 내용 가운데서 '삼정(三正)'이라는 용어가 나온다. 손성연(孫星衍)의 『상서금고문조소(尙書今古文注疏)』에서는 「예삼정기(禮三正記)」를 인용하여, '천정(天正)'은 주(周)나라에서 세수(歲首)로 삼은 동짓달 11월을, '지정(地正)'은 은(殷)나라에서 세수(歲首)로 삼은 12월을, '인정(人正)'은 하(夏)나라에서 세수(歲首)로 삼은 13월(즉, 정월)이라고 말한다. 『태평경』 제119권에서는 갑자(甲子)는 천정(天正)이고, 을축(乙丑)은 지정(地正)이고, 병인(丙寅)은 인정(人正)이라고 하고 있다.

5) 反使與人六畜同食(반사여인육축동식) : 사람에게 육축이 먹는 것과 같은 불결한 음식을 먹게 한다는 의미이다. '육축(六畜)'은 소·양·돼지·개·말·닭의 여섯 가지 가축을 말한다.

6) 與天心逆治(여천심역치) : '역(逆)'은 '영(迎)' 내지 '합(合)'의 의미로 해석해야 한다.

太平經

제48권

『태평경초』

병부(丙部)의 14

제65 삼합상통결(三合相通訣) : 하늘과 땅 그리고 사람 셋이 합하여 통하는 비결

해제 이 장에서는 「태평사상」을 밝힌다. 태평사상은 음(陰)과 양(陽)과 중화(中和)의 세 기가 서로 화합하여 나오는 것으로 바로 태화(太和)의 기이다. 태화의 기는 하늘과 땅과 사람에 두루 통하고, "삼화상통(三和相通)"하기 때문에 태평(太平)의 기가 지극한 것이다. 이처럼 세상의 모든 사물은 서로 사랑하고 서로 소통하며 힘과 마음을 합쳐 함께 화해와 질서가 있는 태평한 국면을 만들어내야 한다는 것이다. 셋은 도교에서는 대명사로 사용하여 도(道)와 덕(德)과 인(仁)을 가리키기도 하고, 정(精), 기(氣), 신(神)을 가리키기도 하며, 하늘(天)과 땅(地)과 사람(人)을 가리키기도 한다. 이 장에서 말하는 셋은 서로 다른 영역, 또는 서로 다른 차원에 처해 있는 각종 사태들이 구성하는 세 종류의 기본 요소를 가리킨다. 이를테면 천체에서의 해와 달과 별, 가정에서의 아버지와 어머니와 자식, 나라에서는 군주와 신하와 백성 등이 그것이다. '합'(合)과 '상통'(相通)은 세 종류의 기본 요소들의 상호 의존과 상호 연결 그리고 상호 작용 및 그 하나로 통합된다는 최종 결과, 즉 "함께 하나의 일을 처리하고, 함께 하나의 일을 이루고, 함께 한 집을 이루고, 함께 한 몸을 이룬다(共治一職, 共成一事, 共成一家, 共成一國, 共成一體)"는 것을 가리킨다.

"천지의 원기와 저절로 그러한 법"을 위반해서는 안 되는데, 만약 위반한다면 세상은 곧 혼란에 빠진다. 본문에서는 "세 기(氣)는 서로 사랑하고 서로 소통한다(三氣相愛相通)"는 것을 통해 조정에서 관리와 읍민과 행인들이 서로 앞다투어 각 지역의 재이와 원한 맺힘(寃結)을 반영한 상서를 올리도록 독려해야 한다. 아울러 참위(讖緯)에서 말하는 "삼정론(三正論)"에 의거하여 "삼도행서(三道行書)"를 처리하는 구체적인 방법을 제시하고 있다. 이 장의 처음에서는 "상황태평기"라는 글자의 의미를 해석하였고, 끝 부분에서는 "다스림의 술법을 지키고(守術), 근본을 추구하고(求根), 근원 곧, 원기를 보존함(保其元)" 등을 제창하였는데, 이것은 『태평경』 전체의 기본 교리이자 핵심적인 사상이다.

순(純)은 두 번 절하고 말한다. "청컨대, 한 가지 여쭙겠습니다."

"진인들이 의심하는 바가 무엇인가?"

"아침부터 배우고 저녁에 돌아가는데, 항상 고요하게 앉아서 경문의 주지를 숙고하면 감히 긴장을 늦추지 못하고 있습니다. 천사님의 책에는 항상 상황의 태평기가 이른다고 씌어 있습니다. 저는 '상(上)'이란 무엇인지, '황(皇)'이란 무엇인지, '태(太)'란 무엇인지, '평(平)'이란 무엇인지, '기(氣)'란 무엇인지 여쭙고 싶습니다."

"진인들은 무엇을 보고 어떤 의문을 품었기에 한꺼번에 미묘한 말속에 있는 큰 뜻을 묻는 것인가?"

"저는 천사님께 책의 의미에 대하여 질의 드리는 것입니다. 책에서는 자주 상황기가 이르렀다고 하는데, 그 뜻을 분명히 알지 못하겠습니다. 지금 현명하신 천사님께 분명한 해답을 여쭙지 못한다면, 다음 기회가 없을까 걱정됩니다. 그래서 감히 상세한 가르침을 청하는 것입니다."

"좋다! 그대들의 말은. 만세가 지나더라도 바꿀 수 없을 것이다. 하늘은 지극한 도, 큰 덕, 융성한 인(仁) 등의 때가 이르면 황천(皇天)의 영기(靈氣)는 사람들에게 서둘러 행동하도록 재촉하고, 천기(天氣)는 사람의 마음에 암시를 주어 그대로 하여금 밤낮으로 다음과 같이 생각하게 한다. 하늘의 법은 아주 분명한데도 나는 그것을 매우 괴이하게 생각한다. 좋다. 진인들은 편히 앉거라. 나는 그대들에게 그 글자의 뜻을 풀이해 보여주어 참된 도가 널리 전파되도록 할 것이다. '상(上)'이라는 글자는 아랫 부분에 가로 획이 하나 있고 또 가운데로는 세로 획이 하나 있으며, 위쪽에는 짧은 가로획이 하나 있다. 이처럼 하나(一)가 위로 올라가 세 개의 하나(一)를 얻었다. 중간의 세로 획은 위를 향하여 무한히 뻗어가지만, 아래쪽으로는 오히려 막혀 있다. 그러므로 독음이 '상'이다. 이 글자는 더 이상 올라갈 수 없고, 뜻을 풀이하면 최상이 되며 위로부터 아래로 바뀌는 것이다. '하(下)'라는 글자는 중간에 세로 획이 있고, 세로 획 옆에 짧은 가로 획이 하나 있는데, 중간의 세로 획은 아래쪽으로 무한히 뻗어나가지만, 위쪽으로 가는 것은 오히려 막혀 있다. 그러므로 독음이 '하'이다. 사람들이 아래쪽으로 가려고 하면 오랫동안 걸어서 가장 아래로 들어가고 더 이상 아래로 들어갈 수 없을 때 바로 원기의 묵직한 부분과 같이 대지로 내려 들어가는 것을 좋아한다. 따라서 땅은 가장 낮은 곳에 있어 더 이상 그것을 넘어설 수 없다.

상(上)이라는 글자는 항상 위로 가면서 더 이상 아래로 내려올 수 없는 것을 표시하는데, 그것은 원기의 가벼운 부분이 위로 올라감을 좋아하여 하늘에까지 이르는 것과 같은데, 하늘은 가장 높은 것이다. 그러므로 하늘이 모범이 되고, 각각의 부르는 법과 독음에 따라 이름을 정하고, 각각의 특정한 형태와 의미에 따라 글자를 만들었다. 천하의 모든 일이 다 이와 같다. 성인이 법을 제정한 것은 모두 하늘의 의지를 본뜬 것이다. 성인은 하나(一)를 지키면서 위를 향해 점치는 것을 좋아하였다. 점치는 것은 바로 묻는 것을 의미하는데, 항상 위로 운행하는 것을 즐기면서 가르침을 구하기를 그치지 않는 것이니, 이는 크게 길한 방법이고 최고의 방법이다. 그러므로 상(上)자에서 (아래의 가로 획을 제거하고) 곧바로 위로 올라가는 것이 점친다는 의미의 복(卜)자이다. 하(下)자에서는 하나(一, 즉 하늘) 아래서 점을 치는(卜) 것이니, 점치는 것은 묻는 것으로, 항상 생각하면서 묻고, 아래로 끝까지 내려가서 더 이상 내려갈 수 없는 것이다. 그러므로 끊임없이 아래로 물러나기를 좋아하는 자는 다시는 위로 올라갈 수 없다. 그러므로 위로 올라가면서도 항상 상(上)자가 없는 것은(卜자를 가리키는 말), 말하자면 다스림이 매일매일 향상되어 하늘의 마음(天心)에 부합하는 것인데, 이보다 더 좋은 것이 없다."

"훌륭하십니다. 훌륭하십니다. 영명하신 스승님께서 저를 가엾게 여기셔서 '상(上)'자를 풀이해 주셨는데, '황(皇)'자의 풀이에 대해서도 듣고 싶습니다."

"'황(皇)'자는 일(一)자와 일(日)자, 그리고 왕(王)자로 구성되어 있는데, 일(日)자 위의 일(一)은 하늘(天)이고, 하늘은 수로 따지면 하나(一)이다. 하늘이 태양을 만나 크고 환하게 비추면 왕(王)이 되기 때문에 글자를 만들 때 '일(一)'자와 '일(日)'자와 '왕(王)'자를 조합하여 '황(皇)'자를 완성한 것이다. 일(一)은 하늘(天)이고, 하늘 또한 우두머리이고, 해(日) 또한 우두머리이며, 왕 또한 우두머리이다. 세 우두머리가 서로 합쳐져 이룬 글자를 '황(皇)'이라고 한다. 황이라는 것은 신비로운 기운이 번쩍번쩍 빛나는(煌煌) 것이다. 그러므로 황(皇)이라고 부른다. 황은 천하의 제일로서 더 이상 위로 올라갈 수 없는 것이다."

[부(附)] 황(皇) 자는 일(一)자와 일(日)자와 왕(王)자로 이루어져 있다. 위쪽의 일(一)자는 하늘(天)이고, 수로는 일(一)을 얻고 햇빛을 얻고, 그 다음에 크게 밝으면 왕이 된다. 일(一)과 일(日)과 왕(王)이 합해져서 황(皇)자가 이루어진 것이다. 하나(一)는 하늘(天)이고 하늘 역시 우두머리이며, 해(日)는 군주의 덕(德)이고 왕 또한 우두머리이다. 세 우두머리가 함께 황(皇)을 이룬다. 그것은 왕성한 덕이 찬란하게 빛나고 천하제일로서 더 이상 위로 오를 수 없는 것임을 말한다.

純謹再拜, "請問一事. 眞人所疑者, 何等也哉. 朝學暮歸, 常居靜處, 思其要意, 不敢有懈也. 今天師書辭, 常有上皇太平氣且至, 今是何謂爲上. 何謂爲皇. 何謂爲太. 何謂爲平. 何謂爲氣. 眞人今且何睹何疑, 一時欲難問微言意[1)]哉. 所以及天師遍具問書文意者, 書上多道上皇氣且至, 而不得其大要意. 今不及天明師訣問之, 恐後遂無從得知之, 故敢不具問之也. 善哉子之言，萬世不可易也．夫天至道大德盛仁時已到，皇靈樂人急行之，故天氣諷子之心，使子旦夕問，天法察察，吾甚怪之．諾．眞人安坐，爲子具分解其字意，使可傳而無極時．然，上爲字者，一畫也，中央復畫一直，上行復抱一，一而上得三一，[2] 上行而不止，不復下行也，故名爲上者，乃其字無復上也，反上爲下．下者，一畫也，亦中央復畫直，下行復抱一，其行遂下，不得復上，故名爲下也．夫志常欲下行者，久久最下，無復下也．比若濁者，樂下爲地，故地最下，無復下也．上爲字者，常上行，不得復下，比若淸者，樂上行爲天，天乃無上也．是故天之爲法，名各各自，字各自定，凡天下事皆如此矣．故聖人制法，皆象天之心意也．守一而樂上卜，卜者，問也，常樂上行而卜問不止者，大吉最上之路也．故上字一畫，直上而卜．下爲字者，一下而卜，卜，問也，常思念問，下行者極無下，故樂下益者不復得上也．故上常無上字者，乃言其治當日上行，合天心，復無上也．善哉善哉．明師幸哀爲其解上字，願復聞皇爲字者．一日而王，日上一者，天也．天者數一，天得日，昭然大明則王，故爲字，一與日王並合成皇字也．一爲天，天亦君長也，日亦君長也，王亦君長也，三君長相得成字，名爲皇．皇者，乃言其神盛煌煌，故名爲皇也．皇天下第一，無復能上者也．

[附]* 皇字者，一日而王．上一者天，數得一，得日照，然后大明則爲王．一与日、王合，而成皇字也．一爲天，天亦君也，日，君德也，王亦君長也，三君長共成皇．言盛德煌煌，天下第一，无復能上者也．

** 이 문단은 도장본『태평경』에는 없지만, 왕명이『태평경초』에 근거하여 참고용으로 덧붙여놓은 것이다.

역주

1) 難問微言意(난문미언의) : 미언대의(微言大義)에 대하여 질문하다. 난문(難問)은 질문하다의 의미이고, 미언의(微言意)는 암시적으로 살짝 던진 말속에 숨은 커다란 뜻의 의미이다.

2) 一而上得三一(일이상득삼일) : 일(一)이 위로 올라가 세 개의 일(一)을 얻었다. 이 구절을 『주역(상)』과 『금주금역(상)』에서는 "가로와 세로로써 상(上)이라는 한 글자가 구성되어 있으며 획수로는 총 3획이다"라고 해석하였으나 지나치게 자의적으로 해석하여 원문에서 크게 벗어났다.

"훌륭하십니다. 훌륭하십니다. 천사께서는 다행히도 저를 가엾게 여기셔서 '황(皇)'자의 의미에 대하여 설명해 주셨습니다. '태(太)'·'평(平)'·'기(氣)' 등의 글자에 대하여 듣고 싶습니다."

"'태(太)'는 크다는 의미이고, 하늘처럼 위대한 행위를 쌓는 것을 말한다. 모든 것 가운데 하늘보다 큰 것은 없다. '평(平)'의 의미는 천하를 공평하고 고르게 다스리고 어떤 일이든지 잘 해결하여 다시는 사적인 이익을 탐하는 일이 일어나지 않는 것을 의미한다. 평이라는 것은 비유하자면 땅이 아래에 있으면서 공평한 임무를 잘 수행하고 있는 것과 같다. 땅이 공평한 임무를 수행하는 것은 비유하자면 사람이 좋은 씨앗을 뿌리면 좋은 결과를 얻고, 나쁜 씨앗을 뿌리면 나쁜 결과를 얻고, 사람이 농사를 지을 때 마음을 쏟고 많은 노력을 기울이면 수확물의 질이 좋고 양이 많게 되며, 사람이 농사를 지을 때 어영부영하면서 힘쓰지 않으면 수확물의 질이 떨어지고 양이 적게 되는 것과 같다. '기'는 천기(天氣)가 아래쪽으로 만물을 낳는 것을 기뻐하고, 지기(地氣)는 위쪽으로 기르는 것을 즐거워한다. 기의 법칙은 하늘 아래와 땅위로 다니다가 음기와 양기가 서로 만나 어울려 중화의 기가 되고, 중화의 기와 더불어 세 기가 하나로 합해져 모든 사물을 기른다. 세 기는 서로 사랑하고 서로 소통하여 더 이상 해를 끼치는 일이 없다. '태(太)'는 크다는 뜻이고, '평(平)'은 올바르다는 뜻이고, '기(氣)'는 융통과 화합으로써 만물을 기르는 일을 맡는 것을 뜻한다. 이 법칙을 얻어서 다스리는 데 적용하면 태평하고 화합할 것이며, 또 매우 공평해질 것이다. 그래서 태평의 기가 최고라고 말하는 것이다."

"훌륭하십니다. 훌륭하십니다. 이것은 천지에 있어서만 중화의 기가 서로 합쳐서 융합하고 함께 다스리는 것을 말합니까? 아니면 모든 일에 있어서 세 가지가 함께 처리하는 것을 말하는 것입니까?"

"좋다. 그대들의 그 질문. 그대들은 이미 하늘의 법을 깨우쳤다. 제왕이 그것을 본받아 다스린다면 마치 신과 같을 것이다. 나는 진인을 대신하여 구체적으로 말할 터이니 직접 따라서 기록하도록 하라."

"예. 예."

"원기가 자연의 기와 태화의 기 등과 더불어 서로 소통하고 힘과 마음을 합치면 그때 혼돈하여 아무런 형체도 없는데, 하늘과 땅 그리고 중화 세 기가 뭉쳐 한 몸이 되어 함께 천지를 낳는다. 다음 천지는 중화의 기와 서로 소통하고 힘과 마음을 합쳐 함께 모든 사물을 낳는다. 만물은 해와 달과 별, 삼광(三光)이 서로 소통하여 힘과 마음을 합하여 함께 천지를 밝게 비춘다. 모든 사물의 속성인 오행과 강유는 중화의 기와 서로 소통하고 힘과 마음을 합하여 함께 만물을 완성한다. 네 계절의 기와 음양은 천지와 중화의 기와 서로 소통하고 힘과 마음을 합하여 함께 천지의 물적 재화를 생산한다. 각 계절의 처음(孟)과 중간(仲)과 끝(季) 부분이 서로 소통하고 힘과 마음을 합하여 각 계절마다 함께 일년의 한 부분을 이룬다. 땅의 높고 낮고 평평한 곳이 서로 소통하고 힘과 마음을 합하여 함께 천지의 만물을 길러낸다. 움직이는 부류들은 암수가 결합하니 함께 살면서 화합하고 서로 소통하여 힘과 마음을 합해 자신의 종족을 번식한다. 남자와 여자가 서로 소통하고 힘과 마음을 합하여 함께 자식을 낳고, 세 사람이 서로 소통하고 힘과 마음을 합하여 함께 한 집안을 꾸려나간다. 군주와 신하가 서로 소통하고 힘과 마음을 합하여 함께 한 나라를 이루어간다. 이것들은 모두 원기(元氣)와 저절로 그러함과 하늘과 땅에 의해 주어진 명(命)에 근거한다. 모든 일은 다 이 셋이 서로 소통되어야만 도(道)가 비로소 이루어질 수 있다.

[부(附)] '태(太)'라는 것은 큰 것이고, 하늘과 같이 크게 쌓더라도 하늘보다 큰 것이 없다는 것을 말한다. '평(平)'이라는 것은 다스리는 것이 크게 평온하고 고르며, 모든 일이 다 잘 다스려져서 더 이상 공평하지 않음이 없음을 말한다. 비유컨대, 땅이 아래 처해 있으면서 공평함을 유지하는 것과 같다. 사람이 파종을 하고 수확을 거둘 때 좋은 씨앗을 뿌리면 좋은 결과를 얻고, 나쁜 씨앗을 뿌리면 나쁜 결과를 얻는 것과 같다. 농사를 지을 때 힘을 쓰면 그에 따라 풍성한 성과로 보답 받을 것이다. 천기(天氣)는 아래로 내려가는 것을 좋아하고, 지기(地氣)는 위로 올라가는 것을 좋아하는데, 두 기가 서로 소통하여 중화(中和)의 기가 된다. 서로 번갈아 가면서 만물을 받아들이면서 함께 만물을 기르고, 더 이상 해를 끼침이 없기 때문에 태평이라고 한다. 하늘과 땅과 중화의 기는 한 마음이 되어 함께 만물을 낳는다. 남자와 여자가 한 마음이 되어 자식을 낳고, 아비와 어미와 자식 세 사람이 한 마음이 되어 함

께 한 가정을 이루며, 군주와 신하와 백성 등 세 사람이 함께 한 나라를 이룬다.

함께 화합을 이루어야 세 가지 일은 항상 서로 소통하고 힘과 마음을 합하여 함께 하나의 직분을 다스리고, 함께 하나의 일을 이룬다. 만약 한 가지 일이라도 부족하게 되면 바로 흉하게 된다. 그러므로 양이 있고 음이 없으면 양 혼자서는 아무것도 생성할 수 없고 다스림 역시 끊어지게 되며, 음만 있고 양이 없어도 역시 음 혼자서 아무것도 생성할 수 없고 다스림 또한 끊어지게 되며, 양이 있고 음도 있지만 중화가 없으면 그 종족을 이어갈 수 없고 역시 끊어지게 된다. 그러므로 하늘만 있고 땅이 없다면 모든 사물은 머물 데가 없고, 땅만 있고 하늘이 없다면 모든 사물은 태어날 수 없으며, 하늘과 땅이 서로 연결되어 있으되 중화가 없다면 사물은 서로를 포용하고 스스로를 기를 데가 없다. 그러므로 남자 홀로 자식을 낳을 수 없고, 여자 홀로 자식을 기를 수 없으며, 남자와 여자가 자식을 낳을 수 없다면 어떻게 가정을 이루고 아버지와 어머니라는 이름을 얻을 수 있겠는가? 그러므로 하늘의 법은 모두 세 가지가 합쳐져야만 이루어지도록 한 것이다.

그러므로 옛 성인은 하늘의 사정을 깊이 알고서는 서로 다스리는 그것을 본받았다. 그러므로 군주가 백성의 아버지가 되는 것은 하늘을 본받은 것이고, 신하가 백성의 어머니가 되는 것은 땅을 본받은 것이며, 백성이 자식이 되는 것은 중화를 본받은 것이다. 하늘의 밝은 법과 여러 가지 요란한 모습을 한 것들은 모두 셋이 마땅히 함께하여 셋이 서로 통해야 하는 것(三合相通)이다. 함께 힘써 마음을 같이하여 함께 하나의 일을 처리하고, 함께 하나의 일을 이루고, 함께 한 가정을 이루고, 함께 한 몸을 이루어야만 한다.

그리하여 하늘은 서로 따르게 하여 행하도록 하였으니 하나라도 없으면 불가능하다. 한 가지 일이라도 원한이 맺히게 되어 적재적소를 알지 못하게 된다면 곧 셋이 모두 훼손되고 셋이 모두 위태로워진다. 그러므로 군주는 신하를 따르고, 신하는 백성을 따라야 하고, 백성은 신하를 따라야 하며, 신하는 군주를 따라야만 하나의 일이 이루어지는데, 그 가운데 하나라도 부족하면 셋이 모두 이루어지지 않게 된다. 그러므로 군주가 백성과 신하가 없으면 군주라고 부를 이유가 없고, 신하와 백성은 있으되 군주가 없으면 역시 신하와 백성이라는 것이 성립되지 못하고, 신하와 백성에게 군주가 없으면 역시 혼란에 빠져 스스로 다스릴 수 없을 것이며, 좋은 신하나 백성이 될 수 없을 것이다. 이 셋은 서로 따라서 존립하게 되며, 서로 얻어야만 이루어지는 것이다.

그러므로 군주와 신하와 백성은 마땅히 하늘의 법에 따라 셋이 합쳐서 서로 소통하고 힘과 마음을 합하여 함께 한 집안을 이루어야 한다. 부부와 자식이 함께 한 가정을 이룸에 있어 서로 무시해서는 안 되는 것과 같으니, 이는 하늘의 긴요한 도리이다. 이것은 마치 사람이 머리와 발과 배를 가지고 있어야만 하나의 몸을 이루고, 그 가운데 어느 하나도 없어서는 안 되는 것과 같다. 만약 하나라도 없다면 사람이 될 수 없을 것이니, 이는 하늘과 땅의 저절로 그러한 이치이다.

그러므로 옛날 성인은 하늘에서 본받았다. 그래서 남자는 반드시 순종적이고 착한 여자를 얻어 함께 가정을 다스렸고 그런 후에야 착한 자식을 두었다. 남자는 군주이고, 여자는 신하이며, 자식은 백성이다. 그러므로 하늘이 명한 나라 다스리는 도는 현명한 신하를 친구로 삼고, 여자를 선하게 한 다음 자식과 화목하였고,

신하를 선하게 한 다음 백성들과 화목하였다. 여자를 선하게 한 다음 선한 자식을 낳을 수 있고, 신하를 선하게 한 다음에야 선한 백성을 낳게 하고, 백성과 신하가 모두 잘 선해진 다음 임금을 오래도록 평안하게 할 수 있다. 진인들은 즐겨 그 효과를 알고자 하는구나. 하늘은 군주요, 땅은 신하인데, 하늘이 비를 내려 두루 흐르게 함에 비옥한 땅에 내리면 자라나는 농작물에 좋고, 열악한 땅에 내리면 자라나는 농작물에 나쁜 것인데, 바로 이것을 말한 것이다. 지금 부모와 군신은 오히려 모두 대체적인 강령만 알고 있을 뿐이다.

그러나 대개 실질적으로 먹을 것은 자식을 바라보고 그에게 의존하니, 사람에게 자식이 없다면 후대가 끊긴다. 군주에게 백성이 적게 되면 먹고 입을 것이 부족하고 항상 마음의 근심을 갖게 된다. 그러므로 나라를 다스리는 도는 백성을 근본으로 하는 것이다. 백성이 없으면 군주와 신하는 다스릴 대상이 없고 처리해야 할 일이 없다. 그러므로 옛날의 대성현은 함께 일을 처리하였지만, 아침저녁으로 백성에 관한 것을 가장 시급하게 생각하였고, 백성을 걱정하였다. 그것은 마치 한 집안에서 부모가 자식이 없는 것을 근심하는 것과 같다. 자식이 없다면 어떻게 스스로 부모라고 할 수 있을 것이며, 백성이 없다면 스스로를 어떻게 군주라는 이름으로 부를 것인가? 그러므로 하늘의 이법은 항상 군주와 신하와 백성으로 하여금 모두 운명을 함께 하도록 하고, 길흉을 함께 하도록 하고, 맡은 일을 함께 하도록 하는데, 한 가지 일이라도 정도에서 벗어나면 큰 재앙이 될 것이다.

중고 이후로 다스림의 핵심을 잃는 경우가 많아져서 드디어 서로 승부(承負)하게 되니, 나중에 태어난 자는 마침내 그로부터 흘러나온 재앙이 갈수록 더 극심해지게 되었다. 이는 실제로 군주와 신하와 백성이 실책을 범하고, 깊이 생각할 줄 몰랐기 때문이다. 그렇게 하더라도, 서로 사랑하고 서로 소통하며 힘과 마음을 합하였을지라도, 도리어 서로 근심과 고통스러움만 가져오게 되었다. 군주는 한 사람일 뿐으로, 깊숙하고 은밀한 곳에 거처할 수는 있으나 사방으로 멀리까지 원한을 맺게 되어 실제로는 막혀 있어 소통하지 못하니, 다스림에 하늘의 마음을 얻지 못하면 재난과 괴이한 일이 쌓여가기만 하고 없어지지 않는다. 천지가 하고 싶은 말을 군주가 알 수 없으니 큰 잘못이 여기에 있는 것이다. 셋이 힘을 합하지 않으면 총명이 끊어지고 사악한 기가 맺혀 풀어지지 않으니 위로는 황천(皇天)에게서 커다란 원한을 사게 되고, 아래로는 땅에게서 크게 증오받게 되니, 제왕의 큰 근심거리가 된다. 재앙이 끊임없이 이어져 해결되지 않으면, 백성에게 큰 해가 되고 만물이 증오하는 골칫거리가 된다. 이렇게 된 것은 매우 오랜 시간에 걸쳐 조성된 것이지 지금 저 하고시대 사람들의 죄과로 초래된 것이 아니다. 진인들은 이 점을 분명히 알아야 하느니라."

善哉善哉. 師幸哀開以皇字, 願聞其太平氣之字. 太者, 大也, 乃言其積大行如天, 凡事大也, 無復大於天者也. 平者, 乃言其治太平均, 凡事悉理, 無復奸私也. 平者, 比若地居下, 主執平也. 地之執平也, 比若人種善得善, 種惡得惡, 人與之善, 用力多, 其物子好善. 人與之鮮鮮, 其物惡也. 氣者, 乃言天氣悅喜下生, 地氣順喜上養. 氣之法, 行於天下地上, 陰陽相得, 交而爲和, 與中和氣三合, 共養凡物. 三氣相愛相通, 無復有害者. 太者, 大也. 平者, 正也. 氣者, 主養以通和也. 得此以治, 太平而和, 且大正也, 故言太平氣至也. 善哉善哉, 此者乃獨言天地中和氣, 當合相通共治耶, 凡事皆當三合共事耶. 善哉善哉. 子之言也, 已得天法, 帝王象之以治, 比若神矣. 然爲眞人具說之, 自隨而記之. 唯唯. 元氣與自然太和之氣相通, 並力同心, 時恍恍未有形也, 三氣凝, 共生天地. 天地與中和相通, 並力同心, 共生凡物. 凡物與三光相通, 並力同心, 共照明天地. 凡物五行剛柔與中和相通, 並力同心, 共成共萬物. 四時氣陰陽與天地中和相通, 並力同心, 共興生天地之物利. 孟仲季相通, 並力同心, 各共成一面. 地高下平相通, 並力同心, 共出養天地之物. 蠕動之屬雄雌合, 乃共生和相通, 並力同心, 以傳其類. 男女相通, 並力同心共生子. 三人相通,[1] 並力同心, 共治一家. 君臣民相通, 並力同心, 共成一國. 此皆本元氣自然天地授命. 凡事悉皆三相通, 乃道可成也.

[附]*太者, 大也, 言其積大如天, 無有大於天者. 平者, 言治太平均, 凡事悉治, 無復不平, 比若地居下執平. 比若人種刈,[2] 種善得善, 種惡得惡. 耕用力, 分別報之厚. 天氣悅下, 地氣悅上, 二氣相通, 而爲中和之氣, 相受共養萬物, 無復有害, 故曰太平. 天地中和同心, 共生萬物. 男女同心而生子, 父母子三人同心, 共成一家, 君臣民三人共成一國.

共生和,[3] 三事常相通, 並力同心, 共治一職, 共成一事, 如不足一事便凶. 故有陽無陰, 不能獨生, 治亦絶滅. 有陰無陽, 亦不能獨生, 治亦絶滅. 有陰有陽而無和, 不能傳其類, 亦絶滅. 故有天而無地, 凡物無於止. 有地而無天, 凡物無於生. 有天地相連而無和, 物無於相容自養也. 故男不能獨生, 女不能獨養, 男女無可生子, 以何而成一家, 而名爲父與母乎. 故天法皆使

---

* 이 문단은 도장본 『태평경』에는 없지만, 왕명이 『태평경초』에 근거하여 참고용으로 덧붙여놓은 것이다.

三合乃成. 故古者聖人深知天情, 象之以相治. 故君爲父, 象天. 臣爲母, 象地. 民爲子, 象和. 天之命法, 凡擾擾之屬,[4] 悉當三合相通, 並力同心, 乃共治成一事, 共成一家, 共成一體也, 乃天使相須而行, 不可無一也. 一事有冤結, 不得其處, 便三毁三凶矣. 故君者須臣, 臣須民, 民須臣, 臣須君, 乃後成一事, 不足一, 使三不成也. 故君而無民臣, 無以名爲君. 有臣民而無君, 亦不成臣民. 臣民無君, 亦亂, 不能自治理, 亦不能成善臣民也. 此三相須而立, 相得乃成, 故君臣民當應天法, 三合相通, 並力同心, 共爲一家也. 比若夫婦子共爲一家也, 不可以相無, 是天要道也. 此猶若人有頭足腹, 乃成一身, 無可去者也. 去之卽不足, 不成人也, 是天地自然之數也. 故古者聖人取法於天, 故男子須得順善女與爲治, 然且有善子. 男者, 君也. 女者, 臣也. 子者, 民也. 故天命治國之道, 以賢明臣爲友, 善女然後能和其子也, 善臣然後能和其民也. 善女然後能生善子, 善臣然後能生善民, 民臣俱好善, 然後能長安其上也. 眞人欲樂知其效, 天者, 君也. 地者, 臣也. 天雨周流, 雨之善地, 生物善. 雨之惡地, 生物惡, 此之謂也. 今父母君臣, 尙但共持其大綱紀耳. 大要實仰衣食於子, 人無子, 絶無後世. 君少民, 乃衣食不足, 令常用心愁苦. 故治國之道, 乃以民爲本也. 無民, 君與臣無可治, 無可理也. 是故古者大聖賢共治事, 但旦夕專以民爲大急, 憂其民也. 若家人父母憂無子, 無子以何自名爲父母, 無民以何自名爲君也. 故天之法, 常使君臣民, 都同命, 同吉凶, 同一職, 一事失正, 卽爲大凶矣. 中古以來, 多失治之綱紀, 遂相承負, 後生者遂得其流災尤劇, 實由君臣民失計, 不知深思念, 善相愛相通, 並力同心, 反更相愁苦. 夫君乃一人耳,又可處深隱, 四遠冤結, 實閉不通, 治不得天心, 災變怪異, 委積而不除. 天地所欲言, 人君不得知之, 大咎在此. 不三並力, 聰明絶, 邪氣結不理, 上爲皇天大仇, 下爲地大咎, 爲帝王大憂, 災紛紛不解, 爲民大害, 爲凡物大疾病. 爲是獨積久矣, 非獨今下古人過所致也. 眞人亦知之乎.

역주

1) 三人相通(삼인상통) : 세 사람이 서로 소통하다. 삼인(三人)은 부모 그리고 자식을 가리킨다.
2) 種刈(종예) : 파종하고 수확하는 것. 종(種)은 파종하는 것을 말하고, 예(刈)는 원래 낫으로 베는 것을 나타내는 글자인데, 여기서는 수확하는 것을 가리킨다.
3) 共生和(공생화) : 함께 화합을 이루다. 앞에서 말한 각 분야의 세 가지의 것들이 서로 화합하여야 한다는 것을 가리킨다. 『금주금역(상)』에는 이 세 글자가 빠져 있다.
4) 擾擾之屬(요요지속) : 여러 가지 어수선한 모습을 한 것들. 요요(擾擾)는 분분(紛紛), 즉 온갖 것들이 어수선하게 뒤섞여 있는 것을 뜻한다.

"이렇게 오래됨을 알면서도 실제로는 왜 그런 일이 생기는지 알지 못하겠습니다. 그래서 여쭙겠습니다. 참으로 원한 맺힌 것이라면, 지금 어찌해야 좋을까요?"

"그렇다. 하늘의 태평의 기가 바야흐로 이르려고 하니 다스림은 마땅히 하늘의 마음을 얻어야만 하고, 이러한 악들은 모두 저절로 사라져야만 한다. 그러므로 하늘이 나에게 갖추어 말하도록 하였다. 나로 하여금 잘못을 바로잡도록 하게 하기 위하여 바른 글을 내어 놓았느니라. 그리하여 진인들로 하여금 내게 와서 그것을 모두 묻도록 한 것이다. 이것이 흉함을 태어나게 한 바이다. 천지의 원기와 저절로 그러한 법을 본받지 않고, 셋이 서로 통하여 힘과 마음을 하나로 하지 않았기 때문에 여기에 이르게 된 것이다. 만약 셋이 서로 소통하고 힘과 마음을 합친다면 지금 바로 태평하게 되어 크게 즐겁게 될 것이며, 곧바로 재앙이 사라질 것이다."

"원컨대, 다스림은 마땅히 어찌해야 하는 것인지요?"

"서둘러서 하늘의 법을 본받아 마치 위로 올라가듯이 해야 한다. 하늘의 법은 모든 일을 처리함에 있어서 셋이 힘과 마음을 합한다. 그러므로 하늘은 해와 달과 별의 삼광을 법도로 삼고, 삼광은 항상 서로 소통하여 함께 비추면서 멈춘 적이 없다. 하늘의 문서(곧, 河圖洛書)가 나온 뒤로 군주는 나라를 다스림에 있어 문서를 법도로 삼았고, 하늘의 삼광을 본받았다. 그러므로 하늘은 때때로 황하와 낙수에서 책이 나오도록 하여, 거듭거듭 문서로써 법도로 삼도록 훈령을 내렸으니, 이 문서는 사람의 법도이다. 모든 것을 끝까지 환하게 꿰뚫는 하늘의 신묘한 다스림의 법도를 본받는 것을 즐기면 좋은 일이 날로 일어나고 나쁜 일이 날로 없어지게 될 것이다.

이 책은 해와 달과 별 등 삼광의 모습에 대한 기록을 통하여 아래로 전해온 하늘의 책이다. 군주는 마땅히 자기 아래의 신민을 잘 깨우치고 인도하여야 하며, 좋은 법령을 만들어 백성들을 교화하고, 백성들로 하여금 각자가 사는 곳에서 상서를 올려 자기들이 들은 바의 모든 좋고 나쁜 상황을 말하도록 가르친다. 직접 오는 것을 두려워한다면 길 가는 사람에게 부탁하여 가져가게 할 수도 있고, 장사하는 사람에게 부탁하여 수레에 실어 보낼 수도 있고,

아니면 자기 이름만 써서 잘 도착하도록 보낼 수도 있다. 이와 같이 법을 집행한다면 세상의 좋은 일과 나쁜 일이 모두 드러날 것이다. 군주는 천기를 이끌어 아래로 소통하게 하고 신하는 지기를 이끌어 위로 소통하게 하고, 백성은 중화의 기를 이끌어 위로 소통하게 한다. 진인들은 글을 전파하여 유덕한 군주에게 주어 나의 글과 말을 살펴서 따른다면 바로 평안하게 되고 바로 즐겁게 되어 재난이 없어질 것이니 조금이라도 잘못이 있어서는 안 될 것이다. 나의 책은 하늘의 법을 공경하여 받은 것으로 근거 없이 늘어놓은 것이 아니다. 거짓말을 하면 하늘이 우리를 죽이려 할 것이니, 그대 역시 그 죄가 크다는 것을 알 것이다."

"예. 예."

"내 책이 참으로 믿을 만한 것인지 입증하고 싶다면 그대로 따라서 시행해보면 하늘과 땅으로부터 곧바로 그에 대한 응답이 메아리처럼 들려올 것이다. 이것이 내 글이 신뢰할 수 있다는 증거이다. 이로써 효과가 있다는 것이 크게 증명될 것이니, 의심하지 말라. 나라를 다스리는 도는 기꺼이 하늘의 마음을 얻어 스스로를 보전하는 데 있다. 오직 이것만 행해도 그 효과는 하늘이 메아리로써 응답할 것이니, 이것이 곧 하늘과 사람이 대화한다는 분명한 증표이다. 나는 진인들이 유덕한 군주를 항상 즐겁게 도와줌으로써 하늘이 후하게 보답해 주기를 바란다는 것을 알고 있기 때문에 하나하나 말해주는 것이다. 나는 꽉 막혀 통하지 못함에 그 잘못이 있음을 안다. □□ 책을 얻으면 군주는 밝은 가르침과 좋은 명령을 만들어, 오늘 이후로 백성들로 하여금 각자가 사는 곳에서 글을 올려 좋은 일과 나쁜 일을 모두 말하게 함으로써 제왕의 치적을 밝히고 천기가 소통하게 하며, 상소 올리는 일을 서로 금지하지 못하게 하고, 금지하게 하는 자는 그 일로 인하여 3년형의 벌에 처한다고 선언한다. 특히 올린 글이 모두 사실이고 거짓된 부분이 없다면 불러서 벼슬을 내리겠다고 말한다. 그에게 어떤 벼슬을 내릴 것인가는 각각 그 사람의 재능과 장점을 물어보고서 능력의 범위 안에서 직무를 부여한다."

"왜 꼭 사람의 능력 안에서 직무를 부여하는가요?"

"하늘이 사람에게 일을 줄 때 각각 그 사람의 능력에 따르기 때문이다. 만약 그 사람의 재능에 따르지 않는다면 그것을 가리켜 일부러 사람을 괴롭히는 것이라고 하는 것이다. 그렇게 되면 다시 원기가 맺혀 재앙이 커지게 된다. 그렇게 되는 근본적인 원인에 대해서는 사람의 힘이 미치지 못하는 것이니 비록 생명을 다 바친다 하더라도 어떻게 해볼 도리가 없다.

지금 사람들이 즐기는바 좋은 물건과 금이나 옥을 얻는 것을 극히 좋아한다. 이제 현명한 군주로 하여금 어떤 사람이 박수를 쳐서 천자의 관부에 있는 금은 등 귀중한 물품을 모두 수중에 넣는다하더라도 그를 벌하지 않고 그것들을 모두 그에게 주겠다고 말한다면, 그는 재물을 얻게 됨을 매우 좋아할 것이다. 그러나 능력이 미치지 못한다면 물건을 그의 두 손에 묶어주더라도 모두 망가뜨리고 갖지 못할 것이다. 지금 부모나 군주가 되어 신하나 자식에게 일을 줄 때 그들의 장점에 의거하지 않는다면, 그것은 바로 그들로 하여금 백성들을 해치도록 하고, 그 직무를 잘 해낼 수 없도록 하는 것과 같으며, 공연히 관직을 문란하게 하고 백성들을 근심과 고통에 빠뜨리는 것이다. 관직이 문란해지고 백성과 신하들이 근심에 빠지면 다시 하늘을 우러러 소리치면서 스스로 억울함을 말하면 위로 하늘을 움직이고 다시 재앙이 불어난다. 그러므로 옛 성현이 하늘의 마음을 얻고자 할 때는 직무를 배정함에 신중을 기하여 모두 인심을 얻었고, 때문에 하늘의 마음에 적합할 수 있었다.”

“하늘의 마음에 부합하였다고 하는 것은 무슨 뜻인지요?”

“시행하여 백성들로부터 호응을 얻고, 관리들이 나날이 착하게 되고 또 신뢰할 만하고 충실하게 될 것이니, 이것이 그 증거이다. 때에 맞게 승진시켜 주면 그들은 나라가 하늘의 마음을 얻도록 돕는 사람이다. 즐기기만 하면서 명성만 탐하던 어떤 사람이 어느 날 관직을 얻게 되면 그 행위에 업적이 없게 될 것이니, 그것은 곧 하늘의 마음에 맞지 않아 하늘의 응답이 없는 것이다. 제왕이 하늘의 마음을 받들어 다스릴 때 마땅히 하늘의 마음에 부합하여야 하는데, 하늘의 마음에 부합하지 않는다면 그것이 곧 허물이다. 그러므로 그들의 다스림에 있어서 지극히 선한 응답이 없다면 응당 물러나게 하여 자신의 허물울 생각하도록 해야 한다. 이처럼 하면 하늘은 이미 기뻐하고 천하 사람들은 모두 충성하게 되고 미덥지 않은 사람이 없게 되어 자신의 능력을 다할 것이다. 깊숙한 곳에 숨어 있던 자들도 그 소식을 듣고 자신들의 능력을 감춰두지 않을 것이다.

긴급한 일로 글을 올린 것들 가운데 사람의 생명과 관련된 지극히 중대한 일은 잠시라도 지체해서는 안 된다. 사람이 다시 울부짖으며 억울함을 호소하면 이제 다시 원한 맺힌 기가 맺히고 괴변이 늘어나면 신속하게 해결하고 그 결과를 보고한다. 그 밖에 참아낼 수 있는 일은 가을이나 겨울까지라도 기다린다.”

知如此久矣, 實不知其所由致. 故問之. 誠冤, 今當奈何之乎. 然. 天太平氣方到, 治當得天心, 乃此惡悉自除去. 故天使吾具言之. 欲使吾救其失, 爲出正文, 故使眞人來悉問之也, 此所由生凶也. 不象天地元氣自然法, 不三相通, 並力同心, 故致此也. 若三相通, 並力同心, 今立平大樂, 立無災.

願聞治之當雲何乎哉. 急象天法, 如比上爲也. 天法, 凡事三並力同心, 故天以三光爲文, 三光常相通共照, 無復絶時也. 天券出以來, 人以書爲文以治, 象天三光, 故天時時使河洛書出, 重敕之文, 書人文也. 欲樂象天洞極神治之法度, 使善日興, 惡日絶滅. 書者, 但通文書三道行書[1)]也. 君宜善開導其下, 爲作明令示敕, 教使民各居其處而上書, 悉道其所聞善惡. 因却行, 亦可但寄便足, 亦可寄商車載來, 亦可善自明姓字到, 爲法如此, 則天下善惡畢見矣. 君導天氣而下通, 臣導地氣而上通, 民導中和氣而上通. 眞人傳書, 付有德之君, 審而聆吾文言, 立平立樂, 災異除, 不失銖分也. 吾書敬受於天法, 不但空陳. 僞言也, 天誅殺吾, 子亦知是謫重耶. 唯唯. 欲得吾書信, 得卽效司之, 與天地立響相應, 是吾文信也. 以此大明效證, 可毋懷狐疑. 夫治國之道, 樂得天心自安者, 但行此, 效與天響相應, 卽天與人談之明券也. 吾但見眞人常樂助有德之君, 欲報天重功, 故一二言之耳. 吾知其失, 在此閉不通. □□得書, 君爲制作明敎善令. 言從今以往, 吏民宜各居其處, 力上書, 悉道善惡, 以明帝王治, 以通天氣, 勿得相止, 止者坐[2)]其事三年. 獨上書盡信, 無欺文者, 言且召而仕之. 其仕之雲何, 各問其才能所長, 以筋力所及署其職. 何必署其筋力所能及乎. 天之事人, 各因其能, 不因其才能, 名爲故冤人, 則復爲結氣增災. 所以然者, 人所不及, 雖生之死, 猶不能爲也. 今人所樂, 極樂得善物金玉也. 今使明君有敎, 言人有能撫手盡得天下縣官金銀奇僞之物, 不以過汝, 盡以與汝, 其人極樂得之也. 力而不及, 物系其兩手, 弊盡之, 猶不能致也. 今爲人父母君, 將署臣子之職, 不以其所長, 正交殺之, 猶不能理其職事, 但空亂其官職, 愁苦其民耳. 官職亂, 民臣愁, 則復仰呼天, 自言冤, 上動天, 復增災怪. 故古聖賢欲得天心, 重愼署置, 皆得人心, 故能稱天心也. 其稱天心云何. 行之得應其民, 吏日善且信忠, 是其效也. 則遷之以時, 是助國得天心之人也. 或但有樂, 一旦貪名得官, 其行無效, 不稱天心無應者. 夫帝王乃承天心而治, 一當稱天心, 不稱天心爲過. 故其治無善放應, 當退使思過. 如此, 則天已喜, 而天下莫不盡忠信, 盡其能力者也. 幽隱遠方聞之, 無藏其能者也. 其上書急者, 人命至重, 不可須臾. 人且復啼呼冤, 今復結增怪變, 疾解報之. 其事可忍者須秋冬.

역주

1) 通文書三道行書(통문서삼도행서) : 해와 달과 별 등 삼광의 모습에 대한 기록을 통하여 아래로 전해온 하늘의 법령제도. 이 구절은 하도낙서가 문자로써 삼도(三道)와 행서(行書)를 기록해놓은 것임을 말하고 있다. 삼도(三道)는 해와 달과 별 등 삼광의 법도를 가리키고, 행서(行書)는 하늘을 대신하여 시행되는 문서를 가리킨다. 따라서 이 구절은 하도낙서는 바로 하늘이 해와 달과 별 등 삼광을 본따 문자로써 기록하여 아래의 인간 세계로 전해진 법령이나 교칙이라는 의미이다.

2) 坐(좌) : 판결하다, 형을 확정하다.

"왜 가을이나 겨울까지 기다려야 하는 것인지요?"

"그렇다. 가을에는 사물들이 다 완성되고, 겨울에는 사물들이 다 저장되어 천기(天氣, 陽氣)가 안정된다. 사물은 중추(仲秋)인 8월에 성숙하고, 과실과 씨를 구별할 수 있다. 그러므로 마땅히 천지의 이법에 따라 8월에 [상소문들을] 분별하고 살펴보기 시작해야 한다. 9월은 천기가 궁극에 이르니 사물들은 9월에 이르러 모두 죽어간다. 그러므로 9월이 되어 상소문 읽고 조사하는 것을 끝맺으면 그 좋고 나쁨과 많고 적음을 볼 수 있다. 10은 수의 끝이다. 그러므로 사물은 10월에 이르면 처음으로 되돌아간다. 주(周)나라 때의 달력인 천정(天正)은 8월을 10월로 삼는다. 그러므로 사물들이 모두 완성된다. 은(殷) 나라 때의 달력인 지정(地正)은 9월을 10월로 삼는다. 그러므로 사물은 모두 쇠퇴한다. 하(夏) 나라 때의 달력인 인정(人正)은 해(亥)를 10월로 삼는다. 그러므로 사물은 모두 죽는다. 삼정(三正)이 다하면 사물은 다시 살아난다. 그러므로 건괘(乾卦)가 서북의 방위에 있고, 모든 사물은 해(亥)에서 씨앗이 맺히기 시작한다. 하늘의 이법은 8월에 사물들을 구별하고 9월이 되어서는 궁극에 이르고, 10월에는 열매와 씨앗이 맺히도록 한다. 그러므로 천정(天正)과 지정(地正)과 인정(人正) 등 삼통(三統)이 모두 끝나면 10월에 열매와 씨앗이 맺힌다. 그러므로 10월이 되어 사실을 조사하여 결론을 내고 그 결과를 아래로 내려보낸다. 그렇게 하는 이유는 이 8월, 9월, 10월 등 석달에 천정과 지정과 인정이 모두 끝나고 다시 처음으로 돌아가기 때문이다. 사실을 조사하지도 않고 결론을 내지도 않으면 백성들의 뜻을 알 수 없기 때문에 천지가 기뻐하지 않을 것이며, 그 재앙은 없앨 수 없고, 재해가 그 다음 해에 다시 올 것이다. 그러므로 8월에 백성들이 올린 상소문을 구분하고 9월에 세밀하게 검토하고, 10월에 사실을 조사하여 결론을 내고, 조사의 결과를 관리들에게 하달하여 관리들로 하여금 모두 자신들의 과오를 다시 반성하도록 하고, 감히 다시 과오를 저지르지 않게 한다. 그러면 이듬해에는 관리들이 더욱 조심하게 되어 모든 것들이 다 좋아질 것이다. 심사 결과를 하달하여 자신들의 과오를 반성하게 하지 않으면, 고집스러운 신하들은 아래에서 정령(政令)을 잃고 스스로 잘못이 있음을 알지 못하고, 그 마음을 고치려 하지 않을 것이다. 천도는 완고하여 그들이 고치지 않는 것을 미워할 것이니, 조사 결과를 마땅히 그들에게 보내주어야 한다.

"진인들이 그 효과가 어떤지를 알고 싶다면, 올해 회부되어 온 조사 결과의 내용 중 한 부를 기록해두었다가 한곳에 보관하고, 또 모든 관리와 백성들에게 스스로 한 부를 기록하게 하여 각자 보관하게 하면 좋은 일과 나쁜 일이 얼마나 있었는지를 살펴볼 수 있으니, 그것을 하늘의 증서 곧, 천권(天卷)이라 한다. 그 다음해에 회부되어 온 조사 결과를 또 기록해 두었다가 좋은 일과 나쁜 일이 얼마나 있었는지를 살펴보고, 그 다음다음 해의 조사 결과를 또 기록해 두었다가 좋은 일과 나쁜 일이 얼마나 있었는지를 살펴보고, 관리와 백성들이 기록한 것과 위에서 기록해 놓은 것이 점사처럼 서로 맞아떨어져야만 비로소 하늘의 요구와 부합한다고 이름 붙일 수 있다.

관리와 백성들에게 마음가짐을 고쳐 선을 행하도록 하면 하늘의 뜻을 얻고, 올라오는 상소의 내용에 선한 일이 많게 될 것이며, 만약 마음을 크게 바꾸게 한다면 선한 일들이 대단히 많게 될 것이다. 만약 마음을 굳게 닫은 채 결코 바꾸지 않게 한다면, 올라오는 상소의 내용이 굳게 닫혀 있을 것이고, 만약 끊임없이 악행을 저지르게 한다면, 올라오는 상소의 내용이 더욱더 악해질 것이며, 관리와 백성은 하늘을 크게 속이고 노하게 할 것이니, 그렇게 되면 올라오는 상소의 내용은 극도로 악해지고 더욱 참혹할 것이다. 그러므로 이것(상소)은 하늘이 환하게 꿰뚫어보고 마음을 비춰 보는 거울이다. 조금이라도 잘못이 없게 하여 관리의 다스림과 백성의 행위에 대하여 분명하게 알고 있어야 한다. 하늘과 땅은 마치 그림자와 메아리처럼 사람의 행위에 따라서 반응하고, 사람을 떠날 수는 없다. 진인들이 다행히 선한 뜻을 가지고 있다면 그것을 끝까지 보존하는 데 노력하고, 끝까지 신중하도록 하라. 그대들이 비록 내게 와서 이에 대하여 질문하기는 했지만, 만약 아무것도 실천하지 않는다면 하늘에 아무런 도움되지 않을 것이고, 하늘은 안으로 묵묵히 그대를 주시하면서 입으로 하고 싶은 말이 무엇인지를 살필 것이다."

"그것을 어떻게 알 수 있습니까?"

"말로써 알 수 있다. 사람이 어떤 일에 대하여 말을 할 때 말의 내용이 상서롭고 선하다면 다른 사람은 선한 것으로 보답하고, 대답하는 목소리 역시 듣기 좋다. 그러나 그 말의 내용이 흉악하고 불길하다면 다른 사람도 악한 것으로 대응하고 대답하는 목소리 역시 듣기 좋지 않을 것이다. 모든 일에 있어서 서로 호응하고 대답하는 것은 모두 하늘이 그렇게 시킨 것이다. 그대들은 이제 알았는가?"

"예. 예."

"하늘은 높고 또 멀며 존엄한데, 어떻게 사사건건 직접 아래로 내려와 사람들과 말을 할 수 있겠느냐? 그래서 하늘의 법은 모두 저절로 그러하게 호응하고 화답하는 것이다. 그대들은 이제 의문이 풀렸느냐?"

"예. 예. 이미 이해가 되었습니다. 천사께 한 말씀 더 청하고 싶습니다."

"그렇다. 말해보라."

"중고의 삼황 때는 문자가 없었기 때문에, 셋이 서로 소통되지 못하였을 터인데 어떻게 그것들을 안정시켰을까요?"

"좋도다! 그 질문은. 하늘의 운행이 당시의 사람들을 솔직하고 질박하게 만들었기 때문에 그때 사람들은 모두 도를 간직하고서 믿음이 있었고, 또 하나[元氣]를 오로지하였다. 또 교화가 구전으로 유통되고 서로 잘 소통되어 사람들이 각기 성실과 믿음에 도달하고자 하였고, 하늘의 마음에 부합하려고 생각하였기 때문에 한 사람도 속이는 사람이 없었다. 그러므로 군주와 신하와 백성 등 셋이 힘을 함께하고 마음을 합하여 서로 소통하였고 따라서 서로 잘 다스렸다. 만약 마음을 하나로 하여 한 집안을 이루지 않았다면 바로 혼란에 빠졌을 것이다. 지금 승부(承負)의 재해를 만나게 되는 것은 각 파의 문서들이 매우 많고, 글을 바꿔 서로 속이며 겉으로만 화려하게 부풀리는 것을 숭상하기 때문에 현자와 학자가 모두 미혹에 빠지고 더불어 하늘의 마음을 잃어버렸기 때문인데, 하늘이 천문(天文)을 내더라도 그 말이 더 이상 유통되지 못한다. 마땅히 사실을 살피고 조사하여 진실한 것을 얻으면, 셋이 서로 소통되어 천기가 고루 펴질 것이다.

하늘의 법은 때로는 억만 가지이고 때로는 수만 가지라서 시시각각 다르며, 다스리는 제도가 각자 다르고 다스리는 방법이 서로 같지 않다. 지금 태평의 기가 마침내 이르려고 하니 여러 가지 책들을 대상으로 본래의 뿌리에 근거한 올바른 글인지 조사하여야만 하늘의 뜻을 얻을 수 있을 터인데, 그대들은 분명하게 분별하지 못할 것이다. 천지가 시작한 후로 억만 가지 다스림의 방법으로 그 일들을 시행하였고, 모두 하늘의 호응을 얻었는데, 이는 올바른 것에 속한다. 하늘의 호응을 얻지 못하는 것은 잘못된 것에 속한다. 이것이 바로 하늘의 증서 곧, 천권(天卷)이 효과가 있다는 것을 확실하게 밝혀주는 증거이다. 이제 알겠는가?"

"예. 예."

"떠나라. 더 이상 묻지 마라. 지금 그대들에게 천지가 일을 시작한 이후로 일마다 분별하고 천하의 문자를 해독한 것 등에 대하여 다 기억하게 할 수 없는 것이 아니지만, 글을 더하면 기억하기 어렵고 활용할 수 없으니 왕의 다스림에 아무런 도움이 되지 않는다. 그러므로 그저 도의 요점만을 다 가르쳐주었을 뿐이다. 천하를 다스림에 있어서 근본을 다스리지 않으면, 하늘은 경고를 보낼 조짐을 드러내는데, 이는 천지의 큰 병이 발생하는 근원이고, 옛 성현들이 모두 증오하던 것들이다. 그러므로 도는 유덕한 군주를 위해 나타나고 함부로 번지르르한 말을 꾸며내지 않는 것이니, 모두 돌아가 진실을 지키고, 그 근본을 찾고, 그 원기를 보존하도록 하면, 비로소 천도는 다스릴 수 있고 나라는 저절로 평안해진다. 진인들이 비록 묻는 것을 좋아하기는 하지만, 다시 글을 더하게 하지 말라. 돌아가 깊이 생각하라."

"예. 예."

이상은 원기(元氣)와 저절로 그러함(自然)과 천지(天地)를 감싸서 모든 일은 셋이 합하여 서로 통해야 한다는 것, 힘과 마음을 합해야 한다는 것, 하늘의 명백한 증서(天明券)와 황제의 태평한 다스리는 방법(皇平治法) 등을 포괄하고 있다.

何必須秋冬乎. 然, 秋者物畢成, 冬者物畢藏, 天氣定也. 物以仲秋八月成熟, 其實核可分別, 故當順天地之法, 始以八月分別視之. 九月者, 天氣之究竟也, 物到九月盡欲死, 故當九月究竟讀視之, 觀其善惡多少. 十者, 數之終也, 故物至十月而反初. 天正[1]以八月爲十月, 故物畢成. 地正[2]以九月爲十月, 故物畢老. 人正以亥爲十月,[3] 故物畢死. 三正竟也, 物當復生. 故乾在西北,[4] 凡物始核於亥. 天法以八月而分別之, 九月而究竟之, 十月實核之. 故天地人三統俱終, 實核於亥. 故十月而實核, 下付歸之. 所以然者, 此八月九月十月三月也, 天地人正俱畢竟, 當復反始. 不實不核, 不得其意, 天地且不悅喜, 其災不除, 復害來年. 故八月而分別視之, 九月而究竟之, 十月而實核, 下付歸之, 令使吏民悉得更思過失, 不敢復爲也. 來年吏民更謹, 凡物悉善矣. 不歸使思過, 固固民臣居下失政令, 不自知有過, 其心不易. 天道固固惡不易矣, 故當付歸之也.

眞人欲知其效, 今年所付歸, 因書一通自置之,[5] 亦敎吏民自記一通置之, 視善惡多少, 名爲天劵. 來年付歸, 復置一通, 視善惡多少. 來年復付歸, 置一通, 視善惡多少. 下疏與上所記置, 當繇相應,[6] 名爲天徵合符. 令吏民更易心爲善, 得天意, 所上當多善, 若令大易, 當大善. 若令固固無變不易, 所上固固, 如令爲惡不止, 所上當益惡, 吏民大欺忿天, 所上當大惡增劇, 故是天洞明照心之鏡也. 不失銖分, 以明吏民治行. 夫天地比若影響, 隨人可爲, 不脫也. 眞人幸有善意, 努力卒之愼之. 子雖來問此, 若無事無益天, 內默視子, 口可言. 以何明之. 以言也. 夫人言事, 辭詳善, 人卽報之以善, 響亦應之以善. 其言凶惡不祥, 人亦報之以惡, 響亦應之以惡也. 凡事相應和者, 悉天使之也. 子寧解耶. 唯唯.

夫天乃高且遠尊嚴, 安可事事自下與人言語乎. 故其法皆以自然應和之也. 子今心開不. 唯唯. 已解, 願及天師復假一言. 行道之. 中古皇無文,[7] 不三相通, 以何能安之乎. 善哉, 子之言也. 天運使其時人直質樸, 其人皆懷道而信, 又專一, 但流言相通, 人人各欲至誠信, 思稱天心, 乃無一相欺者也. 故君臣民三, 並力同心相通, 故相治也. 如使不同心爲一家, 卽亂矣. 今者承負, 而文書衆多, 更文相欺, 尙爲浮華, 賢儒俱迷, 共失天心, 天旣生文,1 不可復流言也. 但當實核得其實, 三相通卽天氣平矣. 天法者, 或億或萬, 時時不同, 治各自異, 術各不同也. 今者太平氣且至, 當實文本元正字,[8] 乃且得天心意也. 子不能分別, 天地立事以來, 其治億端, 行其事, 悉得天應者是也. 不得天應者, 非也. 是卽其大明天券征驗效也. 寧解耶. 唯唯. 行去, 勿得復問. 今非不能爲子悉記天地事立以來, 事事分別, 解天下文字也, 但益文難勝記, 不可爲才用, 無益於王治, 故但悉指授要道而言. 夫治不理本, 由天文耳, 是天地大病所疾也, 古時賢聖所共憎惡也. 故道爲有德君出, 不敢作文, 皆使還守實, 求其根, 保其元, 乃天道可理, 國自安. 眞人雖好問, 勿復令益文也, 去思之. 唯唯.

右包裹元氣自然天地凡事三合相通並力同心天明券和皇平治法.

역주

1) 天正(천정) : 천정. 주대(周代)의 달력을 가리키는 말이다. 주대의 달력에서는 음력 11월, 즉 동지가 있는 달을 한 해의 시작으로 삼았는데, 옛 사람들은 그것을 하늘의 바름을 얻었다고 생각하였기 때문에 주대의 달력을 천정이라고 불렀다.

2) 地正(지정) : 지정. 은대(殷代)의 달력을 가리키는 말이다. 은대의 달력에서는 음력 12월을 한 해의 시작으로 삼았는데, 옛 사람들은 그것을 땅의 바름을 얻었다고 생각하였기 때문에 은대의 달력을 지정이라고 불렀다.

3) 人正以亥爲十月(인정이해위시월) : 인정에서는 해(亥)의 달을 10월로 삼는다. 인정은 하대의 달력을 가리키는 말이다. 하대의 달력에서는 정월을 한 해의 시작으로 삼았다. 해(亥)는 10간지 중에서

10번째에 해당한다.

4) 乾在西北(건재서북) : 건괘가 서북쪽에 위치한다. 건(乾)은 건괘를 가리키고, 그것은 순양(純陽)을 대표한다. 한대 역학에 따르면 서북쪽은 사유(四維), 즉 네 방위의 하나로서 성음(盛陰)이 있는 곳이고, 또 양기가 싹트기 시작하는 때이다. 양존음비(陽尊陰卑)의 원칙에 따라 건괘는 서북쪽에 위치하는데, 이는 양(陽)의 시초가 희미하게 돋아나기 시작한다는 것을 나타낸다. 여기서 말하는 것은 역위(易緯)의 주장을 채택한 것이다.

5) 書一通自置之(서일통자치지) : 한 부를 적어서 스스로 보관하다. 서(書)는 기록하다는 의미의 동사로 쓰였다. 아래 구절의 "이민자기일통(吏民自記一通)"에서 기(記)와 같은 의미이다. 일통(一通)은 한 부를 말하며, 자치지(自置之)는 기록한 것을 스스로 보관하는 것을 말한다.

6) 當繇相應(당요상응) : 점사(占辭)처럼 서로 맞아떨어지다. 즉 관리와 백성들이 기록해 놓은 것과 위에서 기록해 놓은 것이 점을 쳐서 응답하는 말처럼 서로 잘 부합하는 것을 가리킨다.

7) 中古皇無文(중고황무문) : 중고의 삼황 때는 문자가 없었다. 중고황(中古皇)은 복희(伏犧), 신농(神農), 수인(燧人) 등을 가리킨다. 『문효경위서(文孝經緯書)』에서는 삼황 때는 문자가 없었기 때문에 말을 만들어 가르쳤는데, 백성들은 그것을 위배하지 않았다(三皇無文, 設言爲敎而民不違)라고 하였다.

8) 實文本元正字(실문본원정자) : 글들 가운데서 본래의 뿌리에 근거한 올바른 문장인지 조사하다. 본원(本元)은 각 파의 저작 중에서 확실히 원래의 뿌리를 지키고 있는 글을 가리키고, 정자(正字)는 기본의 순수함을 보존하고 있는 문장을 가리킨다.

제49권

병부(丙部)의 15

『태평경초』

제66 급학진법(急學眞法) : 급히 참됨을 배우는 법

해제 진법이란 곧 참된 법, 다시 말하면 참된 진리를 말한다. 진도(眞道), 진덕(眞德), 진인(眞人), 진선(眞善)은 함께 초기 도교의 진법(眞法, 참된 진리)을 구성한다. 진도는 참된 도이고, 진덕은 참된 덕을, 진선은 참된 선을 뜻한다. 진법은 "상고시대의 크게 참된 도와 법"(上古大眞道法)으로 표현할 수 있는 것으로, 도교적으로 말하면 "하늘이 부여한 장수의 법"("天長壽之法)을 뜻한다. 진법은 학도(學道), 학덕(學德), 학수(學壽), 학선(學善), 학근(學謹), 학길(學吉), 학고(學古), 학평(學平), 학장생(學長生) 등 구학(九學)을 그 구체적인 내용으로 하며, 초기 도교의 기본 교의와 수양법이었다. 이 장은 진법을 배우는 것이 급선무임을 주장하고, 우선 위대한 도와 덕(道德)의 법(法)과 장수(長壽)의 술(術)을 시급히 배우고 상선(上善)의 길을 실천하는 것이 정도(正道)라고 한다.

“진인들은 앞으로 나오라. 좋고 조화로운 기운이 바야흐로 이르고 있는 이때 세상 사람들은 다만 할 일 없이 놀기만 하고 있는데, 그들의 마음을 환히 깨우치게 하고 생각을 바로잡아 항상 그들로 하여금 사악한 행위를 잊어버리고 나날이 선행을 하도록 할 수 있는 것은 어떤 것일까? 그리고 제왕은 처리할 만한 일이 없어서 옷을 드리운 채 손 모으고 있고, 가장 뛰어난 사람들이 조정을 채우며 충성스럽고 신실한 효자들이 모두 주위에 모여 있도록 하는 것은 어떤 것일까? 진인들은 천성적으로 선을 좋아하는 마음을 가지고 있으나, 천도에 대해 항상 절박하게 우려한다. 마땅히 구체적으로 진술해 보라.”

“그렇습니다. 다만 참된 도(眞道), 참된 덕(眞德), 참된 인(眞仁)을 시급히 배워야 할 따름입니다.”

“왜 참된 도를 배워야 하는 것인가?”

“예, 도는 끝없이 사람들을 이끌어 교화할 수 있고 만물을 생육하기를 좋아하는 것으로 비길 만한 것이 없습니다. 참된 도가 있다면, 그것은 바로 지극한 선의 이름이고, 도가 없는 것은 바로 쇠락한 흉한 것이나 죽음을 마주쳐 상을 당한 것의 이름입니다.”

“진인들은 지금 참된 것만을 언급하였도다. 좋구나! 내가 덧붙일 말이 없구나. 그럼 왜 참된 덕을 배워야 한다는 것인가?”

“참된 덕을 가진 사람은 바로 모든 것을 포용하고 기를 수 있는 자의 이름입니다. 반면 덕이 없는 자는 바로 가장 나약하고 곤궁한 소인의 이름입니다.”

“좋다! 진인의 말이여. 이번에도 내가 더 덧붙일 말이 없으니, 참으로 그러하다. 그렇다면 왜 인(仁)의 도(道)를 배워야 하는 것인가?"

"인이라는 것은 바로 포괄하지 않는 것이 없을 정도로 사랑하되 그 사랑을 즐거이 그리고 끝없이 베푸는 것의 이름입니다. 인하지 않은 사람은 바로 덕과 맞서는 것을 좋아하고 준칙을 따르기를 싫어하니, 이는 바로 대단히 탐욕스럽고 비루한 자의 이름이요, 금수와는 구별되지 않는 것입니다."

"좋다! 진인의 말이여. 내 이번에도 덧붙일 말이 없다. 지금 진인들은 세 가지 일을 설명하였는데, 내가 덧붙일 말이 없었구나. 그렇다면 요즘 사람들은 선을 행하는 것을 배워야 할까? 그러지 않아도 될까?"

"당연히 선을 행하기를 열심히 배워야 합니다."

"선을 행하는 것과 관련해서도 특정한 이름이 있어야 하는 것 아닌가?"

"제자는 미치지 못하였나이다. 천사님께서 가르쳐주십시오."

"좋다. 대저 선을 행한다는 것은 행하는 일들이 하늘의 마음과 부합하고 사람들의 바람을 거스르지 않는 것이니, 그것을 이름하여 선을 행한다고 하는 것이다. 선이란 바로 지고무상의 것에 통달한 것으로 도와 같은 이름이니라. 그것은 하늘이 총애하는 것이요, 땅이 양육하는 것이며, 제왕들이 급선무로 해야 할 것이요, 인군을 섬기는 자들이 한마음으로 협력해야 할 것이다. 그러니까 악(惡)이라는 것은 행하는 일이 하늘의 마음을 거스르고 항상 사람들의 바람에 상처를 주는 것이지. 그것은 하늘의 도를 거스르기 좋아하고 네 계절의 변화에 순응하지 않으며 천지의 신이 증오하게 하는 것이요, 부모가 겪는 큰 상해처럼 사람들이 보고 싶어 하지 않는 것이며 군자가 근심하고 괴로워하는 것으로서 온 천하가 완전히 시들고 흉하게 패망하는 것의 이름이다. 그러므로 사람들의 행위는 길함을 잃으면 바로 흉함에 빠지고 흉함에서 벗어나면 길함으로 들어가는데, 때로 길하고 때로 흉하며, 때로 선하고 때로 악하니, 그렇게 일정하지 못한 것은 순수하지도 삼가지도 못하는 사람들의 일이다. 그대들은 알아들었는가?"

"예, 예."

"지금 그대 진인의 생각으로는 보통사람들의 행위는 어떠해 보이는가?"

"그렇습니다, 사람들은 요즘 도를 열심히 배우지 않다가 어느 순간 도는 알 수 없는 것이라고 하고 또 어느 순간 문득 무도한 사람이라고 불립니다. 무도한 사람은 가장 흉악한 사람입니다. 또한 지금 덕(德)을 배우지 않다가 어느 순간 덕은 알 수 없는 것이라고 하는데, 덕이 없이 해치고 다치게 하기를 좋아하는 사람은 바로 흉하게 패망한 자의 상징입니다. 지금 사람들은 인(仁)을 힘써 배우지도 않고 이미 인하지도 않습니다. 인하지 않은 사람은 바로 금수와 같은 길을 가는 것입니다. 금수와 같은 마음을 가지고 있는 사람이라면, 일찍 죽을수록 더 나을 것입니다. 지금 사람들은 조석으로 힘써 선을 배우지 않는데, 선을 잃는다는 것은 곧 악에 빠져든다는 것입니다. 악은 죽음과 흉화가 머무는 자리입니다. 그러므로 보통사람들은 길한 일을 힘써 배우지 않다가는 어느 순간 흉한 일에 빠져드는데, 저 흉함이 바로 가장 나쁜 것의 이름입니다.

"좋다, 그대들은 이미 참된 도에 깊이 들어갔기 때문에 다시 악으로 되돌아가지는 않을 것이다. 지금 진인들은 오랜 동안 지혜를 품고 있으면서 일부러 어리석은 체하고 있는데, 무슨 까닭인가?"

"감당키 어렵습니다."

“떠나가거라. 그대들이 다행히도 천부적인 능력을 가지고 있어서 그대들이 말하고자 하는 바를 최대한 잘 말해주었고, 나로서는 그것이 매우 기뻤노라. 지금 이 정도로 극진하게 진술할 수 있었는데도, 그대들은 나의 언설들을 듣기만 하고 도리어 중도에 포기하고 그만두겠다는 것인가?”

“천사님의 칭찬은 감당키 어렵습니다. 천사께서 계속 이 제자로 하여금 진술하도록 명하시는 것을 보니, 기대에 미치지 못할 것 같아 감히 세세하게 진술하지 못하겠습니다.”

“좋다! 그대들의 말은. 항상 매우 겸손하도다.”

眞人前, 今良和氣且俱至, 人但當游而無職事, 當以何明其心而正其意, 常使其忽然忘爲邪惡, 而日好爲善, 不知置? 令帝王垂拱而無可治, 上善之人滿其朝, 忠信孝子皆畢備, 當以何致之乎. 眞人有天性好善之心, 常汲汲憂天道, 宜自精, 具陳說之. 然, 但當急學之以眞道、眞德、眞仁耳. 何以當學以眞道哉. 然, 道乃能導化無前, 好生無輩量. 夫有眞道, 乃上善之名字. 夫無道者, 乃最惡衰凋凶犯死喪之名稱也. 眞人此今但說眞, 善哉. 吾無以加之. 何以當學之以眞德. 夫人有眞德, 乃能包養無極之名字. 夫無德者, 乃最劣弱困窮小人之名字也. 善哉, 眞人之言, 吾復無以加之也, 眞眞是也. 何以當學之以仁道也. 仁者, 乃能恩愛, 無不包及, 但樂施與無窮極之名字. 夫不仁之人, 乃好德反, 惡典與,[1] 是乃大貧鄙之名称, 與禽獸同志, 無可以自別異也. 善哉. 眞人之言, 吾復無以加此也. 今眞人說三事, 吾無以加此也. 今人當學爲善邪, 不當邪. 當力學爲善. 夫爲善, 亦豈有名稱字不邪. 小子不及, 唯師開示之. 然, 夫爲善者, 乃事合天心, 不逆人意, 名爲善. 善者, 乃絶洞無上, 與道同稱. 天之所愛, 地之所養, 帝王所當急, 仕人君所當與同心並力也. 夫惡者, 事逆天心, 常傷人意. 好反天道, 不順四時, 令神祇所憎, 人所不欲見, 父母之大害, 君子所得愁苦也, 最天下絶凋凶敗之名字也. 故人之行, 失吉輒入凶, 離凶則入吉. 一吉一凶, 一善一惡, 爲不純謹之徒, 子寧知之. 唯唯.

今于眞人意, 凡人之行云何哉. 然, 人今不力學道, 輒爲無可知道, 輒名無道之人. 夫無道之人, 人最爲凶惡也. 今不爲學德, 輒爲無可知德, 夫無德而好害傷之人, 乃凶敗之符也. 今人不力學仁, 已不仁矣. 夫不仁之人, 乃與禽獸同路. 人與禽獸同心, 愈于死少耳. 今人不旦夕力學善, 失善卽入惡. 夫惡乃死凶之處, 故凡人不力學吉, 輒乃[一]入凶, 夫凶乃下惡名稱. 善哉, 子已長入眞道, 不復還反惡矣. 今眞人久恢智而作愚, 何哉. 不敢. 行. 子幸有能, 極陳子所言, 吾甚喜之. 今能極于此, 子曾但見吾言說, 反中棄而止耶. 不敢也. 見師比敕使說, 適意有所不及, 不敢悉言之. 善哉子之言, 常大謙.

역주

1) 惡典與(오전여) : 준칙을 따르기를 혐오하다. 典與는 준칙에 따르다는 의미.

"지금 참된 문에서 온 마음을 쏟아 생각할 수 있습니다. 천사께서는 제가 미치지 못한 곳을 지적해 주시기 바랍니다."

"그렇다. 그대들이 조금 전에 말한 것들은 다 옳다. 그러므로 옛 위대한 성인이신 삼황(三皇)께서는 항상 그들 스스로도 아침부터 저녁까지 힘써 참된 도를 배우셨고, 참된 도를 배우기를 좋아하지 않는 사람들을 보고, 그들을 무도한 사람이라고 명명하셨던 것이다. 무도한 사람의 경우, 그 행동에는 분수가 없으니, 하늘은 그런 자를 매우 증오한다. 무도한 사람들을, 하늘은 덮어주고자 하지 않고 땅은 실어주고자 하지 않는다. 그들은 정과 신이 돌보아주고자 하지 않는 자들이고, 천하가 다 같이 고통스럽게 여기는 자들이다. 성인과 현자 그리고 군자는 무도한 사람들을 매우 증오하기 때문에, 고대 상황 시대에 사람들은 모두 청정을 배웠고, 천지의 지극한 염원을 깊이 알았기 때문에 모두들 참된 도를 배웠으며, 그런 후에 천지의 마음과 뜻을 얻을 수 있었던 것이다.

힘써 덕을 배우지 않는 사람을 덕 없는 사람이라 이름한다. 덕 없는 사람은 하늘이 사랑하지 않고 땅이 좋아하지 않으며 사람들이 가까이하고 싶어 하지 않는다. 그들의 행동은 항상 이런 식이다. 그들은 맡은 일을 하긴 하지만 덕을 행하지 않아서 제왕들에게는 해로움을 초래하고 군자에게는 재앙을 초래하며, 귀신들은 하늘의 명령을 받들긴 하되 오래토록 그들의 다스림에 참여하지는 않는다. 그래서 고대의 성현들과 위대한 선비들은 덕 없는 사람을 만나면 말도 걸지 않았다. 힘써 아침저녁으로 인을 배우지 않으면 일을 소홀히 하여 불인(不仁)을 행하게 된다. 불인한 사람은 입만 열면 일을 거스르고 사람들의 마음에 상처를 주며 하늘의 뜻과 부합하지 않아서 금수와 다를 바 없다. 그래서 고대의 성현들은 그런 자들과는 함께 길을 걷지도 않았던 것이다.

요즘 사람들은 스승을 모시고 힘써 선에 관하여 배우지 않으니, 우매해져서 선을 행할 줄 모르고, 오히려 그 무지한 마음에 맡겨 쉽게 악을 저지른다. 무릇 악한 사람은 가장 어리석고 어두운 사람이며, 그들의 행동은 천지의 도에 순응하지 않으면서 오히려 군자에게 골칫거리가 되고, 자기의 부모까지 죽음에 이르게 하고,

종친들에게 근심거리가 되며, 그들의 행위에는 법도가 없고, 귀신은 하늘의 마음을 받들어 집행자가 되지만 그런 자들을 좋아하지 않는다. 여기서 해로움이 심한 것 세 가지는 법으로써 마땅히 주살해야 할 사안들이다. 옛날 성현들이 그들을 큰 원한으로 여겼으며, 그렇기 때문에 옛사람들은 모두 그 학문을 몸소 실지로 증험하여 하늘의 마음과 부합하고자 하였고, 도(道), 덕(德), 인(仁), 선(善)의 영역에 들어가기를 일삼았던 것이다. 행동은 마땅히 천지의 마음과 부합하게 하고, 겉으로만 화려한 수사(修辭)로 일들을 강론하지 않아야 하는 것이다. 그 이유는 우선 하늘의 법(天法)을 상실하게 되고, 그 하늘의 법을 상실하는 것은 곧 그 자신이 흉절당하거나 단명하거나 후손들에게 화가 미칠 수 있기 때문이다.

하늘의 도는 그릇됨이 없으니 바른 법을 가지고 있다. 크게 길한 도를 힘써 배우지 않고 도리어 하는 일이 경솔하고 제멋대로 쉽게 하면, 반드시 흉함에 빠져든다. 흉이라는 것은 하늘, 땅, 사람 및 만물이 싫어하는 것이라 오래 존재할 수 없는 것이다. 그것은 큰 병폐의 뿌리요 앙화가 들어오는 문이니, 죄과를 저질러 그 속에 빠져들면 죽게 되는데, 돌이켜 죄과를 참회하여 사태를 되돌릴 수 없는 것이다. 천하 그 누구도 그 점에 대해 알지 못함이 없는데, 하급의 선비나 멍청이들은 항상 도를 비웃기만 하고 도를 지킬 줄 모른다. 그런 사람들은 서둘러 흉해를 피하지만 오히려 계속해서 어리석어져서 다시 서로 승부(承負)하게 되니, 뒷 세대들의 우매함은 이전보다 더 심해지게 되었다. 그래서 참된 도가 막혀 통하지 않음은 사람들로 하여금 각자 경솔하게 하여 수명을 다 누릴 수 없게 하니, 큰 허물은 바로 여기에서 말미암는 것이다. 진인들은 내 책을 보면서 마땅히 깊이 헤아려야 하며 절대로 감추어 두지 말고 재능 있는 자, 마음이 유순한 자, 총명한 자에게 전하여 그들을 깨닫도록 해야 하느니라.

그러므로 옛날 도는 바로 하늘의 마음을 받들고 땅의 뜻을 따르는 것이었다. 상고 시대의 크고 참된 도법(道法)이 있었기 때문에 항상 사람들로 하여금 도를 배우고 덕을 배우며 장수의 길을 배우고 선을 배우며 삼감과 순종함을 배우고 길함의 도를 배우며, 옛날의 법을 배우고, 태평의 길을 배우며, 장생의 술법을 배우도록 하였던 것이다. 이런 좋은 것들을 다 진술한 까닭은 하늘이 만든 법은 항상 길함으로의 문을 열어주고, 땅이 만든 법은 항상 덕의 문을 열어주며, 고대의 성현들이 만든 법은 항상 인(仁)의 길을 열어주기 때문이다.

그러므로 옛날 성현들은 하늘과 마음을 같이하였고, 땅과 뜻을 합하였으며, 함께 오래토록 만 이천 종의 생물을 낳고 길렀고, 항상 도와 덕과 인(仁)의 정감으로써 전수해나갔기에 만물을 홍성케 할 수 있었다. 만약 흉악한 정의로써 전수해나갔다면 만물은 나날이 쇄망하고 줄어들었을 것이다. 그러므로 도와 덕과 인이 있는 곳에는 사람들이 나날이 많아지고 선을 좋아하게 되지만, 도와 덕과 인이 없는 곳에는 사람들이 나날이 감소하고 그 다스림은 나날이 피폐하고 괴로워지는데, 이것이 바로 천지의 정법(定法)이다. 지극한 도와 밝은 덕과 어질고 선한 마음을 가지면, 위로는 하늘의 성신(星辰)과 상응하게 되고 신령들이 그들의 행동을 증명해준다.

그래서 옛날 성현들은 항상 끝없이 선을 행할 것을 생각하였고, 역량이 다하여도 감히 악한 마음을 가지거나 흉한 길을 생각하지 않았다. 아래 어리석은 사람들은 그 마음이 항상 막혀 있고 참으로 무지하여 다시 또 흉쇠(凶衰)의 나쁜 길을 가지고 임의로 빌려 쓸 수가 없는 자들이다. 그들은 자신이 하늘의 도를 잃어버렸다는 것을 알지 못한 채 끊임없이 악을 행하면서 그것을 일반적인 습속이라고 여기니 스스로 되돌아오지 못한다. 그래서 나는 위로부터 천서(天書)의 가르침과 명령을 공손히 받았고, 하늘의 마음을 받들어 그 가르침과 훈계를 펼쳐서 상고 시대의 그 태평의 길을 활짝 열고 사람들로 하여금 즐거이 선을 행하게 하고 다시는 악을 행하는 수법을 알지 못하게 할 것이다.

천하 사람들은 말하는 바가 항상 높은 곳에 있으나 그들이 성취하는 바는 오히려 항상 낮으니, 그것은 그들이 본래 지향한 바에 상응하지 못한 것이다. 그러므로 상급의 선비는 죽음을 혐오하고 삶을 좋아하여, 나아가 선술(仙術)을 배우는데, 근면하기만 하면 장수를 얻을 수 있다. 상급의 선비는 뜻하는 바가 가장 높은 사람이다. 중급의 선비는 뜻하는 바가 있는데, 뜻하는 바란 선인(先人)들이 요절한 것을 안타까워하여 나아가 도를 구하고 장수의 술법을 배우는 것인데, 근면하기만 하다면 자신의 타고난 수명을 다할 수 있다. 그는 가장 견고한 의지의 소유자이다. 그 다음으로는 질병이 많아서 보통의 사람들만큼 건강하지 못함을 싫어하여 그런 병들을 그치게 할 도술을 배우려고 하는 사람인데, 근면하기만 하면 본래의 건강 상태를 회복할 수는 있다. 하지만 그는 이미 병으로부터 얼마간 고통 받은 상태이고, 병이 들어서야 배우면서 병을 저지할 수 있다고 생각하는데, 그의 병은 이미 심각한 상태이다. 그 다음으로는 병이 심각해지자 그제서야 자기를 구할 수 있는 도술을 찾는 사람인데, 그는 이미 죽은 것이나 마찬가지다. 그래서 나의 이 책은 사람들을 가르침에 바로 하늘의 장수법으로 하는 것이니, 자력으로 아침부터 저녁까지 열심히 배워야 보통 정도의 효과를 얻을 수 있고, 만약 보통의 방법으로 배운다면 속인들은 이미 흉화에 빠져 있게 된다.

어리석은 자들은 천하의 보통 사람들이 본래 뜻하는 바를 행하는 바를 아직 알아보지 못한다. 보통 사람들은 지극히 선하고 고원한 것을 항상 생각하지만 실제로는 그 뜻하는 바에 부응하지 못한다. 그래서 고원한 것을 들어서 그들을 신선의 경지까지 오르도록 하지만 겨우 타고난 수명을 보전할 수 있을 뿐이다. 위대한 현자들은 열을 지향하면 열을 얻게 되니, 반드시 나의 이 도서(道書)와 상응하고, 중급의 현자들은 열을 지향하기는 하지만 도중에 그치기도 하고 나태해지기도 하여 다섯을 얻으며, 소인들은 아침에 뜻을 세웠다가 저녁이면 자신이 한 말을 잊어버린다. 그러므로 지극히 고원한 것을 거론한 것은 그들 상 · 중 · 하의 인물들로 하여금 각기 그들 마음속에 뜻하는 바를 얻도록 하고 싶어서이다.

지금 하고시대 사람들은 매우 어리석어서 참된 도에서 멀어졌으니 하늘의 올바른 글을 가지고 힘써 배워야 거짓과 속임수에 빠지지 않게 될 수 있다. 평범한 글로 배웠다면, 그것은 이미 크게 속은 것이요, 익숙해진 글과 듣기 좋은 말로 배웠다면, 큰 거짓과 교활함이 이미 일어난 것이다. 하늘은 제왕을 자식처럼 여기므로 아랫사람이 윗사람을 속이는 것을 싫어한다. 무릇 사람들의 행동에 거짓이 많으면, 위의 도, 덕, 인을 갖춘 군주가 믿고 의지할 곳이 없어지고 아래의 백성들은 그들의 생명을 의지할 곳이 없게 되는 법이다. 참된 도로써 힘써 아침부터 저녁까지 가르칠 뿐이다. 선한 도로 힘써 배워야 겨우 평범한 도를 얻을 수 있고, 평범한 도로는 힘써 배워도 이미 겉으로만 화려함에 빠진 것이다. 겉으로 화려함에 빠지면 보통사람들은 대단히 미혹되고 난처하게 되며, 그것은 곧 매우 흉하고 매우 나쁜 길을 가게 되는 것이니, 제왕은 이에 대해 근심하고 괴로워하며, 사람들은 또 이 상황을 다스리지 못한다. 진인들은 이 점이 믿을 만한지 알고 싶어 하니, 비유를 들어보겠다. 어떤 집의 자애로운 부모가 매일 자식에게 선을 행하라고 가르치면서 스스로는 고생하며 옷을 절약하고 먹을 것 줄여서 자식을 양육하다가 늙었으나, 그 자식은 오히려 꿋꿋이 악을 행하는 경우에 비유할 수 있겠다. 하물며 보통사람들이 겉으로만 화려한 글을 가지고 서로 가르치는 경우는 말해 무엇하겠느냐.

나의 책이 미덥지 못하다면 내 책을 본 자들로 하여금 각자 자신들의 허물을 생각해 보게 하라. 중고 시대 이래로 선한 도를 가진 사람들은 모두 세대를 이어 가르칠 때 [참된 도를] 숨기면서 제자에게 기꺼이 전수하려고 하지 않고 오히려 겉으로만 화려한 거짓 글을 가지고 가르쳤다. 오래토록 이렇게 해왔기 때문에 하늘의 도가 지금은 크게 어지럽혀진 것이다. 하늘과 땅이 나타내는 재이는 다른 상황에 대하여 다르게 암시한다. 현명한 유자라면 마땅히 □□을 각각 깊이 생각하여야 한다. 그러나 나는 지금 비록 아침부터 저녁까지 속인들과 같은 곳에서 기거하지는 않지만 그들을 환히 이미 알고 있다. 사람들이 그러한 재이들을 아주 고통스러워하기 때문에 나로 하여금 이 책을 내어 사람들에게 알리게 하고자 한 것이다, 내가 그냥 떠벌이는 것만은 아니다. 진인들은 진실로 삼가고 삼가야 하느니라. 하늘이 견책할 것이니라."

"예. 예. 저희가 어찌 감히 삼가지 않겠습니까? 천사께서 하시는 말씀을 들을 때마다 항상 두렵습니다."

"그대들의 말이 옳도다. 그러면 하늘은 대단히 기뻐하시어 자네에게 해를 끼치지 않을 것이다."

"예. 예."

今能極意眞門, 唯天師錄示所不及. 然, 子向所言悉是也. 是故古者大聖三皇,[1] 常自旦夕力學眞道, 見不好學眞道者, 名爲無道之人，夫無道之人，其行無數，天之大重怨．夫無道之人，本天不欲覆盖，地不欲載也，神靈精鬼所不欲祐，天下所共苦也．聖人賢者君子乃大疾無道之人，故古者上皇之時，人皆學淸靜，深知天地之至情，故悉學眞道，乃后得天心地意．人不力學德，名爲無德之人．夫無德之人，天不愛，地不喜，人不欲親近之．其行常行事不爲德，乃爲王者致害，爲君子致災，鬼神承天敎，不久與爲治，是故古者賢聖大儒，見無德之人，不與其通言語也．不力旦夕學仁，卽且忽事爲不仁．夫不仁之人，言卽逆于凡事，傷人心，不合天意，反與禽獸相似，故古者聖賢不與其同路也．今人不事師力學善，卽且愚暗，不知爲善也，反且恣其無知之心，輕爲惡．夫惡人，下愚蔽暗之人，其行乃不順天地之道，尙爲君子得事，戮其父母，愁其宗親，爲行無法，鬼神承天心爲使，不喜之．爲害甚處三，法所當誅．古者聖賢以爲大怨，故古者悉自實核其學問也，合于天心，事入道德仁善而已，行要當合天地之心，不以浮華言事．所以然者，且失天法，失之卽人凶絶短命矣，或害后世．

天道不誤，有格法 夫不力學大吉之道，反事者輕忽自易，必且入凶．夫凶者乃天地人萬物所疾惡，不可久存，是大患之本，禍之門戶，過而陷其中便死，不得還悔過反故也．天下莫不共知之，而下士大愚，常共笑道，不知守道，早避凶害，傳傳爲愚，更相承負．后生愚暗，復劇于前．故眞道閉而不通，令人各自輕忽，不能窮竟其天年，其大咎過過，乃由此也．眞人見見吾書，宜深計之，愼無閉藏，以付賢柔明，[2] 使其覺悟．是故古道乃承天之心，順地之意．有上古大眞道法，故常敎其學道學德學壽[3] 學善學謹學吉學古學平學長生．所以盡陳善者，天之爲法，乃常開道門. 地之爲法, 常開德戶. 古者聖賢爲法, 常開仁路. 故古者聖賢, 與天同心, 與地合意, 共長生養萬二千物, 常以道德仁意傳之, 萬物可興也. 如以凶惡意傳之, 凡物日衰少. 故有道德仁之處, 其人日多而好善. 無道德仁之處, 其人日衰少, 其治日貧苦, 此天地之格懸法.[4] 夫有至道明德仁善之心, 乃上與天星曆相應[5] 神靈以明其行. 故古者聖賢常思爲善無極, 力盡乃以不敢有惡, 念凶路也. 夫下愚之人, 其心常閉塞, 實無知, 不可復妄假之以凶衰之惡路也. 不自知大失天道, 相隨爲惡, 以爲常習俗, 不能自退還. 是以吾上敬受天書敎敕 承順天心開辟之, 大開上古太平之路, 令使人樂爲善者, 不復知爲惡之術. 夫有至道明德仁善之心, 乃上與天星曆相應, 神靈以明其行. 故古者聖賢常思爲善無極, 力盡乃以不敢有惡, 念凶路也. 夫下愚之人, 其心常閉塞, 實無知, 不可復妄假之以凶衰之惡路也. 不自知大失天道, 相隨爲惡, 以爲常習俗, 不能自退還. 是以吾上敬受天書敎敕 承順天心開辟之, 大開上古太平之路, 令使人樂爲善者, 不復知爲惡之術.

天下之人其志也常高, 而其所成者反常下, 不能應其本所志念也. 故夫上士忿然惡死樂生, 往學仙, 勤能得壽耳, 此上士是尙第一有志者也. 中士有志, 疾其先人夭死, 忿然往求道學壽, 勤而竟其天年耳, 是其第一堅志士也. 其次疾病多而不得常平平,[6] 忿然往學可以止之者,[7] 勤能得復其故, 已小困于病, 病乃學, 想能禁止之, 已大病矣. 其次大病劇, 乃求索道術可以自救者, 已死矣. 是故吾書敎學人, 乃以天長壽之法, 旦夕自力爲之, 才得且平平耳. 如以平平之法學, 凡人已入凶矣. 愚者不知天下凡人, 其本志所爲.[8] 常念善高已者, 不能應其所志, 故爲其高學之, 上極于仙, 卽才得保其天年耳. 夫大賢者志十得十, 必與吾道書相應. 中賢者志十, 或中止更懈, 才得五, 小人朝志之, 暮忘其所言. 故大高學者, 樂使其上中下各得其心所志念. 今下古人大愚, 去眞道遠, 力學以天正文法, 才不陷于僞欺耳. 學以平平之文, 已大欺矣. 學以習文好言, 大僞奸猾已起矣. 天以帝王爲子, 惡下欺上. 夫人[9]行下多僞, 卽上道德仁君無所信, 下民人無所附歸其命. 夫力旦夕敎學以眞道耳, 力學以善道, 才得平平之道也. 力學以平平之道, 已入浮華矣. 入浮華, 凡人大迷惑窮困矣, 便成大凶大惡之路, 帝王爲愁苦, 人不可治.[10] 眞人欲知是信, 比若人家慈父母, 日敎其子爲善, 自苦絶衣食養之老, 尙固固爲惡, 何況凡人乃相示敎以浮華之文哉. 以吾書不信也, 使凡人見吾書者, 各自思所失. 中古以來, 有善道者皆相敎閉藏, 不肯傳與其弟子, 反以浮華僞文敎之. 爲是積久, 故天道今獨以大亂矣. 天地災怪, 萬類不空也. 賢儒宜各深思□□然吾今雖不旦夕與俗人同處, 昭然已知之矣. 天下大疾苦之, 故使吾出此文以告屬之, 吾不空也. 眞人實宜重愼之, 且有天謫." "唯唯. 不敢也, 每見天師言, 常駭慄." "子之言是也, 卽天且大悅大喜, 不害子也." "唯唯."

역주

1) 三皇(삼황) : 천황(天皇), 지황(地皇), 인황(人皇).

2) 賢柔明(현유명) : 여기서 현(賢), 유(柔), 명(明)은 문맥상 자질의 묘사와 관련된 어휘들로 보는 것이 타당하다. 그래서 현(賢)을 현자(賢者)로 해석하지 않고 뛰어난 재능의 소유자로 보았다. 유(柔)는 고집 부리지 않는 부드러운 마음의 소유자로 해석하는 것이 적절하다. 그리고 자질이라는 점에서 볼 때 명(明)은 뛰어난 이해력을 가지고 있는 자로 해석하는 것이 적절하다. 『전역(상)』에서는 현(賢)

을 현명한 사람, 유(柔)를 인선(仁善)한 사람, 명(明)을 재지를 가진 사람으로 번역하였는데, 이 어휘들은 문맥상 특정한 자질의 소유자들을 가리키는 것이며, 따라서 『전역(상)』처럼 이미 특정한 덕을 획득한 사람들의 유형으로 보는 것은 별로 적절해 보이지 않는다.

3) 學壽(학수) : 장수의 길을 배우다. 뒤의 학장생(學長生)은 장생술(長生術)을 배운다는 뜻. 장수와 장생은 얼핏 같은 의미의 어휘처럼 느껴질 수도 있지만 서로 구분되는 말이다. 장수(長壽)는 타고난 수명을 최대한 늘린다는 것을 의미한다면, 뒤의 "학장생(學長生)"의 장생(長生)은 장수(長壽) 중에서 특히 늙지 않고 죽지 않으면서 영원히 사는 것을 의미한다. 그래서 장생불로(長生不老)나 장생불사(長生不死) 같은 말은 성립해도 장수불로(長壽不老)나 장수불사(長壽不死) 같은 말은 쓰이지 않는다.

4) 格懸法(격현법) : 정법(定法). 축자적으로는 제정하여 내건 법이라는 뜻. 고대에는 제정된 법률을 공포할 때 궁궐에 내걸었는데, 이로부터 '이미 확정된 법'을 의미하는 어휘로 되었다.

5) 與天星曆相應(여천성력상응) : 성력(星曆)은 곧 성신(星辰)이다. 고대에는 나라의 흥망성쇠 및 교체가 하늘의 운행과 상응한다고 생각하였는데, 예컨대 점성가와 참위학(讖緯學)은 다음과 같이 생각하였다. 즉 그 나라에 도(道)가 있고 덕(德)이 팔표(八表), 즉 팔방(사방과 네 모퉁이) 바깥에까지 이르면 반월 모양의 경성(景星)이 그 달의 말과 다음 달초에 출현하여 달을 도와서 밝혀주어 사람들이 야간에도 작업을 할 수 있도록 해주고, 오대(五大) 행성도 이미 정해진 궤도에 따라 순행하며, 덕이 하늘에까지 이르면 북극성과 북두칠성 그리고 해와 달이 모두 대대적으로 빛을 발한다는 것이다.

6) 平平(평평) : 보통, 또는 평범이라는 의미이다. 뒤에 나오는 단어들도 같은 의미로 보면 된다. 『금주금역(상)』은 곳에 따라 "보통" 또는 "평범"으로 번역하기도 하고, "평안하고 건강하다"라고 번역하기도 한다.

7) 往學可以止之者(왕학가이지지자) : 학(學)자와 가(可)자 사이에 탈자가 있는 듯하다. 도(道), 술(術) 또는 도술(道術)이라는 글자가 있어야 문맥의 흐름이 자연스러워진다.

8) 本志所爲(본지소위) : 본래의 지향이 하는 바. 즉 본래의 지향이 범인, 즉 평범한 사람들에게 발휘하는 기능을 말함. 『금주금역(상)』과 『전역(상)』은 이 구절을 분명하게 번역하지 않는다. 그러나 뒤의 문맥을 잘 살피면, 이 번역이 적절하다는 것을 알 수 있다.

9) 人(인) : 사람 또는 사람들. 같은 문장에 하민인(下民人)이라 하여 일반 백성을 별도의 용어로 칭하고 있는 것으로 보아 이 인(人)자는 제왕을 제외한 통치자 집단 또는 그 구성원, 즉 신료들을 의미할 수 있다.

10) 人不可治(인불가치) : 인(人)을 앞의 역주에서처럼 통치자 집단이나 그 구성원을 가리키는 것으로 보느냐 아니면 일반 백성으로 보느냐에 따라 이 문장의 번역은 달라진다. 앞의 보통사람(凡人)이라는 어휘가 주로 일반 백성을 의미한다고 볼 경우 이 문장의 인(人)은 제왕을 제외한 통치자 집단 또는 그 구성원을 가리키게 된다. 따라서 내용상 "제왕의 신하들은 그 상황을 다스릴 수 없다"로 번역된다. 그러나 여기서의 인(人)을 일반 백성으로 본다면 "백성들을 다스릴 수 없다"로 번역된다. 그러나 후자의 경우로 보자면, 제왕위수고(帝王爲愁苦)라는 앞 구절의 제왕이 주어여야 하고, 그렇다면 이 문장은 인불가치(人不可治)가 아니라 불가치인(不可治人)이어야 한다. 따라서 이 문장은 "제왕의 신하들은 그 상황을 다스리지 못한다"라는 의미로 이해하는 것이 적절하다.

"보통사람들은, 그들 자신이 비록 힘써 아침부터 저녁까지 배우고, 또 참된 덕으로써 그들을 가르친다 해도 겨우 평범한 덕을 얻을 수 있을 뿐인데, 평범한 덕으로 배운다면 그들은 이미 그릇되고 거짓된 덕에 들어선 것이다. 만약 그릇되고 거짓된 덕으로 배운다면, 어리석은 사람들에게는 이미 반복할 수명이 없을 것이다. 참된 덕이 없이 마음 내키는 대로 행동한다면, 이는 순전히 군자의 적이다. 최상의 인으로 힘써 배운다면, 겨우 중간 정도의 인을 성취할 수 있을 뿐이고 중간 정도의 인으로 힘써 배운다면, 그의 행동은 겨우 평범한 정도에 불과할 뿐, 인하게 되지는 못한다. 만약 불인으로 배운다면, 어리석은 자들은 이미 도적이 되어서 자신을 죽이거나 다치게 하여도 반복할 수명이 없다는 것을 스스로 알지 못한다.

자의적으로 행동하면서 도리에 맞지 않는 것은 바로 하늘과 땅의 원수요 인간의 큰 적이 된다. 크게 길한 도로써 힘써 아침부터 저녁까지 배운다면, 겨우 중간 정도의 길함을 얻을 수 있을 뿐이고, 중간 정도의 길한 도를 가지고 배운다면 겨우 사소한 길함을 얻을 수 있을 뿐이며, 사소한 길함의 도로써 배운다면, 이는 이미 흉함의 길에 들어선 것이고, 흉한 도로써 배운다면 이미 다시 구제해내지 못할 것이다. 모두 다 아주 우매하여 하나도 아는 것이 없고, 하늘의 도를 보고도 그것이 진실하지 않다고 말하면서 다만 속이기만 하며, 순전히 그 자신의 어리석은 마음만 믿고 제멋대로 말하여, 위로는 천문을 업신여기고 아래로는 지리를 교란시키니, 백성들에겐 재앙이 된다. 그래서 나의 도서는 보통사람들을 이끌고 한층 더 이끌어 그들을 진인과 선인(仙人)의 반열로 끌어 올린다. 만약 진인들이나 선인의 반열에 미치지는 못하더라도, 그들은 평안을 얻을 수는 있고 덕 있는 군주의 근심거리가 되지는 않을 것이다. 진인들은 마땅히 나의 말을 깊이 생각하여 다시는 의심하지 말라."

"예. 예."

"지금 나는 하늘을 대신해서 말하여 천지개벽 이래로 생겨난 승부(承負)의 책임을 말끔히 해소하여야 하나, 최상의 큰 도와 큰 덕의 진리, 최고의 장수술(長壽術) 그리고 최상의 선한 길로서 크게 펼치지는 못하였다. 사람들이 어둠에 빠져서 참으로 오랜 동안 자신들의 우둔한 마음을 믿어왔고, 사람들이 악을 행하고 있음에도 불구하고 금지하지 못하고, 여전히 그들이 짊어지고 있는 승부의 책임을 풀어주지 못하고 있다. 진인들은 내 말을 제대로 알아들었는가?"

"예. 예."

"성현과 재주 높은 선비가 이 문서를 보고 배운다면, 그 결과는 반드시 이 책에서 말하는 것과 상응하여 실낱만큼도 어긋나지 않을 것이다. 중사(中士)는 반 정도에 도달하려고 생각하니 반드시 그 책이 말하는 바의 반을 얻을 것이다. 하사(下士)는 스스로 노력하되 근면하게만 하면 법도에 어긋나지 않을 수 있을 뿐이다. 내가 하늘의 백성(天民)과 보통사람에게 더 큰 것을 제시한 것은, 법도를 어기지 않는 상중하의 사람들이 모두 정도를 얻고 각기 자기를 사랑하며 감히 일을 소홀히 하여 큰 근심을 만들지 않기를 바라서이다.

상사(上士)가 나의 도를 얻어서 끊임없이 배운다면, 그는 한 나라의 선한 신하가 될 수 있고, 오랜 동안 배운다면 긴요한 의미를 터득하여 세속을 초월할 수 있어서 더 이상 쟁송 사건에서 저울질당하지 않게 된다. 중급 선비가 나의 도를 배우면 선한 하급 신하가 될 수 있고 그 타고난 수명을 누릴 수 있다. 소인이 나의 도를 배우면, 내내 삼갈 수 있어서 아버지로서는 인자하고 어머니로서는 아끼며 자식으로서는 효도하고 형으로서는 아우들을 보호하며 아우로서는 형들에게 순종하며 부부 관계에서는 같이 계획하여 서로 해치지 않고 죽음에 이르러서는 여한이 없게 된다네. 그의 혼신은 지하에 가서도 다시 우두머리로 되고 다시 일꾸밈을 당하지 않으며 악하다고 불리어지지도 않을 것이고 그 자손들 중에는 요절하거나 사형을 당하는 자가 없다.

옛날 원기가 자연적으로 생성되던 때 사람들은 다 배우기를 좋아하고 선인(仙人)이 되고 싶어 하였음에도 불구하고 장수할 수 없었고, 겨우 사람들로 하여금 각기 죽음을 두려워하게 하여 감히 형법을 범하지 않도록 하였을 뿐이었다. 하고시대의 사람들은 너무 어리석어서 오히려 겉으로만 화려한 표현들을 암송하는 식으로 가르치고 장수와 관련 없는 일을 함께 배웠기 때문에, 그들이 살아 있는 시간은 한순간인데도 마치 죽음이란 없는 것처럼 말하였다. 그럼에도 불구하고 그들은 애석해할 만한 것은 없다고 가르치면서 함께 흉사를 일으켜 살아 있는 사람에게 하는 것보다 낫게 상장(喪葬)의 일을 치렀다네. 삶은 하늘에 속하고 죽은 땅에 속하는데, 그들은 하늘보다 땅을 더 섬겼으니, 그것이 바로 큰 흉해이다. 내 이런 행동을 가지고 추측해 보고, 그 하고인(下古人)들 모두는 아주 오랫동안 어리석었고, 하나도 아는 게 없었음을 알게 되었다. 흉사가 일어나면 귀신들이 크게 득실거리게 되고 함께 맹렬하게 사람들을 죽이니, 사람은 타고난 수명을 다 누릴 수가 없게 되었다.

힘써 참된 도를 배워야 겨우 비슷한 도라도 얻을 수 있고, 힘써 참된 덕을 배워야 겨우 비슷한 도라도 얻을 수 있을 뿐이다. 하물며 하고(下古) 시대의 사람으로서 겉만 화려한 글을 가지고 계속 이어 배워서 도에서 멀어진 사람들이야 말해 무엇하겠는가! 그들은 곤란하고 궁박하여 다시 서로 제어하지 못하고 오히려 서로 문장과 상소와 법률을 만들고 지혜를 변호하며 서로 대립하여 우열을 다투었다. 그들로 하여금 인을 행하도록 하면서도 그들이 불인할까봐 근심하다가 급기야 그들로 하여금 불인의 길을 행하도록 하는 결과가 되어버렸다. 이에 하늘이 사람을 위해 법을 베푸셨는데, 하늘은 스스로를 큰 도라 칭하시고, 땅은 스스로를 덕이라 칭하셨다. 그렇게 하신 까닭은 하늘과 땅이 바로 만물의 부모요 모든 일의 주재자이고 그래서 항상 선으로 인도하시고 흉악의 길을 열거나 그것을 가지고 가르치지 않으시기 때문이니, 하물며 사람에 대해서는 말해 무엇하겠는가?

사람이란 하늘의 자식이니 마땅히 하늘을 본받아 행동해야 한다. 지금은 법을 상실하였기 때문에 사람들을 다스리기가 어려워. 도와 덕으로써 그들을 가르쳐서 자기를 중시하고, 자기를 가여워하고, 자기를 사랑하고, 스스로 다스리는 것의 뜻을 알게 하는 것이 마땅하다. 지금 오히려 형법으로써 (다스림의 문제를) 타개하면, 그것은 사람들로 하여금 죽음을 우연적인 것으로 여기게 하고, 용력을 숭상하면서 자신을 가벼이 여기게 하며, 다시 뒤이어 서로를 다스리게 만들고, 뒤이어 서로를 난처하게 만들어서 오히려 더욱 서로를 손상하여 번갈아 서로를 근심하고 고뇌하게 하며, 따라서 천하에는 서로 사랑하는 사람이 없어지게 되니, 최고의 근심거리는 바로 여기에 있다. 진인들은 알아들었는가? 삼갈지어다."

"예. 예."

凡人雖力旦夕學, 敕教以眞德, 尙才得平平之德耳. 學以平平之德, 已入邪僞德矣. 學以邪僞德, 愚人已無復數矣. 無有眞德, 恣心而行, 此純君子之賊. 力學以上仁, 才得成中仁耳. 力學以中仁, 其行才平平, 無有仁也. 學以不仁, 愚人已成盜賊矣, 不自知殺傷, 無復數. 恣意而行, 不用道理, 是正天怨地咎, 人之大賊. 力旦夕學以大吉之道, 才得中吉耳. 學以中吉, 才得小吉耳. 學以小吉, 此已入凶道矣. 學以凶道, 已不復救矣. 俱大暗昧無一知, 見天道言其不眞, 但欺調, 純信其愚心妄言, 上千天文,[1] 下亂地理, 爲百姓害災. 是故吾道書學凡人[2]也, 乃大學之, 使其上列眞仙, 如不能及眞仙, 可得平安, 不爲有德之君憂. 眞人宜深思惟吾言, 勿復反怪之. 唯唯. 今吾乃爲天談, 當悉解天地開辟以來承負之責, 不能大張之以上大道大德之法, 上壽之術, 上善之路. 人失諸暗昧, 誠久信其愚蔽之心, 人會爲惡, 不可禁止, 猶復不能解其承負天地之謫過. 眞人寧曉吾言耶. 唯唯. 夫聖賢高士, 見文書而學, 必與吾書本相應, 不失絲發之間, 中士意半達, 必得其半. 下士自力, 勤能不失法. 所以大學天民凡人者, 樂其上下中無失法者, 皆得正道, 各自愛, 不敢輕事爲大憂. 上士得吾道, 學之不止, 可爲國之良臣, 久久得其要意, 可以度世,[3] 不復爭訟事視權也. 中士學吾道, 可以爲良善小臣, 可以竟其天年. 小人學吾道, 可以長謹, 父慈、母愛、子孝、兄長、弟順、夫歸同計,[4] 不相賊傷, 至死無怨. 魂神居地下, 尙復長, 不復見作事, 不見名爲惡, 子無夭年戮死者也.

夫古者本元氣天生之時, 人盡樂學欲仙, 尙不能壽. 才使人各畏死, 不犯刑法耳. 夫下古人大愚, 反誦浮華相教, 共學不壽之業, 生時忽然, 自言若且無死, 反相敎無可愛惜, 共興凶事, 治死喪過生. 生乃屬天也, 死乃屬地, 事地反過其天, 是大害也. 吾以是行占之, 知其俱愚積久, 無一知也. 凶事興, 卽鬼大盛, 共疾殺人, 人不得竟其天命. 夫力學眞道, 才得僞道, 力學眞德, 尙才得僞德耳. 何況下古之人, 反相學以浮華之文, 其去道遠哉. 困窮不得復相拘制, 反相敎爲章奏法律, 辯慧相持長短. 夫敎其爲仁, 尙愁其不仁, 及敎其學爲不仁之路. 天乃爲人垂法, 天自名爲大道, 地自名爲德. 所以然者, 夫天地, 乃萬物之父母, 凡事君長, 故常導之以善, 不敢開昌導敎之以凶惡之路, 而況人乎. 人者, 天之子也, 當象天爲行. 今乃失法, 故人難治.[5] 敎導之以道與德, 乃當使有知自重自惜自愛自治. 今反開之以刑法, 使其視死忽然, 尙勇力自輕, 令使傳相治,[6] 因而相困, 反更相克賊, 迭相愁苦, 故天下人無相愛者, 大咎在此. 眞人知之耶? 愼之. 唯唯.

역주

1) 上千天文(상천천문) : 천(千)은 간(干)의 오자. 따라서 이 구절은 정확한 표기는 상간천문(上干天文)이다. 간(干)은 범간(干犯) 즉 "선을 넘고 무시한다"는 것을 의미한다.

2) 道書學凡人(도서학범인) : 도서(道書)는 『태평경』을 가리키고, 학(學)은 교도(敎導), 즉 이끌어 주다의 의미이다. 바로 뒤에 나오는 대학지(大學之)의 학(學)도 같은 의미로 쓰였다.

3) 度世(도세) : 세간 또는 속세를 벗어난다는 것을 뜻한다. 도교에서는 진인(眞人)이나 선인(仙人)의 경지로 진입하는 것을 도세(度世)라고 표현한다.

4) 父慈母愛(부자모애) : 자(慈)와 애(愛)는 보통 결합되어 자애(慈愛)라는 한 단어로 사용되며, 자(慈) 한 글자만으로도 자애라고 번역되며, 윗사람이 아랫사람에 대해 또는 어버이가 자식에 대해 가지는 사랑을 가리킨다. 이곳에서 부자모애(父慈母愛)라고 하여 자와 애를 각각 아버지와 어머니에 배당한 것은 한문 특유의 어법에 해당될 수도 있지만, 자와 애의 의미를 구분해서 표현한 것일 수도 있

다. 후자의 경우 애(愛)는 고려하는 범위가 상대적으로 좁으면서 간절함이 강한 사랑으로서 한국어의 '아끼다'에 해당될 수 있고, 자(慈)는 고려하는 범위와 차원이 상대적으로 넓은 사랑을 의미한다고 볼 수 있다.

5) 人難治(인난치) : 앞에서 그런 경우가 있었듯이, 인(人)이 제왕을 제외한 통치자 집단 또는 그 구성원이라면, 그것은 주어로 되고, 이 구절은 '사람들이 다스리기 어렵다'로 번역되어야 한다. 그러나 이곳의 인(人)은 문장 첫머리의 인(人)과 같은 의미로 보는 것이 자연스럽고, 따라서 치(治)의 목적어로서 일반적인 사람들을 가리키는 것으로 보는 것이 적절하다.

6) 令使傳相治(영사전상치) : 뒤이어 서로를 다스리게 하다. 영사(令使)는 치사(致使), 즉 이전의 어떤 활동이 이런 결과로 이어지게 한다는 것을 의미한다. 전(傳)은 연속, 또는 계승, 즉 "뒤이어"를 의미한다. 상치(相治)는 자치(自治)의 반의어로서 자기가 자기를 다스리는 것이 아니라 서로 서로를 다스리는 것을 의미한다.

"사람들이 인애를 행하도록 힘써 훈계·교도하면서도 오히려 그들이 불인할까 고뇌하였기에 하고(下古) 시대의 사람들은 도리어 세대를 이어 몇 권의 서적을 가르쳤는데, 그것은 이미 너무 야박하여 그 사람들 상호간의 증오와 원망을 끊을 수 없었다. 그들로 하여금 길한 일을 행하도록 힘써 가르쳤지만 오히려 그들이 불길해질까 고뇌하였기에 하고 시대의 사람들은 도리어 세대를 이어 훈계하여 상사(喪事)와 장사(葬事)의 예를 갖추고 흉사에 참여하여 길한 일을 기대하는 것을 힘써 배우도록 하였다. 그리하여 그들은 매일 합당한 수명을 채우지 못하고 죽어나가서 거의 멸문할 지경인데도 자신의 과오를 스스로 알지 못하다가 형이 집행될 때에야 하늘을 부르고 땅을 부르짖으면서 자신은 억울하며 공평치 못한 왕의 다스림이 나로 하여금 타고난 수명을 상실케 하였노라고 토로하였다네. 자기에게 속한 행동으로 스스로 그러한 결말을 초래하였는데도, 어리석은 자들은 그 근본을 방비하지 않다가 죄가 확정되어서야 근신을 행하지 않았던 것을 후회하지만 이미 소용없는 일이었고, 설사 입이 마르도록 부르짖는다 해도 다시 구원받을 수는 없었다.

그래서 내가 지금 위대한 선인(仙人)의 경서와 도를 가지고 힘써 훈계 · 교도해야 겨우 사람들에게 장수술의 섬돌을 제시하였을 뿐이고, 사람들이 덕으로써 배우도록 하고서야 겨우 그들이 인애하도록 하였으며, 사람들이 인애로써 배우도록 하고서야 겨우 그들을 평범하게 만들어 그들의 타고난 모습을 보존하고 감히 서로 속이거나 남의 재물을 빼앗지 않도록 하였다. 평범한 것으로써 사람들을 배우도록 하면 그것은 이미 법을 위반하게 한 것이요, 법으로 사람들을 배우도록 하면 그것은 이미 그릇되어 서로 제압하고 해치는 잘못에 빠뜨린 것이며, 사람들로 하여금 서로 제압하고 해치는 것을 배우도록 하면, 그것은 이미 무력의 중시로 빠뜨린 것이요, 무력의 중시에 빠지면 백성들은 이미 죄의식 없이 남을 속이며 곤궁하면 도적이 된다네. 그래서 나는 하늘의 도법을 받들어 대길의 문을 열고 흉악의 길을 닫으며 태평의 섬돌을 개설한 것이다. 사람마다 이것을 암송하면 우선 그들은 각기 스스로 삼가게 되어 더 이상 다스릴 만한 것이 없게 되고, 오늘날의 시운은 안락해지며, 제왕들은 종일 할 일 없이 놀게 될 것이다.

그러므로 나의 책은 모든 일의 본원을 다 고찰하였지만, 겨우 그 본원의 중간 정도를 얻었을 뿐이다. 그 본원의 중간 정도를 고찰한다면, 그것은 이미 하급의 것을 얻는 것일 뿐이다. 하급의 것을 가지고 어리석은 자들을 배우게 하면, 그것은 이미 큰 혼란 상태이다. 지금 하고(下古) 시대에 제왕들에게 비록 헤아릴 수 없이 많은 도(道), 덕(德), 인(仁)의 사람들이 있고, 그들이 하늘의 마음에 걸맞게 생각하여도 흉사가 끊어지지 않는 까닭은 바로 승부되어 온 재해와 화란을 짊어진 이래로 그가 단독으로 오랫동안 누적하였기 때문이다. 제왕이 비록 이에 대해 근심하고 스스로 애써 생각하여 일사불란하게 다스리고 싶어도 재이와 도적이 가지각색으로 발생하고 이적이 중원을 어지럽히는데, 이는 선왕의 과실이지 그 한 사람이 혼자서 초래한 일이 아니니, 마땅히 그 근본을 깊이 알아야 한다. 그래서 하늘은 나로 하여금 이 책을 출시하게 하여 제왕들을 위해 승부의 허물을 해소하도록 하신 것이다.

진인들은 나의 도가 하늘과 상응하지 않는다고 생각하는 것 같도다. 지금 다만 나의 글에 의거하여 행하여 보면 하늘과 조금도 어긋나지 않고 곧장 상응할 것이고, 그러면 나의 글을 크게 신뢰하게 될 것이다. 힘써 행하여 마음에 엉킨 원한을 해소하지 않는다면, 천도가 어찌 까닭 없이 상응하겠는가? 어리석은 자가 배우지 않고서 어찌 현명해질 수 있겠는가? 가난하면서도 경작하지 않는다면 어떻게 수확할 수 있겠는가? 배우면 날마다 현명해지고 경작하면 수확할 수 있다. 나의 책 내용을 행한다면, 그 □□가 이와 같을 것이다. 내 보증하노라! 배우지 않고서는 현명함을 바랄 수 없고, 경작하지 않으면 수확하기를 바랄 수 없다. 그대들은 알겠는가?"

"예. 예."

"참된 도는 이미 바른 것이니, 덕을 넓히고 인애를 번성케 하여 만물이 각각 그 합당한 자리를 얻게 된다. 다스려 태평을 이루는 것으로 말하자면, 만에서 하나도 어긋나지 않는다. 진인들은 이해하였는가? 천지의 공덕에 보답하고 장수를 얻기를 바라는 자는 노력하여 나태함 없이 도를 믿어야만 할 것이다."

"예. 예. 지금 어리석은 소생들이 다시 더 여쭈고 싶은 것이 있으나 감히 여쭙지 못하겠습니다."

"어서 말하라."

"지금 천사께서는 무엇으로 도, 덕, 인이 전혀 없는 사람을 식별하십니까?"

"좋다! 그대들의 질문은. 나는 그 사람의 행동과 언행을 본다."

"듣고 싶습니다."

"그렇다, 도인(道人)을 보고는 성내면서 비방하는 사람이라면, 그가 철저히 무도한 사람임을 알아보고, 덕 있는 사람을 보고 비방하고 미워하는 사람이라면, 매우 덕 없는 사람임을 알아보며, 어진 사람을 보고 비방하는 사람이라면, 극악하고 불인한 사람임을 알아보고, 선하고 삼가는 사람을 보고는 비방하는 사람이라면, 삼가지 않고 선하지 않은 사람임을 알아본다. 하늘의 본성은 이러하다. 뜻하는 바가 같은 사람들은 서로 사랑하고, 뜻하는 바가 다른 사람들은 서로를 미워하며, 선한 사람은 악한 사람을 증오하고 악한 사람도 선한 사람을 증오한다. 진인들은 잘 알았는가?"

"예. 예."

"옛날 성현들은 누군가를 만나면, 곧바로 그와 더불어 대화하지 않고 다만 그 사람이 좋아하고 싫어하는 것을 세밀하게 관찰하고 예측 · 검증하여 그가 어떤 사람인지 알아보았다. 바로 이런 방법으로 그 사람의 행동을 살펴본다면 만에 하나도 어긋나지 않는다.”

“훌륭하십니다!”

“그러므로 도의 골상 및 혈맥은 황천(皇天)의 그것들과 동일하고, 따라서 천도는 살인하기 좋아하는 사람을 증오하며, 그래서 이런 부류의 사람은 하늘과 중대한 원수 사이다. 땅의 골상 및 혈맥은 덕의 그것들과 똑같고, 따라서 상해를 좋아하는 인간을 증오하며, 이런 부류의 사람은 큰 재앙이 된다. 인의 골상과 혈맥은 성현의 그것들과 동일하고, 따라서 성현은 인을 베풀기 좋아하고 약탈을 혐오하며, 따라서 약탈하는 사람은 성인 및 인(仁)과 원수가 되는 것이다. 그러므로 옛날의 성현들은 이 셋이 천통(天統), 지통(地統), 인통(人統)의 삼통(三統)에 의해 준행된다는 것을 깊이 알았기 때문에 그들이 법을 제정할 경우에는 감히 참된 도와 덕, 그리고 인을 위배하지 않았던 것이다.

그러므로 하늘이 운행할 때에는 네 계절과 협력하니, 하늘이 기를 운행하면 네 계절도 기를 운행하여, 서로 같은 마음을 공유한다. 따라서 네 계절의 변화를 거스르는 자는 하늘과 원수이며, 땅은 오행(五行)과 같은 마음으로 협력하여 함께 사물들을 기르니, 아직 죽을 때가 아닌데 상해를 당하면 상해한 자는 땅과 큰 원수가 된다. 성현들은 인(仁)과 동일한 마음으로 협력하고 따라서 밖에서 활동하건 집에 기거하건 항상 도를 높이고 덕을 귀하게 여기며 인에 의거하여 대처하니, 만약 누군가가 약탈하기를 좋아하고 인정되지 않았다면, 그는 성현과 원수가 된다. 불은 마음이고, 마음은 성(聖)이며, 불은 항상 나무에 의지하여 존재하고, 나무는 인한 마음을 가진다네. 불에는 빛이 있어서 옳고 그름을 살필 수 있고, 마음은 성스럽고 명철하기 때문에 고대의 위대한 성현들은 항상 인의 명철함에 의거하여 대처하고, 도, 덕, 인을 갖춘 군왕에게 귀의하였던 것이다.

그래서 나는 진인들을 거듭 훈계하노니, 나의 책을 도, 덕, 인, 명(明)을 갖춘 군왕에게 보내면 그는 반드시 나의 도를 좋아하고 그 뜻을 깊이 이해하여 따르고 본받아서 신과 다름이 없게 될 것이다. 나는 결코 진인들에게 자화자찬하는 것은 아니다. 그것을 행하여 하늘의 반응을 얻되 반드시 규구와 합치하듯 한다면, 하고 시대의 사람들은 나의 말을 기억할 것이다."

"예. 예."

"돌아가서 노력하고 힘써 도와 덕을 배우고 인을 행하도록 하라. 그 밖의 것은 행할 만한 것이 없다. 이 책을 퍼뜨리되, 숨겨두지 말라."

"예. 예."

이상은 거듭 어진 인심을 밝혀 어리석음과 어두움을 풀고자 한 것으로 책에 의심을 가진 자는 마땅히 여기에서 비결을 취해야 함을 밝힌 것이다.

夫力敕教其仁, 尙苦不仁, 下古之人反相教數書, 已大薄矣, 其相憎怨不得絶. 力教其爲吉, 尙若不吉, 下古之人反相敕力學死喪之具, 豫與凶事以待之, 日死不以其壽, 幾滅門矣, 而不自知過誤, 臨時呼天號地, 自言冤, 王治不平, 使我失年. 內行自得之,[1] 人不防其本, 罪定乃悔不爲謹, 以無益也, 雖號死其口, 猶不復救矣. 故吾今力敕教以大仙經道, 才開其壽階耳. 學人以德, 才使其仁. 學人以仁, 才使其平平, 保其故, 不敢相欺奪人財物也. 學人以平平, 已失法矣. 學人以法, 已失相克賊矣. 學人相克賊, 已入大武矣. 入大武, 卽民已無罪而欺矣, 困窮也成盜賊. 故吾承天道法, 開大吉之門, 閉其凶惡之路, 開天太平之階, 人人誦之, 且各自謹, 無可復治也, 致今天時運轉樂, 王者乃長游而無事. 是故吾書悉考凡事之本元, 才得其中也. 考其中, 已得其下矣. 學愚人以下, 已大亂矣. 今下古所以帝王雖有萬萬人之道德仁, 思稱天心, 而凶不絕者, 乃承負災亂以來獨積久. 雖愁自苦念之, 欲樂其一理, 變怪盜賊萬類, 夷狄猾夏, 乃先王之失, 非一人所獨致, 當深知其本. 是以天使吾出書, 爲帝王解承負之過. 眞人以吾道不與天相應, 今但案吾文行之, 不失銖分, 立相應矣, 是吾文大信. 不力行以解冤結, 天道安能默空相應乎. 夫愚不學, 安能賢乎? 夫貧而不耕, 安能收耶. 學輒日賢, 耕輒有收. 行吾書, 其□□如是矣.[2] 吾保之, 不學無求賢, 不耕無求收, 子知之乎. 唯唯.

眞道以正也, 大德興盛仁,[3] 各得其所矣.[4] 治平而言, 莫不失一, 眞人解未. 幸欲報天地之功而得壽者, 努力信道勿懈. 唯唯. 今愚生欲復有問, 不敢卒言. 平行. 今天師以何知人大無道德仁也. 善哉子之言, 觀其人行言云何. 愿聞之. 然, 睹道人而忿然反非之, 以知其洞無道之人. 睹德而非惡之, 以知爲大無德之人. 睹仁而非之, 以知爲大惡不仁之人. 睹善謹而非之, 以知爲不謹不善之人. 天性, 凡同志者相愛, 異志者相憎, 善人亦疾苦惡人, 惡人亦疾苦善人. 眞人寧解不. 唯唯.夫古者聖賢見人, 不即與其語, 但精觀占視其所好惡以知之矣, 正以此鏡其行, 萬不失一. 善哉. 故夫道者, 乃同皇天同骨法血脉, 故天道疾惡好殺, 故與天爲重怨. 地者與德同骨法血脉, 故惡人傷害, 爲大咎. 夫仁與聖賢同骨法血脉, 故聖賢好施仁而惡奪, 故與聖人仁爲仇. 是故昔者聖賢, 深知此爲三統所案行, 故其制法不敢違離眞道與德仁也. 故天行者, 與四時並力, 天行氣, 四時亦行氣, 相與同心, 故逆四時者, 與天爲怨. 地者與五行同心並力, 共養凡物, 未當終死而見傷害, 與地爲大咎. 聖賢與仁同心並力, 故游居常尊道而貴德, 倚附仁而處, 如人好奪而不仁, 與聖賢爲怨仇. 故火爲心, 心爲聖, 故火常倚木而居,[5] 木者仁而有心.[6] 火者有光, 能察是非, 心者聖而明, 故古者大聖賢, 常倚仁明而處, 歸有道德仁之君. 故吾重戒眞人, 以吾書付歸有道德仁明之君, 必且樂好吾道, 深知其意, 案而效之, 與神無異. 吾不自譽於眞人也, 行之得應, 必如重規合矩, 乃后下古之人且念吾言. 唯唯. 行去, 力之勉之, 力學道德爲仁, 余者無可爲者. 出此書, 無令藏. 唯唯.

右重明賢人心, 以解愚暗, 書疑者宜取訣于此.

역주

1) 內行自得之(내행자득지) : 자기가 한 행동으로 스스로 얻다. 내(內)는 자신의 안을 의미한다. 자신의 의도와는 무관하게 외물이 사건의 주체임을 나타낼 때 사용되는 '물의(物意)'라는 말과 대비해서 생각해 보면, 내(內)는 자기의 안이며 '내행'은 자기 안에서 일으킨 행동, 즉 자기의 마음이 일으킨 행동이라는 의미가 선명해진다.

2) □□ : 원본에 빠진 두 글자. 문맥으로 보아 효과(效果) 또는 공효(功效)를 의미하는 글자일 것으로 보인다.

3) 大德興盛仁(대덕흥성인) : 『전역(상)』은 "대덕이 인애를 흥성하게 한다"고 보았고, 『금주금역(상)』은 "덕을 광대하게 하고 인을 흥성케 한다"고 보았는데, 후자의 해석이 더 적절하다.

4) 各得其所矣(각득기소의) : 『금주금역(상)』은 각(各)의 지시체를 진도(眞道), 덕(德), 인(仁) 등 셋으로 보았으나, 그럴 경우 이 구절은 그 세 가지가 각각의 합당한 자리를 잡는다는 것으로 해석된다. 그러나 이런 해석은 아무래도 그 의미가 통하지 않는다.

5) 火常倚木而居(화상기목이거) : 불은 항상 나무에 의지하여 존재한다. 오행설에서 오행은 서로 상생하는 관계로 되기도 하고 상극하는 관계로 되기도 하는데, 상생 관계로 볼 때 나무는 불에 대해 생성해주는 行이다.

6) 木者仁(목자인) : 인의예지신의 오상은 오행과 짝을 이루는데, 인(仁)은 오상의 우두머리로서 오행의 나무에 속한다.

제50권

『태평경초』

병부(丙部)의 16

제67 거사문비명고결(去邪文飛明古訣) : 사악한 글을 제거한 비명(飛明)에 대한 옛 비결

해제 『금주금역(상)』에서는 이 편의 대의를 '하늘의 여러 모습에 근거하여 인간사의 길흉을 점친다'라고 파악했다. '고결(古訣)'이란 이러한 유래가 오래되었기 때문에 붙여진 이름이며, 『돈황목록』에는 고(古)가 점(占)으로 되어 있다. 여기에서 사문(邪文)이란 천문지리(天文地理)를 거스르는 망녕된 이론을 의미한다. 비명(飛明)은 본문에서 '해·달·별 가운데 작은 것'이라고 설명하고 있는데, 일상적으로 나타나는 천문현상이 아니라 하늘이 인간을 견책하기 위해 비정상적인 모습으로 드러내 보이는 유성 등과 같은 천문현상을 의미한다. 비명(飛明)은 그러므로 사문(邪文)에 상대되는 올바른 하늘의 글[天文]을 의미한다고 볼 수 있다. 『전역(상)』에서는 본 편에서 이야기하고 있는 것은 한대(漢代) 특유의 천인감응사상에 기반한 천권(天券) 사상이라고 설명했다.

천권(天券)이란 천지가 드러내는 길흉의 징조들을 성인이 기록한 책을 의미한다.

육단진인(六端眞人) 순(純)은 머리를 조아려 두 번 절하며 삼가 갖추어 말했다. "감히 상황신인(上皇神人)이신 천사(天師)께서 구하신 참된 도에 대해 여쭙겠습니다. 저는 천지가 평안하게 되길 바라고, 음양이 어지럽지 않고 항상 순조롭게 운행되길 바라며, 재해가 망녕되이 생겨나지 않게 되길 바라고, 임금이 다만 날마다 즐겁게 노니면서 다스리길 바라므로, 크게 즐겁게 하는 경전을 만들고자 합니다. 비록 여쭙는 바가 앞뒤로 많았지만, 다시 한 번 가르침을 들어볼 수 있을는지요?"

"좋다! 깊이가 있구나, 그대들이 묻는 바는 어찌 그리도 세밀하며 통달했는가! 이 요점이 되는 점을 곧바로 질문하였으니, 그대들은 지극한 도로 나아가고 사악한 글을 물리쳐 없애버리고자 하는가? 그렇다. 지금 또 다 말해주겠다. 그대들은 하늘에 착함을 쌓아왔는데, 내가 어찌 감히 그것을 숨길 수 있겠는가? 지금 그대들이 항상 선함을 마음속에 품고 노력하며, 신명의 마음에 대해 궁구해왔기 때문에 내가 말하지 않고 행하지 않으면 하늘의 뜻을 거스르게 될까 두렵다. 이같이 하늘이 일부러 그대로 하여금 구하여 묻도록 했으니, 그대를 위해 구체적으로 분별해서 말해줄 테니, 스스로 따라서 그것을 기록해둘 것이며 삼가 빠뜨리지 않도록 하라.

제왕이 내 책을 힘써 사용할 수 있다면, 재해가 모두 이미 하루 아침에 사라지게 되어 천하가 모두 즐거워하게 될 것이며 모두 도와 덕을 갖춘 선비가 되기를 바라게 되고, 늦게 태어난 사람들은 마침내 먼저 태어난 사람들을 본받아 따르게 되고, 노인과 어린이가 서로 따라서 일어나게 되어 모두 다시 참된 글과 올바른 일을 알고 구하게 되어, 헛된 껍데기들은 없어지게 될 것이다. 마음으로 신령에 합치되기를 궁구하면 군주에게는 하나의 걱정거리도 없게 될 것이니, 날마다 노닐지 않게 될 까닭이 무엇이 있겠는가? 이와 같이 된다면, 천지의 만사가 각각 제 자리를 얻게 되고, 모든 신들이 이로 인해 즐거워하게 되며, 왕은 하늘의 뜻을 깊이 이해하게 되고, 지극한 도가 와서 돕게 되니, 다만 날마다 길함만 있고 흉한 일은 하나도 없게 될 것이다. 나의 말은 참되고 참되며 □□하여, 만에 하나라도 실수함이 없으나, 다만 그것을 얻고 행하지 않아 여러 사악함이 모이게 될까 두려울 뿐이다. 재해와 괴이한 일들은 헛된 껍데기이며, 천지음양의 큰 병이다. 큰 병이 들었는데도 치료하지 않으면 무엇으로 병이 나을 수 있겠는가? 그대들은 이미 일에 대해 질문하였고, 하늘을 위해 말을 전달해주니, 그대들은 내 책의 앞뒤 말을 상세히 생각해보아서, 다행히 지극한 의미를 터득하게 되면 삼가 그것을 어지럽히지 말라."

"예. 예. 진실로 한가하고 고요한 곳으로 가서 밤낮으로 그 뜻을 생각해보고, 얻게 된 것에 대해 주석을 달아 기록하고, 반복해서 소(疏)를 덧붙여서, 바라건대 그것이 만세 동안 없어지는 때가 없도록 하겠습니다."

"천지가 개벽한 이래 말과 책과 글들은 앞뒤로 서로 연관되어 있다. 일어나는 현상들에서 기운이 같은 것들은 같은 부류끼리 서로 밝혀주는 법이니, 같은 부류를 구하여 모으면, 그 도가 날마다 밝게 드러나게 되며 쇠퇴할 때가 없게 될 것이다. 그러므로 예로부터 지금에 이르기까지 여러 성인들은 함께 하늘을 위해 말하였으며, 여러 현인들은 그 말씀을 동일하게 하셔서 함께 성인을 위해 도모하셨다. 제왕이란 하늘의 귀한 자식이니, 자식은 부모의 가르침을 받들어서 마땅히 그것을 따라 행하였다. 그럼으로써 천지의 우환거리를 없애버리면, 그로 인하여 하늘의 도우심을 얻게 되는 것이다. 그러므로 항상 힘써 행할 것을 생각하라. 나의 도는 □□한가? 일어난 현상을 보고 마땅히 깨달아야 하니, 천지신명을 깨닫지 못한다면 마땅히 다시 억만, 천백, 십일의 각각의 일들에서 구하여, 모두 마땅히 서로 상응한 연후에야 가히 쓸 수 있는 것을 살펴 알 수 있게 된다. 만일 서로 상응하지 않으면 급히 다시 그 형제 같은 동류를 구하고 모색하여야 하며, 또 서로 상응하며 하나라도 실수하지 않도록 하는 것이 옳다. 만사는 모두 마땅히 이와 같이 해야 한다."

"무엇으로 그것이 서로 상응하는 것을 살펴 알 수 있습니까?"

"서로 상응한다는 것은 마땅히 안으로 마음에서 궁구해야 하고, 밖으로 천신과 지신에 응해야 한다. 멀고 가까운 것이 서로 감응하여 움직이니, 그것으로써 일어날 일을 점치고 이후의 결과를 확인하여, 서로 상응하는 것은 옳은 것이다. 서로 상응하지 않는 것은 설명이 모두 잘못된 것이다. 그대들은 삼갈 것이며, 망녕되게 말하여 사람들로 하여금 후대가 끊기는 일이 없도록 하라. 그렇게 되는 이유는 그 말이 뒤에 진실된 결과가 없는 망녕된 것이어서 쓸 수 없기 때문에, 사람들로 하여금 후대가 끊기게 하는 것이다. 다스리는 도가 날마다 쇠퇴해지고 거스르게 되는 것은 모두 [실상과] 다른 말 때문인데, 이는 실제로 잘못된 것이니, 모두 생각건대 마땅히 천문지리를 어지럽히는 것이며 성인의 마음에 부합하지 않는 것으로, 신을 부릴 수 없는 것이다. 그러므로 말이라는 것은 마땅히 안으로 사람의 마음에서 궁구한 이후에라야 또 밖으로 부합되어 천신과 지신에 궁구할 수 있다. 이것은 이미 득실을 모두 포함하고 있는 것이니 천문(天文)의 가르침이다. 글들을 쌓아서 같은 종류끼리 서로 따르게 분류하고, 여러 현인들로 하여금 그것을 한데 모으게 하여, 그 가운데 열 중 열 모두가 상응하는 것을 뽑아서, 사람의 마음과 천신 및 지신에 상응하는 것을 글로 삼아, 함께 그 뜻을 생각해보고, 그것을 시험삼은 이후의 결과와 대조해보아서 딱 들어맞아야 한다. 이렇게 한 뒤에야 만세토록 바꿀 수 없는 모범이 될 것이다. 복(覆)이란 것은 일에 대해 점을 치면 상응하고, 그것을 행하면 반응이 이르게 되는 것이 이것이다. 그런 뒤에야 그것에 따라서 하늘의 이치에 관한 법칙을 이룩할 수 있게 되는 것이니, 이것이 바로 이른바 음양을 조정하고 임금을 편안하게 만드는 큰 방법이다. 이것이 바로 흉함과 앙화를 되돌려서 복으로 만들고 백성들로 하여금 다시 장수할 수 있도록 하는 방법이다."

"무슨 까닭입니까?"

"천문과 지리가 올바르게 되면 음양이 각각 제자리를 찾게 되고, 음양이 각각 제자리를 찾게 되면 신령이 모두 크게 기뻐하게 된다. 신령이 모두 크게 기뻐하게 되면, 백성을 보우하게 될 것이니, 그러므로 제왕이 오래토록 편안하고 백성이 장수하려면 힘써 노력하지 않을 수 있겠는가?

비명(飛明)이란 것은 해와 달과 별 세 빛 가운데 작은 것으로, 모두 지하에 연결되어 있으며 위로 하늘에 연결되어 있다. 그것이 움직이면 땅과 백성들과 만물들과 함께 서로 응하고 화답하니, 이것은 긴요한 글(要文)의 증험이다. 그 책과 글은 일을 점쳐서 백이면 백, 열이면 열 가지 모두 서로 상응하는 것은 옳은 것이고 서로 응하고 화답하지 않는 것은 그릇된 것이다. 이것을 가지고 재어보면, 그 사악한 글로 이루어진 책은 모두 다 사라져버리게 될 것이다. 과거의 일을 취하여 그것으로써 지금의 일을 증험해보면, 하늘이 하는 바를 따르게 되고, 하늘이 흥하게 하는 바를 보게 되어, 하늘의 글을 어지럽힘이 없이, 하늘과 힘을 함께 하게 되니, 오랫동안 길하다고 할 수 있다. 대저 하늘은 다만 순종해야 되는 것이지 거슬러서는 안 되는 것이니, 하늘이 이롭게 하는 바를 따라서 이롭게 하면, 사람들로 하여금 흥하게 할 것이다. 그것을 거스르게 되는 경우에는 사람들로 하여금 쇠퇴하게 할 것이다. 하늘의 마음과 뜻을 잃어버리면 망하게 된다."

六端眞人[1)]純稽首再拜謹具, 敢問上皇神人求眞, 吾欲使天地平安, 陰陽不亂常順行,[2)] 災害不得妄生, 王者但日游治,[3)] 爲大樂之經,[4)] 雖所問上下衆多, 豈[5)]可重聞乎. 善哉深乎. 子之所問也, 何其密達也. 正問此要會, 子其欲進至道而退去邪文邪. 諾. 今且悉說之. 子積善於天, 吾何敢匿之. 今爲子眷眷[6)]其善, 究於神明之心, 吾不言不行, 恐逆天意. 若天故使子求問之也, 爲子具分別言, 自隨而記之, 愼無遺也. 帝王能力用吾書, 災害悉已一旦除矣, 天下咸樂, 皆欲爲道德之士, 後生遂象先世, 老稚相隨而起, 盡更知求眞文校事,[7)] 浮華去矣. 心究於神靈, 君無一憂, 何故不日游乎哉. 如是天地凡事, 各得其所, 百神因而歡樂, 王者深得天意, 至道往祐之, 但有日吉, 無有一凶事也. 吾言誠誠□□,[8)] 萬不失一也. 但恐得之不行, 衆邪結也, 災異浮華, 天地陰陽之大病也. 大病而不治, 以何得解愈哉. 子旣來問事, 爲天語言, 子詳思吾書上下之辭, 幸有至意, 愼無亂之. 唯唯. 誠得歸便處, 日夜惟思, 得傳而記之, 反覆重疏, 冀其萬世無有去時也. 天地開闢, 言語書文, 前後相因, 事同氣者以類相明, 求其類而聚之, 其道日以彰明, 無有衰時也. 故自古到今, 衆聖共爲天談, 衆賢者同其辭, 共爲聖謀帝王者, 天之貴子也. 子承父敎, 當順行之, 以除天地之憂, 因得其祐, 故常思力行之.[9] 吾道□□[10]哉. 見事當覺, 不覺天地神明, 當更求億億萬萬千千百百十十一一事皆當相應, 然後乃審可用也. 爲不相應, 急復求索其兄弟比類,[11] 且有相應, 不失一者, 是也. 凡事皆當如斯.

以何審知其相應乎哉. 相應者, 乃當內究於心, 外應於神祇, 遠近相動, 以占事覆下,[12] 則應者是也. 不相應者, 說皆非也. 愼之無妄言, 令使人無後世也. 所以然者, 其說妄語無後, 不可久用, 故使人無後也. 治道日衰乖逆, 皆異言, 此實非也, 皆應亂天文地理, 不應聖人心者, 神不可使也. 故言者, 當內究於人情心, 乃後且外治, 究於神祇也. 是者, 卽拱得失, 天文之戒也. 積文以類相從, 使衆賢聚之, 撰其中十十相應, 應於人心神祇者以爲文, 共安其意, 試之以覆下, 如此乃萬世不可易也. 覆者, 乃謂占事則應, 行之則應至, 是也.[13] 然後可以困成天經法,[14] 是正所謂以調定陰陽, 安王者之大術也. 此乃可以轉凶禍以爲福, 使人民更壽, 何故乎. 天文地理正, 則陰陽各得其所. 陰陽各得其所, 則神靈俱大喜. 神靈喜, 則祐人民, 故帝王長安而民壽也, 可不力勉乎哉矣. 飛明[15]者, 三光之小者也, 皆連於地下, 乃上懸繫於天, 其動與地人民萬物相應和, 是要文之證也. 其書文占事, 百百十十相應者是也, 不相應和者非也. 以是升量平[16]之, 其邪文邪書悉盡絶去矣. 取過事以效今事, 隨天可爲, 視天可興, 無亂天文, 與天同力, 可謂長吉. 夫天但可順不可逆也, 因其可利而利之, 令人興矣. 逆之者令人衰, 失天心意亡矣.

역주

1) 六端眞人(육단진인) : 육방진인(六方眞人)이라고도 한다. 『금주금역(상)』의 주해에 따르면, 천사를 따라 도를 배우는 여섯 제자의 도호(道號)이며, 『태평경』 권68 「계육자결」에 의하면 상방현진(上方玄眞), 하방순진(下方順眞), 동쪽초진(東方初眞), 남쪽태진(南方太眞), 서쪽소진(西方少眞), 북쪽유진(北方幽眞)을 가리키는데, 순(純)은 이 여섯 진인 중 하나이다.

2) 陰陽不亂常順行(음양불란상순행) : 음양으로 하여금 어지럽지 않아 항상 순조롭게 운행되게 하고자 하다. 『합교(상)』과 『전역(상)』에서는 '陰陽不亂, 常順行'으로 절구하고 있다. 그러나 陰陽이 常順行까지 모두 연결되는 주어가 되므로 『정독』, 『금주금역(상)』에서처럼 두 구절을 붙인 구두법을 택했다.

3) 游冶(유야) : 즐겁게 노닐다. 冶는 野와 통하며, 봄날 또는 명절 때 밖으로 나가 노는 것을 의미한다(『전역(상)』). 遊冶 또는 游冶에는 원래 사전적으로 '나가 노닐며 즐거움을 추구하다(出遊尋樂)' 또는 '외모를 좇아 환락을 추구하다(追求聲色, 尋歡作樂)' '방랑하다(放浪)'라는 의미가 있다. 이 중 『전역(상)』은 첫 번째 의미에 의거하여 "군왕은 매일 다만 가만히 한가롭게 있으면서 다스려진다(優游而治)"라고 풀이했고, 『금주금역(상)』은 두 번째 중 환락을 추구하다는 의미를 따라 "제왕이 다만 도처에서 즐거워하다"라고 풀이했다.

4) 爲大樂之經(위대악지경) : 크게 즐겁게 하는 경전을 만들다. 『전역(상)』에서는 앞의 使가 여기까지 한정하는 것으로 보아 "사람들로 하여금 크게 즐겁게 하는 경서"로 풀이했는데, 이때 爲는 '되다'는 의미이다. 한편, 『금주금역(상)』에서는 "이를 위하여 천하로 하여금 크게 즐겁게 하는 경전을 만들다"라고 풀이했는데, 이때 爲는 '만들다'는 의미이다. 여기에서는 이 견해를 따라 爲를 책을 편찬하다는 맥락으로 보았다.

5) 豈(기) : …일는지요? 豈의 이런 용법은 앞에서도(권43 「大小諫正法第五十九」: 豈亦有諫正邪) 이미 나왔는데, 앞에서 『정독』은 '…인가 아닌가'(是否)로, 『전역(상)』에서는 '설마…인가'(難道)로 주해

했다.

6) 爲子眷眷(권권) : 그대들이 항상 (선함을) 마음속에 품고 노력하기 때문에. 여기서 爲는 '…때문에'라는 이유의 의미로 보았다. 권권불망(眷眷不忘)과 같은 의미이며 '(가엾게 여겨) 항상(恒常) 생각함을 이르는 말'이다. 『금주금역(상)』에서는 '끊임없이 마음속에 품고 잊지 않는다(念念不忘)'라고 풀이했고, 『정독』에서는 '정성스럽다' '간절하다'는 의미를 지닌 권(惓)과 통하는 것으로 보아 '마음이 전일(專一)함에 이르는 것'으로 주해했다.

7) 眞文校事(진문교사) : 참된 글과 바른 일. 『정독』에서는 校를 '진실됨(核實, 眞實)'으로 주해했으며, 『전역(상)』에서는 校를 '바로잡다(校正)'는 의미로 주해했다. 『금주금역(상)』에서는 校事를 '언행을 바로잡고 시비를 분명히 밝히다'라고 주해했다. 여기에서는 校를 '올바른'이라는 의미를 가진 형용사로 보았다.

8) □□ : 원문에 두 글자가 빠져 있다. 『정독』에서는 아마도 '서로 응하다(相應)'라는 글자를 보충했다.

9) 故常思力行之(고상사력행지) : 항상 힘써 행할 것을 생각하라. 원본에는 故言思之力之로 되어 있으나, 『합교(상)』에서 『태평경초』에 의거해서 고쳤다.

10) □□ : 원문에 빠져 있다. 『정독』은 '아마도 그대들은 알겠는가(子曉)'라는 글자일 것이라고 추측하였다.

11) 急復求索其兄弟比類(급부구색기형제비류) : 급히 다시 그 형제 같은 동류를 구하고 모색하다. 『합교(상)』과 『전역(상)』에서는 急復求索, 其兄弟比類로 절구하였지만, 『금주금역(상)』, 『정독』 등에서처럼 두 문구를 붙여서 求索을 동사로 其兄弟比類를 목적어로 간주하였다. 比類는 같은 종류(同類)를 의미한다.

12) 以占事覆下(이점사복하) : 그것으로써 일어날 일을 점치고 이후의 결과를 확인하다. 以는 앞의 구절 전체를 받는다. 즉 '먼 것과 가까운 것이 서로 감응하여 움직인다는 사실에 의거하여'라는 의미이다. 覆은 '사뢰다 · 알리다'는 의미이며, 『정독』은 '실태 · 진상을 조

사 확인하다(核實)'라고 주해했다. 下는 '뒤의 일' 즉 '이후의 일'을 의미한다. 『금주금역(상)』에 의하면, 占事와 覆下는 대비되는 것으로, 占事가 '행하고자 할 때 미리 점을 쳐서 예측하는 일'이며 覆下는 '시행한 후의 결과와 대조해보는 것'이다.

13) 行之則應至, 是也(행지즉응지, 시야) : 그것을 행하면 반응이 이르게 되는 것이 이것이다. 應에 대해서 단순히 '반응'이라고 해석했지만, 『금주금역(상)』에서 '실제 시행이 점으로 예측한 것과 일치하는 결과가 바로 진실로 나타난다'라고 풀이하였고 『전역(상)』에서 '일을 행한 것과 점복(占卜)의 결과가 서로 합치된다'라고 풀이했다. 참고로 『합교(상)』과 『전역(상)』에서는 行之則應至是也으로 붙여 읽었으나, 여기서는 『정독』, 『금주금역(상)』의 구두법처럼 行之則應至, 是也로 절구하는 구두법을 택했다.

14) 然後可以困成天經法(연후가이곤성천경법) : 그런 연후에야 그것에 기인하여 하늘의 이치에 관한 법칙을 이룩할 수 있다. 困은 『정독』에서 '마땅히 因으로 써야 한다'고 주해했고, 『전역(상)』에서도 因의 오자로 보았다. 이 견해를 따랐다. 天經法은 『전역(상)』에서는 천도(天道)와 경법(經法)으로 풀이했고, 『금주금역(상)』에서는 황천(皇天)의 경서(經書)의 도법(道法)으로 풀이했다. 그러나 여기에서는 天道의 法으로 보아 '하늘의 이치에 관한 법칙'이라는 의미로 풀었다.

15) 飛明(비명) : 비명. 하늘에 날아다니는 밝은 빛, 즉 해, 달, 별을 제외하고 드물게 보이는 별이나 유성 등 천문현상을 가리키는 것으로 보인다. 『금주금역(상)』에서도 본문에서 삼광의 작은 것이라는 말에 착안하여, 해·달·별 바로 다음 가는 것이라고 보며, 『漢書』 「藝文志」를 인용하며 十煇, 月暈, 몇몇 상서로운 별과 요사스러운 별 등 자주 일어나지 않는 하늘의 모습이라고 주해했다. 한편 『전역(상)』에서는 飛明을 천서(天書)를 가리키는 것이라고 추측했다.

16) 升量平(승량평) : 헤아려보다. 재어 보다. 대부분의 주해서에서 '측정해보다·재보다(衡量)'는 의미로 주해했다. 다만 『금주금역

(상)』에서는 升量을 두 종류의 용기로 보아 이것들을 사용해서 계량한다고 보았고 平을 동사로 보았지만 『정독』에서는 升量과 平을 같은 의미의 동사로 보았다. 여기에서는 『정독』의 견해를 따랐다.

제68 이행시험류상응점결(移行試驗類相應占訣) : 천행서(天行書)로 같은 부류끼리 상호영향을 검증하는 점결

해제 여기서 이행(移行)이란 본문의 첫머리에서 설명하고 있는 사전행지문(徙轉行之文), 즉 천행서(天行書)를 의미한다. 즉 천지가 운행하는 것에 대한 글이다. 이것을 점을 통해서 예측하고 검증할 수 있는데, 이것이 시험(試驗)이다. 유상응(類相應)이란 같은 부류끼리 서로 상응한다는 의미이며, 전편에서도 거론되었는데, 기운이 같은 부류끼리 상호 영향을 미친다는 사고방식이다. 『전역(상)』에 의하면 천행서(天行書)는 한대(漢代)의 참서(讖書)를 의미하며 이를 다시 하늘의 참서(讖書)와 땅의 참서(讖書)로 나누었다고 풀이했다.

무릇 끊임없이 옮겨가고 변화하는 것에 대한 글은 하늘의 운행에 관한 책[天行書]이다. 음양이 서로 합하여 하늘의 글이 이루어진다. 제왕과 백성과 만물들이 모두 그 이치에 따라서 운행하니, 그 의미를 얻게 되면 길할 것이요 그 의미를 잃게 되면 다 흉하게 될 것이다. 일에는 거스름과 순응함이 있으니, 삼가 옳고 상세하게 알지 않으면 안 된다. 그 상세한 내용을 알고자 한다면 오

곱하기 오의 스물다섯 가지 일로써 시험해보라. 과거의 일 스물다섯 가지와 그 일을 행한 당사자 스물다섯 집을 택하여, 그 연, 월, 일, 시가 유래한 바를 상세히 기록하고, 오음(五音)이 누구 손에 속해 있는가로써 길흉을 점쳐서, 백이면 백 가지 열이면 열 가지 모두 서로 상응하는 것은 옳은 것이다. 이것은 천지음양이 나누어진 이치와 임금을 편안하게 해주는 것을 상세하게 얻은 것이니 의심하지 말아야 한다. 백성과 신하들이 자기 직분을 잃어버리지 않고 만물이 각각 제 자리를 얻게 될 것이다. 이 책의 말과 같이 하지 않는 것은, 모두 어지럽고 사악한 글이니, 사용해서는 안 된다. 그것으로써 헤아려 보고 남을 그르치게 하는 글을 감히 사용하게 되면, 후세에 자식이 없게 될 것이다. 그렇게 되는 까닭은 백성을 해치고 천지의 나누어진 음양의 자리를 잃어버리기 때문이다. 천지는 삶을 주관하는데, 사람이 도리어 그 음양을 어지럽히니, 그러므로 사람으로 하여금 후대가 없도록 만드는 것이다. 옛날에는 글(文)이 없었으니, 하늘이 도리어 그것을 용서했지만, 이미 하늘의 운행에 관한 책(天行書)이 나온 후에는 모두 이미 천도의 뜻을 알게 되었는데, 그런데도 고의로 그것을 범하는 자는 죽게 되거나 대부분 오래 살지 못하고 흉하게 되니, 바로 이 때문이다.

하늘이 삶을 베풀어 줌에 형제와 같은 동류의 사물이 있으니, 같은 부류끼리 서로 응하고 화답한다. 오악(五嶽)은 서로 만리나 떨어져 있지만 서로 응한다. 이로써 정성스럽고 상세하게 생각해 보면, 그 속의 일들이 선한 것은 선한 것끼리 서로 응하게 되고, 천한 것은 천한 것끼리 서로 화답한다. 많거나 적거나 높거나 낮거나를 막론하고 만의 하나라도 잃어버리지 않는다. 항상 오 오 이십오 개의 기운으로써 증험하여, 그에 응하여 이십오 개의 집과 이십오 개의 구릉이 되는데, 책이 열 가지 백 가지에 모두 상응하니, 이것이 땅의 참서(讖書)이다. 이십오 개의 기운 가운데 같은 종류의 기운끼리 서로 모으면, 이것이 형제처럼 같은 종류의 땅이니, 거기에 사는 백성들이 좋아하고 싫어하는 것들이 서로 같고, 또 여러 종류의 짐승들 초목들도 서로 유사하니, 이것은 같은 기운의 땅이기 때문이다. 이로써 분명하게도, 땅에서는 서로 응하는지 아닌지 여부를 살펴야 한다. 물의 기운은 형제와 같은 종류인데, 그 속에 사는 물고기나 자라가 서로 유사하니, 이런 점에 근거하여 점을 치고, 그것이 유래되어 나오는 바를 분별하면, 만물과 만사를 알 수 있게 될 것이다. 그 상(象)이 같은 것은 그 모습도 같고, 그 상(象)이 다른 것은 그 모습도 다르다. 옳음과 잘못됨은 바로 이것일 뿐이다.

凡移徙轉行之文, 天行書也, 陰陽交合, 天文成. 帝王人民萬物, 皆以其理中行, 得其意者吉, 失其意者悉凶. 事有逆順, 不可不謹善詳也. 欲知其審, 以五五二十五[1]事試之, 取故事二十五, 行事二十五家,[2] 詳記其歲日月時所從來, 其五音屬誰手,[3] 以占吉凶, 驗百百十十相應者是也. 此審得天地之分理安, 王者[4]不疑也. 民臣不失其職, 萬物各得其所, 不若此書言, 亂邪之文不可用也. 以升量之, 誤人之文, 有敢用者, 後世無子. 所以然者, 賊傷人民, 失天地之分部. 天地主生, 人反亂其陰陽, 故令使人無後也. 古者無文, 天反原之, 已出天行書之後, 皆已知天道意, 而故爲之犯者, 死多不壽而凶, 正此也. 施有兄弟, 以類相應和, 五嶽萬里相應,[5] 以精詳念思, 其中事善善相應, 賤賤相和,[6] 其多少高卑, 萬不失一也. 常效以五五二十五氣, 應爲二十五家,[7] 二十五丘陵,[8] 書十百相應, 地讖也. 比其氣相加, 兄弟地也. 其人民好惡同. 又諸色禽獸草木相類, 此卽同氣地也. 以此分明, 地審相應不,[9] 水氣兄弟者, 其魚鱉相類, 以是爲占, 分別其所出, 萬物凡事, 其可知矣. 其象同者, 其形同也. 其象異者, 其形異, 是非正此也.

역주

1) 二十五(이십오) : 스물다섯. 『전역(상)』에서는 『漢書』 「律曆志」와 『周易』 「繫辭傳 上」에 근거하여 25를 하늘의 수라고 주해했다.
2) 行事二十五家(행사이십오가) : 그 일을 행한 당사자 스물다섯 집. 『금주금역(상)』과 『주역(상)』의 견해를 따랐다. 한편 『정독』과 『전역(상)』에서는 앞의 구절이 '과거의 일'이라는 것과 대구가 되도록 '현재 행한 스물다섯 가지 일'로 풀이했고 특히 『정독』에서는 家를 종류(種), 건(件)으로 주해했다. 일리가 있는 견해이지만 뒷부분에서 二十五家를 '집 · 가문' 등의 맥락으로 풀이해야 한다는 점과 해석의 일관성을 고려하여 따르지 않았다.
3) 其五音屬誰手(기오음속수수) : 그 오음(五音)이 누구 손에 속해 있는가. 『정독』에서는 手를 '마땅히 乎로 써야 한다'고 주해했다. 五音이란 궁상각치우(宮商角徵羽)를 의미하는데, 이를 오행으로 배치하면 土에 궁(宮)이, 金에 상(商)이, 木에 각(角)이, 火에 치(徵)가, 水에 우(羽)가 배속된다. 『禮記』 「樂記」편에서는 宮은 君에 商은 臣에 角은 民에 徵는 事에 羽는 物에 연계하여 다스림적인 의미를 부여하고 있다.
4) 此審得天地之分理安王者(차심득천지지분리안왕자) : 이것은 천지음양이 나누어진 이치와 임금을 편안하게 해주는 것을 상세하게 얻은 것이다. 『전역(상)』에서는 分理를 文理로 주해했다. 이 부분은 주해서에 따라 구두법에 이견이 있다. 여기에서는 『정독』의 구두법을 따랐다. 『합교(상)』과 『전역(상)』에서는 此審得天地之分理安, 王者不疑也로 절구했고, 『금주금역(상)』과 『주역(상)』에서는 此審得天地之分理, 安王者로 절구했다.
5) 五嶽萬里相應(오악만리상응) : 오악은 서로 만리나 떨어져 있지만

서로 응한다. 五嶽은 중국의 5대 명산을 통틀어 일컫는 말. 衡山(南岳), 恒山(北岳), 嵩山(中岳), 華山(西岳), 泰山(東岳)을 가리킨다. 『금주금역(상)』에서는 '오악과 먼 지역이 상응하다'고 풀이했고 『전역(상)』에서는 '오악은 서로 떨어진 거리가 만리이지만 상응한다'고 풀이했다.

6) 其中事善善相應, 賤賤相和(기중사선선상응, 천천상화) : 그 중의 일들이 선한 것은 선한 것끼리 서로 응하게 되고, 천한 것은 천한 것끼리 서로 화답한다. 구두법에 이견이 있다. 『정독』과 『주역(상)』에서는 其中事善, 善相應, 賤, 賤相和로 절구했는데 이 구두법에 따르면 "그 가운데의 일이 선하면 선하게 상응하게 되고 천하면 천하게 화답하게 된다"고 해석된다. 『금주금역(상)』에서는 其中事, 善善相應, 賤賤相和로 절구했는데 이에 의하면 "그 중의 事物이 길하고 선한 것은 길하고 선한 것과 서로 應合하고, 낮고 천한 것은 낮고 천한 것끼리 서로 應合한다"고 해석하였다. 『합교(상)』과 『전역(상)』은 其中事善善相應, 賤賤相和로 절구했고 해석은 『금주금역(상)』과 대동소이하다.

7) 二十五家(이십오가) : 스물다섯 집안. 『금주금역(상)』이나 『주역』에 의하면, 사람의 모습이 음양에 따라 25종류의 유형으로 나뉨 또는 성씨(姓氏)의 배속이 25집안으로 나뉨을 의미한다.

8) 二十五丘陵(이십오구릉) : 스물다섯 개의 구릉. 『금주금역(상)』에 의하면, 오방의 땅(五方土)과 오색의 흙(五色土)을 말한다. 즉 방위와 색깔에 따른 25개의 구릉을 의미한다.

9) 地審相應不(지심상응불) : 땅에서는 서로 응하는지 아닌지 여부를 살펴야 한다. 『합교(상)』과 『전역(상)』에서는 不을 뒷 문장에 연결하여 地審相應, 不水氣兄弟者의 구두법을 취했지만, 뒷 문장에서 不이 문두에 나올 경우 해석이 자연스럽지 못하므로, 따르지 않았다. 『금주금역(상)』, 『정독』의 구두법을 따랐다.

제69 단명요어사결(丹明耀禦邪訣) : 단명요로 사악함을 막는 요결

해제 여기에서 단명요(丹明耀)는 도교의 부록(符籙)의 일종이다. 초기 도교에서 병을 치료하거나 귀신을 쫓을 때 사용했던 부록은 본래 하늘과 신령의 글자를 뜻했다. 이 장에서는 부록을 통해 잘못된 것을 구제하고 사악한 것을 막아낼 수 있다고 보았다.

단명요(丹明耀)라는 것은 하늘이 새긴 글자로, 잘못된 것을 구제하고 사악한 것을 막아낼 수 있는 것이다. 열이면 열 모두 상응하여 병을 낫게 하는 것은 하늘의 글과 책으로써 참된 신령들과 상응하기 때문이니, 일에 효험이 있는 것이다. 열 가운데 아홉의 경우에 병을 치유할 수 있는 것은 땅의 글로, 음신(陰神)과 서로 화답하기 때문이다. 열 가운데 여덟의 경우에 병을 치유할 수 있는 것은 중화(中和)인 사람의 글이다. 이상의 세 가지 경우로써 증험할 것이며, 그 나머지는 모두 사악한 글[邪文]이니, 사용해서는 안 된다. 사악한 글을 끌어안고 있기 때문이니, 이에 마땅히 신령과 상응해야만 한다. 병을 치유하지 못하는 것은 모두 사람을 그르치게 하는 것이니, 죽음에서 구할 수 없다. 혹시라도 귀신에 의해 작성된 책과 글을 알지 못하면서도 병을 치유한 경우는 사람이 스스로의 수명이 여러 사악한 기운을 이겨 지배하는 우두머리가 된 것이니, 다른 사람이 그 서문(書文)을 쓸 수 없다. 이에 의거하여 여러 가지로 새긴 책과 글을 모아 그것들을 증험하여, 사악한 것들은 새겨서 모두 다 사람이 없는 곳에 놓아두도록 한 것이다. 이 글은 마땅히 하나하나 구해야 하는 것으로, 갑자기 얻을 수는 없는 것이다.

丹明耀者, 天刻之文字也, 可以救非禦邪. 十十相應愈者, 天上文書, 與眞神吏相應, 故事效也. 十九愈者地文書, 與陰神相和. 十八相應愈者, 中和人文也. 以此效之, 其餘皆邪文也, 不可用也, 所以拱邪之文也, 乃當與神相應,[1] 不愈者皆誤人, 不能救死也. 或有鬼神所使書文, 不可知而治愈者, 是人自命祿爲邪之長也, 他人不能用其書文也, 以此效聚衆刻書文也邪.[2] 乃可刻而盡使之無人之野處也, 是文宜一一而求之, 不可卒得也.

역주

1) 所以拱邪之文也, 乃當與神相應(소이공사지문야, 내당여신상응) : 사악한 글(文)을 끌어안고 있기 때문이니, 이에 마땅히 신령과 상응해야 한다. 이 부분에 대해서는 해석과 구두법에서 이견이 많다. 『금주금역(상)』에서는 拱을 '몰아내다'로 보며, "사악한 문(文)을 몰아내고 마땅히 신령과 상응해야 한다"라고 해석했다. 『전역(상)』에서는 拱을 '합하다'로 주해하며, 乃當與神相應의 神을 사악한 신으로 보아, "이것은 사악한 문서로, 사악한 신령과 상응하게 된다"라고 해석했다. 『정독』에서는 所以拱邪之文也를 앞의 문장에 연결되는 것으로 보고 拱을 '초래하다'는 의미로 보았다.

2) 以此效聚衆刻書文也(이차효취중각서문야) : 이 점에 근거하여 여러 가지로 새긴 서문(書文)을 모아 그것들을 점검(證效)하다. 『합교(상)』과 『전역(상)』에서는 以此效聚衆刻書文也邪로 보았지만, 『금주금역(상)』과 『정독』을 따라 以此效聚衆刻書文也로 절구하고 邪는 뒷 문장에 연결되는 것으로 보았다.

제70 초목방결(草木方訣) : 초목 처방에 대한 비결

해제 초기 도교에서는 음식을 통해서 병을 치료하고 수명을 연장하는 법을 탐구했다. 여기에서 초목방(草木方)이란 식물성 약물과 약방(藥方)을 가리킨다. 이러한 도교전통은 이후 한의학 발전의 밑거름이 되었다.

초목 가운데 덕이 있고 도가 있고 관직이 있는 것은 (질병을) 통제하고 부릴 수 있는데, 그것을 이름하여 초목방(草木方)이라고 한다. 이를 일러 신령스러운 초목이라고 한다. 병을 다스림에 즉시 낫게 하는 것은 천상의 신령스러운 초목으로, 아래로 내려와 땅에 머물러 생장한 것이다. 즉시 수명을 연장시켜주는 것은 천상의 신선들의 초목(仙草木)으로, 아래로 내려와 땅에 머물러 생장한 것이다. 병을 다스림에 [배합과 처방을 통해서] 결단코 낫게 하는 것은 이름하여 '즉시 낫게 하는 처방'이라고 한다. 하루면 낫게 되므로 이름하여 '하루면 낫게 하는 처방'이라고도 한다. 백이면 백, 열이면 열 서로 응하여 낫게 하는 것이 이것이다.

이 초목들에는 정과 신이 있어서 서로 통제하고 부릴 수 있는 것은 관직이 있는 초목이다. 열이면 열 모두 서로 응하여 낫게 하는 것이 제왕의 풀이다. 열 중 아홉의 경우 서로 응하는 것은 대신의 풀이다. 열 중 여덟의 경우 서로 응하는 것은 백성의 풀이다. 이보다도 아래인 것들은 사용해서는 안 되니, 사람을 그르치게 하는 풀이다. 이상은 곧 죽음과 삶을 구하는 방법이니 상세히 살펴보지 않으면 안 된다.

처방을 잘 배합하여 즉시 낫게 하는 것은 그 초목을 기록하고 '즉시 낫는 처방'이라고 이름한다. 하루면 낫게 하는 것은 '하루면 낫게 하는 처방'이라고 이름한다. 이틀이면 치료하여 낫게 하는 것은 '이틀 방'이라고 이름한다. 삼일이면 치료하여 낫게 되는 것은 '삼일 방'이라고 이름한다. 하루면 치료하여 낫게 되는 처방은 천신(天神)으로 하여금 치료하도록 한 것이다. 이틀이면 치료하여 낫게하는 처방은 지신(地神)으로 하여금 치료하도록 한 것이다. 삼일에 치료하여 낫게 하는 처방은 인귀(人鬼)로 하여금 치료하게 한 것이다. 이와 같지 않은 것은 천신방(天神方)이 아니라, 다만 본디 풀이 치료를 더욱 도운 것이다. 때로 낫기도 하고 때로 낫지 않기도 하는 것은 '죽음을 기다리는 처방'이라고 이름한다. 삼가고 삼가라. 이는 죽음과 생명을 구하는 방법이니, 일을 가볍게 대해서는 안 되며, 상세히 살펴보지 않으면 안 된다.

草木有德有道而有官位者, 乃能驅使也, 名之爲草木方, 此謂神草木也. 治事立愈者, 天上神草木也, 下居地而生也. 立延年者, 天上仙草木也, 下居地而生也. 治事立訣愈者, 名爲立愈之方. 一日而愈, 名爲一日而愈方. 百百十十相應愈者是也. 此草木有精神, 能相驅使, 有官位之草木也. 十十相應愈者, 帝王草也. 十九相應者, 大臣草也. 十八相應者, 人民草也. 過此而下者, 不可用也, 誤人之草也. 是乃救死生之術, 不可不審詳. 方和合而立愈者, 記其草木, 名爲立愈方. 一日而愈者, 名爲一日愈方. 二日而治愈者, 名爲二日方. 三日而治愈者, 名爲三日方. 一日而治愈者方, 使天神治之. 二日而治愈者方, 使地神治之. 三日而治愈者方, 使人鬼治之. 不若此者, 非天神方, 但自草滋治之,[1] 或愈或不愈, 名爲待死方. 愼之愼之. 此救死命之術, 不可易, 事不可不詳審也.

역주 1) 自草滋治之(자초자치지) : 본디 풀이 치료를 더욱 도운 것이다. 『정독』에서는 滋에 '자라다(滋長)'는 의미가 있으며 여기에서는 '의료 효과를 내는 것'이라고 주해했다. 『금주금역(상)』에서는 自草를 야생에서 자생하는 풀로 보았고 滋治를 치료를 돕는 것으로 보았다. 『전역(상)』에서는 自草滋治之를 '풀이 자연적으로 병을 치료하는 것'이라고 풀이했다.

제71 생물방결(生物方訣) : 생물 처방 비결

해제 앞의 초목방(草木方)에 이어 생물방(生物方)은 동물성 약물과 약방을 가리킨다. 초기도교에서는 동물을 이용해서 병을 치료할 뿐만 아니라, 인간과 감응하여 길흉을 알 수 있다고 생각했다.

살아 있는 것으로 정(精)을 지니고 날아다니고 뛰어다니는 짐승들과 기어 다니고 걸어 다니는 무리들은 병을 치료할 수 있다. 날짐승이란 하늘 위의 신약(神藥)이 그 몸속에 있는 것으로, 하늘이 그들로 하여금 하늘과 땅을 다니도록 한 것이다. 열 중 열이 모두 치료되어 낫는 것은 천신의 처방이 그 몸속에 있는 것이고, 열 중 아홉이 치료되는 것은 땅 정령의 처방이 그 몸속에 있는 것이며, 열 중 여덟이 치료되어 낫게 되는 것은 사람의 정령인 중화의 신약이 그 몸속에 있는 것이다. 이 세 가지는 천지 중화 음양을 위해 처방을 행한 것으로 '질병을 치료하는 사자(使者)'라고 이름한다. 마치 사람 가운데 도를 체득하여 사자라고 칭하는 신인(神人)과 신사(神師)와 같다. 이것은 하늘과 땅과 사람의 정령과 귀신이 시킨 것이다.

그것을 얻어서 열이면 열, 백이면 백 모두 치료되어 낫는 것은 제왕 상천의 신령스러운 처방이다. 열 중 아홉이 치료되어 낫는 것은 왕후의 신령스러운 처방이다. 열 중 여덟이 치료되어 낫는 것은 대신과 관직이 없는 사람, 지극한 덕을 가진 사람, 처사들의 신령스러운 처방이다. 각각 나오게 되는 바가 있어 이것으로써 살펴보는데, 만에 하나라도 실수하는 경우가 없다. 이 세 가지는 모두 하늘과 땅과 사람이 신령스러운 약[神藥]을 시행하여 병을 치료하는 것이다. 하늘이 그들로 하여금 각자 조상들의 명을 이어받도록 하고, 저절로 그러한 방법을 안에 지니고 있도록 했으니, 없앨 수 없는 것이다. 마치 봉황과 기린이 그 몸에 덕을 지니고 있는 것과 같고, 마치 벌과 전갈이 그 몸에 독을 지니고 있는 것과 같다는 것은 이것을 이른 말이다. 마땅히 천도의 지극히 중요한 뜻을 깊이 이해해야 하며, 그래야 천도의 고유한 속성을 능히 밝혀서 제왕의 다스림에 유익함이 있게 하고 사람들로 하여금 미혹되지 않게 할 수 있다. 만일 [하늘의] 긴요한 글을 알지 못하고, 다만 천하의 문서들을 모두 쓸 수 있다고 말한다면, 그러므로 열 중 일곱이 적중되고 그 이하는 모두 사악해져서 세 가지 상서로움과 상응할 수 없게 될 것이니, 해로움이 극심해진다.

그러므로 열 사람을 치료하면서 한 사람을 상해한다면 하늘의 마음과 뜻을 얻지 못한 것이다. 열 사람을 치료하면서 두 사람에게 상해한다면 땅의 마음과 뜻을 얻지 못한 것이다. 열 사람을 치료하면서 세 사람에게 손상을 입힌다면 사람의 뜻을 얻지 못한 것이다. 열 사람을 치료하면서 예일곱 사람 이상을 손상 입힌다면 모두 다스림을 어지럽힌 것이다. 음양은 그 때문에 거스르게 되고, 신령은 그 때문에 다투게 된다. 이런 까닭에 옛날 성왕과 제왕들은 비록 고요한 방에 머무르더라도 하늘의 마음과 뜻을 깊이 생각하여 스스로 온전해지도록 하고 스스로 긴 수명을 얻을 수 있도록 하였다. 내 책의 말들은 앞뒤로 서로 모이고 섞여서 글이 되었으니, 현명한 자들은 그것을 읽어 서로를 충족시키도록 하라. 이는 곧 미혹됨을 구제하고, 사람들로 하여금 오래토록 길하고 흉함과 해로움을 멀리하게 하는 것이니, 각자 마땅히 아침 저녁으로 그 지극히 중요한 뜻을 생각하여 자신의 몸을 온전하게 하라. 대저 옛날과 요즘의 백성들 사이에 유행하는 동요나 시조에는, 하늘이 변해 움직이면 그에 관한 [참위의] 말이 있게 한다. 신령스러운 책[神書]이 때때로 나오게 되는 것은 하늘이 그 이야기를 전하여 그럼으로써 지극한 덕을 지닌 사람에게 인간세상의 잘못을 구제하도록 맡긴 것이다. 대저 천도는 죽이는 것을 미워하고 살리는 것을 좋아한다. 꿈틀거리며 움직이는 벌레 부류도 모두 지각이 있으니, 경솔하게 그것들을 살상하여 사용하지 말라. [사용하기 위해] 해쳐서 손상입힐 만한 경우에도, 그것이 장차 태어나려 하는 단계라면, 일이 완성될 때까지 기다리고, 부득이한 경우에만 그것을 (약제로) 사용하라. 그러므로 만물들이 많고 많은데, 생명은 하늘과 연결되어 있고, 뿌리는 땅에 있으며, 그것들을 사용해서 편안하게 하는 것은 사람에게 달려 있다. 하늘의 뜻을 얻으면 장수하고 하늘의 뜻을 잃으면 망하게 된다. 만물은 천지와 더불어 항상 존재하는데, 사람이 그 왕이 된다. 남의 임금이나 우두머리가 된 사람은 살펴보고 또 상세히 살펴보지 않을 수 없다.

生物行精,[1] 謂飛步禽獸跂行之屬, 能立治病. 禽者, 天上神藥在其身中, 天使其圓方而行. 十十治愈者, 天神方在其身中. 十九治愈者, 地精方在其身中. 十八治愈者, 人精中和神藥在其身中. 此三者, 爲天地中和陰陽行方, 名爲治疾使者. 比若人有道而稱使者, 神人神師也. 是者天地人精鬼使之, 得而十十百百而治愈者, 帝王上皇神方也. 十九治愈者, 王侯之神方也. 十八治愈者, 大臣白衣至德處士之神方也. 各有所爲出, 以此候之, 萬不失一也. 此三子皆爲天地人行神藥以治病, 天使其各受先祖之命, 著自然之術,[2] 其中不得去也. 比若鳳凰麒麟, 著德其身. 比若蜂蠆, 著毒其身, 此之謂也. 當深知天道至要意, 乃能明天道性, 有益於帝王治, 使人不惑也. 如不知要文, 但言天下文書, 悉可用也. 故十七中以下皆爲邪, 不與三瑞相應, 爲害其深. 故治十傷一者, 不得天心意. 十傷二者, 不得地意. 十傷三者, 不得人意. 十傷六七以下, 皆爲亂治. 陰陽爲其乖逆, 神靈爲其戰鬥. 是故古者聖王帝主, 雖居幽室, 深惟思天心意, 令以自全, 自得長壽命. 吾書辭上下相集厠以爲文,[3] 賢明讀之以相足, 此乃救迷惑, 使人長吉而遠凶害, 各當旦夕思其至要意, 以全其身. 夫古今百姓行兒歌詩[4]者, 天變動, 使其有言. 神書時出者, 天傳其談, 以付至德, 救世失也. 夫天道惡殺而好生, 蠕動之屬皆有知, 無輕殺傷用之也. 有可賊傷方化, 須以成事, 不得已乃後用之也. 故萬物芸芸, 命繫天, 根在地, 用而安之者在人. 得天意者壽, 失天意者亡. 凡物與天地爲常, 人爲其王, 爲人王長者, 不可不審且詳也.

역주

1) 行精(행정) : 본래 行精은 마음으로 정결함을 행한다는 의미이다 (『晏子春秋 · 問下二四』 : 行精而不以明汙. 張純一 注 : 心行潔淨,

隱人之惡). 또한 『금주금역(상)』에서는 '형체가 베풀어진 어떤 진귀한 부위'로, 『전역(상)』에서는 '신령을 통제하며 부리다'로 주해했다. 그러나 이상의 의미는 모두 본 편에 적절하지 않다. 초목과 다른 동물의 특징을 활동성으로 볼 수 있으므로 行은 움직이다는 의미로 보았다. 精은 정기로 보아, 生物行精을 움직이는 특성을 지닌 생물이라는 의미로 보았다.

2) 著自然之術其中(저자연지술기중) : 본래 그러한 방법을 안에 지니고 있도록 하다. 『합교(상)』과 『전역(상)』은 著自然之術로 끊어 읽고 其中을 뒷 문장과 연결하여 구두법을 달리했다. 여기에서는 『금주금역(상)』과 『정독』의 구두법을 택했다. 著는 着과 같으며(『금주금역(상)』), '부착(附着)하다 · 몸에 지니다'는 의미이다(『정독』).

3) 吾書辭上下相集厠以爲文(오서사상하상집측이위문) : 내 책의 말들은 앞뒤로 서로 모이고 섞여서 문장(文)이 되었다. 이 부분은 구두법에 이견이 있다. 『정독』과 『금주금역(상)』에서는 吾書辭上下相集, 厠以爲文로 절구하며 厠을 각각 '대구로 분류하다(分類排比)' '배열(排列)하다'라고 주해했다. 뒷 문장 중 相足을 염두에 두고 相集에서 절구한 것이지만 厠은 '섞(이)다'는 본래 의미로 보아도 무리가 없고, 『태평경』이 운문처럼 특별히 대구를 중심으로 이루어진 글이 아니기 때문에 이 견해에 따르지 않았다. 『합교(상)』과 『전역(상)』의 구두법을 택했다.

4) 行兒歌詩(행아가시) : 유행하는 동요나 시조. 行은 유행하다(『정독』). 『금주금역(상)』의 설명에 의하면, 예언적 성격을 띤 민요나 동요를 의미한다.

제72 거부화결(去浮華訣) : 겉으로 화려함을 없애는 비결

해제 부화(浮華)란 겉으로만 화려하고 실속이 없다는 의미이다. 거부화(去浮華)란 곧 실속이; 없고 내실이 없는 헛된 껍데기를 제거한다는 의미이다. 겉으로만 화려한 것에 속하는 것은 참된 도인양 가장하여 혹세무민하고 그러한 내용을 담고 있다고 선전하는 사악한 책을 가리킨다. 여기에서는 이러한 부질없는 껍데기를 제거하고 참된 도로 되돌아가야 한다고 역설한다.

모든 도를 담고 있는 문서(文書)의 근본적인 불변의 의미[經意]를 알고자 한다면, 한 글자를 마치 하나의 의미처럼 올바르게 취해야 한다. 비유하자면, '갑자(甲子)'에 어떤 의미가 있는가를 묻는 것과 같다. [이 두 글자를] 앞에 던져 놓고, 한 사람에게 주로 그 근본적인 의미를 이야기하도록 하게 하고, 여러 현자들은 같이 여럿이 이의를 제기하여 토론하도록 한다. 다시 천문의 뜻에 전문적으로 뛰어난 사람으로 하여금 그것을 설명을 하게 함으로써, 더 나아가서는 결국 궁구하여 위로 천도에까지 이르도록 한다. 때로는 지리에 뛰어난 사람으로 하여금 [갑자에 대해] 설명하게 하여 더 나아가 아래로 땅의 도리[地道]에 두루 미치도록 한다. 때로는 풍수지리 등의 방술에 뛰어난 사람으로 하여금 사방을 탐구하도록 한다. 때론 앉아서 이야기하도록 하여 중앙을 궁구하도록 한다. 아니면 일의 근원을 탐색하며 만물의 정수에 뛰어난 사람으로 하여금 만물에 대해 궁구하도록 한다. 때로는 내면을 궁구하게 하기도 하고, 때로 외면을 궁구하게 하기도 하여, 근본과 말단, 뿌리와 꽃과 잎이 모두 이미 샅샅이 드러나서 같은 부류의 모양 같은 이름을 짓도록 한다. 그리하여 만사의 지극한 뜻을 적게 되면, 천지음양의 글(文)을 대략 볼 수 있게 된다. ('갑자'라는 개념에 대해서) 그 머리와 다리가 모두 갖추어지고, 위로 연결시키고 아래로 연결시켜

보아, 사물의 종류에 본래 그러한 법칙이 있고, 그로 인하여 그 뜻을 모두가 타당성을 느끼게 되면, 각각 그 말을 적고 훌륭한 부분을 하나의 설로 집성한다.

이런 까닭에 성인은 천도의 마음과 뜻을 얻고자 하니, 그것으로써 음양을 조절하고 임금을 편안하게 안정시키며, 천하를 화평하게 하고, 여러 신들을 두루 기뻐하게 한다. 그러므로 여러 현인들의 뛰어난 견해를 모아서 중앙을 관통하여 바른 법으로 만들어서, 만세토록 바꿀 수 없는 것으로 한다. 지금 천도의 뜻을 잃어버리게 된 까닭은 대저 현자 한 사람의 말만으로는 그 지혜가 한쪽으로만 통달한 것이기 때문에, 밝음으로 다 볼 수 없고, 여섯 방향으로 두루 흘러 안팎으로 일곱 곳에 대해 넉넉하게 모조리 통달할 수 없다. 만물의 정수에 대해 아직 근원을 탐색할 수 없으니, 각각 설이 달라지게 되고, 하늘의 책[天書]에서 근본이 되는 글(本文)을 잃어버리게 하고, 어지럽게 미혹하게 만드는 것은 바로 이 때문이다. 만사를 바로잡고자 하면 각자 궁구할 만한 근본이 있다. 음양은 다시 바뀌지 않는 것이니, 모두 마땅히 이와 같아야 한다.

그렇지 않은 것은 이름하여 혼자만의 설이라고 하며, 근본적인 불변의 의미[經意]를 얻을 수 없는 것이고, 지나치면 한 사람의 말만을 따라가게 될 것이니 이름하여 치우친 말이라고 한다. 천지의 본성은 성인이 아니면 자기 홀로 담론하여 하늘의 뜻에 통달할 수 없는 것이다. 그러므로 말을 한다면 안으로는 하늘의 마음을 탐구할 수 없고, 밖으로 나아가서는 천문을 이해하고 지리를 밝힐 수 없어서, 점을 치고, 증험해보아도 맞지 않고, 신이 그를 도와주지 않으니, 그 올바른 길을 잃고 마침내는 미혹한 도를 따라가게 된다. 그러므로 겉으로만 화려한 헛된 껍데기에 나아가면 그 근간이 되는 지극한 뜻을 얻지 못하게 되고, 더욱 지나치게 되면 소박함이 그 근본을 잃어버리게 된다. 천도가 올바름을 잃게 되면, 음양은 안으로 홀로 질병을 앓게 되고, 어긋나고 어지럽고 해로운 기운이 자주 일어나게 되어, 제왕이 근심하고 고통스럽게 되어 그런 마음을 그칠 수 없게 되며, 비정상적인 변화의 기운이 연달아 일어나게 되니, 백성들이 오래 살 수 없게 된다. 이것은 큰 허물이다.

현명한 사람들이 함께 하늘의 마음을 잃어버리고, 성인이 사라진 지 멀고도 오래되었다. 드디어는 그 나누어진 이치를 얻지 못하고 있으니, 이것을 이름하여 도를 어지럽히다라고 하는 것이다. 그렇게 되는 까닭은 경전과 도의 모든 기록들이 앞과 뒤로 서로 뒤섞여 있으면서 천지를 위해 담론하고 있는 것처럼 보이기 때문이다. 만사의 첫머리는 신의 근본이니, 본 뜻을 얻게 되면 신이 다시 다투거나 노하거나 하여 사람들에게 해로움을 끼치지 않게 될 것이다. 그러면 악한 기운이 단절되고 감추어지게 되니, 도적 또한 단절된다. 도적이 그치게 되면 오랑캐들이 도리어 항복하게 되고 비바람이 때에 맞게 되니, 이것은 하늘이 기뻐하는 분명한 증험이다. 기뻐하게 되면 그 자식을 사랑하게 되어, 제왕의 수명이 늘어나게 되고, 그 은택이 백성들에게 흘러들어가게 되며, 여섯 종류의 가축과 짐승에게까지 미치며 초목에까지 이르게 된다. 화기(和氣)가 온전히 드러나게 되면 사악한 기운이 소멸하여 없어지게 되고, 올바른 기운이 다시 밝아지게 되니, 이것이 음양 자연의 술법이다. 비유컨대, 낮에는 일을 하고 밤에는 들어가 쉬는 것과 같다. 소인이 도망가면 군자는 돌아다니게 된다. 이 말을 상세히 생각해보라. 이 말이 수명을 연장하고 음양을 나누어 밝혀 신령을 기쁘게 해주는 원인이 되는 것이다.

내 책이 옳지 않다고 생각된다면, 참된 도로써 시험 삼아 이루어 보라. 그 득실을 알고자 한다면 지금 시험 삼아 본문 한 글자를 써서 앞에다 놓고, 여러 현인들로 하여금 함께 이의를 제기해 가며 이야기하도록 한다. 던져진 의미가 다른 부분에 이르러서는, 한 사람의 설은 분명히 잘못된 것임을 충분히 드러나게 될 것이다. 어찌 음양을 이해하고 임금으로 하여금 여유롭게 하는 일 없이 즐겁도록 할 수 있겠는가? 이런 까닭에 본문을 붙잡은 부분은 적은데 설명하는 견해가 많으면 끝까지 의미를 추구하지 않을 수 없게 된다. 본문을 붙잡은 부분이 많은데 설명하는 견해가 적으면 날마다 도를 얄팍하고 천박하게 만들 것이고, 천박함이 그치지 않으면 어지러워지게 된다. 어지러움이 그치지 않으면 음양이 선하지 않게 되고, 사악한 기운이 다시 일어난다. 그러므로 성왕은 이에 마땅히 본문을 중시하고, 군자는 시작을 올바르게 할 것이니, 다스려지지 않음이 없다. 본문을 존중하지 않고, 시작을 올바르게 하지 않으면, 만사가 기강을 잃어버리고 만물이 혼란해져서 다시는 다스려지지 않게 된다. 정성스럽고 밝게 생각하라. 미혹된 도와 사악한 책은 없애라.

欲得知凡道文書經意, 正取一字如一竟.[1] 比若甲子者何等也. 投於前, 使一人主言其本, 衆賢共違而說之, 且有專長於天文意者, 說而上行, 究竟於天道. 或有長於地理者, 說而下行, 洽究於地道. 或復有長於外傍行,[2] 究竟四方. 或有坐說, 究於中央. 或有原事, 長於萬物之精, 究於萬物. 或有究於內, 或有究於外, 本末根基華葉皆已見, 悉以類象名之. 書凡事之至意, 天地陰陽之文, 略可見矣. 其頭足皆具, 上繫下連, 物類有自然, 因共安其意, 各書其辭, 善者集成一說. 是以聖人欲得天道之心意, 以調定陰陽, 而安王者, 使天下平, 群神遍悅喜. 故取衆賢榮貫中[3]而制以爲常法, 萬世不可易也. 今所以失天道意者, 夫賢者一人之言, 知適達一面, 明不盡睹, 不能用[4]流六方, 洽究達內外七處,[5] 未能源萬物之精, 故各異說, 令使天書失本文, 亂迷惑者, 正此也. 凡事欲正之者, 各自有本可窮, 陰陽不復易, 皆當如此矣. 不者, 名爲孤說獨言, 不得經意, 遂從一人之言, 名爲偏言. 天地之性, 非聖人不能獨談通天意也. 故使說, 內則不能究於天心, 出則不能解天文明地理, 以占覆則不中, 神靈不爲其使, 失其正路, 遂從惑亂, 故曰就浮華, 不得共[6]根基至意, 過在此, 令使樸者失其本也. 令天道失正, 陰陽內獨爲其病, 乖亂害氣數起, 帝王愁苦, 其心不能禁止, 變氣連作, 人民不壽, 以此爲大咎, 賢明共失天心. 又去聖人流久, 遂不能得其分理, 此名爲亂道. 所以然者, 經道凡書記, 前後參錯, 爲天地談. 凡事之頭首, 神靈之本也, 故得其本意者, 神靈不復戰怒而行害人也. 則惡氣閉藏, 盜則斷絶. 盜賊止, 則夷狄卻降, 風雨爲其時節, 是天悅喜之明效也. 喜則愛其子. 是故帝王延命也, 澤流其人民, 則及其六畜禽獸, 究達草木, 和氣俱見, 則邪惡氣消亡, 則正氣更明, 是陰陽自然之術法. 猶比若晝日用事, 則夜藏. 小人逃亡, 則君子行. 詐思此言,[7] 此言所以益命, 分明陰陽而說神也. 以爲吾書不然也, 道以試成. 欲知其得失, 今試書一本字投於前,[8] 使衆賢共違而說之, 及其投意不同, 事解各異, 足以知一人之說, 其非明矣, 安能理陰陽, 使王者游而無事樂乎哉. 是故執本者少, 而說者衆,[9] 則無不窮矣. 執本者衆而說者少, 日使道浮且淺, 淺而不止, 因而亂矣. 亂而不止, 陰陽不善, 邪氣便起. 故聖王乃宜重本, 君子正始也, 則無不理矣. 不重尊其本, 不正其始, 則凡事失紀, 萬物雲亂, 不可復理, 精之明之, 惑道邪書去矣.

역주

1) 竟(경) : 의미. 『합교(상)』에서 竟을 意의 오자일 것이라고 주해했고, 『정독』, 『전역(상)』, 『금주금역(상)』 등에서도 모두 이 견해를 따랐다.
2) 外傍行(외방항) : 풍수지리 등의 방술. 傍은 旁과 통한다. 『정독』은 外傍을 四面八方이라고 주해했지만 뒤에 四方이 나오기 때문에 너무 단순한 해석으로 보인다. 『금주금역(상)』에 의해 外傍行을 풍수지리 등의 방술을 가리키는 것으로 보았다.
3) 取衆賢榮貫中(취중현영관중) : 여러 현인들의 뛰어난 견해를 모아서 그 중앙을 관통하다. 『금주금역(상)』에 의해, 賢榮은 현명하고 통달한 선비의 견해, 貫中은 한 가지 기본선을 써서 관통하는 것.
4) 用(용) : 두루. 『합교(상)』의 교감에 의해 周의 오자로 보았다.
5) 七處(칠처) : 일곱 곳. 앞에서 '갑자'에 대해 열거한 天道, 地道 등을 가리킨다(『금주금역(상)』).
6) 共(공) : 그. 『금주금역(상)』에 의하여 共은 其로 써야 한다.
7) 詐思此言(사사차언) : 이 말을 상세히 생각해 보라. 『합교(상)』에 따라 詐는 詳으로 보았다.
8) 今試書一本字投於前(금시서일본자투어전) : 지금 시험삼아 본문 한 글자를 써서 앞에다 던져놓다. 本字는 본문 중의 글자(『정독』). 『금주금역(상)』에서는 書一本字를 하나의 '本'이라는 글자를 쓴다는 의미로 보았다. 이 부분은 구두법에 이견이 있다. 『합교(상)』과 『전역(상)』에서는 今試書一本, 字投於前으로, 『정독』에서는 今試書一本字, 投於前으로 절구하였다. 여기에서는, 『금주금역(상)』의 구두법을 따라 한 문구로 붙여 읽었다.
9) 執本者少, 而說者衆(집본자소, 이설자중) : 본문을 붙잡은 부분은 적은데 (이 본문에 대해 여러 측면에서) 설명하는 견해가 많다. 이 부분에는 이견이 많다. 『정독』에서는 이 문장에서 少와 衆을 바꿔 써야 하며, 다음 執本者衆而說者少에서도 역시 衆과 少를 바꿔써야 한다고 주해했다. 『금주금역(상)』에서는 둘 다 부정적인 의미로 보아 "근본을 붙잡는 사람이 너무 적고 각각 한 가지 설을 붙잡는

사람이 너무 많아도 궁박해지고, 근본을 붙잡는 사람이 너무 많고 각자 한 가지 설을 붙잡는 사람이 너무 적어도 또한 날마다 참된 도를 옮게 만든다"라고 해석했다. 한편 『전역(상)』에서는 "근본은 하나이지만 도를 설명하는 많으니 사리(事理)를 철저히 설명하지 않을 수 없다. 반대로 설명하는 사람은 각자 자신의 편견을 가지고 있다면 제대로 설명하는 사람이 적은 것이다"라고 해석했다. 그러나, 이들 모두 執本者를 막연하게 근본을 붙잡는다고 해석하였기 때문에 잘못된 이해가 발생했다. 첫 문장에서 말한 것처럼 執本者는 본문의 특정 글자나 개념으로, 說者는 이에 대해 다양한 측면에서 시도하는 이해라는 구도로 바라보아야 한다.

제73 천문기결(天文記訣) : 천문의 기록에 관한 비결

해제 이 장은 하늘에 일정불변한 법칙이 있으며, 천도가 순환한다는 사고방식을 기반으로 한 것이다. 이러한 법칙은 같은 종류의 기운이 서로 응한다는 동기감응(同氣感應)의 형식으로 모든 사물과 사건에 적용되며, 이런 법칙이 나타난 것이 천문의 기록 곧 천문기(天文記)이며 또한 하늘의 책(天書)이다.

천지에는 항상된 법이 있어 아주 작은 차이도 놓치지 않는다. 멀건 가깝건 모두 다 같은 상(象)과 같은 부류의 기(氣)가 상응하며, 만에 하나라도 잃어버림이 없다. 이것을 이름하여 천문의 기록(天文記)이라고 하고, 이름하여 하늘의 책 곧, 천서(天書)라고 한다. 억억 만만 천천 백백 십십의 모든 것들이 마치 12일이 한

번의 순환주기가 되는 것이 또한 이와 같고, 12년이 하나의 순환주기가 되는 것이 또한 이와 같고, 60년이 하나의 순환주기가 되는 것이 이와 같고, 120년이 하나의 순환 주기가 되는 것이 이와 같다. 어떤 것은 '자'(子)가 일억 개로 서로 같고, 어떤 것은 '자'가 일만 개로 서로 같고, 어떤 것은 '자'가 천 개로 서로 같고, 어떤 것은 '자'가 백 개로 서로 같고, 어떤 것은 '자'가 열 개로 서로 같은데, 모두 갑자(甲子)의 규칙을 따른다. 그 기가 다르고 그 일이 다르고 그 말이 다르고 그 시가(詩歌)가 다르면, 비록 '갑자'를 함께 한다 해도, 기가 실제로 아직 순환하지 않은 것이니, 다른 것이다. 같은 종류의 상에 따라 불러 모으기 때문에 선과 악의 기가 같고, 말이 같고, 일이 같으면 한 번의 순환이 된다. 이를 정밀하게 고찰하여 합하는 것은 옛 것을 밝혀 다시 지금을 알기 위함이고, 지금을 알고 다시 옛날을 밝히기 위한 것이니, 하늘의 항상된 운행을 알기 위한 것이며, 음양의 이치를 분명하게 통달하기 위한 것이다.

책의 글이 잘못되었는지 여부는 앞뒤로 마땅히 서로 보충해야 한다. 노래와 음악은 일마다 같으니, 이른바 대주(大周)·중주(中周)·소주(小周)의 법이다. 그 뜻을 얻고 그 일을 다스려서 음양을 조화롭게 만들고 임금을 편안하게 하는 것은 하늘의 항상된 법을 본받을 수 있는 책이라고 할 수 있다. 비유하자면, 마치 봄·여름·가을·겨울의 순서와 같이 다시 잘못될 수 없는 것과 같다. 지금 뒤에 태어난 사람들이 모두 수명이 짧아서 하나의 순환주기도 다 보지 못하는데, 어찌 대·중·소 모두 세 개의 순환 주기가 있다는 것을 알 수 있겠는가? 옛날에는 항상 신묘한 도가 있었다. 그러므로 마침내 올바른 길을 잃어버려, 짧은 기간만을 보며 살게 되고, 또 아직 옛날과 오늘날의 신령스러운 글을 이해하지 못하여 마침내 편벽된 말을 따라 스스로의 말만 옳다고 여기게 되었다. 이는 마치 봄에 쓰르라미가 태어나자마자 죽게 되면 가을 일에 대해 볼 수 없는 것과 같고, 여름에 태어나자마자 죽게 되면 겨울 일을 볼 수 없는 것과 같다. 말하는 사람은 당시에 각각 그 눈앞에서 볼 수 있던 것을 보고 □□한다. 그러므로 비록 열 번 변론하더라도 오히려 알지 못하면서도, 속으로는 그렇지 않다고 여긴다. 천문이 실제로 효과를 내도록 하지 못하게 하는 것은 바로 이 때문이다.

그러므로 현상은 헛되이 나타나는 것이 아니니, 때에 따라 다스려지거나 혼란해지는 형식이 있다. 도는 헛되이 드러나는 것이 아니니, 때에 따라 운행하는 것이다. 그러므로 옛날 시경(詩經) 시인들의 작품은 모두 하늘이 기운을 흘려서 그 말을 시킨 것이니 헛된 것이 아니다. 이런 까닭에 옛날에 성현과 제왕들은 미묘한 징조를 보고서 드러난 일을 알았고, 그 일에 맡겨 행하고, 그 기운에 순종하여, 마침내 하늘의 마음과 뜻을 얻었으니, 오래토록 길하다. 그것을 거스르면 홍수와 가뭄의 기운이 어긋나게 되어, 흘러다니던 재해가 쌓이고, 변괴가 그치지 않으니, 이를 이름하여 재이(災異)라고 한다. 여러 현인들이 미혹하게 되어 다만 기운을 거슬러서는 안 된다라고만 생각하고, 그때에 해야 할 일에 대해서는 따르지 않으니, 거듭 삼가지 않을 수 있겠는가?

[부(附)] 천문이 실제 효험을 발하지 못하게 하는 것이다. 때에 따라 다스려지거나 혼란해지는 형식이 있다. 도는 헛되이 드러나는 것이 아니다. 옛날에 성현과 제왕들은 미묘한 징조를 보고서 드러난 일을 알았고, 그 일에 맡겨 행하고, 그 기운에 순종하여, 마침내 하늘의 마음과 뜻을 얻었으니, 이와 같이 오래토록 길한

것이다. 그것을 거스르면 홍수와 가뭄의 기운이 어긋나게 되어, 흘러다니던 재해가 쌓이고, 변괴가 그치지 않으니, 이를 이름하여 재이라고 한다. 여러 현인들이 미혹하게 되어 거스르거나 순종하는 도리를 알지 못했다.

하늘이 후세에 글로 기록한 것이 있도록 한 이유는 먼저 태어난 사람들이 장수를 알았고, 스스로 그러함을 알았으며, 텅 비고 고요한 도로 들어갔다. 그러므로 천도가 두루 순환하여 마치는 뜻을 알았으니, 마치 봄 여름 가을 겨울에 일정불변함이 있는 것과 같은 것이다. 뒤에 태어난 사람들은 기운이 흘러간 지 오래되고, 그 배움이 천박하며, 긴요한 도의 글(道文)과 거리가 서로 멀어, 앞 사람들의 선한 도를 잊어버렸다. 신성한 사람이 아니면 이러한 순환과정을 미리 알 수 없으니, 하늘이 다시 문서(文書)를 생성하여 기록하게 하고, 앞뒤로 서로 전하게 하여, 서로 즐겁게 될 수 있으니, 그들로 하여금 알게 하고 스스로 편안하게 되기를 바란 것이다.

태평함을 만나면 베개를 편안히 하고 다스릴 수 있고, 그 중평(中平)을 만나면 힘써 행할 수 있고, 그 불평(不平)을 만나면 도를 가지고 스스로를 보좌하며 준비할 수 있다. 이는 마치 하지 때면 그 때문에 더위를 대비하고 동지 때는 그 때문에 추위를 대비하는 것과 같으니, 이것을 말한 것이다. 천도는 고정불변한 운행이 있는 것이니, 사람 때문에 움직이는 것이 아니다. 그러므로 운행의 법칙을 따르면 길하고 번창하게 되며, 그것을 거스르면 위태로워지고 망한다. 천도가 다투면 명이 손상을 입고, 해와 달이 일정한 궤도를 잃게 되고, 여러 별들이 어지럽게 운행하게 된다. 때의 기운을 순응할 줄 알면, 해와 달이 제 궤도를 얻고, 여러 별들이 순조롭게 운행하게 되니, 이것은 하늘의 밝은 증험이다. 잘 쓸 줄 아는 자는 스스로 힘쓰며, 감히 닫아 감추지 않으며, 삼가 해쳐 손상입히지 않는다. 하늘의 비밀스러운 책은 어짊과 현명함으로 돌아가 의지하는 것이니, 위 아래의 근원을 추구하여 밝히니, 그럼으로써 스스로 편안하도록 하는 것이다.

天地有常法, 不失銖分也. 遠近悉以同象氣類相應, 萬不失一. 名爲天文記, 名曰天書. 億億萬萬千千百百十十, 若十二日一周子[1]亦是也, 十二歲一周子亦是也, 六十歲一周子[2]亦是也, 百二十歲一周子亦是也. 或億子而同, 或萬子而同, 或千子而同, 或百子而同, 或十子而同, 俱如甲子也. 其氣異, 其事異, 其辭異, 其歌詩異, 雖俱甲子, 氣實未周, 故異也. 以類象而呼之, 善惡同氣同辭同事爲一周也. 精考合此, 所以明古, 復知今也. 所以知今, 反復更明古也. 是所以知天常行也, 分明洞達陰陽之理也. 書辭誤與不前後宜, 當以相足, 歌音聲事事同, 所謂大周中周小周法也. 得其意, 理其事, 以調和陰陽, 以安王者, 是可以效天常法書也. 比猶若春秋冬夏, 不復誤也. 今後生皆用命少, 未睹一周, 何知大小中有三周哉. 古常神道乎. 故遂失正路, 睹須臾之間, 又未通洞古今神文, 遂從偏辭, 自言是也. 正猶春兒生而死, 不睹秋事. 夏生而終, 不睹冬事. 說者當時各見其目前可睹者□□,[3] 故雖十辯之, 猶不知也, 內不然此也. 使天文不效者, 正是也. 故事不空見, 時有理亂之文, 道不空出, 時運然也. 故古詩人之作, 皆天流氣使其言,[4] 不空也. 是故古者聖賢帝王, 見微知著, 因任行其事, 順其氣, 遂得天心意, 故長吉也. 逆之則水旱氣乖迕, 流災積成, 變怪不可止, 名爲災異. 衆賢迷惑, 不知但逆氣,[5] 不順時務所爲也, 不可不重愼哉.

[附]* 使天文不效者, 時有理亂, 道不空出. 古者帝王見微知著, 因任行其事, 順其氣, 遂得天心意, 如長吉. 逆之則水旱氣乖忤, 流災積成, 變怪不可止, 名爲災異. 衆賢迷惑, 不知逆順之道.

天所以使後世有書記者, 先生之人知旦壽, 知自然,[6] 入虛靜之道, 故知天道周終意, 若春秋冬夏有常也. 後生氣流久, 其學淺, 與要道文相遠, 忘前令之道, 非神聖之人, 不能豫知周竟, 故天更生文書使記之, 相傳前後, 可相因樂, 欲使其知之以自安也.[7] 逢其太平, 則可安枕而治. 逢其中平, 則可力而行之. 逢其不平, 則可以道自輔而備之. 猶若夏至則爲其備暑, 冬至則爲其備寒, 此之謂也. 天道有常運, 不以故人也. 故順之則吉昌, 逆之則危亡. 天道戰鬥, 其命傷, 日月失度, 則列星亂行. 知順時氣, 日月得度, 列星順行, 是天之明證也. 能用者自力, 無敢閉藏, 愼無賊傷. 天之祕書, 以歸仁賢, 原明上下, 令以自安.

역주

1) 十二日一周子(십이일일주자) : 12일이 하나의 순환주기이다. 새로운 子에서 亥까지 한 바퀴 순환했고, 다음에는 다시 子로 시작하므로, 一周子이다. 『금주금역(상)』에 의하면 '간지기일(干支紀日)'을 말하는 것으로, 天干과 12地支가 서로 배합되어, 甲子로부터 乙亥까지 12개의 단위를 만들고 매 단위는 하루를 대표한다.

2) 六十歲一周子(육십세일주자) : 육십년이 하나의 순환주기이다. 『금주금역(상)』에 의하면 '간지기년(干支紀年)'을 말하는 것. 甲子에서 癸亥까지 60년으로, 60갑자라고 통칭한다.

3) □□ : 본문에 빠져 있다. 『정독』에서는 '說之'라고 추측하였다.

* 『합고(상)』에서 『태평경초』에 의거해 보충했다.

4) 天流氣使其言(천류기사기언) : 하늘이 기운을 흘려서 그 말을 시키다. 시인들로 하여금 하늘의 뜻을 시를 통해 드러낸다는 의미이다. 이 부분은 구두법에 이견이 있다. 『합교(상)』, 『전역(상)』은 天流氣, 使其言을 끊어 읽고 使其言을 뒷 문구와 연결했다. 여기에서는 『정독』, 『금주금역(상)』의 구두법을 따라 붙여 읽었다.

5) 不知但逆氣(부지단역기) : 다만 기운을 거스르는 것만 모르다. 다만 기운을 거슬러서는 안 된다라고만 생각하다라고 풀이했다. 이 부분은 해석이 난해하다. 『금주금역(상)』에서는 구두법을 달리해서, 衆賢迷惑不知, 但逆氣으로 절구했다.

6) 先生之人知旦壽, 知自然(선생지인지단수, 지자연) : 먼저 태어난 사람들이 장수를 알았고, 저절로 그러함을 알았다. 『금주금역(상)』은 旦壽를 아침이면 죽는 짧은 수명을 극언한 것으로 보았다. 『전역(상)』과 『정독』에서는 旦을 且의 잘못으로 보았으며 이 견해를 따랐다. 『합교(상)』과 『전역(상)』은 先生之人知旦壽知自然으로 붙여서 읽었으나 『금주금역(상)』과 『정독』에 의해 先生之人知旦壽, 知自然의 구두법을 취했다.

7) 相傳前後, 可相因樂, 欲使其知之以自安也(상전전후, 가상인악, 욕사기지지이자안야) : 앞뒤로 서로 전하여, 그로 인하여 서로 즐겁게 될 수 있으니, 그들로 하여금 알게 하고 그럼으로써 스스로 편안하게 되기를 바란 것이다. 이 부분은 구두법에 이견이 있다. 『정독』과 『금주금역(상)』은 相傳, 前後可相因, 樂欲使其知之以自安也와 같이 절구했다. 이 경우 『금주금역(상)』에 의하면 "앞뒤로 피차 이어받을 수 있고, 기꺼운 마음으로 그들로 하여금 알게 함으로써 스스로 편안하게 되게 한 것"이라고 해석했다. 한편 『합교(상)』과 『전역(상)』에서는 相傳前後, 可相因樂, 欲使其知之以自安也로 절구했는데, 이 경우 『전역(상)』에 의하면, "앞뒤로 서로 전하여, 가히 서로 즐겁게 되고, 사람들로 하여금 천도를 이해함으로써 자신을 평안하게 보존하도록 하게 한 것이다"라고 해석했다.

제74 구자결(灸刺訣) : 뜸과 침에 관한 비결

해제 구자(灸刺)는 뜸술과 침술을 말한다. 이는 도교의 방술 중 하나이다. 여기에서 이야기하는 뜸과 침(灸刺)의 원리는 음양오행의 원리에 따르는 것이다. 도교에 의하면, 인간과 자연은 근본적으로 동질적이며, 인체의 음양과 자연계의 음양의 기 또한 동질적이고 상보적인 관계에 있다. 뜸과 침의 원리 또한 이러한 음양의 관계를 조절하여 병을 치료하는 것이다.

뜸(灸)과 침(刺)이란 360개의 맥을 조절하여 편안히 만드는 것이며, 음양의 기운을 통하게 하고 해로움을 제거하는 것이다. 360개의 맥이란 1년 360일에 응하여, 매일 한 개의 맥이 주도적인 작용을 하며, 네 계절과 오행에 응하여 움직이며, 밖으로 나가 온 몸에 흘러들어가고, 위로 머리 꼭대기에 모이며, 안으로는 오장에 의해 연관되어 있다. 쇠락함과 왕성함은 네 계절에 응하여 움직이는데, 병이 생기게 되면 정해진 법도에 응하지 않고, 왕래함에 항상됨을 잃어버려서, 때로는 엉켜 맺히게 되고 때로는 손상입게 되며, 때로는 순응하고 때로는 역행한다. 그러므로 마땅히 그것을 다스려야 한다.

뜸이란 태양(太陽)의 정수이며 공정함의 밝음이니, 그것으로 간사함을 살피고 해악을 제거하는 도구이다. 침이란 소음(少陰)의 정수이며, 태백(太白)의 빛이니, 의로움으로써 참살하고 토벌하는 도구이다. 백 가운데 백 가지를 모두 치료하고 열 가운데 열 가지를 모두 치료하는 것은 하늘의 경맥의 참서(讖書)이니, 실제로 맥과 상응하면 신은 통제되고 부림을 받게 된다. 열 중 아홉을 치료하고 하나를 놓쳐버리면 음맥과 상응하는 것으로, 정(精)이 통제되고 부림을 받게 된다. 열 중 여덟을 치료하면 인도(人道)의 책이니 사람의 의지가 부림을 받게 된다. 이 이하로는 병을 치료할 수 없는 것들이다. 도리어 때로 신을 손상시키게 될 수 있다. 갑맥에 병이 있는데 도리어 을맥을 치료하는 것을 이름하여 흐리멍텅함이라고 하며, 맥이 저절로 손상되거나 끊어진다는 것을 모르는 것이다.

그러므로 천도가 신묘한지 신묘하지 않은지, 상응하는지 여부를 즐겨 알고자 한다면, 곧 환자 한 사람을 앞에 두고 보면 된다. 그것을 이름하여 맥본문이라고 하는 것인데, 그것은 경전과 도의 본문과도 같은 것이다. 여러 현인들로 하여금 둘러앉아 그 병을 논의하게 한다. 어떤 사람은 상체에 뛰어나고, 어떤 사람은 하체에 뛰어날 수 있다. 360개의 맥은 각각 보는 바가 있으니, [각각의 치료방법이 다를 것이며,] 거기에서 취해진 임상사례를 통하여, 가장 훌륭하게 치료하였던 요결(要訣)은 기록해 두어야 한다. 열 중 열 번 모두 적중하는 것은 정확한 것이고, 적중하지 않는 것은 잘못된 것이다. 여럿이 행한 임상사례를 모아 치유가 되었던 것은 경서로 삼으면, 치료할 환자가 해결되지 않음이 없게 될 것이다. 천도는 맥을 제어하는데, 어떤 것은 밖에 있고 어떤 것은 안에 있어, 다 알 수 있는 것이 아니다. 치료하는 바가 열이면 열 모두 치료되는 곳은 곧 그 맥이 모이는 곳이다.

사람에게는 작고 큰 차이가 있어서, 척(尺)이나 촌(寸)은 다르지만, 도수(度數)는 동등하니, 항상 구멍으로써 나누어 다스리면 이에 응하게 될 것이다. 도서(道書)는 예로부터 지금까지 여러 가지 견해를 모아두고 있는데, 말하는 바가 각각 다르니, 이름하여

'맥을 어지럽힌다'고 한다. 양맥이 조화롭지 않은데, 도리어 음맥을 치료하니, 사람으로 하여금 재앙을 당하게 하며, 양민을 해치고 손상시키며, 사람을 장수하지 못하게 만든다. 맥은 곧 천지 만물과 상응하는 것으로, 기운을 따라 일어나고, 순환한 것은 다시 시작의 상태로 돌아온다. 그러므로 그 분수를 얻게 되면 그로 인하여 본성을 기를 수 있고, 때의 기(時氣)가 이르렀는지의 여부를 알 수 있으니, 본래 부조화하던 것도 편안하게 안정시킬 수 있다.

옛날 성현들은 청정한 곳에 앉아 머무르며, 스스로 서로 맥을 잡고 오고가고 하는 법도를 보며, 불편한 것이 나오면, 그것으로 네 계절과 오행의 득실을 파악하고, 거꾸로 그것으로 그 몸의 쇠퇴함과 왕성함을 파악했으니, 이것이 나라를 편안히 만들고 몸을 기르며 형체를 온전히 하는 방법이다. 삼가지 않을 수 있겠는가? 사람들은 미혹하여 그 법도를 무시하고 뜸과 침을 시술하여 정맥을 손상시키니, 모두 정기를 손상시키는 것이고 네 계절과 오행을 거스르는 것이니, 재이가 생기게 하는 것이다. 대인은 크게 손상 입고 소인은 작게 손상 입는데, 모두 동요하여 그 머무를 곳에 머무르지 못함이 있게 되니, 이것이 자연의 일이다. 이런 까닭에 옛날 성현들은 그것을 중시하였고, 성스러운 제왕은 그 머무를 곳에 머무르며, 맥이 운행하는 법도를 살펴봄으로써 육방의 길흉을 점쳐 알았으니 이것이 이른바 가까운 것을 가지고 먼 것을 안다는 것이고, 안을 가지고 밖을 안다는 것이다. 그러므로 신명의 긴요한 도가 되는 것이다.

灸刺者, 所以調安三百六十脈, 通陰陽之氣而除害者也. 三百六十脈者, 應一歲三百六十日, 日一脈持事, 應四時五行而動, 出外周旋身,[1] 上總於頭頂, 內繫於藏. 衰盛應四時而動移,有疾則不應度數,[2] 往來失常, 或結或傷, 或順或逆, 故當治之. 灸者, 太陽[3]之精, 公正之明也, 所以察姦除惡害也. 針者, 少陰[4]之精也, 太白之光,[5] 所以用義斬伐也. 治百中百, 治十中十, 此得天經脈讖書也, 實與脈相應, 則神爲其驅使. 治十中九失一, 與陰脈相應, 精爲其驅使. 治十中八, 人道書也, 人意爲其使. 過此而下, 不可以治疾也, 反或傷神. 甲脈有病反治乙, 名爲恍惚, 不知脈獨傷絕. 故欲樂知天道神不神, 相應與不也, 直置一病人前, 名爲脈本文,[6] 比若書經道本文[7]也. 令衆賢圍而議其病, 或有長於上, 或有長於下, 三百六十脈, 各有可睹, 取其行事, 常所長而治訣者以記之, 十十中者是也, 不中者皆非也, 集衆行事, 愈者以爲經書, 則所治無不解訣者矣. 天道制脈, 或外或內, 不可盡得而知之也, 所治處十十治訣, 即是其脈會處也. 人有小有大, 尺寸不同, 度數同等, 常以窌穴分理乃應也.[8] 道書古今積衆, 所言各異, 名爲亂脈也. 陽脈不調, 反治陰脈, 使人被咎, 賊傷良民, 使人不壽. 脈乃與天地萬物相應, 隨氣而起, 周者反始. 故得其數者, 因以養性, 以知時氣至與不也, 本有不調者安之. 古者聖賢, 坐居淸靜處, 自相持脈, 視其往來度數, 至不便,[9] 以知四時五行得失, 因反知其身衰盛, 此所以安國養身全形者也, 可不愼乎哉. 人惑隨其無數灸刺, 傷正脈, 皆傷正氣, 逆四時五行, 使有災異. 大人傷大, 小人傷小, 盡有可動遙不居其處者, 此自然之事也. 是故古聖賢重之, 聖帝王居其處, 候脈行度, 以占知六方吉凶, 此所謂以近知遠, 以內知外也, 故爲神要道也.

역주

1) 出外周旋身(출외주선신) : 밖으로 나가 온 몸에 흘러들어가다. 『합교(상)』과 『전역(상)』에서는 上을 이 문구 뒤에 붙여 出外周旋身上

으로 읽었다. 여기에서는 『금주금역(상)』과 『정독』의 구두법을 따랐다.

2) 有疾則不應度數(유질즉불응도수) : 병이 있게 되면 정해진 도수(度數)에 응하지 않는다. 여기서 度數는 체내에서 혈기가 운행하는 규칙을 말한다(『정독』). 『합교(상)』과 『전역(상)』에서는 有疾則不應으로 절구하고, 度數를 뒷 구절에 붙였다. 여기에서는 『금주금역(상)』과 『정독』의 구두법을 따랐다.

3) 太陽(태양) : 태양. 『금주금역(상)』에 의하면, 時氣의 하나로 소음(少陰)과 상대되며, 가장 왕성한 양기이다. 여름에 두루 흘러다니며 남쪽에 머무르고 火行을 대표한다. 뜸은 쑥을 사용하여 경혈자리 피부 위에 연기를 피워올리는 것이니 불과 상관이 있다.

4) 少陰(소음) : 소음. 『금주금역(상)』에 의하면, 時氣의 하나로 태양(太陽)과 상대되며, 완전히 왕성하지 않은 음기이다. 가을에 두루 흘러다니며 서쪽에 머무르고 金行을 대표한다. 침은 금속으로 만들어지는 것이므로 여기에서 그것은 소양의 정수에 의해 만들어지는 것이다.

5) 太白之光(태백지광) : 태백의 빛. 太白은 『금주금역(상)』에 의하면 오대행성 중 하나로 金星이다. 『太平經鈔』에는 光이 質로 되어 있다(『정독』).

6) 脈本文(맥본문) : 맥본문. 本文은 원시의 문자 서술이며 여기에서는 말하는 맥본문이란 인체모형을 말하는 것과 같다(『금주금역(상)』).

7) 書經道本文(서경도본문) : 쓰여져 있는 경전과 도의 본문. 書는 인체 위에 쓰여져 있다는 의미이고, 經道는 경전과 거기에서 진술하고 있는 참된 도(『금주금역(상)』).

8) 常以窗穴分理乃應也(상이담혈분리내응야) : 항상 구멍으로써 나누어 다스리면 이에 응하게 될 것이다. 『정독』은 常을 '마땅히 當을 써야 한다'고 보았다. 窗穴(담혈)은 구멍. 여기서는 經穴을 의미한다(『전역(상)』). 『금주금역(상)』에서는 分理를 '피부살결(肌理)을 (경혈 위치에 따라) 나누다(區定)'라고 주해했다. 한편 『전역(상)』에서

는 分理를 文理로 보며, '인체 내부의 경락 도수와 혈자리의 文理는 天數와 상응한다'고 주해했다. 그러나 여기에서는 分理를 '나누어 다스리다'는 의미의 술어로 해석했다.

9) 視其往來度數, 至不便(시기왕래도수, 지불편) : (맥을 잡고) 그 왕래하는 도수(度數)를 보며, 불편함이 이르면. 이 부분은 구두법에 이견이 많다. 不便은 『금주금역(상)』에 의해 '일정불변함을 잃어버림을 느낀 곳.' 『합교(상)』과 『전역(상)』에서는 視其往來度數에서 절구하고 至不便을 다음 구절에 붙였다. 『금주금역(상)』에서는 視其往來度數至不便으로, 『정독』에서는 視其往來度數至不에서 절구하고 便을 다음 구절에 붙였다. 여기에서는 이상의 구두법 중 어느 것도 따르지 않았다.

제75 신축문결(神祝文訣) : 신령스런 주문에 관한 비결

해제 『돈황목록』에는 '신주결(神咒決)'로 되어 있다. '축(祝)'은 '주(咒)'와 같다. 신축(神祝)이란 신령스러운 주문으로 천신을 위한 언어이다. 신축(神祝) 역시 초기 도교의 방술 중 하나이며, 고대의 무축(巫祝)에서 유래한 것이다. 신축(神祝)은 신을 불러 신명(神明)에게 고하거나 귀신을 몰아내거나 여러 가지 재해를 제거하기 위해 쓰였다. 여기에서는 이러한 신축(神祝)으로 병을 치유하는 효험에 대해 말하고 있는데, 신축(神祝) 역시 도교 의술의 기본 뼈대 중 하나였다.

하늘에는 신들의 성스럽고 긴요한 언어가 있는데, 때에 따라 사람들에게 그 언어를 내려주어, 그것으로 관직을 가진 신으로 하여금 기운에 응하여 왕래하도록 한다. 백성들이 그 언어를 얻어서 신축(神祝)이라고 이름하였다. 축(祝)이란 백 가지를 빌면 백 가지가 들어맞고, 열 가지를 빌면 열 가지가 들어맞으니, 축(祝)은 하늘 위 신들의 근본 문자로서 전해져 경전의 말로 된 것이다. 축에는 신으로 하여금 현묘하게 질병을 제거하도록 할 수 있는 효능이 있다. 열이면 열 모두 적중하는 것을 모두 모아서, 예전에 병을 낫게 하지 않음이 없었던 축을 사용하라. 다만 말로써 병을 치유하니, 이것이 하늘 신들의 예언의 말인 참어(讖語)이며, 훌륭한 스승과 제왕이 마땅히 사용해야 하는 것이다. 그런 주문을 모아 책으로 만들어, 축참서(祝讖書)라고 이름 붙이라. 이것이 바로 여러 신들을 불러 부릴 수 있게 하는 방법이다. 그러므로 열 번 모두 병이 치료된다. 열 번 중 아홉 번 적중하는 것은 참된 신이 오지 않고 중급신이 온 것이며 대신(大臣)이 와 있는 것과 마찬가지이다. 열 번 중 여덟 번 적중하는 것은 인신(人神)이 온 것이며 다스려지는 백성이 와 있는 것과 마찬가지이다.

이것은 하늘 위에 있는 신의 언어이니, 본래는 그것으로써 신을 부르는 것이다. 서로 각자의 이름을 부를 때 때때로 아래로 땅 위에까지 흘러 새어 나오게 되는데, 도인들이 그것을 얻어 듣고 알게 되어 서로 말로써 전하였다. 그리하여 그것으로 병을 치료할 수 있게 되었다. 만일 길거리에 돌아다니는 사람들의 말이라면 병을 치유할 수 없었을 것이다. 대저 갑작스러운 일이란 다른 사람에게 잠깐의 시간도 빌릴 수 없는 것이다. 하늘이 인명을 중시하여 기묘한 처방을 갑작스럽게 만들어내기 어렵다는 점을 두려워한다. 큰 의사도 경맥을 놓치면 죽음과 삶이라는 중대한 일을 통할 수 없는데, 그러므로 긴요한 도로써 사람의 입속에 있게 하는 것으로 이것은 구급의 방법이다.

이런 긴요한 말을 얻고자 한다면 환자 한 명을 앞에 두고, 신축의 근본 문자로써 증험하라. 또 각각 그 입속에서 비밀스러운 신축을 가지고 환자 앞에서 말해서 능히 즉시 치유할 수 있는 것이라면, 이것은 진실된 것이다. 그렇지 않은 것은 모두 잘못된 것이며, 마땅히 사악하고 망녕된 말일 것이니, 모범으로 삼을 수 없는 것이다. 혹시라도 신축을 사용해서 홀로 병이 나았는데, 다른 쪽에서 다른 사람이 사용했지만 결코 효험을 보지 못한 신축(神祝)이라면 기록해서는 안 된다. 이는 귀신의 우두머리여서, 사람이 저절로 그렇게 시키게 된 것이니, 이름하여 '고언(孤言)'이라고 하는 것이지, 신을 부르는 참된 도가 아니다. 사람이 하늘과 멀리 떨어져 있지만, 그 도가 참된지 아닌지, 옳은지 그른지 알고자 한다면, 서로 응하고 화답함이 마치 부절이 합하는 것같이 일치하는 것이 옳은 것이며, 그렇지 않은 것은 그른 것이다.

天上有常神聖要語, 時下授人以言, 用使神吏應氣而往來也. 人民得之, 謂爲神祝也. 祝也祝百中百, 祝十中十, 祝是天上神本文傳經辭也. 其祝有可使神伭爲除疾,[1] 皆聚十十中者, 用之所向無不愈者也. 但以言愈病, 此天上神讖語也. 良師帝王所宜用也, 集以爲卷, 因名爲祝讖書也. 是乃所以召群神使之, 故十愈也. 十九中者, 眞神不到, 中神到, 大臣有也. 十八中者, 人神至, 治民有也. 此者, 天上神語也, 本以召呼神也, 相名字時時下漏地, 道人得知之, 傳以相語, 故能以治病, 如使行人之言, 不能治愈病也. 夫變事者, 不假人須臾, 天重人命, 恐奇方難卒成, 大醫失經脈, 不通死生重事, 故使要道在人口中, 此救急之術也. 欲得此要言, 直置一病人於前, 以爲祝本文, 又各以其口中密祕辭前言, 能卽愈者, 是眞事也. 不者, 盡非也, 應邪妄言也, 不可以爲法也. 或有用祝獨愈, 而他傍人用之不決效者, 是言不可記也. 是者鬼神之長, 人自然使也, 名爲孤言, 非召神眞道也. 人雖天遙遠, 欲知其道眞不是與非, 相應和[2)]若合符者是也, 不者非也.

역주

1) 其祝有可使神伭爲除疾(기축유가사신현위제질) : 그 축(祝)에는 신으로 하여금 현묘하게 질병을 제거하도록 할 수 있는 효능이 있다. 『정독』은 有可를 有所로 보았다. 伭은 고어에 玄과 통했고, '오묘하다'는 의미가 있다. 『정독』에서는 伭이 旋과 통한다고 하며 '즉각'의 의미로 보았다. 『전역(상)』에서는 伭이 祇의 오자일 것이라고 보며, 이 구절에 대해 祝咒로 병을 고칠 수 있고, 환자에 대해 神咒를 염해주면 신을 불러 병을 제거할 수 있다는 의미로 풀이했다. 한편 『금주금역(상)』에서는 伭을 '노해서 풀 수 없다'는 의미로 보며, 신령으로 하여금 노하여 그만 둘 수 없게 하여 세상 사람을 위해 질병을 몰아내게 한다라고 풀이했다. 또 『금주금역(상)』에 의하면, 이 구절이 『후한서』의 주에서 인용한 『태평경』에 나오는데 여기에는 伭이 없고, 疾 위에 災가 있다고 주해했다.

2) 欲知其道眞不是與非, 相應和(욕지기도진불시여비, 상응화) : 그 도가 참된지 아닌지, 옳은지 그른지 알고자 한다면, 서로 응하고 화답함. 이 부분은 구두법에 이견이 있다. 『합교(상)』과 『전역(상)』에서는 欲知其道眞不. 是與非相應和로 절구하였지만, 여기에서는 『금주금역(상)』과 『정독』의 구두법을 따랐다.

제76 장택결(葬宅訣) : 장택에 관한 비결

해제 장택(葬宅)은 음택을 의미하는 것으로, 이 장에서는 묘지의 선택에 관한 이야기를 하고 있다. 음양오행에 의거하여 묘지의 지세와 방향을 논의하는 풍수설 또한 도교의 중요한 이론 중 하나이다. 이 장은 한대(漢代) 감여가(堪輿家)의 이론에서 유래된 것으로 보인다.

장(葬)이란 본래 조상들의 무덤이 있던 곳으로, 이름하여 '처음 뿌리와 씨를 둔 곳'이라고 한다. 택(宅)은 땅이다. 죽은 이의 혼과 신이 다시 마땅히 돌아와 자기 자손을 돌보아야 하는데, 좋은 땅일 경우에는 혼과 신이 돌아와 돌보지만, 나쁜 땅일 경우에는 혼과 신이 돌아와 해를 끼친다. 오대 조상의 기가 끝나면 다시 돌아와 사람이 된다. 천도는 원기(元氣)를 본받기 때문에 한 번 순환하고 다시 그 시초의 상태로 돌아간다. 만일 매장한 장지(葬地)의 효험을 알고 싶다면, 작고 미천한 씨를 땅에 뿌려둔 이후에 생장하여 날마다 흥해져서 크게 훌륭해지는 것은 살아 있는 큰 땅이다. 땅에 크게 훌륭한 씨앗을 뿌려둔 이후에 생장하여 날마다 나빠지게 되는 것은 거스르는 땅이다. 날마다 쇠퇴하고 적어지게 되는 것은 소모되는 땅(消地)이다. 오 곱하기 오 스물다섯 집안의 무덤으로써 증험해볼 때, 열이면 열, 백이면 백, 모두 상응하는 것은 지음보서문(地陰寶書文)이다. 열 중 아홉이 상응하는 것은 지음보기(地陰寶記)이다. 열 중 여덟이 상응하는 것은 지란서(地亂書)인데, 항상 사용해서는 안 되는 것이다. 이것보다 아래인 것은 사악한 글이며 백성에게 해를 끼치는 책이다. 그 상세함을 알고자 한다면, 과거에 이미 발생한 일을 기록하고 그것으로 장래에 발생할 일을 증험한 뒤에야 진위를 분별하여 알 수 있다. 내 책은 하늘에 갑(甲)이 있는 것과 같고 땅에 을(乙)이 있는 것과 같아 만세토록 바꿀 수 없는 것이다.

근본과 뿌리는 중대한 일이니, 살아 있는 사람의 거처를 본뜨는 것이며, 구차스럽게 가볍게 대해서는 안 되는 것이다. 그런데 이미 이루어진 일은 □□하니 사악한 글[邪文]로 해로운 것이다. 재해와 변란이 자주 일어나도록 하는 것은 여러 현인들과 백성들이 고통받는 것이 심하고도 심하기 때문이다. 그러므로 대인과 소인이 자자손손 서로 전하는 것을 알고자 한다면, 자기 조상의 무덤이 마땅히 올바른지 세세히 살펴보고, 그 과거의 일을 밝혀 그럼으로써 앞일을 점쳐야 한다. 오 오 스물다섯 개의 무덤을 설치하여 근본적인 글자[本文]로 삼고, 이루어진 일을 헤아려서 상고해보라. 과거를 기록해 살펴봄으로써 오늘날을 증험해보고, 과거사의 증험으로써 미래 일의 예증으로 삼으라. 참된 스승은 마땅히 이 글의 앞뒤 내용을 상세하게 생각해보아서 미혹한 사람들을 이해시켜야 한다. 이름하여 점음복문(占陰覆文)이라고 하니, 이 책으로써 조상에 대해 알고, 후세 자손을 이롭게 하니, 만세토록 서로 전할 것이며 삼가 이 책이 감춰지는 일이 없도록 하라.

葬者, 本先人之丘陵[1]居處也, 名爲初置根種. 宅, 地也, 魂神復當得還養其子孫, 善地則魂神還養也, 惡地則魂神還爲害也. 五祖氣終, 復反爲人. 天道法氣, 周復反其始也. 欲知地效, 投小微賤種於地, 而後生日興大善者, 大生地也. 置大善種於地, 而後生日惡者, 是逆地也. 日衰少者, 是消地也. 以五五二十五家冢丘陵效之，十十百百相應者，地陰寶書文也．十九相應者，地陰寶記也．十八相應者，地亂書也，不可常用也．過此而下者，邪文也，百姓害書也．欲知其審，記過定事，以效來事，乃後眞僞分別可知.[2] 吾書，猶天之有甲，地之有乙,[3] 萬世不可易也．本根重事，效生人處也,[4] 不可苟易,[5] 而已成事,[6] □□邪文爲害也，令使災變數起，衆賢人民苦之甚甚．故大人小人，欲知子子孫孫相傳者，審知其丘陵當正，明其故，以占來事．置五五二十五丘陵以爲本文，案成事而考之，錄過以效今，去事之證以爲來事．眞師宜詳惟念書上下，以解醉迷，名爲占陰覆文，以知祖先，利後子孫，萬世相傳，愼無閉焉．

역주

1) 丘陵(구릉) : 분묘. 무덤.

2) 眞僞分別可知(진위분별가지) : 진위를 분별하여 알 수 있다. 『합교(상)』과 『전역(상)』과 『금주금역(상)』에서는 乃後眞僞分別에서 절구하고 可知를 뒷 문장으로 연결했다. 여기에서는 『정독』의 구두법을 따랐다.

3) 地之有乙(지지유을) : 하늘에 을이 있다. 乙은 10개의 천간 가운데 두 번째이며 음(陰)에 속하므로 여기에서 이렇게 말한 것이다(『금주금역(상)』).

4) 本根重事, 效生人處也(본근중사, 효생인처야) : 근본과 뿌리는 중대한 일이니, 살아 있는 사람의 거처를 본받는 것이다. 『합교(상)』과 『전역(상)』에서는 本根重事效, 生人處也와 같이 절구했지만 여기에서는 『금주금역(상)』과 『정독』의 구두법을 따랐다.

5) 苟易(구이) : 구차스럽고 가볍게 대하다. 苟에는 임시변통으로 미봉(彌縫)하다는 의미가 있고, 易에는 경솔하게 처리하다는 의미가 있다.

6) 而已成事(이이성사) : 그런데 이미 이루어진 일. 成事는 漢代의 관

용어로 '과거에 있던 사례'(『금주금역(상)』). 『정독』에서는 而已를 앞 구절에 연결하여 '…일 뿐이다'로 보고, 成事는 뒷 구절의 □□로 연결하였다. □□는 원문에 빠진 글자인데, 『정독』은 '본받지 않는다(不效)'는 글자가 보충되어야 할 것이라고 추측했다.

제77 제악고문시비결(諸樂古文是非訣) : 글들의 옳고 그름에 관한 비결

해제 이 장에서는 올바른 음악과 올바른 문장으로 나라 다스림[治國]의 중요성에 대해 설명하고 있다. 여기에서 여러 가지 음악이란 오성(五聲), 팔음(八音), 십이율(十二律)로 구성된 음악체계를 말한다. 음악에서 오음(五音)의 청탁(淸濁)과 음양오행의 관계에 의하여 각각의 소리는 소속되는 바가 정해지고, 이를 근거로 길흉과 선악을 점치기도 하며 백성에 대한 교화를 논의하기도 한다. 또한 임금이 나라를 다스리기 위해서는 글[文]을 올바르게 해야 하며, 구체적으로 사실과 상응하는 정도, 문서의 사악함과 올바름에 대한 증험 등을 살펴보아야 한다는 점을 강조한다. 『정독』에서는 고문(古文)의 고(古)를 점(占)으로 바꾸어야 한다고 주장하기도 한다.

여러 가지 음악이란 소리를 소통하게 하는 것이니, 육방팔극의 기운을 감화시켜 움직이게 하는 것이다. 서로 화답하게 되면 와서 순함과 선함으로 응하고, 서로 화답하지 않게 되면 와서 다툼과 거스름으로 응한다. 대저 음성은 각각 소속되는 바가 있다. 동서남북, 갑을병정, 이십오 기(氣)에 각각 나뉘어 귀속하게 되는 집안이 있다. 또는 때때로 소리를 모아서 서로 조화를 이루어 아름다운 글과 말을 이루게 되는 것이니, 소리(聲)를 알게 된다. 성음(聲音)을 듣고 미묘한 말을 알아 길흉을 점친다. 음악을 연주하며 후기(候氣)와 서로 상응하면 이에 음(音)과 현악기 글과 말을 알게 되니, 궁상각치우(宮商角徵羽)는 육방의 멀고 가까운 곳으로 나뉘어지며, 이름으로써 선과 악이 어떤 것인지 명칭하게 된다. 정(精)이란 그것과 감응하는 정과 신을 보고서 일에 대응할 수 있는 것이다.

그러므로 옛날 성현들은 음악을 조절하되 그것으로 각 부류의 사물들에 감응하고 음양을 화합하였으며, 네 계절과 오행을 안정시켰다. 음양이 조화롭게 되면 그 소리는 쉽게 들리고, 음양이 화합하지 않으면 어긋나고 거슬리며 제멋대로 뒤섞이니 소리가 듣기 어렵게 되는 것이다. 현악기가 또 마땅히 조율되어야 하니 마땅히 황종(黃鐘)으로써 하고, 그 다음은 줄로 이루어지는 사현(絲絃)을 써서 크고 작은 소리들이 서로 조화를 얻게 하고, 그것들이 사람의 오장육부와 정과 신을 손상시키지 않도록 고려해야 한다. 조화롭지 못하면 음악과 춤(樂舞)이 어지러워지고 올바른 성음(聲音)이 없어지게 되니, 들어서는 안 되는 것이다. 그것은 사람의 오장육부와 정과 신을 손상시킬 것이다.

그러므로 천신과 지신의 상서로운 반응과 기이한 사물이 오지 않게 된다. 그러므로 이 임무를 맡을 수 있고 또 음악에도 뛰어난 사람을 얻은 연후에야 음양의 변화에 화합할 수 있다. 어떻게 그것을 아는가? 그것을 위해서 신명이 와서 응하고, 상서로운 반응을 보이는 사물들이 와서 모이니, 이 사람이 그 사람이다. 그렇지 않으면 모두 음(音)을 어지럽혀서 감동시킬 수 없으니, 오지 않는다. 그러므로 일이라는 것은 만약 그 사람을 얻으면 신과 같고,

그 사람을 얻지 못하면 망녕된 말과 같다. 그 사람을 얻으면 일이 어렵거나 쉽거나 상관없이 모두 행해질 수 있다. 그 사람을 얻지 못하면 일이 크건 작건 상관없이 모두 할 수 없다. 이런 까닭에 옛날 성현들께서는 현명한 사람을 구하여 선발·임용하는 것을 중시하여, 깊이 숨어 은거하는 인재가 없도록 했으니, 이는 옛날의 도가 될 수 있었다. 그 사람을 얻으면 다스려지고 그 사람을 얻지 못하면 어지러워진다.

諸樂者, 所以通聲音, 化動六方八極之氣, 其面[1]和則來應順善, 不和則其來應戰逆. 夫音聲各有所屬, 東西南北, 甲乙丙丁, 二十五氣各有家. 或時有集聲, 相得成文辭,[2] 故知聲. 聆聲音以知微言, 占吉凶, 擧音與吹毛律相應, 乃知音絃聲, 宮商角徵羽, 分別六方遠近, 以名字善惡云何哉. 精者, 乃能見其精神來對事也. 故古者聖賢調樂, 所以感物類, 和陰陽, 定四時五行. 陰陽調則其聲易聽, 陰陽不和, 乖逆錯亂, 則音聲難聽. 絃又當調, 宜以九九,[3] 次其絲絃, 大小聲相得, 思之不傷人藏精神也. 不調則舞亂, 無正聲音, 不可聽, 傷人藏精神也. 故神祇瑞應奇物不來也. 故得其人能任, 長於聲音者, 然後能和合陰陽化也. 以何知之也. 爲之神明來應, 瑞應物來會, 此其人也. 不者, 皆亂音, 不能感動, 故不來也. 故凡事者, 當得其人, 若神. 不得其人, 若妄言. 得其人, 事無難易, 皆可行矣. 不得其人, 事無大小, 皆不可爲也. 是故古聖賢重擧措[4]求賢, 無幽隱, 得爲古.[5] 得其人則理, 不得其人則亂矣.

역주

1) 面(면) : 서로. 『정독』에 의해서 相으로 써야 한다. 『금주금역(상)』에서는 방위를 가리키는 것으로 보았다.

2) 相得成文辭(상득성문사) : 서로 조화를 이루어 아름다운 소리(文辭)를 만들다. 『사기』「악서」에 의하면 "무릇 음은 사람의 마음에서 생겨나는 것이다. 감정이 속에서 움직이니 그러므로 소리에서 드러나고, 소리가 문채를 만드는 것이 음이다(凡音者, 生人心者也. 情動於中, 故形於聲, 聲成文謂之音)"(『전역(상)』).

3) 九九(구구) : 황종. 九九는 황종을 가리킨다. 악률 12율의 첫 번째 율이며, 고대에 음을 정하는 표준으로 삼았다(『정독』).

4) 擧措(거조) : 선발하여 임용하는 것(『정독』). 『논어』「위정」 제19장의 '擧直錯諸枉'을 참조해볼 수 있다. 주희(朱子)는 錯을 捨置(버려둠)로 보고, 錯諸枉이란 굽은 사람을 버린다는 뜻이라고 해석했지만, 한나라 鄭玄(정현)의 텍스트에는 措로 되어 있으므로, 둘 조로 읽는다는 점을 고려할 때 選拔安置任用이라는 『정독』의 주해가 타당하다.

5) 得爲古(득위고) : 옛날의 도가 될 수 있었다. 상고 시대에 참된 도를 베풀어 쓰던 상황이 되기에 충분하다(『금수금역(상)』). 『정독』에서는 古를 '마땅히 吉로 써야 한다'고 주해했다.

고문(古文)은 상당히 많아 다 적을 수 없다. 한 가지 일로써 열 가지를 비교하고, 열 가지 일을 백 가지에 비교하고, 백 가지를 천 가지에 비교하고 천 가지를 만 가지에 비교하고, 만 가지를 억 가지에 비교하고, 억 가지를 무극에 비교한다. 모든 일들에는 각자 스스로의 범주와 부류가 있으니, 모두 그 일의 본문[本文] 앞에 두고, 깨달아 이해한 사람으로 하여금 그 근본을 잡게 하고, 구체적으로 사용할 줄 아는 데 뛰어난 사람으로 하여금 그것을 설명하도록 하여, 그 서로 응하고 화답하는 정황을 살펴보아, 적중하는 것은 모두 옳은 것이다. 응하지 않고 또 화답하지 않는 것은 모두 그릇된 것이다. 옛날 성인의 문서(文書)에서 말하는 도가 확실한 지 여부를 알고자 한다면, 이는 마치 다른 사람을 부르는 것과 같아서 그 성과 자를 알고 부르게 되면 모두 반응한다. 귀신도 또한 그러하니 성과 자를 부르지 않으면 반응하지 않는다. 비록 서로 응하고 화답하고자 하여도 서로 소통할 수 있는 원인이 없으니 그러므로 반응하지 않는 것이다.

그러므로 옛날에는 배우는 것을 이름하여 '정성스러움으로 나아가다'[往精]라고 했다. 정(精)이란 그 마땅한 일과 현상을 정성스럽게 생각하며, 그 말을 다시 생각해보는 것이다. 이 책의 계책을 극진하게 생각해보면 무릇 일이 다 마쳐지게 될 것이다. 책의 권 수가 상하로 많지만, 각각 적용된 대상이 있는 것이니, 마땅히 상세하게 그것을 읽고, 다시 서로 보충하면 모두 그 뜻을 얻어, 이미 다 갖추어지게 된다. 그 긴요한 의미를 깊이 얻지 못하니, 도(道)를 말하지만 실제 일에서는 효험이 없다. 그러므로 재해나 변란을 만나고 음양이 다투는 것을 화해시킬 수 없는 것이다. 내 책은 어질고 현명한 자들을 위해 생겨난 것으로, 덕 있는 사람(군주)에게 가서 붙게 될 것이니, 덕 있는 사람은 이 책을 얻어서 귀중한 보물로 여긴다. 이 책을 얻기만 하고 잘 읽지 못한다면 그것은 참된 도가 아니라고 할 수 있으니, 그러므로 자기 자신을 안락하게 할 수 없고 환난과 재앙을 없앨 수 없다.

대저 위대한 도는 장차 나타나려고 할 때 그것은 마치 아무 맛도 없는 것 같다. 그것을 사용해도 다 쓸 수 없다. 여러 현인들이 그 근원을 추구하여 강과 유를 조화시킬 수 있고 음양의 지위를 다할 수 있는가. 여러 문서(文書)들이 다 정해지고 각각 제자리를 얻었으니, 다시는 어두워지지 않는가. 악이 모두 없어지니, 상제가 크게 기뻐하고, 백성은 재앙이 없어지는가. 은택이 작고 미미한 존재에게까지 미쳤으니, 많고 많은 만물들은 기운을 잃지 않고 다시 큰 시초로 돌아간다. 천지가 제 자리를 찾고 사악한 글이 이미 소실되니 원기를 지키겠는가. 하나(一)란 도의 벼리이고, 둘(二)이란 도가 멋대로 운행하며, 삼(三)이라는 것은 이미 어지러워 분명할 수 없다. 나의 도는 곧 갑자을축(甲子乙丑)의 육갑이 서로 이어받고, 오행이 서로 따라 굴러가며, 네 계절이 순환하여 처음으로 돌아간다. 책의 권이 비록 많지만 각각 기술하고 있는 바가 있으니, 마치 사람은 하나의 몸을 가지고 있지만 머리와 발이 변화하여 서로를 시키는 것과 같다. 한 글자 마침내 빠지고 나면 한 글자가 일어나니, 현자는 그것을 배열하여 서로 보완한다. 언어를 가지고 그 음양을 합하면, 표리가 상응하는 것이 마치 직각자와도 같다.

처음 송독할 때는 아무 맛도 없는 것 같지만, 시간이 오랫동안 흐르게 되어, 그것을 생각함에 게으르지 않게 되고, 효험 역시 온전히 이르게 된다. 재해가 없어지고 몸에는 신령이 돌아와서 몸속에 모이며, 사람들은 스스로 삼가고 선량하게 되어 나쁜 사람이 없게 된다. 이것을 이름하여 형벌이 없다라고 하니, 도가 변화하여 아름다움의 극치로 되었다고 하는 것이다. 나의 글을 밝게 살펴보아 재앙을 물리치면, 간사한 화가 저절로 그치게 되고 백성들은 저절로 장수하게 될 것이니, 말단을 탐색하여 근본을 얻어 시작과 끝이 없게 될 것이다.

열 가운데 열이 모두 상응하는 것은 태양의 글(文)이다. 열 가운데 아홉이 상응하는 것은 태음의 글이다. 열 가운데 여덟이 상응하는 것은 중화의 글이다. 열 가운데 일곱이 상응하는 것은 깨지고 어지러움의 글이다. 열 가운데 여섯이 상응하는 것은 겨우 중간 정도의 책[書]이다. 열 가운데 다섯이 상응하는 것은 무지한 책이니, 반은 길하고 반은 흉한 글이라고 할 수 있다. 열 가운데 넷이 적중하는 것은 사악한 글이다. 열 가운데 셋이 적중하는 것은 크게 어지러운 글이다. 열 가운데 둘이 적중하는 것은 포기한 글이다. 열 가운데 하나가 적중한 것은 안으로 달아나는 글이다. 열 중 열이 모두 적중하는 것 이하로는 사용해서는 안 되니 다른 사람을 그르치게 하는 글이다. 손상 입는 것의 많고 적음을 따라서 다시 남에게 손상을 입히는데, 오랫동안 이 글을 사용하면서 그만두지 않는다면, 법도가 끊기고 후대에 문호가 멸절될 것이니, 이것이 열 중 열의 글이다.

古文衆多, 不可勝書. 以一事況[1)]十, 十況百, 百況千, 千況萬, 萬況億, 億況無極. 事各自有家類屬, 皆置其事本文於前, 使曉知者執其本, 使長能用者就說之, 視其相應和, 中者皆是也, 不應又不中者, 悉非也. 欲知古聖人文書道審不[2)]也, 此比若呼人, 得其姓字者皆應. 鬼神亦然, 不得姓字不應, 雖欲相應和, 無緣得達, 故不應也. 故古者名學爲往精, 精者, 乃精念其事象可宜,[3)] 復思其言也. 極思惟此書策, 凡事畢矣. 書卷上下衆多, 各有事, 宜詳讀之, 更以相足, 都得其意, 已畢備, 不深得其要意, 言道無效事, 故見變不能解陰陽戰鬥. 吾書乃爲仁賢生, 往付有德, 有德得之, 以爲重寶, 得而不能善讀, 言其非道, 故不能樂其身, 除患咎也. 夫大道將見, 其如無味乎. 用之不可旣乎.[4)] 衆賢原之, 可以和剛柔, 窮陰陽位乎. 諸文書畢定, 各得其所, 不復憒憒乎. 惡悉去矣, 上帝大樂, 民無祟乎. 澤及小微, 萬物擾擾, 不失氣乎. 復反於太初, 天地位乎. 邪文已消, 守元氣乎. 一者, 道之綱. 二者, 道之橫行. 三者已亂, 不可明也. 吾道卽甲子乙丑, 六甲相承受. 五行轉相從, 四時周反始.

書卷雖衆多, 各各有可紀. 比若人一身, 頭足轉相使. 一字適遺一字起, 賢者次之以相補. 合其陰陽以言語, 表裏相應如規矩. 始誦無味有久久, 念之不解 驗至矣. 災害去身神還聚, 人自謹良無惡子, 名之爲無刑罰, 道化美極也. 明案吾文以卻咎, 姦禍自止民自壽, 原未得本無終始.[5] 十十相應, 太陽文也. 十九相應, 太陰文也. 十八相應, 中和文也. 十七相應, 破亂文也. 十六相應者, 遇中書[6]也. 十五相應, 無知書也, 可言半吉半凶文也, 十四中者, 邪文也. 十三中者, 大亂文也. 十二中者, 棄文也. 十一中者, 迭中文[7]也. 十十中者, 以下不可用, 誤人文也. 隨傷多少, 還爲人傷, 久久用之不止, 法絶後滅門, 此十十文也.

역주

1) 況(황) : 비교하다. 비유하다.

2) 道審不(도심불) : 이야기한 도의 확실성 여부(『금주금역(상)』).

3) 乃精念其事象可宜(내정념기사상가의) : 그 마땅한 일과 현상을 정성스럽게 생각하다. 可宜는 『정독』에 의해 所宜이다. 한편 이 부분의 구두법에는 이견이 있다. 『합교(상)』과 『전역(상)』에서는 乃精念其事象, 可宜로 절구하고, 可宜를 뒷 문구로 연결했다. 그러나 여기에서는 『금주금역(상)』과 『정독』의 구두법을 따랐다.

4) 其如無味乎 用之不可旣乎(기여무미호 용지불가기호) : 그것은 마치 아무 맛도 없는 것 같다. 그것을 사용해도 끝까지 다 쓸 수 없다. 『노자』 제35장에 "도를 입 밖으로 내더라도 담담하여 아무 맛도 없고, 바라보아도 보이기에 부족하고, 들어도 듣기에 부족하며, 사용해도 끝까지 다 쓸 수 없다(道之出口, 淡乎其無味, 視之不足見, 聽之不足聞, 用之不足旣)"라고 되어 있다. 旣은 다하다(盡)의 의미이다(『전역(상)』).

5) 原未得本 無終始(원미득본무종시) : 말단을 탐색하여 그 근본을 얻

으면 영원히 순환하지 않는 때가 없다(『금주금역(상)』). 原은 근원을 추구하다. 未는 『금주금역(상)』과 『정독』에 의하면 末로 써야 한다. 모습이 유사해서 잘못 쓰여진 것이다.

6) 遇中書(우중서) : 중간을 지나치는 글(書). 『금주금역(상)』과 『전역(상)』은 『太平經鈔』에 의거하여 遇를 過로 보았다. 過中은 중간 이상이라는 의미이다.

7) 迭中文(질중문) : 속으로 달아나는 문(文). 이 구절은 해석이 분분하다. 『합교(상)』에 의하면 迭은 佚과 통한다. 『전역(상)』에서는 다시 佚을 흩어지다(散失)는 의미로 보며, "마땅히 포기해야 하는 문(文)"으로 풀이했다. 한편 『금주금역(상)』에서는 바로 위의 棄文을 "마땅히 포기해야 하는 문(文)"으로 해석하고, 迭中을 "완전히 높은 高閣에 묶어두고 그것에 상관하지 않음"이라고 주해했다.

太平經

제51권

『태평경초』

병부(丙部)의 17

제78 교문사정법(校文邪正法) : 글의 사악함과 올바름을 교감하는 법

해제 여기에서 교(校)는 교감하여 바로잡는다는 의미이다. 글(文)은 고금의 여러 문서들을 가리킨다. 이 장은 천사의 제자 6인 중 한 명인 순(純)에게 옛 사람들의 말과 글에 나타나는 원인을 논하고, 글(文)에 있는 오류를 바로잡지 않으면 결과적으로 천하가 크게 어지러워지게 될 것이므로, 반드시 교정해서 바로잡아야 세상이 바로잡혀질 것이라고 강조한다. 아울러 그러한 글들을 교정하는 기본적인 방법에 대해서도 말한다.

순(純)이 벌벌 떨며 머리를 땅에 조아리며 절한다.

"그대들은 또다시 무엇을 묻고자 하는가?"

"순은 지금 영명하신 천사께서 많은 글과 여러 책들을 바로잡으시는 것을 뵈었는데, 이는 바로 하늘을 대신해서 말씀하시는 것일 것입니다. 저는 두렵고 괴롭고 놀라서 앞서 해야 할 바, 뒤에 해야 할 바를 잘 모르겠습니다. 마땅히 무엇으로 이 책의 실제 내용을 바로잡을 수 있는 것인지요?"

"그대들이 그 진실을 기꺼이 알고자 한다면 다만 상고시대의 성현의 말씀, 중고시대의 성현의 말씀, 하고시대의 성현의 말씀을 보고 말씀들을 합하고 그 행하신 바를 보면 알 수 있다. 다시 상고시대의 도서(道書), 중고시대의 도서, 하고시대의 도서를 보고 세 가지를 합하되 같은 부류끼리 서로 참조하고 비교 대조하면, 더 알 수 있게 될 것이다."

"지금 모든 책과 글들이 모두 하늘의 말입니다. 무슨 까닭으로 그것이 다스려질 때와 혼란할 때의 차이가 있는 것입니까? 원컨대 듣고 싶습니다."

"그렇다. 말을 바로잡을 수 있고 책을 밝힐 수 있게 되면 다스려진다. 바로잡지 못하고 밝히지 못하면 혼란스러워진다. 바른 말과 상서로운 글은 반드시 선에 이르지만, 사악한 말과 흉한 글은 반드시 악에 이른다. 지금 그대들은 따져 묻는 질문이 그치지 않고 있는데 반드시 기꺼이 그것을 알고자 하는 마음 때문일 것이다. 선에 이르고자 하는 자는 다만 그 근본을 바르게 하여야 한다. 근본이 바르게 되면 천문(天文)에 응하게 되고, 성현의 말씀과 서로 부합되게 된다. 다시 한 번 돌아 변화하면 지리(地理)에 응하게 되고, 세 번째로 돌아 변화하면 인문(人文)이 되며, 네 번째 돌아 변화하면 만물이 된다. 만물은 겉으로만 화려한 것이니, 겉으로만 화려한 것은 혼란되고 패망하게 된다.

천문은 성스러운 글이 내려오던 때에 나온 것인데, 그것으로써 근원을 추구하여 시초를 바르게 하고, 허물을 제거하여 실제 내용을 보존하기 위한 것이다. 여러 책들을 밝게 규명하고 교감하는 것은 하늘은 도이다. 그 올바른 말을 얻으면 하늘의 마음과 상응하게 된다. 사악함은 사악한 기운을 이르게 하여 천지를 조화롭지 못하게 되고 만물이 대부분 자리를 잃게 되며, 제왕의 마음이 근심스러워져 다시 여기에서 혼란스러워지게 된다. 그러므로 마땅히 (제왕을 위해) 급하게 바로잡아야 하는 것이다. 지금 예로부터 지금에 이르는 과정을 생각해보면 문서가 모두 이미 다 갖추어져 있는데, 다함께 근심하는 것은 그것이 한 군데 모여 있지만 순수하지 않게 이리저리 뒤섞여 있어 서로 난잡하다는 점이다. 그러므로 현명한 자들로 하여금 공통적으로 의심하고 미혹하게 만들어 무엇을 따르고 무엇을 믿어야 할지 모르게 만들고, 마침내는 하늘의 지극한 마음을 잃어버리게 만들었다. 이로 인해 각각 그 잘못된 말을 따르게 되었고, 그 결과 천도의 뜻과 미묘한 말에서 멀리 떨어지게 만들었으니, 모두 사악한 말과 사악한 글로 이루어진 책이 되었다. 이 사악함은 음양을 올바르게 할 수 없게 하기에 이르렀다. 재이의 기운이 여기에서 나란히 일어나니, 안의 허물이 있게 되었다.

그대들이 묻는 것을 보니, 마음속에 의문을 쌓아놓고 계속 돌보며 차마 어찌할 줄 모르고 있었던 것 같구나. 그러므로 반복해서 그대를 위해 그 의미를 구체적으로 말해줄 테니, 나의 말을 속히 이해하고 스스로 그것을 깊이 생각해보라. 무릇 일이란 얻어듣고서 그것만 오로지 행할 수는 없는 것이며 그 또한 쓸모없는 것이다. 만약 행할 수 있다면 하늘이 세상사람에게 내린 엄중한 징벌을 없앨 수 있는 것이다. 대저 천문이 어지러워졌으니 기꺼이 바로잡아지기를 바라는데, 이는 마치 사람에게 심한 병이 있으면 기꺼이 치료받기를 원하는 것과도 같다."

"무엇 때문입니까?"

"그렇다. 그대들은 본래 이와 같이 어리석을 뿐이구나. 참으로 무지하도다. 위급한 병은 시간 여유를 두고 치료하는 것이 아니니, 사망에 이를 수 있기 때문이다. 천문이 바로잡아지지 않으면 큰 혼란에 이르게 되어 네 계절이 그 기운을 잃어버리고, 오행이 (서로) 거슬려 다투게 되며, 해와 달과 별이 바른 빛을 잃게 되고, 모두 바른 길을 잃어서 이로 인해 훼손되고 망가지게 될 것이다. 백성들은 혼란스럽게 되어 구름처럼 모두 거처를 잃어버리게 되고, 노약자는 짐을 짊어지고 거리로 나와 피난하게 되고, 요절하는 사람이 과반수가 될 것이다. 온 나라가 혼란해지고 미혹되는데, 지극한 도와 선한 덕은 단절되어 버리고, 현자는 숨어버려 서로 구제해줄 수 없게 되니, 이것이 크게 심각한 병이 아니겠는가? 그러므로 마땅히 힘써 바로잡아야 한다. 지금 어리석은 사람이 날마다 겉으로만 화려한 글(浮文)을 배우러 다니며, 다시 번갈아 가며 거슬러서 서로 높다고 겨루는데, 그것이 큰 해가 된다는 것을 깊이 이해하지 못하고, 작은 일로만 여긴다. 그러니 안으로 음양과 하늘과 땅이 큰 병을 앓고 있음을 어찌 알겠는가? 천하가 서로 다스리고 바로잡을 수 없는 것은 바로 이 때문이다.

대저 땅의 신에게 고통스러워하는 것이 있으니, 그대로 하여금 와서 반복해서 이것을 질문하게 한 것이다. 그러므로 이 책을 읽되 마땅히 아침저녁으로, 깊이 요점이 되는 뜻을 생각하되, 스스로 내용을 함부로 바꿔서는 안 되는 것이니, 황천(皇天)을 대신해서 다시 헤아리지 말라. 제왕으로 하여금 마음을 편안하게 할 바가 없게 하는 것은 그 허물이 매우 크다. 내가 지금 비록 그대와 더불어 상대하여 두 사람이 이야기하고 있으므로, 작은 일이라고 생각할 수 있겠지만, 안으로는 황천을 대신해서 말 뜻을 바로잡으며 감히 구차하고 헛되고 망녕된 말을 하지 않는다. 그 허물이 내 몸에 있어 죄가 무거워 없앨 수 없기 때문이다. 지신이 사람에게 벌줄 때는 마치 사람이 멀리 피하여 도망가듯이 할 수 없다. 그대들은 감히 나의 글과 편안 말을 따라서 마치 속인들이 말을 늘어놓고 거슬러서 서로 높다고 겨루는 것처럼 하려는가?"

"예. 예. 감히 그런 것이 아닙니다. 천사님의 말씀을 듣고보니 놀랍고도 기뻐서, 진실로 힘을 다하는 것입니다. 어찌 지신의 마음을 얻어서 천하의 근심을 풀고 제왕을 편안하게 하고 만물로 하여금 각자 제 자리를 찾기를 바란 것입니다. 이것이 저희들이 원하는 것입니다."

"그대들은 어찌 홀로 선하려고 하는가? 다시 미칠 수 없는 것이니라."

"그렇습니다. 저희가 항상 홀로 선한 뜻을 가지고 있는 것은, 제 학문의 본령이 선을 생각함으로써 얻는 것이니, 사람들은 다 늙어 죽지만 저희는 유독 살 수 있습니다. 그래서 저희 선배의 자손들은 모두 이미 죽었지만 저희는 홀로 죽지 않을 수 있었습니다. 진실로 두터운 수명을 받아 하늘과 땅에 부끄럽지만 스스로의 공효로 하늘에 보답할 방법이 없습니다. 스스로 있는 힘을 다하려고 항상 생각하지만, 그것이 어떤 공효(功效)가 있는지 모르겠습니다. 천지가 조화롭지 못한 것을 보거나 비와 바람이 절도에 맞지 않는 것을 보거나 천하에 큰 병이 든 것을 알면 항상 안타까워합니다. 지금 신인(神人)의 말씀을 듣고 크게 깨달아서, 밝은 하늘께 스스로의 공효로써 죽을 힘을 다해 노력하려고 생각합니다. 그럼으로써 큰 병을 낫게 하여 지리를 편안하게 하고, 진실로 제왕을 흥하게 하며, 만물이 각각 제자리를 찾을 수 있게 하여, 이로써 하늘에 보답하는 무거운 공효가 되도록 기약하고자 합니다. 지금 그것이 가능한지 아닌지를 알 수 있겠습니까? 원컨대 다시 영명하신 천사님께 이해가 잘 안 가는 부분에 대해 질문 드리기를 청합니다.”

純稽首戰慄再拜. 子復欲問何等哉. 純今見明師正衆文諸書, 迺爲天談也, 吾恐悏驚, 不知可先後, 當以何能正得此書實哉. 子欲樂得其實者, 但觀視上古之聖辭, 中古之聖辭, 下古之聖辭, 合其語言, 視其所爲, 可知矣. 復視上古道書, 中古道書, 下古道書, 三合以同類相召呼, 復令可知矣. 今凡書文, 盡爲天談, 何故其治時亂時不平. 願聞之. 然能正其言, 明其書者理矣. 不正不明, 亂矣. 正言詳辭必致善, 邪言凶辭必致惡. 今子難問不止, 會樂欲知之,[1] 欲致善者但正其本, 本正則應天文, 與聖辭相得, 再轉應地理, 三轉爲人文, 四轉爲萬物. 萬物則生浮華, 浮華則亂敗矣. 天文聖書時出, 以考元正始, 除其過者置其實. 明理凡書, 卽天之道也. 得其正言者, 與天心意相應, 邪也致邪惡氣, 使天地不調, 萬物多失其所, 帝王用心愁苦, 得復亂焉, 故當急爲其考正之. 今念從古到今, 文書悉已備具矣, 俱愁其集居而不純, 集廁相亂, 故使賢明共疑迷惑, 不知何從何信, 遂失天至心, 因而各從其忤是也. 使與天道指意微言大相遠, 皆爲邪言邪文書, 此邪致不能正陰陽, 災氣比連起, 內咎在此也. 吾見子問之, 積眷眷不忍, 故反覆爲子具道其意, 疾疏吾辭, 自深思念之. 夫凡事者, 得而不能專行, 亦無益也. 若能行之, 除大謫也. 夫天文亂, 欲樂見理, 若人有劇病, 欲樂見治也.

何以乎哉. 然子自若愚耳, 誠無知乎. 劇病不以時治也, 到于死亡. 天文不治正, 至於大亂, 四時爲其失氣, 五行逆戰, 三光無正明, 皆失其正路, 因而毁敗. 人民雲亂, 皆失其居處, 老弱負荷, 夭死者半, 國家昏亂迷惑, 至道善德隔絶, 賢者蔽藏, 不能相救, 是不大劇病邪. 故當力正之. 今愚人日學遊浮文, 更迭爲忤, 以相高上, 不深知其爲大害, 以爲小事也, 安知內獨爲陰陽天地之大病乎哉. 天下不能相治正者, 正此也. 夫神祇有所疾苦, 故使子來反復問之也, 見書宜旦夕宿夜, 深惟思其要意, 不可但自易, 不爲皇天重計也.[2] 今帝王無所歸心, 其咎甚大. 吾今雖與子相對二人而談, 以爲小事, 內迺爲皇天是正語議, 不敢苟空妄言, 其咎在吾身罪重, 不可除也. 神祇之謫人, 不可若人得遠避而逃也. 子敢隨吾輕辭便言, 若俗人陳忤相高上也. 唯唯, 不敢也, 見天師言, 且恔且喜, 誠得盡力, 冀得神祇之心, 以解天下憂, 以安帝王, 令使萬物各得其所, 是吾願也. 子願何一獨善, 不可復及也, 然吾所以常獨有善意者, 吾學本以思善得之, 故人悉老終, 吾獨得在. 而吾先人子孫盡已亡, 而吾獨得不死. 誠受厚命, 慚於倉皇,[3] 無以自效報之復之也, 常思自竭盡力, 不知以何效哉. 見天地不調, 風雨不節, 知爲天下大病, 常憐之. 今得神人言, 大覺悟, 思盡死以自效於明天, 以解大病, 而安地理, 固以興帝王, 令使萬物各得其所, 想以是報塞[4]天重功, 今不知其能與不哉. 願復乞問不及於明師.

역주

1) 會樂欲知之(회낙욕지지) : 반드시 기꺼이 그것을 알고자 하는 마음 때문일 것이다. 會는 '꼭'(『금주금역(상)』) 또는 '반드시 …일 것이다'(『정독』).

2) 不可但自易, 不爲皇天重計也(불가단자역, 불위황천중계야) : 다만 스스로 내용을 함부로 바꿔서는 안 되니 황천을 대신해서 다시 헤아리지 말라. 易은 '바꾸다'(『전역(상)』)는 의미. 『금주금역(상)』에서는 易(이)로 읽으며 '경솔하게 대하다'는 의미로 보았지만 따르지

않았다. 不爲皇天重計也는 해석이 난해하다. “하늘과 땅을 대신해 신중하게 헤아리지 말라”(『전역(상)』), “하늘을 대신해서 잘 계산하지 말라”(『금주금역(상)』) 등의 해석이 있지만 둘 다 부정어에 걸려 자연스럽지 못하다. 여기에서는 重을 ‘거듭’ ‘재삼’의 의미로 보아 하늘을 대신해서 계책을 다시 새롭게 도모하려고 하지 마라는 의미로 보았다.

3) 倉皇(창황) : 하늘과 땅. 倉皇은 蒼黃과 통하며 天地를 의미한다(『정독』). 『금주금역(상)』에서는 ‘어찌할 겨를이 없이 급한 모양’으로 주해하고 慚於倉皇을 “어찌해야 좋을지 몰라 부끄러워하다”고 풀이했다.

4) 報塞(보색) : 報塞은 報答과 같다(『정독』).

“좋도다. 그대들의 말은. 지금 그대들의 말을 보고 나는 오히려 기쁘구나. 어찌 하늘을 말할 것인가? 내 책은 □□하니 만에 하나라도 실수가 없도다. 그대들은 다만 노력하여 나태하지 말 것이며, 그것을 이해하라. 이것은 하늘의 공덕에 보답할 수 있는 것이니, 다시는 의심하지 말라. 제왕이 이것을 행하면 또 즉시 그 힘을 얻을 수 있으니, 하물며 그대들의 경우에 있어서랴! 그대들은 계속해서 나의 말을 들었으며, 나는 감히 남겨둔 힘이 없이 모든 것을 그대들에게 가르쳐주었다. 내가 비록 먼저 태어났지만 지향하는 뜻은 그대에 미치지 못한다. 지금 모두 그대와 더불어 천지에 함께 존재하고 있으니, 원컨대 그대와 더불어 함께 편안하게 만들기를 바란다. 내가 말하지 않고자 하니, 그대들에게 무거운 죄과를 얻게할까 두려워해서이며, 오히려 하늘로부터 무거운 벌을 받게 될까 두려워해서이다. 그대들은 다시 상세하게 들어보라. 다시 그대들을 위해서 반복하여 모두 분별하여 말해주겠노라.

올바른 글[正文]이란 천지의 마음에 근본한 것이고 원기를 지키고 다스리는 것이다. 옛날에 성스러운 책이 때때로 나왔는데, 그것에 대해서 그 근원을 탐색하고 그 근본문 글자(本字)를 바르게 하여, 도가 굴러서 변화하여 서로 연결되며, 미묘한 말이 풀이되니, 그 실제는 모두 원기의 요점이다. 두 번 굴러서 변화하는 것은 은밀한 글이다. 세 번 굴러서 변화하여 장구(章句)를 이룬다. 네 번 굴러서 변화하여 겉으로만 화려함(浮華)이 이루어진다. 다섯 번 굴러 변화한 것은 다른 뜻이 분별된다. 여섯 번 굴러 변화한 것은 '서로 속이는 글'(相欺文)을 이룬다. 장구(章句)란 작은 글이 그 근본을 받들어 지키는 것인데, 이 이하로는 큰 병통이니, 천도로 하여금 길을 잃어버리게 하고 제왕으로 하여금 오랫동안 근심하게 하여 그 이치를 깊이 얻을 수 없도록 하니, 바로 이 때문이다.

그대들이 다행히 하늘의 은혜에 보답하려고 하여, 다시 하늘에 대해 동일한 무거운 공효로 보답하려고 한다. 하늘은 자신에게 재물이나 보물을 주는 것을 좋아하지 않고, 다만 인간들이 그 글을 함께 다스리고 어지럽히지 않는 것을 좋아한다. 지금 그대들이 처음 와서 배울 때를 떠올려 보면, 그대들은 다만 한두 가지의 일을 묻고 돌아갔는데, 무슨 마음으로 하늘의 도를 다하고자 하는 것인가? 내가 말하면서 그만두지 않았으니 천도를 대략 볼 수 있었을 것이다. 그대들이 천지를 올바르게 하고자 한다면 다만 미묘한 말을 취해서 그것으로 돌아가 거슬러 고찰해보아 그 근원에 합하면, 하늘의 마음과 뜻을 얻게 되어 천하를 편안하게 할 수 있다. 상고시대, 중고시대, 하고시대의 글을 모아서 교감·정리하여, 같은 종류끼리 분류하여 모으라. 근본을 잡는 것은 한 사람이니, 다른 사람들은 각각 스스로 본분을 맡은 일이 있다. 무릇 책의 글에는 각각 귀속되는 범주가 있으니, 모든 사람들로 하여금 각각 자신의 재능을 다하도록 하여, 둘러싸고 모여서 함께 이야기해보면 근본이 되는 일과 글의 실정이 다시 다 저절로 나오게 되니, 그 가운데에서 긴요한 말을 수습하고 모아서, 그것으로써 해설로 삼는데, 이것을 일러 '장구'라고 한다.

이것은 참된 도의 마음을 얻은 것이니, 하늘의 근심을 풀어주고 큰 병통을 제거한다고 말할 수 있고, 땅의 괴로워하는 바를 제거한다고 말할 수 있고, 제왕으로 하여금 노닐면서 하늘의 마음을 얻게 해 준다고 말할 수 있으며, 만물로 하여금 각각 그 제자리를 찾을 수 있게 한다고 말할 수 있다. 이것은 만에 하나도 실수하지 않는다. 내가 그대들의 말이 □□함을 보고나서, 하늘을 위해 부림을 당하게 될 것을 알았으니, 나는 감히 그대를 속이지 못한다. 지금 그대를 속이는 것은 바로 하늘을 속이는 것이라고 이름할 수 있으니, 하늘로 하여금 불쾌하게 하는 것이며 도리어 또 나의 수명을 감소시키게 될 것이니, 내 몸에서 책임을 지는 것이라고 이름할 수 있다. 또 위로 황천에 대해 부끄럽게 되고 다시 만민에게 이로움이 없으니, 그 허물이 심히 크도다. 그대들은 열심히 기록하라. 다만 내가 감히 여력을 남겨두지 않고 있다는 것을 기록하라."

"예. 예. 천사님의 말씀을 들으니, 마음속으로 두렵고 놀랍습니다. 이미 하늘을 위해서 일을 여쭌 것입니다. 감히 중도에서 그만두지 않고 오직 마땅히 끝마치도록 하겠습니다. 천사님께서 다행히도 저희가 미치지 못한 것에 대해 근원을 추구하여 어려운 곳과 쉬운 곳을 낱낱이 말씀으로 보여주셨으니, 감히 그렇게 하는 방법에 대해 구체적으로 여쭙겠습니다. 지금 문서는 쌓여서 많은

데, 원컨대 그 진위를 알게 해주십시오."

"그렇다. 구태의연하게도 그대들이 전날에 질문했던 것과 같을 뿐이구나. 열이면 열, 백이면 백, 모두 상응하는 것은 옳은 것이다. 그렇지 않은 것은 모두 그른 것이다. 다스려서 응함을 얻으면 옳은 것이고, 그렇지 않은 것은 모두 거짓된 행위이다. 응함을 얻고자 한다면 모름지기 그 백성과 신민들이 모두 선하고 충성스럽고 미더웁게 되어야 한다."

"무슨 근거로 이렇게 말씀하신 겁니까?"

"그렇다. 자식이 어질고 선하면 부모를 항상 편안하게 하여 부양받는 지위를 얻게 된다. 아내가 선하면 남편이 잘못이 없게 되어 힘을 얻게 된다. 신하가 선하면 나라가 오랫동안 편안하게 된다. 제왕과 백성과 신하가 다 같이 선하면 하늘이 재이와 변란을 내리지 않게 되니, 바로 이것이다. 그대들은 드디어 이해한 것인가? 이해하지 못한 것인가? 이리 오라. 나는 이제 그대들과 더불어 한 가지 일을 함께 논의하고자 한다. 지금 만일 그대들이 내 책을 선택하여 취한다면 마침내 책의 내용을 궁구하여 그 내용에 합치하고 통달하게 할 것인가? 아닌가?"

善哉, 子之言也. 今見子言, 吾尚喜, 何言天哉. 吾書□□,[1] 萬不失一也. 子但努力勿懈而理之, 是可以復天功, 不復疑也. 帝王行之, 尚且立得其力, 何況於子哉. 吾連見子之言, 吾不敢餘力也. 吾雖先生, 志不及子也. 今俱與子共是天地, 願與子共安之. 吾欲不言, 恐得重過於子, 反得重謫於天. 子更詳聆之, 復爲子反復悉分別道之. 正文者, 迺本天地心, 守理元氣. 古者聖書時出, 考元正字, 道轉相因, 微言解, 皆元氣要也. 再轉者, 密辭也. 三轉成章句也. 四轉成浮華. 五轉者, 分別異意, 各司其忤. 六轉者, 成相欺文. 章句者, 尙小儀其本也, 過此下者, 大病也. 乃使天道失路, 帝王久愁苦, 不能深得其理, 正此也. 子幸欲報天恩, 復天重功. 天者, 不樂人與其錢財奇僞之物也, 但樂人共理其文, 不亂之耳. 今吾見睹子初來學之時, 以爲子但且問一兩事而去, 何意乃欲畢天道乎. 吾言而不正,[2] 天道略可見睹矣. 子樂欲正天地, 但取微言, 還以逆考, 合於其元, 卽得天心意, 可以安天下矣. 拘校上古中古下古之文, 以類召之, 合相從, 執本者一人, 自各有本事, 凡書文各自有家屬, 令使凡人各出其材, 圍而共說之, 其本事字情實, 且悉自出, 收聚其中要言, 以爲其解, 謂之爲章句, 得眞道心矣. 可謂爲解天之憂, 大病去矣, 可謂除地之所苦矣, 可謂使帝王遊而得天心矣, 可謂使萬物各得其所矣. 是者, 萬不失一也. 吾見子之言□□,[3] 知爲天使, 吾不敢欺子也. 今欺子, 正名爲欺天. 令使天不悅喜, 反且減吾年, 名爲負於吾身, 又上慚於皇天, 復無益於萬民, 其咎甚大, 子努力記之, 但記吾不敢有遺力也. 唯唯, 見師言也, 心中恐駭. 旣爲天問事, 不敢道留止也, 猶當竟之耳. 師幸原其不及, 示告其難易, 故敢具問其所以. 今文書積多, 願知其眞僞.[4] 然. 故固若子前日所問耳. 十百相應者是也, 不者, 皆非也. 治而得應者是也, 不者, 皆僞行也. 欲得應者, 須其民臣皆善忠信也. 何以言之. 然子賢善, 則使父母常安, 而得其所置. 妻善則使夫無過, 得其力. 臣善則使國家長安. 帝王民臣俱善, 則使天無災變, 正此也. 子寧[5]解耶. 不解耶. 行, 吾今欲與子共議一事, 今若子可刺取吾書, 寧究治達未哉.

역주

1) □□ : 원문에 빠져 있다. 『정독』에서는 '所言'이라는 두 글자일 것이라고 추측했다.

2) 言而不正(언이부정) : 말하면서 그만두지 않다. 正은 止로 써야 한다(『정독』).
3) □□ : 원문에 두 글자가 빠져 있다. 『정독』에서는 '惓惓(간절하게)' 두 글자일 것이라고 추측했다.
4) 今文書積多, 願知其眞僞(금문서적다, 원지기진위) : 지금 문서(文書)는 쌓여서 많은데, 원컨대 그 진위를 알게 해주십시오. 이 부분은 구두법에 이견이 있다. 『합교(상)』과 『전역(상)』에서는 뒷 문장의 然故를 붙여서 願知其眞僞然故까지 연결되는 것으로 보며, 今文書積多, 願知其眞僞然故 전체를 천사가 한 말로 간주했다. 또한 여기에서는 『금주금역(상)』과 『정독』의 구두법을 따랐으며, 이 부분을 진인의 말로 간주했다. 이전 문장에서 그 방법(所以)에 대해 구체적으로 질문을 한다고 했을 때 문서의 진위여부는 천사보다 진인의 질문으로 보는 것이 보다 적절해 보인다.
5) 寧(녕) : 마침내. 竟과 같다(『금주금역(상)』).

"저희가 어리석어서 그 책의 내용을 아직 다 이해하지 못했습니다."

"그대들은 시험삼아 말해보라. 그러면 나는 또 그대들이 구체적으로 이해했는지 아닌지 살펴보겠노라."

"지금 어리석은 소생의 생각으로는 다음과 같이 하고자 합니다. [고금의 문서(文書)들을] 다 모아서 이용하되, 상하 내용으로써 서로 보충하고 점검하며, 그 일에 대해 표준을 만들 때에는 백 가지로써 천 가지를 비교 검토하고, 천 가지로써 만 가지를 비교 검토하며, 다시 서로 상고하여, 또 충분하다고 할 만하게 합니다. 그렇지 않으면 고문(古文)을 두루 다할 수 없을까 두려워하는 것입니다."

"그렇다. 그대들이 지금 말한 것이 진실로 옳다. 그대들이 전에 기록한 내 책에서 말하지 않았던가? 한 가지로써 열 가지를 비교 대조하고, 열 가지로써 백 가지를 비교 대조하고, 백 가지로써 천 가지를 비교 대조하고, 천 가지로써 만 가지를 비교 대조하고, 만 가지로써 억 가지를 비교 대조한다는 것이, 바로 이것이다."

"예. 예. 원컨대 이것을 비교 대조하여 교정하는 일을 모두 마땅히 누구를 시켜야 하는지 듣고 싶습니다."

"각각 그 사람에 나아가 [특성에 맞게] 일을 시켜라. 일의 근본에 대해 밝은 사람은 그 근본을 맡도록 하라. 지적인 능력을 사용하는데 뛰어난 사람은 함께 둘러앉아서 해설을 하도록 시켜라. 다른 사람들의 말을 전파하는 것은 제왕으로부터 백성에 이르기까지 다같이 예전의 습관을 고쳐서 서로 따라서 하나 하나 토론을 진행한다. 지적인 능력이 낮은 사람들은 스스로 같은 부류의 사람들과 서로 모이게 되는데, 그 모임에서 나온 결과를 중급의 지능을 가진 사람에게 보고하도록 하고, 중급의 지능을 가진 사람들은 그들끼리 모여서 토의하고, 그 결과를 지적 능력이 뛰어난 사람에게 보고한다. 지능이 뛰어난 사람들은 모여서 토의하고 그 결과를 제왕에게 보고한다. 그런 뒤에 여러 현인들이 함께 모여서 그 견해들을 평가하고, 다시 그것을 확정짓는다. 이는 일을 논의할 때 아랫사람의 견해에 대해서도 참고하여, 흘러 새는 계책이 없도록 하고, 쉬는 말이 없도록 하며, 폐기처리된 글이 없도록 하기 위한 것이다. 조금 현명한 사람들은 함께 비교 검토하여 논의를 종합하고, 그것을 중급의 현명한 사람에게 보고한다. 중급의 현명한 사람은 비교 검토하여 논의를 종합하고 그것을 크게 현명한 사람에게 보고한다. 크게 현명한 사람은 비교 검토하여 논의를 종합하고 그것을 제왕에게 보고한다.

그 □□에서 다스리는 글을 완성하게 되니, 여기에는 오류가 없고, 하늘의 마음을 진실로 얻었으며 음양이 나뉘어지는 이치를 얻은 것이니, 제왕과 여러 신하들이 다함께 그것이 진실임을 알고, 그런 후에 아래로 민간에 반포하여 시행하며, 천하의 모두가 정문(正文)을 얻어 송독하게 될 것이다. 이와 같이 한다면 천기가 얻어질 것이고 태평이 도달할 것이며 '최상의 태평한 기'[上平氣]가 오게 될 것이며, 찬송하는 소리가 일어나게 되고, 만물이 오래토록 편안하게 되며, 백성들은 말이 없게 되고, 사악한 글이 모두 저절로 없어지게 되고, 하늘의 병통이 제거되고, 땅의 병통이 없어지며 제왕은 노닐게 될 것이고, 음양의 기운이 기뻐하며, 사악한 기운이 숨어들고, 도적이 단절되며, 온 나라가 왕성하고 홍해지고 상삼황(上三皇)이라고 칭해지며, 오랑캐가 물러나고, 만물이 무성해지고, 천하의 행운이 극에 달하게 될 것이니, 모두가 만세라고 칭할 것이다. 그대들은 내 글이 없어지지 않도록 하라."

"예. 예. 감히 없어지지 않도록 하겠습니다. 이미 천사께 가르침을 받았으니, 진실로 보답하여 임금에게 돌려보내겠습니다. 가르침을 감추면 중죄를 받게 될까 두렵습니다."

"좋다. 그대들의 말이여. 이미 하늘의 마음을 얻었다. 그대들은들은 이미 하늘에 보답하는 커다란 공덕을 얻었다."

"예. 예. 진실로 얻어서 물러나 고요한 곳으로 돌아가, 그 지극한 뜻을 생각해보며, 게으름 피우지 않겠습니다."

"좋다. 가거라. 다시는 의심을 품지 말라."

이상은 글을 교정하는 비결이다.

小子童蒙，未得其意．子試言之，吾且觀子具解不．今若愚生意，欲悉都合用之，上下以相足，儀其事，百以校千，千以校萬，更相考以爲且可足也．不者，恐不能盡周古文也．然，子今言眞是也．子前所記，吾書不云乎，以一況[1]十，十況百，百況千，千況萬，萬況億，正此也．唯唯．願聞其校此者，皆當使誰乎．各就其人而作，事之明於本者，恃[2]其本也．長於知能用者，共圍而說之，流其語，從帝王到于庶人，俱易其故行，而相從合議．小知自相與小聚之，歸於中知，中知聚之，歸於上知，上知聚之，歸於帝王．然後衆賢共圍而平其說，更安之，是爲謀及下者，無遺算，無休言，無廢文也．小賢共校聚之，付於中賢，中賢校聚之於大賢，大賢校聚之，付於帝王．於其□□[3]成理文，是之無誤，眞得天心，得陰陽分理，帝王衆臣，共知其眞，是迺後下於民間．令天下俱得誦讀正文，如此天氣得矣，太平到矣，上平氣來矣，頌聲作矣，萬物長安矣，百姓無言矣，邪文悉自去矣，天病除矣，地病亡矣，帝王遊矣，陰陽悅矣，邪氣藏矣，盜賊斷絶矣，中國盛興矣，稱上三皇矣，夷狄卻矣，萬物茂盛矣，天下幸甚矣，皆稱萬歲矣．[4] 子無閉塞吾文．唯唯，不敢蔽匿也．旣受師辭，誠報歸之，匿之恐爲重罪成事也．[5] 善哉，子之言也．已得天心，子名爲已報天重功．唯唯．誠得退歸閑處，思其至意，不解懈也．行去矣，勿復疑也．

右考文訣．

역주

1) 況(황) : 비교 대조하다.

2) 恃(시) : 가지다. 맡다. 恃는 마땅히 持로 써야 한다(『정독』).

3) □□ : 원문에 두 글자가 빠져 있다. 『정독』에서는 '비교 검토하여 논의를 종합함(校聚)'이라는 두 글자일 것이라고 추측했다.

4) 皆稱萬歲矣(개칭만세의) : 모두가 만세를 칭할 것이다. 여기에는 두 가지 해석이 있다. 모든 사람이 만세를 환호하다(『정독』, 『전역(상)』). 또는 모든 사람이 만세에 이르도록 장수하게 될 것이다(『금주금역(상)』).

5) 恐爲重罪成事也(공위중죄성사야) : 중죄로써 일이 이루어지다. 成事는 일이 이루어지다. 『정독』에서는 '범죄사건이 되다(成爲罪案)'라고 주해했다. 『전역(상)』에서는 爲重罪成事也 전체구절을 '큰 죄과가 되다(成爲大罪過)'라고 풀이했다. 한편 『금주금역(상)』에 의하면 漢代의 관용어로, 여기에서는 '인용할 만한 예가 있다(有例可援)'는 의미이다.

제52권

정부(丁部)의 1

『태평경 초』

포태음양규구정행소악도(胞胎陰陽規矩正行消惡圖) : 음양의 척도를 잉태하여 바르게 행함으로써 악을 제거하는 그림

해제 『태평경』 정부(丁部)의 경문은 원래의 2/5 정도만이 남아 있는 것으로 보인다. 이 장은 『합교(상)』에서 『태평경초(太平經鈔)』에 근거하여 보충한 것이다. 이 장의 내용에 따르면, 원문에는 도(圖)가 12겹으로 되어 있었던 것으로 보이지만, 지금은 전해지지 않는다. '포태음양규구'(胞胎陰陽規矩)란 기(氣)를 들이마시는 방술(方術) 가운데의 상승(上乘)인 태식(胎息) 양생법의 지위, 그리고 그것이 우의적(寓意的)으로 표시된 음양과 저절로 그러함과 천도이다. '정행소악'(正行消惡)은 심성을 단정히 하여 화홍(和弘)으로 되돌아가며, 덕과 선을 쌓아 신중을 기함으로써 제멋대로 행동함이 없고, 그리하여 흉악한 해와 죽어 없어짐을 면하는 것을 뜻한다. 이 글에서는 운문의 형식을 취하여 도(道)가 만물의 스승이라는 점을 강조한다. 그리고 수기행도(守氣行道)하여 안으로는 몸을 다스리고 밖으로는 재앙을 제거함으로써 늙음을 되돌려 어린아이와 같은 상태가 되고, 이로써 장생할 수 있다는 점을 말한다. 또한 도를 전하는 일이 과거에는 삽혈위맹[歃血爲盟]의 의식을 통해 이루어졌다는 점에 관해서도 간략하게 소개하고 있다.

신인(神人)이 진인에게 다음과 같이 말하였다.

"내심으로는 그대들은 이미 깨우쳤도다. 이제 그대들의 신체를 덜어내면 그 뜻이 얻어져서. 밖의 일을 처리함이 저절로 바르게 된다. 눈을 감고 몸 안을 들여다보면, 신과 더불어 영혼을 통하게 된다. 말을 하지 않고도 도와 합일하게 되고, 음과 양이 서로서로 작용하게 되는 것이니, 하늘이 주는 것이다. 장생의 도술은 모든 것을 통찰할 수 있는 것이니, 그대들은 만에 하나라도 이것을 과도하게 억지로 해서는 아니 되며, 마땅히 조화롭고 넓게 해야 한다. 천지께서 조화로움을 주심에 마치 볼 것도 없고 들을 것도 없는 것처럼 하신다.

그 도술의 핵심적인 뜻을 알고자 할진댄, 모태 속에 있는 태아처럼 10달 동안 음식을 먹지 않고 신과 서로 소통해야 한다. 저절로 그러한 도는 지고무상의 것인데, (사방의 밖을) 눈으로 보지 않고도 원기(元氣)의 집은 12겹을 이루게 된다. 따라서 어린아이와 같은 상태로 돌아가면 곧 흉함이 없으며, 늙음을 되돌려 어린아이의 상태로 돌아가면, 도와 통하게 된다. 이런 까닭에 도상(圖像)을 12겹으로 그리는 것인데, 올바른 사람은 선함을 얻고, 사특한 사람이라면 오로지 흉할 따름이다.

천도는 항상 존재하는 것으로 소실되거나 죽어 없어지는 일이 없다. 그 형상은 네 계절이 교체되고 순환하여 봄에 해당하는 동쪽으로 되돌아가는 것과도 같다. 늙음을 종식하고 삶의 처음으로 되돌아가서 장생하게 된다. 그대들이 그 뜻을 세밀하게 사색하여 사특한 길로 빠져들지 않고, 덕업을 쌓고 선행을 쌓는다면 도는 저절로 이루어질 것이다. 천부적으로 뛰어난 자질은 힘써 노력하는 실천만 못한 것이니, 도는 적합한 사람에게만 되돌아가는 것이다. 진실로 적합한 사람이 아니라면, 도는 허투로 행하지 않는다. 도는 바람과도 같은 것으로서, 묵묵히 인간의 신체에 두루 머물러 있는데, 그것을 쓴다면 출현하지만 쓰지 않는다면 이내 없어지고 만다.

현자에게는 좋은 의탁처가 있으나, 모자라는 사람에게는 좋지 못한 의탁할 곳만 있다. 죽고 사는 것은 자신에게 달려 있는 것이니, 항상 오로지 선행을 해야만 하는 것이다. 하늘께서는 과오를 일으키는 일이 없으시므로, 사람 스스로가 자기 수명을 잃는 까닭이 무엇인가를 찾아내야만 한다. 그 핵심적인 뜻을 세밀하게 사색하고 제멋대로 행동하지 말라! 하늘은 도를 지키고, 아울러 힘써 실천하는 사람과 더불어 하시므로 장생한다. 그러나 사람은 이런 일을 좋아하지 않는 까닭에 사망하여 뒤엎어지고 마는 것이다. 내가 그대에게 훈계하며 일러 준 말을 기록해 둔다면, 도가 전수된 적합한 사람이 쉽게 실천할 수 있을 것이다. 옛날에 성현이 도를 전수할 때는 피를 마시거나 입에 바르는 의식(곧, 歃血儀式)으로 맹세하였다. 왜냐하면 천도는 귀중하고도 귀중한 것임에도, 어리석은 사람이 도리어 이것을 경시하기 때문에 그랬던 것이다.

도는 곧 만물의 스승이니라. 이것을 얻은 자는 명철하고 이것을 잃은 자는 미혹된다. 천지는 비록 광대하지만 터럭만 한 것도 잃어버리는 일이 없으니, 어질고 지혜로운 사람은 스스로 자기를 길러 천지의 신들과 더불어 말할 수 있기에 이른다. 이것이 바로 음양의 계통인 것이며, 천지의 중추적 기관이다. 옛적 성인과 현인은 이러한 점을 깊이 알고 있었던 까닭에, 스스로 드러내어 천도의 강요를 밝히는 데 뛰어났다. 그리하여 안으로는 자기 몸을 다스리고, 밖으로는 재앙을 없앨 수 있었다. 마땅히 이런 점에 비추어 행위하지 않는다면, 천지와 더불어 같이 우려할 수 있었다.

神人語眞人, 內子已明也, 損子身, 其意得也, 其外理自正. 瞑目內視, 與神通靈. 不出言, 與道同, 陰陽相覆天所封. 長生之術可開眸, 子無强腸宜和弘, 天地受和如暗聾.[1] 欲知其意, 胞中童, 不食十月神相通.[2] 自然之道無有上, 不視而氣宅十二重.[3] 故反嬰兒則無凶,[4] 老還反少與道通. 是故畫像十二重, 正者得善, 不肖獨凶. 天道常在, 不得喪亡, 狀如四時周反鄕,[5] 終老反始, 故長生也. 子思其意無邪傾, 積德累行道自成. 才不如力, 道歸其人, 苟非其人, 道不虛行. 夫道若風, 默居其傍, 用之則有, 不用則亡. 賢者有里,[6] 不肖有鄕, 死生在身常定行. 天無有過, 人自求喪, 詳思其意, 亦無妄行. 天與守道力行故長生, 人不肯爲故死傾. 記吾戒子, 道傳其人則易行. 古者聖賢傳道, 飮血爲盟.[7] 天道積重, 愚人反輕. 道乃萬物之師也, 得之者明, 失之者迷. 天地雖廣大, 不遺失毫釐, 賢知自養, 比與神俱語. 是乃陰陽之統, 天地之樞機也. 古者聖賢深知之, 故以自表, 殊天道之要也, 內以治身, 外以消災. 不當爲之, 乃與天地同憂.

역주

1) 受和如暗聾(수화여암롱) : '수화(受和)'에 관해 『태평경』 신부(辛部)에서 "천상하시, 기기하류, 지상상구, 기기상합, 양기교어중앙, 이성중화, 공생만물(天常下施, 其氣下流, 地常上求, 其氣上合, 兩

氣交於中央, 以成中和, 共生萬物)"이라고 한 것이 있다. '여암롱(如暗聾)'에 관해 『태평경』 제18권~제34권 「궐제(闕題)」 2에서 "천지불어이장존, 기치독신, 신령불어이장선, 개이내명이외암, 고위만도지단(天地不語而長存, 其治獨神, 神靈不語而長仙, 皆以內明而外暗, 故爲萬道之端)"이라고 한 것이 있다.

2) 不食十月神相通(불식시월신상통) : '시월(十月)'은 임신 기간을 뜻한다. 『태평경』 신부(辛部)에서는 "포중지자재포중이능득기자, 내시자연지기, 즉선천원기(胞中之子在胞中而能得氣者, 乃是自然之氣, 卽先天元氣)"라고 하였다. 이 구절까지의 글은 태식(胎息) 양생술에 관해 말한 것이다. 태식법이란, 신체 내기(內氣)가 순환하는 것을 조리(調理)함을 위주로 하여, 호흡을 면면히 함으로써 입과 코를 사용하지 않고, 체내에다 수신(守神)하여 마치 태아가 어머니의 뱃속에 있는 것처럼 하기 때문에 '태식(胎息)'이라고 이름 하는 것이다. 이와 관련해서는 『후한서(後漢書)』 「왕진전(王眞傳)」에 대한 이현(李賢)의 주(注)를 참고할 수 있다(『금주금역(상)』).

3) 氣宅十二重(기택십이중) : '기택(氣宅)'에 관해 『태평경』 일문(佚文) 가운데서는 "고자상진도천신식기, 상지위행, 내학식기. 진신래조기위치, 내유거진인복중. 고자진선지신, 명위진인실택(古者上眞覩天神食氣, 象之爲行, 乃學食氣. 眞神來助其爲治, 乃游居眞人腹中. 古者眞仙之身, 名爲眞人室宅)"이라고 하였다. 여기에서의 '기택'이란 '원기의 흐르고 머무름'을 뜻하는 것으로 볼 수 있다. '12중(十二重)'이란, 12지지(地支)가 대표하는 방위와 월령을 가리키는 말인 것 같은데, 이를 사용하여 원기의 유전 분포와 양(陽)이 나아가면 음(陰)이 물러나고 음이 나아가면 양이 물러나는 교체 순환의 과정을 드러낸 것일 수 있다. 또는 역위(易緯)의 12소식괘(十二消息卦)와 관련이 있을 듯하다. 이에 관한 것은 『태평경』 신부(辛部)의 끝부분과 계부(癸部)의 「이자방각불상법(以自防却不祥法)」, 병부(丙部)의 「분해본말법(分解本末法)」을 참고할 수 있다(『금주금역(상)』).

4) 故反嬰兒則無凶(고반영아즉무흉) : '영아(嬰兒)'란 부드럽고 조화로운 무욕의 상태를 비유하여 이르는 말이다. 『노자』 제10장에서 "전기치유, 능영아호(專氣致柔, 能嬰兒乎)"라고 하였는데, 이에 대해 『상이주(想爾注)』에서는 "영아는 무위하는 까닭에 도에 합치한다[嬰兒無爲, 故合道]"라고 하였다. 『태평경』 신부(辛部)에서는 "인능수도역학, 반자연지기칙생. 득진도자, 내능내기외불기, 이차내기양기성, 연후능영아복기명(人能守道力學, 返自然之氣則生. 得眞道者, 乃能內氣外不氣, 以此內氣養其性, 然後能嬰兒復其命)"이라고 하였다(『금주금역(상)』).
5) 反鄕(반향) : 동쪽으로 되돌아가는 것을 뜻한다. '향(鄕)'은 동쪽을 뜻하는데, 동쪽은 낳는 일[生]을 담당한다. 이것을 두고 『태평경』 제35권 「흥선지악법(興善止惡法)」에서는 본향(本鄕)이라고 하였다.
6) 賢者有里(현자유리) : '리(里)'란 고대의 기층 행정 단위였는데, 동한(東漢) 시기에는 100호(戶)를 1리(里)로 하였다(『금주금역(상)』). 여기에서는 이것이 좋은 의탁처를 뜻한다.
7) 飮血爲盟(음혈위맹) : 삽혈(歃血)함으로써 맹세하는 것을 뜻한다. 본래는 전국(戰國) 시기 이전의 제후들이 회맹(會盟)할 때 시행하던 방법이었는데, 여기에서 이것을 말한 것은 늦어도 동한(東漢) 후기에 이미 이런 일이 도교의 과의(科儀) 가운데 하나가 되었음을 증명하는 것이다. 『소문(素問)』 「삼부구후론(三部九侯論)」에 "삽혈이수, 불감망설(歃血而受, 不敢妄泄)"이라는 구절이 있으며, 『포박자(抱朴子)』 내편의 「명본(明本)」·「근구(勤求)」에서는 『태평경』의 이 내용을 이어받아 더욱 자세히 기술하고 있다(『금주금역(상)』).

太平經

제53권

정부(丁部)의 2

『태평경초』

제79 분별사치법(分別四治法) : 네 가지 다스림의 방법을 분별하는 법

해제 '분별사치법제칠십구'는 본래 제목이 아니라, 이 장의 첫 구절로 씌어져 있었던 것이다. 이 장의 제목으로 볼 수 있다고 판단하여 제목으로 삼았다. '네 가지 다스림(四治)'이란 하늘의 다스림(天治), 땅의 다스림(地治), 사람의 다스림(人治), 기어 다니고 걸어 다니는 만물의 다스림(蚑行萬物治)의 네 가지 다스림의 종류를 말한다. 이것은 군주가 신하를 대하는 유형 및 각각의 결과에 관해 논한 것이다. 군주가 하늘의 다스림 곧, 천치를 본받으면, 아버지와 스승을 섬기는 자세로 신하를 응대하게 되고, 도와 덕에 밝은 현명한 신하가 있게 되어 태평하며 장수할 수 있다. 땅의 다스림, 곧 지치를 본받으면, 벗을 대하는 자세로 신하를 응대하게 되어, 중간 정도로 평화로울 수 있고 조금 장수할 수 있다. 사람의 다스림, 곧 인치를 본받으면, 신하를 동년배로 응대하게 되어, 반드시 조금 혼란스러워지고 수명이 감소된다. 기어 다니고 걸어 다니는 것의 다스림, 곧 기행만물치를 본받으면 신하를 개 · 말이나 초목과 같은 존재로 대하게 되어, 반드시 큰 혼란을 초래하고 죽음에 정해진 기한이 없게 된다. 세상에 이미 혼란이 발생하여 큰 우환을 당하고 있는 까닭에, 하늘이 신인(神人) · 진인(眞人) · 성인(聖人) 등을 보내어 『태평경』과 같은 신문(神文)을 내놓게 함으로써 하늘의 말(天言)을 대신 전하도록 하는 것이라고 한다.

진인 순(純)이 벌벌 떨며 머리를 땅에 조아린다. "저는 지금 다시 여쭈어 보고 싶사오나, 도를 배우는 자가 할 말은 아닌 것입니다. 그렇지만 현명한 스승께서 일에 관해 해설하시는 것을 들어보면, 소통시켜 정론을 말씀하시지 못하시는 것이 없으십니다. 감히 부끄러움을 무릅쓰고 다시 찾아뵙사오니, 여쭈어 볼 한 가지가 있습니다."

"무엇인가? 차근히 말해 보라. 나는 곧바로 그대를 위해 설명할 것이다."

"제왕이 대신을 임용할 때는 마땅히 나이 많은 사람을 임용하는데, 나이 어린 사람은 나라를 다스릴 만한 인재가 아닌 것인지요?"

"무엇 때문에 이런 일을 묻는 것인가?"

"제가 때의 기운을 살펴보았는데, 근래에는 연이어 순조롭지 못하였습니다. 혹시 대신(大臣)을 임용함에 실질을 잃는 과오가 있어, 때의 기운을 순조롭지 못하게 만든 것이 아닌가 생각됩니다. 군주가 명철하지 못하면, 갖가지 재해가 일어나고 도인(道人) 또한 상해를 당하게 됩니다. 오늘날에는 하늘의 해와 달과 별이 오히려 병을 일으키는 것이 되고 있는 까닭에 바른 빛이 없게 되니, 도사인들 어디로 스스로 도피하여 홀로 상해를 당하지 않을 수 있겠습니까? 그러므로 저는 비록 특별히 하늘의 은혜를 입어 오래도록 생존하고 있기는 하지만, 항상 스스로 저 자신을 보호하는 일을 감당할 수가 없습니다. 처음으로 일에 관해 알게 된 이래로, 천사님을 섬겨 그 일에 관해 여쭈어 봄으로써 모든 것을 해결하여 소통시키지 못한 적이 없습니다. 지금 부끄러움을 무릅쓰고 천사께 다시 여쭈오니, 그 요지를 알려 주신다면, 아마도 이후로는 이런 일을 알기 위해 여쭙는 일이 다시는 없을 것입니다. (제가 입은) 은정으로 치자면 오직 명철하신 천사께서 이미 많이 더해주셨습니다만, 부득이하게도 이 제자를 위해 제가 미치지 못한 바를 말씀해주시기 바랍니다."

"좋도다! 그대들의 말은. 오늘 아침 그대들의 말을 듣고 보니, 나는 태평의 다스림이 이미 도래하였음을 알겠도다! 그렇다. 내가 다 말할 것이다. 그대들은 내 말을 따라 상세히 기록해 두도록 하라. 무릇 다스림에는 다음 네 가지가 있다. 하늘의 다스림인 천치(天治)가 있고, 땅의 다스림인 지지(地治)가 있고, 사람의 다스림인 인치(人治)가 있으며, 하늘과 땅, 사람 세 기가 극한 상황에 이른 뒤에야 이루어지는 기어 다니고 걸어 다니는 만물의 다스림, 곧 행만물치(跂行萬物治)라는 것이 있다."

"원컨대 그 뜻을 듣고 싶습니다."

"'하늘의 다스림'(天治)이란 신하의 나이가 많아 군주가 마치 스승이나 아버지를 섬기듯 그 신하를 대하고, 마치 스승을 섬기듯이 그 신하를 대하는 것을 뜻한다."

"신하는 군주에 비해 지위가 낮은 사람인데, 어째서 군주가 마치 아버지를 대하듯이 신하를 대한다는 말씀입니까?"

“단지 신하의 지위가 낮은 것일 뿐, 그가 지니고 있는 도와 덕(道德)은 넓고 귀한 것이어서 스승을 대하듯이 하고 아버지를 대하듯이 하는 것이며, 신하가 지니고 있는 도와 덕을 섬겨, 마땅히 그와 더불어 함하여 도모하여 세상을 화평하게 하기 위함이다. ‘땅의 다스림’(地治)이란 마치 벗을 대하듯이 그 신하를 대하는 것으로서, 군주로 있으면서도 신하와 더불어 같은 뜻으로 마음으로 더불어하는 것이다. 땅이란 음(陰)에 해당하는 것으로서 유순한 존재이니, 어머니[곧, 臣]는 자식[곧, 民]과 동렬을 이루어 함께 무리를 이루고 한가지로 우려하는 것이다. 신하는 비록 그 지위가 낮은 존재이지만, 그의 덕행은 화순하므로, 그 군주의 다스림을 화평하게 할 수 있는 것이다.

‘사람의 다스림’(人治)이란 군주가 신하의 쓰임을 낮추어 보기 때문에 신하가 어리고 어린 존재가 되어버린다. 이는 마치 아버지가 그의 자식을 낳은 것처럼 하는 것이므로, 자식은 아직 어려서 아버지를 위해 계획을 세워줄 수 없는 상태에 있는 것과 같다. 그러므로 이러한 다스림은 조금 어지러워진다. ‘걸어 다니고 기어 다니는 만물의 다스림’(跂行萬物並治)이란 그 신하를 마치 개나 초목처럼 보는 것으로서, 더 이상 신하를 세밀히 선택하여 임용할 줄 모르고 단지 관직이 비어 있는 것에 따라 누구인지를 고려하지 않고 자신과 같은 생각을 지닌 자들만을 임용하는 것이다. 이는 ‘인간의 꼴은 하고 있으나[象人] 실제로는 무지몽매한 자’라고 이름 붙일 수 있는 것이다.”

眞人純稽首戰慄, 吾今欲有所復問, 非道事也. 見明師言事, 無不解訣者, 故乃敢冒慚復前, 有可問疑一事. 何等? 平行, 吾卽爲子說矣. 夫帝王之仕大臣, 皆當老, 少子本非治世人也?[1)]

何爲問此哉? 吾見天氣, 間者比連不調. 或過在仕臣失實, 令使時氣不調, 人君不明, 災害並行, 道人亦傷. 今天地三光,[2] 尙爲其病, 故無正明, 道士於何自逃, 獨得不傷? 故吾雖得獨蒙天私久存, 常不敢自保. 初少以來, 事師問事, 無能悉解之者. 今不冒慚, 重問於天師, 解訣其要意, 恐遂無復以得知之也. 恩唯明師旣加, 不得已爲弟子說其所不及. 善哉! 子之言也. 今旦見子之言, 吾知太平之治已到矣! 然, 吾且悉言之, 子隨而詳記之. 夫治者, 有四法 : 有天治, 有地治, 有人治, 三氣極然後跂行萬物治也.[3]

願聞其意. 天治者, 其臣老, 君乃父事其臣, 師事其臣也. 夫臣迺卑, 何故師父事之乎哉? 但其位者卑下, 道德者尊重, 師父事之者, 乃事其道德, 當與其合策而平天下也. 地治者, 友事其臣, 若與其同志同心也. 地者陰順, 母子同列,[4] 同苞同憂, 臣雖位卑, 其德而和, 和平其君之治. 人治者卑其用, 臣少小小, 象父生其子, 子少未能爲父作策也, 故其治小亂矣. 跂行萬物並治者, 視其臣子若狗若草木, 不知復詳擇臣而仕之, 但遇官壹仕, 名爲象人無知也.

역주

1) 少子本非治世人也(소자본비치세인야) : 나이 어린 사람은 본래 나라를 다스릴 수 있는 인재가 아니라는 의미이다. 그렇지만 '야(也)'를 '야(邪)'자로 바꾸어서 의문형 문장으로 보아야 한다.

2) 天地三光(천지삼광) : 여기에서의 '천지(天地)'는 문맥상 천(天)만을 의미하는 것으로 보아야 한다. '삼광(三光)'이란, 해와 달과 별을 가리키는 말이다.

3) 三氣極然後跂行萬物治(삼기극연후기행만물치) : '삼기(三氣)'란, 원기(元氣)가 분화하는 것에 말미암아 이루어진 하늘의 태양기(太陽氣)와 땅의 태음기(太陰氣), 그리고 이 두 기가 교합하여 이루어

낸 사람(人)의 중화기(中和氣)를 가리킨다. '기행(跂行)'이란, 기어 다니고 걸어 다니는 동물들을 통칭하는 말이다. '기(跂)'는 '기(蚑)'자와 통하는 글자인데, 『태평경』에서는 이 두 글자를 혼용하고 있다.

4) 母子同列(모자동렬) : '모자(母子)'란, 신민(臣民)을 의미하는 말이다. 즉 '신(臣)'은 모(母)가 되고, '민(民)'은 자(子)가 된다. 『태평경』 제48권 「삼합상통결(三合相通訣)」의 글을 참고할 수 있다.

"어째서 그렇게 이름 붙이시는 것입니까?"

"상인(象人)이란, 겨우 인간의 꼴을 하고 있는 것일 뿐, 내심으로는 자신의 안일만을 꾀하면서 되는대로 살아가는 것을 뜻한다. 신하는 군주를 위한 계책을 내놓지 않게 되고, 신하는 권세를 쟁탈하는 일에만 몰두하게 되는 것이다.

하늘의 다스림(天治)을 본받는 것은, 세상의 신하가 모두 나라 군주의 스승이고 아버지가 되도록 하는 것이다. 이런 까닭에 (군주는 신하를 마치 자기) 아버지를 섬기듯이 대하고, 신하는 군주를 자기 자식을 사랑하듯이 사랑하게 되는 것이니, 이렇게 하는데 어찌 위태로운 때가 있을 수 있겠는가? 스승과 아버지는 모두가 그들의 자식을 위해 팔방에서 일어나는 환난을 해결해 줄 수 있으니, 어찌 실수할 때가 있겠는가? 지치(地治)를 본받는 것은, 세상의 신하가 모두 나라 군주의 벗이 되도록 하는 것이다. (그리하여 나라 군주와 신하가) 같은 뜻으로 함께 일을 계획하고, 서로 벗으로서 교제하여 함께 우환에 대처하고 함께 국군의 지위를 안정되게 만든다. 땅(곧, 臣)은 유순하여 위를 잘 따르고, 하늘의 뜻과 의미를 남김없이 이어받아 하늘의 마음(天心)을 모두 얻으니, 이렇게 하는데 어찌 불안한 때가 있을 수 있겠는가?

사람의 다스림(人治)을 본받는 것은, 중화(中和)의 기를 얻음인데, '화(和)'란 앞으로 나아갈 수도 있고 뒤로 물러날 수도 있는 것이어서 그 방향을 예측하기 어려운 것이다. 이는 마치 자식이 너무 어려서 그의 아버지를 위해 일의 계획을 세워줄 수 없는 것과도 같은 것인데, (결국에는) 자기 아버지를 속이고 마는 것이 된다. 신하가 너무 어려서 나라 군주를 위해 깊이 있는 계획을 세워주지 못하는 까닭에, 그 나라 군주를 속이고 마는 것이다. 어린 사람은 생활한 시간이 짧고 인생에 대한 학문 또한 일천하기 때문에 두려워해야 할 것이 무엇인지를 알지 못하므로, (윗사람을) 속이는 것이다. 그러므로 그 다스림은 조금 어지러워진다.

기어 다니고 걸어 다니는 만물의 다스림(跂行萬物治)을 본받는 것은 다음과 같다. 기어 다니고 걸어 다니는 동물에게는 예의가 없고, 초목과 같은 식물에게는 앎이 적으므로, 모두 도와 덕을 지니고 있지 못한 존재이다. 동물과 식물의 습성은 아래와 위의 구별이 없기 때문에, 남을 이기기만 하면 그만인 것으로 친다. 그러므로 어지럽히고 패망시키기에 이른다.

하늘의 다스림을 본받는 자는 어질어서 낳아주는 것을 좋아하여 상해하지 않는다. 땅의 다스림을 본받는 자는 순종하고 선량하지만 조금은 상해하는 일이 있다. 사람의 다스림을 본받는 자는, 서로 이익을 추구하고 많은 욕심을 부려, 자주 서로를 해치고 상해하며 서로를 속이고 태만하도록 만든다. 기어 다니고 걸어 다니는 만물의 다스림을 본받는 자는, 끝내 공을 이루는 것이 없으며, 크고 작음을 가리지 않고 남을 이기기만 하면 그만인 것으로 친다. 이러한 다스림의 방법을 면밀히 살펴보면, 때의 기운이 하늘의 다스림, 땅의 다스림, 사람의 다스림, 기어 다니고 걸어 다니는 만물의 다스림에 각각으로 착오 없이 정확하게 상응한다는 점을 충분히 알 수 있다.

나라를 다스림에 있어, 기꺼이 바랄 만한 첫째 가는 것은 마땅히 하늘을 본받는 것이고, 둘째는 마땅히 땅을 본받는 것이며, 셋째는 마땅히 사람을 본받는 것이고, 넷째는 마땅히 만물을 본받는 것이다. 하늘을 본받는 자는 특히 수명이 길고 하늘의 마음(天心)을 얻는다. 땅을 본받는 자는 타고난 수명을 조금은 제대로 누리지 못하지만 땅의 뜻을 얻는다. 사람을 본받는 자는 수명이 줄어든다. 만물을 본받는 자는 죽음에 있어 정해진 때도 없고 기한도 없게 된다.

하늘을 본받는 자는 세 개의 통로 곧, 관리, 읍민, 행인으로 조정에 의견서를 각각으로 제출하도록 만든다. 하늘에는 세 가지 문식이 있고, 그 빛에는 세 밝음(三明)이 있기 때문이다. 세 밝음이란 해, 달과 별을 말한다. 해는 양지를 비추고, 달은 음지를 비추며, 별들은 중앙을 비춘다. 그러므로 마땅히 백성들에게 세 통로로 의견서를 제출하도록 하여, 그 총명함을 취하는 데 힘쓰는 것이다. 위로 올라온 의견서에 대한 답서를 내려보낼 때에는 문제되는 것만을 담아야 하며, 의견서를 올린 자가 누구인가를 물어서는 아니 된다. 땅을 본받는 자는 두 통로로써 의견서를 받는다. 사람을 본받는 자는 하나의 통로로 의견서를 받고, 그것을 보고 보류한다. 기어 다니고 걸어 다니는 기행만물(跂行萬物)을 본받는 자는 겨우 입으로만 대충 지시하고 더 이상 문서를 남기는 일처리는 하지 않는다."

"지금 이와 같은 것들은 하늘께서 시켜서 그리 되는 것입니까? 아니면 사람이 스스로 그렇게 하는 것입니까?"

"때의 기운에 의한 것이다. 비록 그렇기는 하나 제왕의 다스림이 장차 태평해지려면, 또한 하늘께서 그로 하여금 선행을 좋아하여 즐거움을 느끼도록 하는 일도 더불어 있어야 하는 것이다. 하늘의 다스림을 본받은 것이다. 장차 중간의 태평이 되려는 것은 땅의 다스림을 본받는다. 장차 작은 혼란이 되려는 것은 사람의 다스림을 본받는다. 장차 큰 혼란이 일어나 다스려지지 않으려는 것은 기어 다니고 걸어 다니는 만물의 다스림을 본받는다."

"왜 그런 것인지요? 무엇으로 그러한 것들을 구제할 수 있는 것입니까?"

"그렇다! 하늘께서 장차 홍하게 해 주려고 하실 때에는 먼저 길상(吉祥)이 되는 글로써 조응(兆應)하여 기이한 신서(神書)를 내놓아 그 책이 그들에게 돌아갈 수 있도록 하신다. 이 일은 먼저 그들로 하여금 크게 깨달아서 받게 하는 형식을 취하는 것이다. 하늘께서 장차 쇠망시키려는 것은 기이한 신서를 감추어 두고 보여주지 않으며, 또한 그들로 하여금 신서를 구하는 일조차 좋아하지 않도록 만드신다."

"'현신'이란 단지 나이만 많이 먹으면 될 수 있는 것입니까?"

"그렇지 않다. '나이가 듦[老]'이란, 나이가 많을 뿐 아니라 도와 덕을 잘 알고 있는 사람을 이르는 말이다. 이런 사람은 하늘께서 홀로 항상 도를 지키고 행하시는 것을 본받아 조금도 잃는 것이 없는 까닭에, 제왕을 평안하게 해 줄 수 있다. 나이만 많이 먹고 아무것도 아는 것이 없는 사람이라면, 그 또한 임용해서는 아니 되는 것이다."

"'자기 벗을 대하듯 대한다'는 것은 무슨 뜻인지요? '아버지 섬기듯 한다'는 것은 무슨 뜻인지요? '벗을 대하듯 대한다'라는 것은 무슨 뜻인지요? '자식을 대하듯이 대한다'라는 말씀은 무슨 뜻인지요? '만물 대하듯 한다'라는 말씀은 무슨 뜻인지요?"

"'아버지를 섬기듯 섬긴다'는 말은, 곧 자식이 엄한 아버지에게서 가르침을 받는 것처럼 신하를 대한다는 것이다. 제자가 현명한 스승에게서 가르침을 받는 것처럼 신하를 대한다는 것이다. 이렇게 하여 마땅히 신하의 마음속에 있는 비밀의 계책과 비밀스러운 말과 성스러운 글을 얻어내, 세상을 태평하게 하고, 선조의 종묘에 보답하며, 선조에게 제사하여 제물을 흠향하도록 하는 것이다. 이러한 덕업으로써 이미 하늘의 중대한 공덕에 보답한 까닭에, 세상 사람의 마음을 얻을 수 있고, 음양을 조화시킬 수 있으므로 재난이 단절되는 것이다. '자기 스승을 섬기듯 섬긴다'라는 말은, 신하의 충성과 군주의 신의를 바탕으로 군주와 신하가 더불어 함께 일을 계획함으로써, 일의 선함과 악함 그리고 어려움과 쉬움의 정도를 깊이 고려한다는 것이다. '자기의 자식을 대하듯이 대한다'라는 말은, 반드시 아버지가 고의로 어떤 일을 감추어 두고 감히 그 자식에게 알려주지 않으며, 자식도 어떤 과오를 숨겨두고 감히 그 부모에게 보고하지 않는다는 뜻이다. 이들은 결국 서로를 속이게 되므로, 이것이 곧 [혼란의] 단계가 되는 것이다. '만물을 대하듯이 대한다'라는 말은, 큰 혼란이 기약 없이 일어나는 것을 의미한다. '사물'이란 봄과 여름에는 삶을 다투고, 가을과 겨울에는 죽음을 다투는 것으로서, 더 이상 잠깐의 사이라도 서로에게 양보하는 일이 없는 존재인 것이다."

何故乎哉? 象人者, 財象人形, 苟中而已, 不爲君計也, 故善爭之也. 象天治者, 天下之臣, 盡國君之師父也, 故父事之, 人愛其子, 何有危時? 夫師父皆能爲其子解八方之患難, 何有失時也? 象地治者, 天下之臣, 皆國君之友也. 夫同志合策, 爲交同憂患, 欲共安其位. 地者, 順而承上, 悉承天志意, 皆得天心, 何有不安時乎? 象人治者, 得中和之氣, 和者可進可退難知. 象子少未能爲父計也, 欺其父也. 臣少, 未能爲君深計, 故欺其君也. 少者生用日月少, 人學又淺, 未有可畏, 故欺也. 故其治小亂矣. 象跂行萬物治者, 跂行者無禮義, 萬物者少知, 無有道德. 夫跂行萬物之性, 無有上下, 取勝而已, 故使亂敗矣. 象天治者, 仁好生不傷. 象地治者, 順善而成小傷. 象人治者, 相利多欲, 數相賊傷, 相欺怠. 象跂行萬物而治者, 終無成功, 無有大小, 取勝而已. 觀此之治, 足以知天氣上下中極未失.[1)]

治欲樂第一者宜象天, 欲樂第二者宜象地, 欲樂第三者宜象人, 欲樂第四者宜象萬物. 象天者獨老壽, 得天心. 象地者小不壽, 得地意. 象人者壽減少, 象萬物者死, 無時無數也. 象天者, 三道通文, 天有三文, 明爲三明, 謂日月列星也. 日以察陽, 月以察陰, 星以察中央, 故當三道行書, 而務取其聰明. 書到爲往者, 有主名而已, 勿問通者爲誰. 象地者, 二道行書. 象人者, 一道行書, 尙見苟留. 象跂行萬物者, 纔設言, 復無文書也. 今是者, 天使如是邪? 人自爲之邪? 時運也. 雖然, 帝王治將太平, 且與天使其好善而樂, 象天治.[2)] 將中平者, 象地治. 將小亂者, 法人治. 將大亂而不理者, 法跂行萬物治. 此何故乎哉? 今當以何救之? 然, 天將興之, 瑞應文琦書出, 付與之, 令使其大覺悟而授之. 將衰者, 天匿其文不見, 又使其不好求之. 賢臣者, 但得老而已邪? 不也. 老者, 乃謂耆舊老於道德也, 象天獨常守道而行, 不失銖分也, 故能安其帝王. 老而無一知, 亦不可仕也. 其父師父事之云何? 友之云何? 子之云何? 其萬物之云何哉? 父事之者, 乃若子取敎於嚴父也, 乃若弟子受敎於明師也, 當得其心中密策祕言聖文, 以平天下, 以謝先祖宗廟, 以享食之. 其德以報天重功, 故能得天下之心, 陰陽調和, 災害斷絕也. 其友事者, 以忠信相與合策, 深計善惡難易. 其子事者, 必若父有伏匿之事, 不敢以報其子. 子有匿過, 不敢以報其父母, 皆應相欺, 以此爲階也. 其萬物者, 大亂無數. 夫物者, 春夏則爭生, 秋冬則爭死, 不復相假須臾也.

역주

1) 天氣上下中極未失(천기상하중극미실) : 천기, 즉 때의 기운(時氣)은 천치(天治)·지치(地治)·인치(人治)·기행만물지치(跂行萬物之治)에 각각으로 착오 없이 정확하게 상응한다는 의미이다.

2) 帝王治將太平, 且與天使其好善而樂, 象天治(제왕치장태평, 차여천사기호선이락, 상천치) : 『정독』에서는 이 구절을 "帝王治將太平且與, 天使其好善而樂象天治"로 단구하고, 이 가운데의 '여(與)'자를 '홍(興)'자로 고쳐서 보아야 한다고 하였다. 이는 뒷 구절의 "천장홍지(天將興之)"를 염두에 둔 이해인 것으로 생각된다. 그러나 이 번역에서는 이 견해를 취하지 않는다. '호선이락(好善而樂)'에서의 '선(善)'자가 『합교(상)』에는 '악(惡)'자로 되어 있는데, 악(惡)으로 한 것은 오자(誤字)임이 분명하다.

진인 순은 두 번 절하고 나서 또 여쭙는다. "제가 이미 세상의 일에 관해 여쭈어 본 것이 매우 많은데, 과오가 참으로 커서 매우 적당치 못한 질문을 드린 적도 있었습니다. 이는 스승님께 참으로 큰 죄를 지은 것입니다. 저는 또한 이 글을 감히 감추어 두지 않고 드러내 보여주기는 하였으나 전파시키지는 못하였으니, 이는 황천(皇天)께 죄를 지은 일이 아닌가 두렵습니다. 저는 이제 마땅히 이 책을 어디에다 두어야 하는 것인지요?"

"그대들이 이미 그런 일에 관해 묻는 것은 그대들이 그런 일에 힘쓰고 있다는 얘기가 되는 것이며, 전적으로 실천하고 있는 일이 되는 것이니, 그대들은 전달할 만한 사람을 만나 그에게 그 책을 전해줄 수 있을 것이고, 그 사람으로 하여금 가서 덕을 갖추고 있는 군주에게 그 책을 맡기도록 할 수 있을 것이다. 그리하여 제왕이 책의 내용을 본받아 나라를 다스리는 법으로 삼는다면, 그런 제왕은 반드시 장자 신령처럼 영험해질 것이다. 만일 제왕이 그 책을 얻었음에도 그 내용을 깊이 사색하여 시행에 옮기지 못한다 하더라도, 하늘께서는 더 이상 그대 진인에게 죄를 묻지는 않으실 것이다."

"예, 예. 감히 천사님의 말씀을 거역하지 못하겠습니다."

"좋다. 나의 말은 참으로 크게 거역할 수 없는 것이다. 이는 곧 천지께서 세상을 태평하게 하고자 하시어, 지극한 도를 내놓아 그대 진인들로 하여금 먼 곳에서 나를 찾아와 이 법을 일일이 따져 묻도록 하신 것이다. 하늘께서 나로 하여금 이 법을 말하고 그대들에게 글을 전달하도록 하신 것이니, 나는 참으로 그대들에게 빈 말을 해준 것이 아니다. 천께서 말하고자 하지 않았음에도 내가 말을 한 것이라면, 이는 까닭 없이 긴요한 도를 누설할 것이므로 나는 마땅히 징벌을 받게 것이다. 그대들은 이미 나의 말을 얻었으니, 이제 가서 전해 주어 참으로 상해하는 일이 없고 의혹하는 일이 없도록 하라. 나는 그대들에게 지성을 다해 알려주었고, 하늘께서는 더욱이 제왕과 더불어 하심을 두텁고 중대하게 하실 것이니, 그러므로 (그대들은) 제왕에게 다음과 같은 실정을 더 경계하도록 하라. 즉 '천의 운행에 있어, 길흉은 때의 기운에 말미암는 것이니, 얻어 때에 맞추어 행하는 자는 길할 것임에 의심이 없다'라고 하는 것이다."

"삼가 여쭙겠습니다. '그 말을 실천에 옮길 자'라고 하시면,

그 사람됨과 성명이나 자(字) 등이 어떻게 되는 자이어야 하는 것인지요?"

"그렇다. 하늘께서 만물에게 생명을 부여해 주심에는, 어떤 편애도 하지 않으신다. 그러므로 그런 일에 관해 스스로 묻고 그런 일을 누구보다도 앞서 좋아하며 실천에 옮기는 자라면, 바로 그가 그에 해당하는 사람인 것이다. 대도는 지극히 엄중한 것이므로, 사적으로 편애하여 그런 일을 맡길 수는 없는 것이다. 다만 실천에 옮기는 자라면 누구나 길(吉)할 것이지만, 실천에 옮기지 않는 자라면 의심이 될 것이다."

"삼가 다시 여쭙겠습니다. 천지께서는 무엇을 살펴보고 아시며, 무엇을 보셨기에 때로 한번 말씀하시고자 하시는 것입니까?"

"실제로 살펴보고서 아는 것이 있으신 것이지, 결코 근거 없이 말하는 것은 아니다. 하늘께서는 안정과 평화를 자신의 기쁨으로 삼아, 이런 상태를 유지하는 세상 사람에게는 노여움을 표명하지 않으신다. 곧 하늘은 상평[上平, 곧 太平]을 그의 기쁨으로 삼으시는 까닭에, 백성으로 하여금 모두가 청정을 이루어 사악한 소리를 내지 않도록 해야 하고, 또한 싸우지 않도록 해야 한다. 이렇게 하여 백성이 각자 제 자리에서 자기 일을 하게 되면, 백성에게는 질병이 없고 도리어 기쁨이 있게 되며, 또한 백성은 하늘의 말씀을 말하지 제멋대로 망령되이 말하지 않게 된다.

만약 지금처럼 음과 양이 서로를 거역하여 싸우게 만들고, 착란을 일으켜 서로를 능멸하게 만들며, 더욱이 서로를 죽이고 상해하도록 만든다면, 만물이 각자 제자리를 얻지 못해, 해와 달이 밝은 빛을 비추어주지 않고 뭇별이 본래의 운행 궤도를 벗어나면, 곧 하늘의 노여움이 있게 되고 그 원한을 풀어낼 수 없게 된다. 이런 상태에 처해 만일 하늘의 말씀을 제왕에게 전해주지 않는다면,

세상 사람의 질병은 끝내 낫지 않을 것이다. 그러므로 세상에 어지러움이 있으면 하늘의 말씀이 있게 되는 것인데, 작은 어지러움에는 작은 말씀이 있게 되고 큰 어지러움에는 큰 말씀이 있게 되는 것이다. 이런 까닭에 고금의 신선, 진인, 성인이 하늘의 사도가 되어 하늘의 마음을 받아 마땅히 천지의 말씀을 전하는 직무를 담당하고 있는 것이다. 천지는 일을 세운 이래로, 예나 지금이나 이러한 것을 항상된 법으로 삼고 있으시다. 그러므로 성인의 글[文]은 예나 이제나 하늘을 대신하여 하는 말인 것이며, 또한 하늘을 대신하여 (세상의) 일에 대해 하는 말씀이다."

"언담(言談)이란 모두가 어떤 일에 관한 것입니까?"

"그것은 병 되고 고통스러운 일에 관한 것이다. 글로써 말해 줄 경우에 [그 핵심적인 뜻을] 잃어버리는 자를 위해서는 질박(質朴)함으로 말해 주며, 질박함으로써 말해 줌에 통달하지 못하는 자에게는 글로써 말해 준다. 이 모든 언담은 그 사악한 것을 증오하여 제왕을 위해서 올바른 선[正善]이 무엇인가를 말해주고, 명철하게 깨닫도록 하는 수단인 것이다."

"이제 천지는 가장 존귀하고 스스로 신령스럽지만, 이처럼 신령스러우므로 명철할 수 있어서 그 지위가 지고무상이라는 점을 알겠습니다. 그런데 어찌하여 스스로 질병을 제거하지 않으시고, 도리어 세상 사람에게 그의 말씀만을 전달하시는 것입니까?"

"천지란 만물의 부모가 되는 존재인데, 부모가 비록 선한 일을 행한다 하더라도 그 자식이 사특한 짓을 일삼아, 그 중간에서 사악하고 거역하는 일을 도맡아 한다면, 그 부모가 가정을 다스리는 일은 위 아래로 거역당하고 어지럽혀진다. 그렇게 되면 부모가 비록 선한 일을 행한다 하더라도, 그의 가정은 악한 집안이 되고 마는 것이다. 비유하자면, 자식이 사악하여 그 부모의 다스림을 어지럽히는 것은 곧 신하가 사악하여 그 군주를 어지럽히는 것과 마찬가지이고, 제자가 사악하여 그 스승의 일을 어지럽히는 것이나 마찬가지이며, 아내가 사악하여 그 남편의 일을 어지럽히는 것이나 마찬가지이다. 이렇게 된다면 더욱더 서로를 죽이고 해치고 상하게 하는 커다란 혼란이 발생하여, 그 선한 일을 볼 수 없게 될 것이다. 천지와 인민과 만물은 본래 한께 하나의 일을 다스리므로, 다스리는 일이 선한 것이라면 곧 모두가 즐거움을 느끼고 그 일이 흉하면 곧 모두가 고통스러움을 느끼게 된다. 그래서 함께 우려하는 것이다.

만일 이들을 함께 일하게 하지 않는다면, 이들은 서로 돌아가며 우려하는 것을 달가워하지 않을 것이다. 이런 까닭에 천지께서는 선한 일을 하여 태평한 세상이 되기를 바라시는 것이다. 반드시 신인, 진인, 성인들로 하여금 긴요한 뜻을 세상 사람에게 전달하도록 시키시고, 그의 신령스러운 글을 내놓아 서로 서로에게 전달하도록 하시는 것이다. 이것을 비유하여 말하자면, '제왕의 다스림이 선한 일을 즐기고자 할 때는 곧 선한 가르침과 명령을 반포한다'라고 하는 것이 바로 이것을 이르는 말이다. 진인들이 하늘의 마음을 아는 것을 기꺼워하고, 그로써 하늘의 공덕에 보답하며 세상 사람의 재화(災禍)와 흉악한 기운을 구제하고자 한다면, 바로 나의 이 책을 보라. 이 책을 얻어 그 내용을 정밀하게 사색하고 마음에 새겨두면, 하늘의 마음을 제대로 알 수 있다."

"예, 예. 감히 소홀함이 없도록 하겠습니다. 그런데 천사께서는 거듭 훈령으로 삼을 만한 것 한두 가지를 말씀해 주시기 바랍니다."

"그렇게 하마. 선과 악은 각기 그 자신을 위하는 것이므로, 선한 것은 스스로 그 자신을 길하고 이롭게 만들며 악한 것은 스스로 그 자신을 해쳐버린다. 그대들이 이미 선을 선전하여 유포할 뜻을 품고, 이에 천지의 분노와 군왕의 평안치 못함을 근심하고 있으니, 그 공덕은 이미 지극하고도 매우 큰 것이다. 다만 그것을 세밀하게 생각하는 것만으로도 그대들이 선을 행하는 일은 비할 데 없는 지극함이 되는 것이니, 다시는 중도에 그만두어 그것을 상해하는 일이 없도록 하라."

"예, 예. 감히 게을리 하지 않겠습니다. 감히 게을리 하지 않겠습니다."

이상은 세상의 안위를 다스림에 있어 본받아야 할 법이 무엇인가를 분별한 것이다.

純再拜, 所問多, 過誠重, 甚不宜, 誠有過於師. 吾又且不敢匿此文也, 見而不行之, 恐得過於皇天, 吾今當於何置此書哉? 子旣問之, 子爲力特行, 逢能通者與之, 使其往付歸有德之君, 帝王象之, 以是爲治法, 必且如神矣. 得而不能深思用之, 天亦不復過子也. 唯唯, 不敢逆師言. 然, 吾言亦不可大逆也. 此乃天地欲平, 而出至道, 使子遠來具問此法. 天使吾談, 傳辭於子, 吾亦不空言也. 天不欲言而吾言, 無故泄天之要道, 吾當坐之. 子得吾言, 而往付歸, 亦無傷無疑. 吾告子至誠, 天乃更與帝王厚重, 故戒之也. 天之運也, 吉凶自有時, 得而行之者, 吉不疑也. 謹問行者人姓字爲何誰乎? 然, 天之授萬物, 無有可私也. 問而先好行之者, 卽其人也. 大道至重, 不可以私任, 行之者吉, 不行者疑矣. 更問天地何睹何見, 時者欲一語言哉? 實有可睹見, 不空言也. 天以安平爲懽, 無疾病, 以上平爲喜, 故使人民皆靜而無惡聲, 不戰鬥也. 各居其所, 則無病而說喜, 則天言而不妄語也. 若今使陰陽逆鬥, 錯亂相干, 更相賊傷, 萬物不得處其所, 日月無善明, 列星亂行, 則天有疾病, 悒悒不解, 不傳其言, 則病不愈. 故亂則談, 小亂小談, 大亂大談. 是故古今神眞聖人爲天使, 受天心, 主當爲天地談語. 天地立事以來, 前後以是爲常法. 故聖人文, 前後爲天談語, 爲天言事也.

言談皆何等事也? 在其所疾苦, 文失之者爲道質, 若質而不通達者爲道文, 疾其邪惡者爲道正善也, 使其覺悟. 今天地至尊自神, 神能明, 位無上, 何故不自除疾病, 反傳言於人乎? 天地者, 爲萬物父母, 父母雖爲善, 其子作邪, 居其中央, 主爲其惡逆, 其政治上下逆之亂之. 父母雖善, 猶爲惡家也. 比若子惡亂其父, 臣惡亂其君, 弟子惡亂其師, 妻惡亂其夫, 如此則更相賊傷大亂, 無以見其善也. 天地人民萬物, 本共治一事, 善則俱樂, 凶則俱苦, 故同憂也. 嚮使不共事, 不肯更迭相憂也. 是故天地欲善而平者, 必使神眞聖人爲其傳言, 出其神文, 以相告語, 比若帝王治欲樂善, 則有善教, 今此之謂也. 子欲樂知天心, 以報天功, 以救災氣, 吾書卽是也, 得之善思念之, 夫天心可知矣. 唯唯, 不敢忽, 願師復重敕一兩言. 然, 夫善惡各爲其身, 善者自利其身, 惡者自害其軀. 子旣有暢善意, 乃憂天地疾病, 王者不安, 其功極已大矣. 但詳思之, 子行善, 極無雙, 勿復止傷之也. 使念善順常若此. 唯唯, 不敢懈怠也, 不敢懈怠.

右忿[1]別治所象安危法.

역주

1) 이 장의 제목으로 삼은 구절과 연관해 볼 때, 여기에서의 '분(忿)'을 마땅히 분(分)자로 교정해서 보아야 한다. 이 구절은 이 장 전체의 주지(主旨)를 한마디로 요약해 놓은 것이다.

太平經

제54권

정부(丁部)의 3

『태평경 초』

제81 사능무쟁송법(使能無爭訟法) : 쟁송을 없도록 하는 법

해제 『태평경』에서 '결기(結氣)'라는 용어는 곧 '원결지기(寃結之氣)'를 의미하니, 원통한 마음이 맺혀서 이루어진 기운을 말한다. 이 장에서 말하는 '쟁송(爭訟)'은 바로 이 원결지기가 일으키는 행위를 의미한다. 사회에서 발생하는 '쟁송'이라는 것은 이 결기에 의해 발생하는 것이다. 이 결기가 없으면 무슨 쟁송이 일어날 수 있겠는가? 『태평경』에서는 한 걸음 더 나아가 이러한 결기가 하늘에 올라가 하늘을 감동시켜 인간사회에 재앙을 불러온다고 본다. 이와 같이 결기에 의해 이루어지는 불평불만에서 발생하는 것이 바로 '쟁송'이다. 그렇다면 이런 결기와 쟁송이 발생하는 이유는 무엇인가? 제왕이 인사행위가 잘못되어 사람들에게 능력을 벗어나는 것을 강요하여 결국 서로 기만하고 서로 해악을 끼치게 되며 책임을 추궁받게 되면 억울한 마음을 품고 하늘로 올라가기 때문이다. 이와 같은 상황을 해결하기 위해서는 인사에 있어 능력과 장기를 고려하여 업무를 분담하고, 의사소통의 구조를 원활하게 하고, 형벌을 삼가야 한다. 그리고 중간에 인류의 문자 발생에 대해 논급하고 있는데 이 문자의 발생은 인간의 쟁송과 관련이 있다고 주장한다.

"저희가 여쭌 것이 매우 많았었는데 천사께서 하시는 말씀을 듣고 보니, 명쾌하기 그지 없습니다. 그 질문이 아직 충분하지 않을 때 다시 한두 마디 가르침을 청하겠습니다."

"편하게 말하라."

"지금 저는 다음과 같은 것을 듣고 싶습니다. 천지음양과 인민과 기어 다니고 걸어 다니는 만물 등 모든 사물의 마음과 뜻을 얻어 항상 그들로 하여금 끊임없이 선을 좋아하여 매일 유유자적하여 일이 없고 그 자신들이 각기 스스로 올바르게 되어 다시 근심 걱정을 하는 것이 없고 서로 책망하는 것이 없을 수 있을는지요. 혹시 들을 수 있겠습니까?"

"자네가 지금 말하는 것이 어찌 그리 통쾌무비한가! 묻고자 함에 어찌 그리 그지없이 선을 좋아하는가! 그렇다. 자네가 묻는 것은 마땅히 일에 따라 순조롭게 각기 그 마음을 터득하여 그 재능이 미치는 것이어야 한다. 할 수 없는 것을 억지로 하게 하면 안 된다. 이와 같이 한다면 각기 그 하고자 하는 것을 얻을 수 있게 되고, 각기 하고자 하는 것을 얻게 되면, 서로 근심 걱정하는 일이 없게 될 것이니, 바로 각기 마음의 뜻을 얻게 되는 것이니라. 이른바 '유유자적하여 특별한 일이 없다'는 것이다.

천지 사이에 항상 그 능력을 벗어난 것을 시키고 억지로 힘이 미치지 못하는 것을 하게 하고서는 그가 무능하다고 힐난한다. 때로 그 행할 수 없는 것임을 살피고는 불쌍하게 여겨 가르치는 것이 아니라 도리어 책임을 추궁하여 그로 하여금 원망이 맺히도록 하니, 분노가 여기저기 발생하여 쟁송을 하게 된다. 백성들은 근심걱정하고 곤궁해져서 하늘을 우러러 황천을 찾아 '참으로 억울합니다. 참으로 억울합니다'라고 외쳐서 기가 육방을 느껴 움직이게 된다. 이런 이유로 재앙과 변고가 분분히 발생하게 된다. 축적된 것이 하나가 아니기 때문에 졸지에 제거할 수 없어 그 피해가 매우 심각하다. 이것이 바로 천하 사람들의 마음과 뜻을 잃는 것이다. 끝내 성공하지 못하고 변괴가 끊임없이 발생하니 태평의 기운이 어디로 나올 것인가? 바로 이런 이유로 태평이 초래되지 않는 것이니 허물이 바로 여기에 있다. 비록 태평이라고 이름하고 싶지만, 안으로는 어지러우니 그 다스림을 깨끗하게 할 수 있겠는가? 자네가 지금 질문을 하는 것은 자세한 내막을 깊이 있게 알고자 하는 것인가?

천지의 본성은 만물이 각기 저절로 마땅한 바가 있는 것이니 마땅히 각자가 능한 바와 각자가 할 수 있는 바에 따라 일을 맡겨 억지로 하게 하는 것이 아니다. 만물은 음양의 기를 모두 가지고 있는데, 비유하자면, 물고기는 물이 없이 높은 산의 위에서 헤엄을 칠 수 없으나 물이 있기만 하면 높고 낮음을 가리지 않고 어떤 곳이든 헤엄을 쳐서 다닐 수 있다. 큰 나무가 땅이 아닌 강과 바다에서 생장할 수 없는 것과 같다. 이런 이유로 옛적 성인과 현명한 왕들이 임무를 부과할 적에 오토(五土)에서 또한 그 마땅한 것을 취하니, 바로 생산물이 때깔도 좋고 알차며 각기 풍성할 수 있고 나라도 이를 토대로 부유해질 수 있고 종묘에 좋은 것을 올려 흠향하게 할 수 있으며 천하가 평안해져서 고통이 없게 되고 악한 기운이 그쳐서 해로운 짓을 하지 않게 되는 이유이다.

만일 사람이 토지를 살펴보지 않고 씨를 뿌려 만물이 주어진 수명을 이루지 못하고 모두 원망을 품고 해소하지 못하여 끝내 요절하게 되니, 이에 그 원한이 하늘로 올라가 황천을 감동시켜 수확할 수 없게 된다. 나라는 극도로 빈곤하게 되어 음식은 맛을 중시할 겨를이 없고 종묘는 기갈 상태가 되어 천하 사람들이 근심하고 괴로워하며 인민은 서로 해치고 상하게 될 것이며, 군신간에 다시 서로 속이게 되어 안과 밖이 참지 못하게 될 것이니, 허물은 바로 여기에서 시작하는 것이다. 이것은 만물이 아직 자기 자리를 잡지 못한 것이니 하물며 사람인들 어찌 할 것인가? 천하가 올바르게 다스려지지 못하는 것이 바로 이런 이유 때문이다. 이것은 커다란 폐해의 뿌리이고 위태로움과 패망으로 향하는 길이다. 삼가지 않을 수 있겠는가? 마음속으로 깊이 헤아려 보지 않아서 되겠는가?

그러므로 옛날에는 큰 성인과 큰 현인이 사람을 임용할 때에는 반드시 먼저 무엇이 장점이고 무엇이 단점인지를 시험한 다음 일을 정하고 그에 따라 임용을 하였다. 그 사람이 과실이 있으면 그에 따라 책임을 지웠다. 그 장점에 대해 책망을 하는 것이지 그 단점에 대해 허물하는 것은 아니다. 이렇게 하면 하늘을 느끼지 않게 되고, 도리어 이 장점을 익혀 더욱 발전시키며 그 일로 인하여 더욱 신중하게 하여, 천하의 마음을 얻을 수 있게 된다. 지금 후대 사람들은 세상의 일에 세심한 주의를 기울이지 않고 옛적 성인의 말씀을 깊게 고려하지 않고서, 도리어 그가 할 수 없는 일을 정해준 뒤 그가 할 수 없는 것에 대하여 책망하며, 그가 미칠 수 없는 것을 문책하게 된다면, 맹인은 해를 볼 수 없고, 벙어리는 말을 할 수 없는데, 도리어 그 단점을 꼬집어서 중요한 과실이라고 하여, 그것으로 죄를 주는 것과 같다. 즐겁게 서로 돕고 사는 것이 아니라, 위와 아래를 교모하게 이간질하여 서로 서로를 해치게 하니, 이것이 바로 천하를 크게 패망하게 하는 방법이다.

예로부터 제후와 태평한 시대를 연 임금들에게 무슨 기이하고 신기한 방법이 따로 있던 것은 아니다. 모두 마음과 능력이 할 수 있는 것에 근거하여 맡긴 것이다. 그래서 태평의 기운을 부르고 원통해 하는 백성이 없었던 것이다. 화란이 발생하려 하는 것은 모두 그 능력을 벗어난 일을 담당하게 하고, 그 일이 아닌 것을 하게 하고 엄하게 책망하였기 때문이다. 그에게 내리는 형벌이 비록 그것을 죄목으로 해서 사형에 처한다 하더라도 그 업무를 처리할 수는 없다. 재앙과 변괴가 연이어 일어나 멈추게 할 수가 없다. 그래서 어지러워지고 무너지는 것이니, 길흉과 안위가 바로 여기에서 시작된다. 그러므로 옛날 제왕을 위해 인재를 선발할 때에는 능력을 먼저 살펴보고 그 능력을 시험하여 천지음양의 상서로움과 서로 상응하여 화합하는지를 살폈다. 서로 화합하여 상응하지 못하는 사람은 모두 거짓된 행위이다.

서로 응한다는 것은 어찌하는 것인가? 대인은 큰 응함을 얻고, 소인은 작은 응함을 얻는다. 비바람은 때의 절기에 맞추어 발생하고 만물은 풍요롭게 자라게 되며, 백성은 불평이 없게 되고, 새와 짐승, 기어 다니고 걸어 다니는 것들은 안정을 찾게 되니 이것이 그 효험이다. 이런 이유로 다스림이 즐겁게 되고, 나라를 편안하게 하고자 하는 사람은 직책임용에 신중해야 한다. 하늘이 만물을 낳음에 각기 재능이 있고 또 실로 각기 마땅한 바가 있는 것이니, '마치 용이 하늘로 날아 올라가고 물고기가 연못에서 수영하는 것과 같다'는 것은 이를 두고 하는 말이다.

대저 다스리는 방법은 천지가 시작한 이래 천차만별이다. 하늘의 변화는 또한 쉽사리 그 시기에 따른 것이니, 결국 천지를 계승하여 뜻을 얻어 하고자 하는 바를 얻느냐 하는 점이다. 하늘은 삼광(三光)으로 책과 글과 기록을 삼으니, 한번 흥하고 한번 쇠하는 것으로 군주에게 풍간한다. 땅이란 산천과 도로와 이랑으로 문리(文理)를 삼는다. 산은 기를 토해내고 물은 경맥과 통해 있으니 성쇠와 변화와 무너지고 합해짐으로 신하에게 풍간한다. 사람이란 음성과 언어로 서로 전달하고 책과 기록과 글로 서로 보내고 받는다. 만물은 성함과 쇠함으로 말하는 것이니 사람으로 하여금 생각하여 알게 한다.

사람이란 음과 양의 가운데 존재하면서 만물의 스승이자 어른이 되어 할 수 있는 것이 가장 많다. 정과 신을 가지고 있으면서 형체가 있으니 변화와 추이에 대한 주된 임무는 그 변화를 조목조목 기록하여 자기 임금에게 보고하는 것이다. 그러므로 한 마디의 말이 통하지 않으면 원한이 맺히게 되고, 두 마디가 통하지 않으면 막힘이 발생하고, 세 마디가 통하지 않으면 격절이 발생하고, 네 마디가 통하지 않으면 시절의 조화로움이 응하지 않아, 그 물산들이 정상적이지 않게 되고, 다섯 마디가 통하지 않으면 오행의 기[五行之氣]가 싸우게 되고, 여섯 마디가 통하지 않으면 육방에서 악이 발생하고, 일곱 마디가 통하지 않으면 파괴가 발생하고, 여덟 마디가 통하지 않으면 몇 집으로 모여 사는 것이 어려워져 흩어지게 되고, 아홉 마디가 통하지 않으면 서로 서로를 해치게 되고, 열 마디가 통하지 않으면 혁명이 발생하여 왕조가 바뀌게 된다. 이런 이유로 마땅히 최선을 다해 그 말을 통하게 해야 한다.

옛날에는 글이 없었으니 어떻게 소통하였겠는가? 이 때문에 글이 생겼다. 그러나 중간에 다시 폐기되어 사라지기도 하였다. 천지는 몇 번이나 생겼다가 몇 번이나 없어졌던가? 단지 후세에 이런 점을 제대로 보지 못할 뿐이다. 중고시대 삼황(三皇) 때에는 글은 없고 말만 있었다. 하고시대에 다시 있게 되었는데 천지의 기수가 한번 끊어졌다가 한번 생겨났다. 유독 신인(神人)이 늙음을 알지 못하고 많은 일을 경험하여 그 직분을 맡았으니 그 안에 마땅히 글이 있게 되었다. 후세에 실로 보지 못하고 '없었다'라고 말을 한다."

"왜 때로 글자가 있기도 하고 때로 없기도 하였는지요?"

"천기가 피폐해지려는 때는 사람들이 어리석고 각박하며 장수하지 못하여 새겨서 기록할 수밖에 없었다. 그러므로 명령으로 (백성들에게) 글을 공포하여 오고가며 의사전달을 하게 하였으니, 옛 날에 글자가 없었음을 알 수 있다. 또한 서로 쟁송할 때에는 각자 자기가 옳다고 주장하기 때문에 문서를 만들게 하였다. 이것은 그때 사람들이 어리석어서 책을 만든 것이니, 하늘은 그들을 위해 문서를 나타나게 한 것이다."

"천사님의 말씀을 듣고 잘 알았습니다. 원컨대 기를 소통시키려면 마땅히 어떻게 해야 할지를 듣고 싶습니다."

"다만 삼도통행팔방지서(三道通行八方之書)를 하면 된다. 백성과 관리와 독서인들의 말도 막지 말아야 한다. 급한 사항은 그때 그때 해결해 주고, 급하지 않은 사항은 천지만물[의 변화]에 따라 칠월 농사가 어느 정도 끝날 때까지 기다리기도 하고, 팔월에 [풍작과 흉작을] 살펴볼 때까지 기다리기도 하고, 구월에 거두어 정리할 때를 기다리기도 하고, 시월을 기다려 비준을 내려 보내 주기도 한다. 삼년 동안 올린 글이 모두 믿을 만한 사람은 그 사람을 불러서 임용을 한다. 이 사람은 나라의 훌륭한 신하가 될 것이니, 보고 듣는 것이 뛰어나서 그것을 바탕으로 보고 들어 사방의 사정의 대해 착오가 없을 것이다. 제왕이 이런 사람을 얻게 되면 나날이 편안해지고 현명해질 것이다. 그러니 마땅히 임용해야만 한다."

"임용은 어떻게 해야 하는 것인지요?"

"반드시 능력이 미치는 바를 알아보아 [그로써] 각자가 할 수 있는 것과 충분히 분별하고 이해할 수 있는 것과 잘할 수 있는 것을 조목조목 기록하게 하여 [그 기록을 근거로] 그 사람의 천성에 따라 임용해야 맡은 바 업무에 차질이 없을 것이다. 그러므로 천하의 환심을 사서 그 다스림이 나날이 흥성해지고 태평해져서 형벌이 사라지고 막히는 것들이 없어지고, 원망하는 사람이 없어지고, 천지중화의 모든 것들이 서로 소통하게 될 것이다. 그리하여 장수를 누릴 수 있게 될 것이다.

상황(上皇)이 수명이 길었던 이유는 다음과 같다. 형벌이 없으면 사람을 살상함이 없게 되는데, 살상이 많으면 결국 다른 사람의 몸을 살상하게 된다. 그러므로 상고시대(上古時代)의 성현들은 형벌을 사용하는 것을 좋아하지 않았다. 중고시대에는 반 정도의 형벌을 사용하였다. 이 때문에 수명도 반 정도였다. 하고시대에는 형벌을 남용하였다. 그러므로 수명이 유독 짧게 되었다. 형벌이란 그 악함이 하늘을 간섭하여 음양을 거스르기 때문에, 쌓여서 악기(惡氣)가 되어 도로 사람을 살상하게 된다. 그러므로 상고시대 성현들이 형벌을 중시하여 사용하지 않은 것은 자기 몸을 아꼈기 때문이다. 중고시대 사람들은 반쯤 어리석었기에 형벌을 경미하게 사용하였다. 그래서 반쯤 사용하였던 것인데, 이런 이유로 [수명의] 반을 해치게 된 것이다. 하고시대 사람들은 매우 어리석고 경솔하게 형벌을 사용하고 그것으로 일반적인 방법으로 삼았다. 그래서 대부분 장수를 못 하는 것이다. 잘못의 이유는 여기에 있다.

이 책을 읽는 사람은 마땅히 반복해서 살펴보고 극히 신중해야 한다. 살고 죽는 것은 중대한 일이니 망령되이 해서는 안 된다. 자식이 현명하면 아버지를 위해 고려하고, 신하가 현명하면 임금을 위해 깊이 고려한다. 자식이 현명하지 않으면 아버지를 위해 깊이 고려하지 않으려 하고, 신하가 현명하지 않으면, 임금을 위해 깊이는 고려하지 않으려 한다. 단명하는 사람은 그 자신이 사악하다. 그 사람이 우연히 길흉을 만나는 것은 뒤에 태어나는 자들에까지 흐른다. 이것이 바로 바른 법이다.

이런 이유로 상고시대 성스러운 제왕이 신하를 임명하려고 할 경우에는 도와 덕이 있고 살상을 좋아하지 않는 사람을 신중하게 고른다. 살상을 좋아하지 않는 것은 백성을 위해 고려하는 것이라기보다 자기를 위해 깊이 고려한 결과이다. 그러므로 천지의 마음과 뜻은 임용조치를 신과 같이 하는 것이다. 이것을 '신중한 임용을 통해 바른 사람을 얻어 백성의 힘을 얻은 임금'이라고 말하는 것이다. 이와 같이 하면 천신과 지신(神祇)을 감동시킨다. 높은 하늘의 참된 신이 호감을 가지게 되어 [이런 황제는] 장수를 누리게 된다. 형벌을 사용하기를 좋아하면 바로 음기와 함께 공존하게 되는데, 음기는 '죽임'을 담당하는 것이다. 그러므로 장수할 수 없다. 하늘의 명은 엿볼 수 있고 알 수 있다. 하늘과 땅과 사람이 미워하는 것은 서로 같다."

이상은 하늘과 땅, 인민과 만물의 환심을 얻어 나라가 흥하고 집안이 평안하게 되어 천하에 쟁송이 없게 되는 것에 대한 내용이다.

吾所問積多, 見天師言, 事快而無已, 其問無足時, 復謹乞一兩言. 平行. 今吾願欲得天地陰陽人民跂行萬物凡事之心意,常使其喜善無已, 日遊而無職無事, 其身各自正, 不復轉相愁苦, 更相過責, 豈可得聞乎哉.

子今且言, 何一絶快殊異. 可問者, 何一好善無雙也. 然, 若子所問, 猶當順事, 各得其心, 而因其材能所及, 無敢反强其所不能爲也.[1] 如是卽各得其所欲, 各得其欲, 則無有相愁苦者也, 卽各得其心意矣, 可謂遊而無職事矣. 天地之間, 常悉使非其能, 强作其所不及, 而難其所不能, 時睹於其不能爲, 不能言, 不憐而敎之, 反就責之, 使其冤結, 多忿爭訟, 民愁苦困窮. 卽仰而呼皇天, 誠冤誠冤, 氣[2]感動六方. 故致災變紛紛, 畜積非一, 不可卒除, 爲害甚甚, 是卽失天下之人心意矣. 終反無成功, 變怪不絶, 太平之氣, 何從得來哉, 故不能致太平也, 咎正在此. 雖欲名之爲常平而內亂, 何從而得淸其治哉. 子今問之, 欲深知其審乎. 天地之性, 萬物各自有宜. 當任其所長, 所能爲, 所不能爲者, 而不可强也. 萬物雖俱受陰陽之氣,[3] 比若魚不能無水, 游於高山之上, 及其有水, 無有高下, 皆能游往. 大木不能無土, 生於江海之中.[4] 是以古者聖人明王之授事也, 五土各取其所宜, 迺其物得好且善, 而各暢茂, 國家爲其得富, 令宗廟重味而食, 天下安平, 無所疾苦, 惡氣休止, 不行爲害. 如人不卜相其土地而種之, 則萬物不得成竟其天年,[5] 皆懷冤結不解. 因而夭終, 獨上感動皇天,[6] 萬物無可收得, 則國家爲其貧極, 食不重味, 宗廟飢渴, 得天下愁苦, 人民更相殘賊, 君臣更相欺詒, 外內殊辭, 咎正始起於此. 是者尙但萬物不得其所, 何況人哉. 天下不能相治正, 正由此也. 此者, 大害之根, 而危亡之路也, 可不愼哉. 可不深思慮之胸心乎.

故古者, 大聖大賢將任人, 必先試其所長, 何所短, 而後署其職事, 因而任之. 其人有過, 因而責之, 責問其所長, 不過所短. 是者不感天也, 反爲習進此家學,[7] 因而愼之, 故能得天下之心也. 令後世[8]忽事, 不深思惟古聖人言, 反署非其職, 責所不能及, 問所不能睹, 盲者不睹日, 瘖者不能言, 反各趣得其短, 以爲重過, 因而罪之, 不爲欲樂相利祐, 反爲巧弄上下, 迭相賊害, 此是天下之大敗也. 自古者, 諸侯太平之君, 無有奇神道也, 皆因任心能所及,[9] 故能致其太平之氣, 而無冤結民也. 禍亂之將起, 皆坐[10]任非其能, 作非其事職而重責之, 其刑罰雖坐之而死, 猶不能理其職務也. 災變連起, 不可禁止, 因以爲亂敗, 吉凶安危, 正起於此. 是以古者將爲帝王選士, 皆先問視, 試其能, 當與天地陰陽瑞應相應和不. 不能相應和者, 皆爲僞行. 其相應和奈何, 大人得大應, 小人得小應. 風雨爲其時節, 萬物爲其好茂, 百姓爲其無言, 鳥獸跂行, 爲其安靜, 是其效也. 故治樂欲安國者, 審其署置. 夫天生萬物, 各有材能, 又實各有所宜, 猶龍昇於天, 魚遊於淵, 此之謂也. 夫治者, 從天地立以來, 迺萬端, 天變易亦其時異, 要當承天地得其意, 得其所欲爲也. 天者, 以三光爲書文記, 則一興一衰, 以風爲人君. 地者, 以山川阡陌爲文理, 山者吐氣, 水通經脈, 衰盛動移崩合, 以風異爲人臣[11] 人者, 以音言語相傳, 書記文相推移. 萬物者, 以衰盛而談語, 使人想而知之.[12] 人者, 在陰陽之中央, 爲萬物之師長, 所能作最衆多. 象神而有形,[13] 變化前卻, 主當疏記此變異, 爲其主言. 故一言不通, 則有冤結. 二言不通, 輒有杜塞. 三言不通, 轉有隔絶. 四言不通, 和時不應, 其生物無常. 五言不通, 行氣道戰.[14] 六言不通, 六方惡生. 七言不通而破敗. 八言不通而難處爲數家.[15] 九言不通, 更相賊傷. 十言不通, 更相變革. 故當力通其言也. 古者無文, 以何通之, 文迺當起, 但中止. 天地者, 幾何起, 幾何止, 但後世不睹之耳. 中古三皇, 當無文而設言. 下古復有天地之氣, 一絶一起, 獨神人不知老所從來, 經歷多故, 知其分理, 內當有文,[16] 後世實不睹, 言其無有.

何故時有文時無乎哉. 天氣且弊, 人且愚薄不壽, 不能有可刻記. 故敕之以書文, 令可傳往來, 以知古事無文, 且相辯訟, 不能相正, 各自言是, 故使有文書. 此但[17]時人愚, 故爲作書, 天爲出券文.

見師言, 已知之矣. 願聞今通氣當云何. 但三道通行八方之書,[18] 民吏白衣之言, 勿苟留. 急者以時解之, 不急者隨天地萬物, 須七月物終, 八月而蔺視, 九月而更次, 十月而不歸,[19] 三年上書而盡信誠者, 求其人而任之. 此人迺國家之良臣, 聰明善耳目, 因以視聆, 不失四方候也. 帝王得之, 曰安而明,[20] 故當任之. 其任之云何乎. 必各問其能所及, 使各自疏記所能爲, 所能分解, 所能長,[21] 因其天性而任之, 所治無失者也. 故得天下之歡心, 其治日興, 太平無有刑,[22] 無窮物, 無冤民. 天地中和, 盡得相通也. 故能致壽. 上皇所以壽多者, 無刑不傷, 多傷者迺還傷人身. 故上古者聖賢不肯好爲刑也, 中古半用刑, 故壽半, 下古多用刑, 故壽獨少也. 刑者其惡迺干天, 逆陰陽, 畜積爲惡氣, 還傷人. 故上古聖賢不重用之者, 迺惜其身也. 中古人半愚, 輕小用刑故半, 賊其半. 下古大愚, 則自忽用刑, 以爲常法, 故多不得壽, 咎在此. 讀此書者, 宜反復之, 重之愼之, 死生重事, 不可妄也. 夫子賢明者爲父計, 臣賢明者爲君深計. 子不賢, 不肯爲父深計. 臣不賢明, 不肯爲君計. 是少年者, 卽是其人身邪, 其人邂逅吉凶者, 流後生, 此格法也. 是故上古聖帝王將任臣者, 謹選其有道有德, 不好殺害傷者, 非爲民計也, 迺自爲身深計也. 故得天地心意, 擧措如與神俱, 此之謂審擧得其人, 而得人力之君也. 如此迺感神祇, 迺後天上眞神愛之, 因而獨壽也. 好用刑迺與陰氣并, 陰者殺, 故不得大壽. 天之命, 略可睹可知矣, 天地人所疾惡同耳.

右得天地人民萬物歡心, 國興家安, 天下無爭訟者.

역주

1) 若子所問, 猶當順事, 各得其心, 而因其材能所及, 無敢反强其所不能爲也(약자소문, 유당순사, 각득기심, 이인기재능소급, 무감반강기소불능위야) : 이 부분의 의미가 명료하지 않다. 『금주금역(상)』에서는 "자네가 질문한 바와 같은 것은 그 답안이…"라는 방식으로 해석을 하고 있어 따랐다. 『전역(상)』에서는 "자네가 문의한 바와 같이 마땅히 사물에 순응하여…"라는 방식으로 해석하고 있다. 『금주금역(상)』에 따르면 "유당순사, 각득기심, 이인기재능소급, 무감반강기소불능위야(猶當順事, 各得其心, 而因其材能所及, 無敢反强其所不能爲也)"는 천사의 주장이고 『전역(상)』에 의하면 "유당순사, 각득기심, 이인기재능소급, 무감반강기소불능위야(猶當順事, 各得其心, 而因其材能所及, 無敢反强其所不能爲也)"는 질문자의 질문내용이다. 역자가 보기에 『전역(상)』의 해석도 상당히 일리가 있다. 『전역(상)』의 입장으로 본다면 이 인용문 앞의 '연(然)'은 질문자의 질문내용을 긍정하는 말이다.

2) 氣(기) : 『초(鈔)』에는 '결기(結氣)'로 되어 있다. 그렇다면 여기의 '기(氣)'는 '원결지기(冤結之氣)'라는 의미일 것이다.

3) 萬物雖俱受陰陽之氣(만물수구수음양지기) : 『초(鈔)』에는 '수(雖)'가 없다.

4) 萬物雖俱受陰陽之氣, … 生於江海之中(만물수구수음양지기, … 생어강해지중) : 역자가 보기에 의미가 순통하지 못하다. '만물수구수

음양지기(萬物雖俱受陰陽之氣)' 뒤에 빠진 구절이 있는 것이 아닌가 한다. 즉 "만물이 비록 모두 음양의 기를 받아 만들어지지만 그 혼합방식 등에 따라 각기 특성을 가지게 된다." 정도의 의미가 되어야 뒤의 말과 논리적으로 연결이 되리라 본다.

5) 萬物不得成竟其天年(만물부득성경기천년) : 여기에서 만물은 '농작물'을 지칭한다. "만물부득성경기천년(萬物不得成竟其天年)"은 "만물부득성, 경기천년(萬物不得成, 竟其天年)"으로 보기도 한다. 즉 "만물부득성, 불득경기천년"(萬物不得成, 不得竟其天年)"의 의미이다. 만물이 싹이 나와 형성되지도 않고 설령 싹이 났더라도 중간에 죽을 것이라는 말이다.

6) 獨上感動皇天(독상감동황천) : 여기에서 '독(獨)'의 의미가 불분명하다. '홀로'라고 번역하면 앞뒤의 연결이 자연스럽지 못하다. 여러 해설서에 '홀로'로 보고 있어 우선 그렇게 번역하였다. '독(獨)'에는 '내(乃)'의 뜻이 있다. 이렇게 보는 것이 자연스러울 것이다. 즉 "경작물이 그 본래의 수명을 이루지 못하여 모두 원망의 마음을 굳게 가슴에 품고 있게 되니 끝내 요절하게 된다. 이에 (그 원한이) 하늘로 올라가 황천을 감동시켜 (흉년을 만들어서) 농산물을 수확할 수 없게 된다."

7) 習進此家學(습진차가학) : 『금주금역(상)』에서는 '습진(習進)'은 '반복학습하여 수준을 높인다'의 의미로 보며, '가학(家學)'은 집안에서 전래된 전문적인 학문으로 보고 있다. 『정독』에서는 '차가(此家)'를 '차인(此人)'으로 보고 있다. 그렇다면 '차가학(此家學)'은 '이 사람의 소장(所長)인 학문'을 의미할 것이다.

8) 令後世(영후세) : 대부분 '영(令)'은 '금(今)'을 잘못 베낀 것으로 보고 있다. '금후세(今後世)'는 "현재 (성현의 시기로 보면) 후세 사람들이…"의 의미일 것이다.

9) 心能所及(심능소급) : '심능(心能)'은 심지(心智)와 재능(才能)을 말한다. 즉 심지재능의 한계에 근거하여 일을 부과해야 한다는 것이다.

10) 坐(좌) : '인(因)'의 뜻이다.

11) 地者, 以山川阡陌爲文理, 山者吐氣, 水通經脈, 衰盛動移崩合, 以風異爲人臣(지자, 이산천천맥위문리, 산자토기, 수통경맥, 쇠성동이붕합, 이풍이위인신) : 마찬가지로 '풍(風)'은 '풍(諷)'과 같다. 땅은 산과 물[河川]의 변화로 인신(人臣)과 관련된 것을 경고한다는 의미이다. 역자가 보기에 '이(異)'의 의미가 불분명하다. 또는 '어(於)'를 잘못 베낀 것일 수도 있다고 생각한다.

12) 天者 … 以風爲人君. 地者, … 以風異爲人臣. 人者, 以音言語相傳, 書記文相推移. 萬物者, 以衰盛而談語, 使人想而知之(천자 … 이풍위인군. 지자, … 이풍이위인신. 인자, 이음언어상전, 서기문상추이. 만물자, 이쇠성이담어, 사인상이지지) : 『금주금역(상)』에서는 '이풍위인군(以風爲人君)'을 '순팔풍행팔정(順八風行八政)'으로 해석하며, '이풍(風異)'을 '바람에 의해 발생하는 이상 현상'으로 해석하며, 한대 참위설의 일부 내용을 인용하고 있다. 본 단락의 내용은 한대 참위설 등과 분명 관련이 있을 것이다. 그러나 『금주금역(상)』의 구체적인 설명방식은 이 단락의 흐름에서 이탈해 있는 듯하여 취하지 않았다. "만물자, 이쇠성이담어, 사인상이지지(萬物者, 以衰盛而談語, 使人想而知之)"는 이 단락의 요지를 표현하고 있다. 즉 만물은 흥망성쇠를 언어처럼 사용하여 자기의 의지를 사람에게 알리고 있다는 것이다.

13) 象神而有形(상신이유형) : 의미는 비교적 명료하다. 인간은 정신과 육체를 가지고 있다는 것이다. 『금주금역(상)』에서는 '象神'을 '사람의 정신작용이 신과 같다(人靈如神)'고 설명한다. 이 설명의 정확한 의미는 모르겠으나 중국 고대의 사유방식이 아닌 듯하다. 『전역(상)』에서는 "신령과 같으며 형체가 있다(如同神靈而有形體)"라고 설명한다. 역자가 보기에는 "신명과 같으며 형체가 있다(如同神明而有形體)"로 보는 것이 원의에 가깝지 않을까 생각한다. 천지신명과 같은 영명한 정신작용에 신체를 더한 것이 인간이라고 보는 방식이다.

14) 行氣道戰(행기도전) : '행기(行氣)'는 오행지기를 말하고, '도전(道戰)'은 생극이 혼란스러움을 의미한다.

15) 難處爲數家(난처위수가) : 군락생활(群落生活)이 어려워짐을 말한다.

16) 知其分理, 內當有文(지기분리, 내당유문) : 이 부분에 대해서는 여러 해설서의 설명이 분분하다. 『전역(상)』에서는 "본원적인 사리(事理)를 아니, 실제로 마땅히 문서가 있어야 한다"라고 해석하고 있다. 『금주금역(상)』에서는 '분리(分理)'를 직분으로 보고 있으며, "그의 직분 중에는 마땅히 문서관련된 것도 있을 것이다"라는 정도로 해석하고 있다. 모두 만족스럽지 않다.

17) 但(단) : '탄(憚)'의 통자이다. '두려워하다' '근심하다'의 의미이다.

18) 三道通行八方之書(삼도통행팔방지서) : 『전역(상)』에서는 다음과 같이 설명한다. "문서로 통치를 하여, 군(君)·신(臣)·민(民) 셋이 서로 통하는 것이다. 인군은 그 아랫사람을 인도하여 명령을 밝게 내려주고, 신민(臣民)도 또한 글을 올려 그가 파악한 선악을 소상하게 아뢰는 것이다." 『금주금역(상)』에서는 '관리·읍인(邑人)·행인이 글을 올리는 것'으로 설명하고 있다. 삼도(三道)의 내용이 어찌 되었든, 삼도를 통해 사방팔방의 의견서가 상하로 통행될 수 있게 하는 정책을 지칭할 것이다.

19) 不急者隨天地萬物, 須七月物終, 八月而蕑視, 九月而更次, 十月而下歸(불급자수천지만물, 수칠월물종, 팔월이간시, 구월이경차, 시월이하귀) : 이것은 내용상 생략이 있는 글로 보아야 한다. 즉 "불급자수천지만물, 수칠월물종이하귀, 수팔월이간시이하귀, 수구월이경차이하귀, 수십월이하귀(不急者隨天地萬物, 須七月物終而下歸, 須八月而蕑視而下歸, 須九月而更次而下歸, 須十月而下歸)"로 보아야 의미가 완정해질 것이다. 그 의미는 다음과 같다. "급하지 않은 사항은 (그 완급에 따라) 천지만물의 변화에 따르는데 또는 7월 물종을 기다려 비답을 내리기도 하고, 또는 8월 간시를 기다려 비답을 내리기도 하고, 또는 9월 경차를 기다려 비답을 내리기도 하

고, 또는 10월까지 기다렸다가 비답을 내려 해결해 주기도 한다."

20) 曰安而明(왈안이명) : '왈(曰)'은 '일(日)'로 보아야 한다.

21) 所能爲, 所能分解, 所能長(소능위, 소능분해, 소능장) : 역자가 보기에, '소능장(所能長)'은 제일 자신 있는 것, '소능분해(所能分解)'는 잘할 수 있는 것, '소능위(所能爲)'는 할 수 있는 것을 지칭한다.

22) 其治日興太平無有刑(기치일흥태평무유형) : 두 가지 단구가 가능하다. "기치일흥, 태평무유형(其治日興, 太平無有刑)"은 이미 위에서 해석한 대로이다. "기치일흥태평, 무유형(其治日興太平, 無有刑)"이라고도 볼 수 있는데, "날로 태평의 기상을 일으켜서 (그 결과) 형벌이 사라지게 되고…"의 의미가 된다.

太平經

제55권

정부(丁部)의 4

『태평경초』

제82 역행박학결(力行博學訣) : 힘써 실천하고 널리 배워야 한다는 비결

해제 역행박학(力行博學)이란 곧 힘써 행하고 널리 배우는 것이다. 배우는 대상은 바로 『태평경』과 같은 도서(道書)를 가리킨다. 곧 도서를 보는 것도 중요하지만 정독·숙독하지 않는다면 그 의미를 알 수 없으며, 정독·숙독한다면 깊숙한 의미를 저절로 알 수 있다는 것이다. 다만 아는 것에 그치지 않고, 그것을 몸소 힘써 실천해야만 효험을 볼 수 있다. 만약 도서를 보기만 하거나 숙독·정독만 한다면 실제 효과를 볼 수 없으니, 그것은 마치 오곡을 얻기는 하였으나 아직 음식을 해 먹는 단계에 이르지 않아 굶주림을 면할 수 없는 것과 같다. 이런 이유로 '하늘의 쉼 없는 운행'과 강이 흘러 큰 바다에 이르는 것처럼 끊임없는 노력을 요구하고 있다. 나아가서 『태평경』의 사상이나 종교적 정과 신을 전도까지도 해야 함을 강조한다. 이와 같은 지도(知道)·득도(得道)·행도(行道)·전도(傳道)의 결과 얻어지는 효과는 바로 자연적으로 주어진 수명을 채우는 것, 곧 오래 사는 삶일 것이다.

"이제 대명(大命 : 장수)에 대한 것을 알겠느냐? 아직도 모르겠느냐?"

"알기는 알겠습니다만, 밝으신 천사님의 연이은 말씀을 듣자오니, 커다란 의문은 이미 풀어졌습니다. 다만 제가 알고 싶은 것이 계속 늘어나기만 하니, 원컨대 다시 자세하게 설명해 주십시오!"

"알겠다. 나의 도는 그 의미를 살펴볼 수 있는 것이다. 내 책(곧, 『태평경』과 같은 道書)을 얻어 읽을 때에 항상 숙독하지 못할 것을 걱정해야 하는 것이니, 숙독한다면 저절로 자세하게 알 수가 있다. 그 지극한 의미를 잘 생각하지 않고 정독하지 않는다면, 비록 내 책을 얻는다 한들 또한 이익이 없을 것이다. 얻어서 힘써 실천하지 않는다면, 얻지 못함과 무슨 차이가 있겠는가? 음식을 보고 먹지 못하는 것과 오곡이 없어 먹을 수 없는 것과 무슨 차이가 있겠는가? 음료를 보기만 하고 마시지 않는다면, 갈증은 그대로 없어지지가 않을 것이다.

이렇게 하는 것(책을 얻어 제대로 읽지 않거나 의미를 파악하고 실천하지 않는 것)은 다른 사람에게 걱정을 끼치는 것이 아니라, 도리어 자기에게 해악을 끼치는 것이니 신중하지 않을 수 있겠는가! 바로 이런 이유로 성인은 최선을 다해 사색하고 군자는 최선을 다해 배워서 밤과 낮에 쉬지 않으면서도 하늘과 같이 운행하여 쉬지 않고 온갖 시내물이 흘러 모여 결국 강과 바다를 이루는 것과 같다.

그대들 내 말을 삼가라. 〈기〉 내가 이미 여러 번 강조한 경계의 말을 기록해 두거라. 그대들이 정성스러운 마음으로 탐구하면 알 수 있을 것이니, 선행을 하는 것을 여러 현인들과 함께 하여 삼가 [선행의] 시장을 독점하면 안 되느니라. 시장이란 [물건을 가지고 나오는 사람이] 적으면 원하는 것을 구할 수가 없다. 이런 이유로 널리 배우지 않으면 보는 것이 분명하지 않다. 그렇다면 참된 도(眞道)를 보더라도 그 요령을 알 수 없게 되는 법이다. 도를 믿지 않는다면 의심은 너무 심한 것이 아니겠는가? 허물이 바로 여기에 있는 것이니, 사람이 절로 곤궁해지는 것이다. 그러므로 그 의미를 깊이 생각하여 스스로를 구제하고 보충하여야만 하는 것이다."

이상은 수명에 관한 가르침이다.

今大命可知與未乎. 雖然可知矣, 見明師比言,[1] 大迷惑已解, 唯加不得已,[2] 願復丁寧之. 然, 吾道可睹意矣, 〈起〉 得書讀之, 常苦其不熟, 熟者自悉知之. 不善思其至意, 不精讀之, 雖得吾書, 亦無益也. 得而不力行, 與不得何異也. 見食不食, 與無五穀[3]何異. 見漿不飮, 渴猶不可救, 此者非能愁他人也, 還自害, 可不詳哉. 故聖人力思, 君子力學, 晝夜不息也, 猶樂欲象天, 轉運而不止, 百川流聚, 迺成江海. 子愼吾言 〈止〉 記, 吾已重誡, 子其眷眷, 心可睹矣.[4] 爲善與衆賢共之, 愼無專其市.[5] 夫市少人所求不得. 故人不博學, 所睹不明. 故令使見其眞道, 不得其要意, 不信道, 則疑不篤乎, 各[6]在此, 人之所以自窮者也. 故當深惟思其意, 以令自救輔也.

右對壽命指.

역주

1) 比言(비언) : 『금주금역(상)』에서는 '연속된 가르침'의 의미로 보고 있다. 역자가 보기에 '최근의 말씀'으로 보아도 무방할 듯하다.

2) 唯加不得已(유가부득이) : 『금주금역(상)』에서는 "알고자 하는 욕망이 계속 증가만 합니다"의 의미로 해석하고 있어 따랐다. 『정독』에서는 "돌아보건대 아직 (앎이) 완벽하지 않습니다"의 의미로 해석하고 있다.

3) 五穀(오곡) : 가장 기본적인 다섯 가지 곡식을 말한다. 오곡에 대한 구체적인 설명은 일정하지 않다. 『주례』 주(注)에 의하면 삼 · 기장 · 피 · 보리 · 콩, 『대대례(大戴禮)』 주에 의하면 기장 · 피 · 삼 · 보리 · 콩, 『황제내경소문』 주에 의하면 멥쌀 · 소두 · 보리 · 대두 · 황서(黃黍)이다.

4) 子其眷眷心可睹矣(자기권권심가도의) : 두 가지 독법이 있다. 첫 번째는 "자기권권심, 가도의(子其眷眷心, 可睹矣)"라는 방식이니 『금주금역(상)』의 방식이다. 『금주금역(상)』에 따르면, "도를 배우고 전달하고자 하는 간절한 마음이 있으면 도를 다른 사람에게 보여줄 수 있을 것이다"라는 의미이다. 두 번째는 "子其眷眷, 心可睹矣(자기권권, 심가도의)"라는 방식이니 『전역(상)』 등의 방식이다. 그러면 "그대들이 간절한 마음으로 연구한다면 마음속에 이해할 수 있을 것이다" 정도의 의미가 된다.

5) 專其市(전기시) : 『금주금역(상)』에 따르면 도를 자기가 독점하고 다른 사람에게 주지 않음을 비유적으로 설명한 것이다. 번역문은 이를 따랐다. 『정독』에 의하면, '시(市)'는 사람이 많은 곳을 의미하니 '전기시(專其市)'는 사람이 많은 곳만 전도하지 말고 산중의 은일지사(隱逸之士) 등에까지 전도를 해야 한다는 의미라 한다.

6) 各(각) : 일반적으로 '구(咎)'의 오사(誤寫)로 본다.

제83 지성쇠환년수법(知盛衰還年壽法) : 흥망성쇠를 미리 알고 젊음으로 돌아갈 수 있는 법

해제 여기에서 말하는 '지(知)'는 '미리 예측하다'라는 의미이다. '성쇠(盛衰)'는 개인과 나라 운세의 길흉과 홍망을 말한다. '환년수(還年壽)'는 본 도서의 효험을 개괄적으로 설명하는 말로서, 주어진 수명을 되돌릴 수 있다는 뜻이다. 도라는 것은 그 방향이 있어 그 누구도 그 무엇도 그것을 변경하거나 거스를 수 없다. 그러나 그 시행은 아무 이유 없이 이루어지는 것이 아니라 반드시 '그 사람'을 얻어 시행된다. 만약 그 사람이 없다면 도는 미리 전조는 보여 주지만 일이 끝내 시행되지는 않는다. 그러므로 그 사람이 없으면 부득불 그 사람이 나올 때까지 기다려야 한다. 그렇다면 무엇으로 그 사람인지를 알 수 있는가? 본편에 의하면, 외적으로는 광명이 발생하고 신령한 일이 생겨날 것이며 내적으로는 장수를 얻을 것이다. 이와 같은 것을 근거로 그 홍망성쇠를 알 수 있다는 것이다.

하늘이 일을 맡김에 각각 일정한 법이 있으며 인명에는 소속된 바가 있다. 도는 하는 일이 있지만 그 출현 시기는 때로 빠르기도 하고, 때로 늦기도 하는데, 그 조짐은 미리 나타나는 것이다. 비유하자면, 만물이 자시(子時)에 처음으로 싹트고, 묘시(卯時)에 태어나서, 오시(午時)에 가지를 늘어뜨리고, 유시(酉時)에 성숙해져서 해시(亥時)에 끝맺음을 하는 것과 같다. 비록 일은 미리 볼 수는 있지만 보장할 수는 없다. 일이 시행이 될 때마다, (그것이) 도달하게 되면 빛과 그림자가 먼저 나타난다. 그 일이 부합하지 않다면, 미리 길을 열어준다. 하늘이 상(象)을 드리워 보여주는 것은 항상 일이 생기기 전에 있는 것이니 사후에 근거하는 것이 아니다. 그 사람을 얻으면 열어서 통하게 해주는 것이니, 도움을 입는다는 것이 이것이다. 열어서 통하게 해주지 않으면, 행해도 공을 이룰 수 없으니, 그 사람이 아니기 때문이다. 이것으로 증거 삼아 도에 의거해 살펴 말한다면 만에 하나라도 실수가 없을 것이다.

바른 사람이라면 분명히 열어 소통하게 해주고, 그 사람이 아니면 닫아 버린다. 참으로 그 사람을 얻으면 질병을 제거할 수 있고, 재앙과 이변은 저절로 사라지고, 오랑캐들이 저절로 항복하여 전쟁이 없게 되니, 모두 저절로 사라지는 것이다. 만물의 태어남이 각기 배치되[는 이유가] 있으니, 올바른 사람을 얻으면 저절로 이루어지고, 그 사람이 아니면 저절로 숨어버린다. 모든 일에 그 사람을 얻지 못하면 억지로 일을 할 수가 없다. 가지고 있는 것이 아니면 억지로 취할 수 없다. 그 땅이 아니면 억지로 파종할 수 없으니 씨앗이 트지 않는다. 씨앗의 불량이라 말하지만 안으로 그 [올바른] 곳을 얻지 못하였으니 어찌 오래갈 수 있겠는가! 육극과 팔방에 각기 마땅한 바가 있는 것이니 만물이 각기 다 드러나서 일마다 같을 수가 없다.

만일 금행(金行)은 서쪽에 있고, 목행(木行)은 동쪽에 있다면, 각기 자기 자리를 얻어 번창하고 자기 자리를 얻지 못하면 줄어들어 없어지게 된다. 그러므로 만물은 땅에 붙어서 태어나는 것으로 하늘에 붙어 있을 수 없다. 해와 달, 별자리들은 도리어 하늘에 붙어 있어야만 광명을 발할 수 있는 것이다. 도라는 것은 이와 같다. 그러므로 [마땅한] 사람이 있는 것이다. 별이 하늘에 있을 때에는 밝게 빛나지만, 땅에 떨어지면 도리어 빛이 없게 되는 것은 자기 자리가 아니기 때문이다. 그것은 항상된 도를 어지럽히는 것이다. 일을 하고자 한다면 일을 하는 것을 제멋대로 행해서는 안 된다. 그 사람이라면 광명을 발할 것이고, 그 사람이 아니라면 행해지지 않을 것이다. 도란 매우 멀어서 측량하거나 알 수 있는 것이 아니다. 그것을 잃는 사람은 실패하고 그것을 얻는 사람은 번창한다. 스스로 흥망성쇠를 알고자 한다면 도가 빛을 내는지 신령이 일어날 것인지를 관찰하고, 안으로 수명(壽命)의 증거를 볼 수 있으니, 이를 근거로 하면 잃어 버림이 없다. 이것은 바로 신서(神書)이고, 젊어짐을 기약하는 것이다. 그 도는 지극히 중한 것이니, 어찌 잘 생각해 보지 않을 수 있겠는가?

그러므로 어질고 현명한 사람에게 전수하여 그로 하여금 스스로 자기의 수명으로 시험하게 하여야 한다. 그 [적합한] 사람이 응당 아울러 세상에 나올 것이고, 현자와 지자가 함께 찾아오고 신서가 함께 이르러서 기이한 방책(奇方)이 절로 나와 모두 즐겁게 만들 것이니, 바로 그 사람이기 때문이다. 이와 같은 것들이 바로 효험이다. 이 말과 같지 않다면, 때로 먼저 (조짐만) 보이고는 행해지지 않는다면, 후세 사람들에게 물려주어 맡도록 해야 한다. 도는 제멋대로 출현하는 것이 아니다. 실제로 가는 방향이 있으나 단지 그 사람인지를 살펴보아 스스로 생각하도록 한다. 도의 되돌아감은 막을 수도 없고 부릴 수도 없다. 그 되어 감을 듣고 그 성공을 관찰해야 하는 것이니, 도는 부질없는 것이 아니다.

그렇긴 하나 재주는 노력함만 같지 않고, 노력은 끊임없이 하는 것만 못하다. 대저 천하의 일은 모두 시험을 통해 진상이 드러나게 된다. 천지신령은 모두 사람을 시험하므로, 사람들 또한 천도를 본받아 시험을 한다. 하늘이 선한 것으로 보는 사람은 그 운명이 이미 좋은 것이고, 하늘이 미워하는 사람은 그 운명이 종잡을 수 없다. 예로부터 지금에 이르기까지 지성으로 하늘을 움직이지 않는 것을 '억지로 구한다'라고 하니, 혹시라도 얻어질 수는 있는 것이라도 억지로 구하여 얻어지는 것이 아니기에 참으로 그 사람의 것이 되지 못한다. 어찌 억지로 취할 수 있겠는가? 그 일은 결국 조화롭고 좋은 것이 아니기에 어긋나고 착란된 것이다.

사람의 수명에는 세 가지 등급, 곧 삼품(三品)이 있는 것이니, 도를 전야(田野)에 머물러 있게 하여 충분히 그것을 사용할 수 있는 사람에게 전수해 주도록 한다. 충분히 그것을 사용할 수 있는 사람이 없을 경우에는 수도(首都)에 있는 스승에게 주어 왁자지껄한 시장에 놓아 둔다. 조심하여 단절되지 않도록 해야 하는 것이니, [그렇지 않다면] 후세에 자식이 없게 될 것이다. 책을 성현과 도사에게 전해주는 것이니 주관하는 사람이나 이름이 없으니 충분히 사용할 수 있는 사람이기만 하면 그에게 주는 것이다. 도는 스스로 적당한 대상이 있는 것이니 모든 사람들에게 말해 줄 수는 없다. 비유하자면, 큰 나무는 산으로 되돌아 가고, 물은 흘러 바다로 가는 것을 막을 수 없는 것과 같다. 천성이 그렇게 하는 것이다. 이것을 따르는 자는 번성하고, 거스르는 자는 패망한다. 신서(神書)가 출현하려고 할 적에는 또한 그것을 (억지로) 감추어 둘 수가 없다.

바른 사람을 얻으면 반드시 드러나게 될 것이고, 바른 사람을 얻지 못하면 어둡기가 마치 벙어리나 장님과 같다. 몸은 편안하지 않고 눈에는 광채가 없게 된다. 이 책문(策文)을 세밀하게 읽는다면 즐거움이 다함이 없을 것이다. 하늘이 번성하게 되고, 수명의 기한을 늘리는 것이 모두 이 안에 들어 있느니라.

태평의 기운이 모두 이미 드러났다. 백성들은 자애롭고 삼가며 삼가고 어진 특징들이 모두 이미 나타났다. 성현과 똑똑한 사람들은 모두 이미 즐거워한다. 특이한 방술과 기이한 글들은 모두 이미 전수되었다. 게으름 피우지 않고 열심히 행하여 스스로를 보좌한다. 영명한 왕과 성스러운 주주는 모두 이미 번창하였다. 오랑캐들은 축출되어 모두 떠나가 버렸다. 모든 백성들은 매우 행복해져서 모두 아무런 말이 없다. 천수를 이미 다 누렸기 때문에 다시는 자기는 억울하다고 생각하지 않는다. 나이든 사람은 이미 선종(善終)을 하였고 젊은이는 온전하다.

책이 만세토록 끊임없이 전해져 자손들이 서로 전하여 매일 서로 가르치는 것을 참된 글이라 한다. 만세토록 바뀌지 않아 사람들에게 길함을 가져다주어 도가 이미 모두 이루어져 저절로 그러한 상태가 된다. 하늘의 복록이 절로 이르러서 감히 사양할 수가 없다. 대인은 이것을 얻어서 나라를 평안하게 하고, 중급의 선비는 이것을 얻어서 좋은 신하가 되고, 소인은 이것을 얻어서 재앙을 피할 수 있게 된다.

이상은 도의 뜻이 지니는 옳고 그름에 통달하는 책문이다.

[존] 정부(丁部) 제사에서 말한다. 우리 도의 커다란 효험을 알고자 한다면, 현명하고 도와 덕을 갖춘 군주에게 전수해주어 이에 따라 사용하게 해보라. 바로 천지와 서로 호응을 하게 될 것이니 이것이 바로 크게 분명한 효험이고 증거이다.

天之授事, 各有法律. 命有可屬, 道有可爲, 出或先或後, 其漸豫見. 比若萬物始萌於子, 生於卯, 垂枝於午, 成於酉, 終於亥,[1] 雖事豫見, 未可得保也. 事各有可爲, 至光景先見,[2] 其事未對, 豫開其路. 天之垂象也, 常居前, 未嘗隨其後也. 得其人而開通, 得見祐助者是也. 不開不通, 行之無成功, 卽非其人也. 以是爲明證, 道審而言, 萬不失一也. 但是其人, 明爲其開, 非其人則閉, 審得其人, 則可以除疾, 災異自消, 夷狄自降, 不須兵革, 皆自消亡. 萬物之生, 各有可爲設張, 得其人自行, 非其人自藏. 凡事不得其人, 不可强行. 非其有, 不可强取. 非其土地, 不可强種, 種之不生. 言種不良, 內不得其處, 安能久長. 六極八方, 各有所宜, 其物皆見, 事事不同. 若金行在西, 木行在東,[3] 各得其處則昌, 失其處則消亡. 故萬物著於土地迺生, 不能著於天, 日月星曆反著於天, 迺能生光明. 夫道如此矣, 故有其人. 星在天時有明, 墮地反無光, 卽非其處也. 故亂常道. 有可爲出不妄行, 是其人則明, 非其人則不可行. 夫道迺深遠不可測商矣, 失之者敗, 得之者昌. 欲自知盛衰, 觀道可著, 神靈可興也, 內有壽證候之, 以此萬不失一也. 此迺神書也, 還年之期, 其道至重, 何可不思. 故傳之仁賢明, 試使行之以自命. 是其人應當並出, 賢知並來, 神書並至, 奇方自出, 皆令歡喜, 卽其人也. 以此爲效. 不如此言, 或但先見, 非可得行也, 當遺後來, 道不妄出也.[4] 實有可之, 但問其人, 令使自思. 道之可歸, 亦不可禁, 亦不可使, 聽其可之, 觀其成功, 道不可空. 雖然, 夫才不如力, 力不如爲而不息也. 夫天下之事, 皆以試敗, 天地神靈皆試人, 故人亦象天道而相試也. 得見善者, 其命已善矣, 其見惡者, 命已疑矣. 自古到今, 不至誠動天, 名爲强求, 或亦遂得之. 强求不得, 眞非其有也, 安可强取, 其事以不和良, 乖忤錯亂.

人命有三品[5] 歸道於野, 付能用者. 不能用者, 付於京師, 投於都市. 愼無閉絶, 後世無子.[6] 傳書聖賢及與道, 無主無名, 付能用者. 道自有可之, 不可各人可附言語. 猶若大木歸山, 水流歸海, 不可禁止也, 天性使然. 順之者昌, 逆之者敗亡. 神書欲出, 亦不可閉藏. 得其人必自揚, 不得其人暗聾盲, 身則不悅, 目中無光. 精讀此策文樂也夫央.[7] 天昌延命之期數, 皆在此中也. 太平之氣, 皆已見焉. 民慈愛謹良, 皆以出焉. 賢聖明者, 皆已悅焉. 殊方奇文, 皆已付焉. 勉行無懈, 以自輔焉. 明王聖主, 皆以出焉. 夷狄卻除, 皆以去焉. 萬民幸甚, 皆以無言, 天壽已行, 不復自冤, 老以命去, 少者遂全. 書傳萬世無絶, 子孫相傳. 日以相敎, 名爲眞文, 萬世無易, 令人吉焉. 道以畢就, 便成自然, 有祿自到, 無敢辭焉. 大人得之以平國, 中士得之爲良臣, 小人得之以脫身.

右通道意是非之策文.

[存] 丁部第四云 : 欲知吾道大效, 付賢明道德之君, 使其按用之, 立與天地乃響應, 是其大明效證驗也. 雲笈七籤卷六四輔引 (案此所引, 頗似經第四十八卷三合相通訣第七葉中之文)

역주

1) 萬物始萌於子, 生於卯, 垂枝於午, 成於酉, 終於亥(만물시맹어자, 생어묘, 수지어오, 성어유, 종어해) : "만물시맹어자, 생어묘, 수지어오, 성어유, 종어해(萬物始萌於子, 生於卯, 垂枝於午, 成於酉, 終於亥)"는 한대역학(漢代易學)에 근거한 주장이다. 한대역학에 의하면 다음과 같다.

	순위	해당괘	방향	절기	월
子	제1위	坎卦	정북쪽	동지	11월
卯	제4위	震卦	정동쪽	춘분	2월
午	제7위	離卦	정남쪽	하지	5월
酉	제10위	兌卦	정서쪽	추분	8월
亥	제12위	乾卦	서북쪽	입동	10월

즉 이것은 만물의 발아생장 등의 규율을 말하는 것이다.

2) 事各有可爲, 至光景先見(사각유가위, 지광영선견) : '사각유가위(事各有可爲)'는 '사각유소위(事各有所爲)'이다. 즉 "도에 의해 일이 시행될 적마다"라는 의미이다. '광영(光景)'에서 '경(景)'은 '영(影)'이다. 즉 '광영(光景)'은 빛에 의해 생기는 그림자로서 미리 보여지는 전조를 지칭한다. "지광영선견(至光景先見)"은 "사태가 도달하자면, 조짐이 미리 나타난다"는 의미이다.

3) 金行在西, 木行在東(금행재서, 목행재동) : 오행에는 각기 방위가 있다. 금은 서쪽에 소속되고, 목행은 동쪽에 소속되고, 수행은 북쪽에 소속되고, 화행은 북쪽에 소속되고, 토행은 중앙에 소속된다.

4) 不如此言, 或但先見, 非可得行也, 當遺後來, 道不妄出也(불여차언, 혹단선견, 비가득행야, 당유후래, 도불망출야) : 어떤 일이 조짐만 보이고 시행이 되지 않는 것은 그 사람이 아니기 때문이니 후세에 그 사람이 나올 때를 기다려야 한다. 왜냐하면 도는 그 사람이 없이 이유 없이 시행되지 않기 때문이다.

5) 人命有三品(인명유삼품) : 삼품은 상수(上壽) · 중수(中壽) · 하수(下壽)를 지칭한다. 상수는 120세, 중수는 80세, 하수는 60세이다.

6) 愼無閉絶, 後世無子(신무폐절. 후세무자) : 도의 전수를 단절되게 하지 말아야 하니, 단절되게 하면 후세에 자손이 없는 죄과를 치를 것이란 말이다. 『정독』에서는 "신무폐절. 후세무자(愼無閉絶. 後世無子)"는 "신무폐절, 폐절, 후세무자(愼無閉絶, 閉絶, 後世無子)"의 형태로 되어야 한다고 한다. 즉 '폐절(閉絶)'이 한 번 빠진 것이다.

여기에서의 '무(無)'는 '무(毋)'와 같다.

7) 精讀此策文樂也夫央(정독차책문악야부앙) : 『정독』에서는 '夫央'을 '未央'으로 보니 따른다. 이 부분에 대해서는 단구 방식도 각기 다른데, 『정독』에서 다음과 같이 말하고 있다. "'순지자창, 역지자패망. 신서욕출, 역불가폐장. 득기인필자양, 부득기인암롱맹, 신칙불열, 목중무광. 정독차책문악야부앙(順之者昌, 逆之者敗亡. 神書欲出, 亦不可閉藏. 得其人必自揚, 不得其人暗聾盲, 身則不悅, 目中無光. 精讀此策文樂也夫央)'에서 창(昌), 망(亡), 장(藏), 양(揚), 맹(盲), 광(光), 앙(央)이 운자이니 모두 양부(陽部)의 글자이다."

太平經

제56~64권

정부(丁部)의 5~13

『태평경초』

1. 궐제(闕題)

해제 이 부분은 원본 『태평경(太平經)』에서는 모두 소실되었고, 왕명(王明)이 『태평경초(太平經鈔)』 정부(丁部)의 5, 6, 7, 8장의 일부 내용을 편집하여 「궐제(闕題)」라는 제목 하에 『태평경합교(太平經合校)』에서 보완한 내용으로, 『돈황목록(敦煌目錄)』에서 예시한 제56권 「여신약속결(與神約束決)」, 제57권 「역술분별길흉결(曆術分別吉凶決)」과 대체로 일치한다. 여기서는 왕명이 보완 정리한 편집 체제를 따라 「궐제」로 분류하여 처리하였다. 그 내용은 대체로 도교의 충효(忠孝) 사상과 수양의 관계를 논하면서, 하늘의 이치(天理)에 순응하고 역법의 원리에 따라서 상하(上下)가 화합하고 인간 세상의 일을 처리할 것을 강조한 내용이다.

[하늘에 순응하여 다스리고, 위와 아래가 화합하고, 하늘의 재앙이 제거되고, 간사하고 거짓됨이 단절되는 것을 예언하는 본래의 글.]

상고시대 사람들은 모두가 마음이 넓고 눈이 밝고 귀가 통하여, 아직 일어나지 않은 일을 미리 알고, 아직 일어나지 않은 일에 대해 깊게 생각하고, 만물에 감응하고, 탁월하게 스스로가 다르게 표현하며, (하늘이) 베풂을 이루지 않는 것이 없었다. 항상 말하는 것은 돈독하여 통달하지 않음이 없고, 황천(皇天)의 텅빈 마음을 잃지 않으며, 끝없는 지혜와 언어를 사모하였다. 사람의 수명이 늘어나고 줄어들고 길고 짧음을 알고 각각 나뉘어진 부분이 있으며, 항상 음양의 조화에 따라 변화가 있게 되고 위아래와 가운데로 그 요체를 취하여, 여러 신들과 더불어 약속함이 분명하게 된다. 오로지 각자 천지가 크게 꺼려하는 것을 어기지 않고, 받들고 행하고자 하는 것은 반드시 하늘의 뜻에 부합해야 하며, 문서(文書)로써 서로 보고하여 위로는 하늘의 군주에 이르게 되고, 하늘의 군주는 문서를 받고서 그들 스스로가 한 약속을 분명하게 보게 된다.

뒤에 문서를 내어 그들 스스로가 원망하지 않도록 해서 곧고 옳은 사람은 자연스럽게 나아갈 수 있게 하는데, 보고하지 않아도 스스로 일고, 음성은 밝고 명철해서 위와 아래가 준수해야 할 법칙이기 때문에 각자가 한 약속을 저버리지 않아야 한다. 아마 미치지 못해서 아직 한 번도 자책하지 않은 적이 없으며, 때마다 항상 잘못이 있어서 감독 문서에 기록되지나 않을까 걱정한다. 신들은 서로 보고하는 데 일찍이 나태한 적이 없으며, 만일 잘못이 있게 되면 직무에서 물러나게 된다. 그러므로 거듭 하늘의 칙서를

(인간 세상에) 말하고 반복해서 문서로 (하늘에) 보고하기 때문에 당연히 말한 것을 어기지 않는다. 이것은 하늘이 당연히 받들어 잇는 것이고 천신(天神)과 지신(地祇)이 높이는 것으로 모두 법과 같은 것이기 때문에, 감히 그만둘 수 없다. 다만 명확하게 깨달을 수 없는 것은 받는 것이 하나가 아니기 때문이며, 모두가 당연히 지혜를 널리 열어주는 의미를 지니는데 기약한 것을 위배할까 걱정한다. 신은 귀하고 낮음이 있고 위와 아래가 서로의 일이 있으니, 말한 바와 같지 않게 번번이 새겨지고 기록되었다. 걱정하는 마음의 측은함은 항상 목말라서 마시고 굶주리고 먹고자 하는 것과 같았다. 하늘의 군주가 훈령을 내리자 알고서 이에 가르침을 펼치는데, 서로 주재할 수 있게 되면서 문서가 하나가 아니게 되었으니, 당연히 그 뜻을 얻어야만 뒤에 각자 믿음이 있게 된다.

상고시대의 사람은 미래에 있을 일에 대한 득실을 생각할 때, 겉에서 속까지, 위에서 아래까지, 동서남북 사방과 북동, 남동, 북서, 남서 사우(四隅)의 밖까지 관망하여 그 벼리를 보았는데, 세월은 차례로 옮겨가고 신령은 상통하여 다시 시작하니 어디에 다하는 때가 있겠는가? 별이 운행하는 도수는 각기 그 이치가 있고 일찍이 달리 이동한 적이 없기 때문에, 이러한 일은 서로 헤아릴 수 있어서 다시 의심할 것 없다. 모두가 길하고 흉한 것이 기원하는 바를 알기 때문에 역법의 강요를 설치하였다. 360일의 큰 달과 작은 달을 계산하면, 본래 분수인 한 달의 날짜를 채우지 못한 달은 바로 작은 달이 된다. 봄여름가을겨울에는 각기 구별되는 이치가 있는데, 물시계의 눈금이 위아래로 움직일 때 물의 흐름이 더디고 빠름에 따라서 셋으로 나뉘어 새 것과 옛 것의 변화가 있게 되고, 각자가 알 수 있도록 해서 조금의 오차도 없게 한다. 각기 열두 달이 배치되고, 이십사절기는 전후로 '사십팔 전(箭)'이 있어서 각 칠

팔일에 해당하고, 절기에는 낮이 길어지기 시작하는 날이 있으니, 역시 다시 칠일을 정해 쓰며 들고 나면서 하늘의 신과 땅의 귀신(地祇)에 제사지내야 한다.

모든 관리가 물시계가 가리킨 시간을 준수하여 마땅히 때를 잃지 말고 준수해야 하며, 만약 때에 벗어나서 신령에게 응하지 못한다면 죄를 묻게 될 것이 하나가 아닐 것이다. 그러므로 낮과 밤을 분명하게 하고 낮의 길고 짧음을 따르는 것은 100각(刻)을 약속으로 삼아서 오차가 없게 한다. 덕이 있는 나라는 대낮이 길어지고 물의 흐름이 완만하고 일촌(一寸)과 십분(十分)이 법규의 수목(數目)에 부합한다. 지금 나라의 대다수가 사용하지 않아서 날과 달이 점차 짧아지고 일각(刻)이 팔구분이 되었기 때문에 노인들이 나이를 먹게 해서 당연히 약해야 하는데도 오히려 왕성하게 되었으며, 그 나이를 스스로 사소하게 여기도록 하였는데, 무엇으로 다시 장수의 시간을 진정으로 지탱 것이며, 또한 만일 나라의 많은 신하들에게 나라에서 관리하는 중요한 측량기구로 느리게 하고 완만하게 하여 재도록 한다면 뒤에 태어나는 사람이 복을 받고 살아가는 기간이 줄어들게 되는데, 그때에 맞지 않는 잘못이 있게 되면 다시 징벌을 당하게 될 것이다.

오직 천지의 밝음은 바로 남쪽에 있어서 '사(巳)'와 '오(午)'가 같은 집안을 이루고 '이(離)'는 본위가 된다. '명당'의 일을 맞이하여 해는 가장 밝게 빛나 남으로부터 북으로 향하고, 양기가 나아가고 물러나는 것 역시 항상성을 잃지 않고, 음과 양이 상호 밀접하게 작용하여 북쪽의 위치(子鄕)에 이르게 되고, 한기와 온기가 서로 교차하며 저절로 그러함을 맑고 밝게 관통하므로, 매우 기뻐한다. 낳아서 기르는 도는 소양(少陽)과 태양(太陽), 나무(木)와 불(火)이 서로 번성시키는 데 있고, 각각이 그 추구하는 것을 얻는데 다시 무슨 다툼이 있겠는가? 겉에서 속까지 서로 계승하면서도, 이름을 잃지 않으며, 위로는 하늘에서 빛나는 일월성신(日月星辰)에 미치고 아래로는 소리 없는 것(흙, 돌, 산, 물, 풀, 나무 등)에까지 이르며, 고요하게 저절로 그러함과 함께하며 만물을 번성시키는데, 이것이 바로 분명하게 알 수 있게 하는 것이다. 베푸는 것에 의거하지 않고 스스로 이루는 것은 하늘이 우러러보는 것으로 마땅히 그 명분을 접수하며, 북두성(機衡)이 가리키는 데에는 삶과 죽음의 기한이 있으며, 생명을 주관하는 신령은 명부를 받드는데 명부는 세상 사람들의 생사와 선악 등에 관한 일체를 기록한 책으로 서로 부합하지 않는 내용이 있으면 불러 다시 조사한다.

세상 사람들을 감독하고 보호하는 신령은 서로의 실질을 묻고 조사한 후에 위로 천군(天君)에 보고하는데 천군 아래에는 이러한 일들을 주관하여 다스리는 신령이 있다. 보고받는 신은 곁에서 떠나지 않으며, 안팎으로 공경을 받을 뿐만 아니라 감히 사사로이 일을 처리하지 않기 때문에 누구를 하늘에 오르게 할 것이며 누구를 땅으로 내려가게 할 것인지에 대하여 각기 때를 잃지 않고 처리한다. 태음사관(太陰司官) 또한 감히 나태하고 태만하지 않는다. 신선이 되길 추구하여 하늘의 문과 하늘의 집에 진입한 사람은 스스로의 말과 행동을 조심해서 언제나 서로 선을 행하고 도에 맞게 행하도록 도우며, 자신의 성명이 통보되면 하늘의 명령을 받아 시행하되 조금의 차이도 없게 한다. 상고시대에 사람들은 지혜와 사려가 있어 비추지 못하는 것이 없었고 보지 않는 것이 없었으며, 신명의 도를 받아서 밝게 비추어 알 수 있었을 뿐만 아니라 스스로 법도가 있어서 그 항상됨을 잃지 않았다. 태초 이래 역법에 길고 짧음이 있게 되어서 매우 심오하고 오묘하였다. 고대에서 지금에 이르기까지 역법의 요체가 나와서 그치게 되는 것과 이루어지게 되는 것이 있었다. 마침내 마음속 생각으로 관찰하고 추산하여 이후로 이루어지고 만들어지는 것이 나아가지 못하는 것이 없게 되었을 뿐만 아니라 수는 역법의 표준에 상응해서 해와 누적된 날과 달들을 계산하게 되었는데, 대체로 이와 같이 나누어 계산할 수 있게 되었다.

應天理上下和合天災除奸僞斷絶識本文.[1] 上古之人, 皆心開目明耳洞, 預知未然之事, 深念未然, 感動無情, 卓然自異, 未有不成之施. 所言所道, 莫不篤達, 不失皇虛之心, 思慕無極之智, 無極之言. 知人壽命進退長短, 各有分部, 常以陰陽, 合得消息, 上下中取其要,[2] 與衆神有約束. 但各不得犯天地大忌, 所奉所得, 當合天意, 文書相白, 上至天君, 天君得書, 見其自約束分明. 乃後出文, 使勿自怨, 中直自進, 不白自聞, 音聲洞徹, 上下法則, 各不失期. 恐有不及, 未曾有不自責, 時常恐有非見督錄. 神相白未曾懈, 有過見退用. 故重復語敕, 反覆辭文, 宜不違所言. 是天之當所奉承, 神祇所仰, 皆如法, 常不敢息. 恐有不達, 所受非一, 皆當開心意, 恐違期. 神有尊卑, 上下相事, 不如所言, 輒見疏記. 憂心惻惻, 常如飢渴欲食. 天君開言, 知乃出教, 使得相主, 文書非一, 當得其意, 後各有信.

上古之人, 失得來事, 表裏上下, 觀望四方, 四維之外, 見其紀綱, 歲月相推, 神通更始, 何有極時. 星數之度, 各有其理, 未曾有移動, 事輒相乘, 無有復疑. 皆知吉凶所起, 故置曆紀. 三百六十日, 大小推算, 持之不滿分數, 是小月矣.[3] 春夏秋冬, 各有分理, 漏刻上下,[4] 水有遲快, 參分新故,[5] 各令可知, 不失分銖. 各置其月, 二十四氣前後箭各七八, 氣有長日亦復七八,[6] 以用出入, 祠天神地祇, 使百官承漏刻期, 宜不失, 脫之爲不應, 坐罪非一. 故使晝夜有分, 隨日長短, 百刻爲期, 不得有差. 有德之國, 日爲長, 水爲遲, 一寸十分, 應法數.[7] 今國多不用, 日月小短, 一刻八九, 故使老人歲月, 當弱反壯, 其年自薄, 何復持長時, 如使國多臣, 樞機衡舒遲,[8] 後生蒙福, 小得視息, 不直有惡, 復見伐矣. 惟天地之明, 爲在南方, 巳午同家, 離爲正目.[9] 當明堂之事,[10] 日照明以南向北, 陽氣進退, 亦不失常, 陰陽相薄, 以至子鄉,[11] 寒溫相直,[12] 照徹自然, 甚可喜. 生養之道, 少陽太陽, 木火相榮,[13] 各得其願, 是復何爭. 表裏相承, 無有失名, 上及皇燿, 下至無聲, 寂靜自然, 萬物華榮, 了然可知. 不施自成, 天之所仰, 當受其名, 機衡所指, 生死有期, 司命奉籍, 簿數通書, 不相應召. 所求神簿問相實, 乃上天君, 天君有主領. 所白之神, 不離左右, 其內外見敬, 亦不敢私承, 所上所下, 各不失時. 太陰司官, 不敢懈止. 正營門閤, 恐自言事, 輒相承爲善爲要道, 牒其姓名, 得敎則行, 不失銖分. 上古之時, 有智慮無所不照, 無所不見, 受神明之道, 昭然可知, 亦自有法度, 不失其常. 從太初已來, 歷有長短,[14] 甚深要妙. 從古至今, 出歷之要, 在所止所成. 輒以心思候算, 下所成所作無不就, 幷數相應繩墨, 計歲積日月, 大分爲計.

역주

1) 應天理上下和合天災除奸僞斷絶讖本文(응천리상하화합천재제간위단절참본문) : 글 전체의 주제를 개괄하는 결구에 해당하는 내용으로, 결구를 글의 말미에 두는 『태평경(太平經)』의 전체 체제와는 달리 『합교(合校)』에서는 이 문장을 문두에 배치했다. '리(理)'는 동사로 '다스리다(治)'는 의미로 해석하였다. '본문(本文)'은 영험하여 경전의 반열에 속하는 '예언서(讖書)' 본래의 원시 문자를 말한다.

2) 上下中取其要(상하중취기요) : '상(上)'은 양(陽)이 오르고 음(陰)이 내려가는 양승음강(陽乘陰降)을, '하(下)'는 양(陽)이 내려가고 음

(陰)이 올라가는 양강음승(陽降陰乘)을 의미한다. '중(中)'은 두 기운이 만나 조화롭게 협조하는 것을, '요(要)'는 관건이 되는 대요(大要)를 말한다.

3) 持之不滿分數, 是小月矣(지지불만분수, 시소월의) : '분수(分數)'란 본래 날짜가 분수로 표시되는 삭망월(朔望月 : 초승달 때에서 다음 초승달 때 또는 보름달부터 다음 보름달 때까지의 시간으로 평균 29일 12시간 44분 2초임)을 말한다. 이 날짜를 채우지 못한 달이 작은 달(小月)이다.

4) 漏刻上下(누각상하) : '누(漏)'는 옛날 물시계의 일종이며, '각(刻)'은 물시계의 눈금을 가리키는 바늘의 일종으로, 물시계의 눈금이 위아래로 움직이는 것을 형용한 문장이다.

5) 參分新故(삼분신고) : '삼(參)'은 '삼(三)'을 의미하며, 1일 100각(매刻은 15분)이 봄과 가을, 여름, 겨울 각 세 가지로 구별되어 낮과 밤의 비율을 구성하고 있음을 말한다. 즉 봄과 가을은 낮과 밤이 각 50각, 여름은 낮과 밤이 각 60각과 40각, 겨울은 낮과 밤이 40각과 60각으로 이루어졌음을 의미한다. '신고(新故)'는 새 것과 옛 것이 교차하며 변화하는 것을 의미한다.

6) 二十四氣前後箭各七八, 氣有長日亦復七八(이십사기전후전각칠팔, 기유장일역부칠팔) : 해석이 분분한 구절이다. 『건착도(乾鑿度)』에 의하면 24절기의 매 절기는 전후 2전(箭)으로 구성되어 24절기는 총 48전에 해당되며, 1전은 7일 내지 8일에 해당된다고 한다. 24절기 전후 48절기가 7일 반에 해당된 점을 고려할 때 48전과 48절기는 대체로 일치한다. '장일(長日)'은 동지에서 하지에 이르기까지 낮이 길어지기 시작하는 날부터를 말한다. 그리고 장일(長日), 즉 동지부터 사람이 활동하기 좋은 7, 8일을 선택하여 천신과 지기에게 제사지낼 것을 말하고 있다.

7) 一寸十分, 應法數(일촌십분, 응법수) : '일촌(一寸)'은 '촌'은 길이를 재는 단위, '십분(十分)'의 '분'은 용량을 측정하는 단위로, 각각의 단위가 모두 법규에 정확하게 들어맞고 있음을 말한다.

8) 樞機衡舒遲(추기형서지) : '추(樞) · 기(機)'는 각각 모두 나라에서 관리하는 중요한 측량 기구를 의미하고 '형(衡)'은 동사로 측량한다고 해석하였다. 중요한 측량 기구들을 부지런히 이용하며 정확하게 측량하지 않는다는 의미이다. 이와는 달리 『금주금역(상)』은 북두칠성의 제1성과 5성까지 합한 별명을 선기(璇璣), 제5성과 7성까지 합한 별명을 옥형(玉衡)이라 하기 때문에 '추기형(樞機衡)'은 북두칠성을 가리킨다고 주석하며, 나라에서 덕이 있는 신하들을 많이 채용하면 북두칠성의 운행 속도를 완만하게 할 수 있다고 한다.

9) 巳午同家, 離爲正目(사오동가, 이위정목) : '사(巳)'와 '오(午)'는 각각 지지(地支)의 제5위와 제6위에 해당하는 것으로 동남쪽과 정남쪽을 대표하기 때문에, 남쪽을 대표하는 같은 집안이라고 표현한 것이다. '이(離)'는 팔괘(八卦)의 하나인데 남쪽을 뜻하고 화행(火行)을 대표하며 '정목(正目)'은 남을 주관하는 본위임을 의미한다. 동 · 서 · 북을 주관하는 본위는 진(震) · 태(兌) · 감(坎)이다.

10) 當明堂之事(당명당지사) : '명당(明堂)'은 천제(天帝)가 다스림을 시행하는 궁(宮)으로 동쪽 칠숙(七宿) 중의 '심숙(心宿)'을 가리킨다. 양기가 매우 성행한 상태를 의미한다.

11) 以至子鄕(이지자향) : '자(子)'는 지지(地支)의 제1위로 '자향(子鄕)'은 정북쪽과 11월 동지를 대표하며 감(坎)괘가 위치하는 곳이다. 양기가 땅속에서 생기기 시작함을 말한다.

12) 寒溫相直(한온상직) : '직(直)'은 한기와 온기가 서로 대응하며 교차한다는 의미이다. 즉 음기는 하지(午)에서부터 양기는 동지(子)에서부터 생겨나서 겨울과 여름의 춥고 더운 상황을 교차하며 연출하고 있음을 의미한다.

13) 少陽太陽, 木火相榮(소양태양, 목화상영) : 오행(五行)과 네 계절(四時)의 대응관계에서, 봄은 나무(木), 소양(少陽)에 해당하고 그 기운은 만물을 '장생(長生)'하게 하고, 여름은 불(火), 태양(太陽)에 해당하고 그 기운은 만물을 '장양(長養)'하게 한다. 오행이론에서 목(木)은 화(火)를 낳는 관계(木生火)이기 때문에, 나무와 불은 서

로를 번성하게 하고 서로 원하는 것을 충족시켜주는 관계에 있다.

14) 從太初已來, 歷有長短(종태초이래, 역유장단) : '태초(太初)'는 통상 천지가 미분화된 혼돈 상태를 지칭한다. '태초(太初)'를 한(漢)의 무제(武帝)의 연호로 주석하여 한 사례(『전역(상)』)가 있지만 뒤의 문장에 나오는 '옛부터 지금까지'라는 문장과 호응하지 못한다. '장단(長短)'은 날과 달의 길고 짧음의 규정이 있게 된 것을 의미한다.

2. 궐제(闕題)

해제 이 부분은 원본 『태평경(太平經)』에서 소실되어 없는 것으로, 『태평경초(太平經鈔)』 정부(丁部)의 8, 9장의 일부 내용을 편집하여 왕명(王明)이 「궐제(闕題)」라는 제목 하에 『태평경합교(太平經合校)』에서 보충한 내용이다. 『돈황목록(敦煌目錄)』에서 예시한 제57권 「금주법(禁酒法)」의 편제와 대체로 일치한다. 여기서는 왕명이 보완 정리한 편집 체제를 따라서 「궐제」로 분류하였다. 이 부분의 대략적인 내용은 풍년의 시대가 온다면 유행할 수 있는 대량의 양곡을 소모하는 양조와 술의 위해성을 경고하고, 오행(五行) 설에 근거하여 그것을 범하면 가하는 형벌의 방법에 대해서 논하고 있다.

지금 천지가 크게 즐거운 세월이라면, 제왕은 당연히 편안히 앉아서 걱정이 없고 백성들은 다만 노닐며 일삼음 없이 적은 직무만 담당하며, 오곡은 다시 이전처럼 반복하여 가치 없는 것이 되지는 않는다. [기] 천하가 즐겨 술을 빚길 흥겨워하며 서로 마시고 시장 길에서 더욱 심하니, 이것을 말하여 수(水)가 화의 운행(火行)을 이겨서 양화(陽化)를 해친다고 한다. 모든 사람이 한 번 음주해서 취하게 하면, 혈맥을 다시 일으키고, 사고 파는 데 있어서 본래의 직분을 잃고 서로 싸우는 것이 지나쳐 죽음에 이르거나 해치고 죽이게 된다. 또는 이른 아침에 시장에 모이고 도리어 밤이 늦어서야 귀가한다. 어떤 때는 간사한 사람에게 사기를 당하거나, 높은 곳에서 떨어져 죽거나, 마차나 수레에 치여 상해를 입기도 한다. 술의 해로움을 생각하면 수만 가지로 헤아릴 수 없다.

생각해 보라. 사해 안에는 얼마나 많은 시장이 있을 것인가? 한 달 사이에 소비되는 오곡이 수억만의 말(斗)과 곡(斛)에 이를 뿐만 아니라, 아무 이유 없이 사람을 살상함이 날마다 있을 것이지만, 때로 이로 인해 고아나 홀로된 자가 후사를 잇지 못하거나 부모와 원한을 맺는 재앙이 생기며, 어떤 때는 그 재앙이 자손까지 미치게 된다. 왕과 관리가 처리할 수 없어서 가슴을 치며 하늘에 호소하나 황천의 영혼(皇靈)이 감응하여 음양과 네 계절, 오행의 기를 어긋나게 하고, 다시 상황(上皇)시대 태평 군주의 다스림을 거스르니 태화기(太和氣)를 역행하게 한다. 대개 아무 이유 없이 백성을 들추어 술을 빚도록 해서 오곡을 낭비하면 다시 이와 같은 재앙을 초래할 것이다. 오로지 덕이 있는 군주에게 칙령을 내려 명령을 분명하게 하도록 해서 관리와 백성에게 말해야 한다. 지금 이후 감히 시장에 모여 아무 이유 없이 한 말을 마시는 자는 태형(笞刑) 30대와 삼일의 노역으로 벌한다. 두 말을 마시는 자는 태형 60대와 육일의 노역으로 벌한다. 세 말을 마시는 자는 태형 90대와 구일의 노역으로 벌한다. 각기 그 술의 양에 따라 벌을 내린다. 술집 주인 또한 마찬가지로 적용하여 모두 성곽과 도로와 관사를 수리하도록 하는데, 벌로 성곽과 도로와 관사를 수리하도록 하는 것은 흙(土)의 효과를 크게 하는 것이기 때문이다. 흙은 바로 물을 이기기 때문에 이것으로 눌러서 진정시키고 끊어서 없앰으로써 물이 과도하게 양을 해치지 않도록 한다. 물(水)은 가장 왕성한 음기인 태음의 백성이기 때문에, 이와 반대로 왕을 홍하게 하는 양의 정을 훼손하는 해로움이 심각하다. 도로를 수리하고 큰 도를 취하여 홍성시키려면 같은 부류로서 상호 점을 치며 점차 태평함이 이르도록 한다.

[부(附)] 『요수과의계율초(要修科儀戒律鈔)』 제40권 〈음주연(飮酒緣)〉에서는 『태평경(太平經)』을 인용하여 다음과 같이 말한다.

진인들이 여쭈었다. "천하가 술을 빚어 서로 마시는데 시장과 길거리에서 가장 심하게 술자리가 벌어집니다. 모든 사람이 술을 마시고 만취해서 미치듯이 노래하며 일할 수 없게 되어, 어떤 경우에는 싸우는 것이 지나쳐 죽음에 이르고, 어떤 경우에는 해치고 죽이게 되고, 때로는 간음하거나 높은 곳에서 떨어지는 등, 술로 인하여 해로함을 당하는 것이 헤아릴 수 없이 많습니다. 나라 안을 생각하면 얼마나 많은 시장이 있으며, 하루 사이에 소비되는 오곡이 수억만의 말과 곡에 이를 뿐만 아니라 다시 이로 인한 재앙이 초래되어, 연이어 왕에게까지 미치게 되거나 자손까지 탄식하게 하는데, 위로 황천이 감응하니 재앙이 음양을 어지럽게 하고 네 계절과 오행의 기를 어긋나고 뒤틀리게 합니다. 무엇 때문에 광란의 약물을 만들어서 서로 마시고 단절시킬 수 없습니까?"

신인이 다음과 같이 대답하였다. "좋도다! 마시고 먹는 것은 인명(人命)이다. 나의 말은 따를 수도 있고 따를 수 없을 수도 있겠지만, 덕이 있는 군주에게 칙령을 내려 말하도록 한다면, 지금 이후부터 아무 이유 없이 한 말을 마시는 자는 태형(笞刑) 20대, 두 말을 마시는 자는 장형(杖刑) 60대, 세 말을 마시는 자는 장형 90대, 열 곡(斛)은 장형 300대의 벌을 내린다. 이와 같이 벌의 기준을 세우고 널리 천하에 명령하여 현인과 군자에게 법을 알고 형벌의 치욕을 두렵게 여기도록 한다면, 반드시 감히 음주하는 사람의 범주에 들지 않을 것이다. 어리석은 사람이 죄를 지으면 벌하고 술집 주인 또한 음주한 자와 같게 처벌한다."

진인들이 말하였다. "만약 천리 먼 길을 온 손님이나 집안에 늙은 병자가 있거나 신에게 제사를 지내는 경우는 어떻게 합니까?"

신인이 답하였다. "만약 천리 먼 길을 온 군자가 나라에 금령이 있음을 안다면 조금도 위배할 수 없으며 모여서 음주할 수 없다. 집안에 노약한 병자가 있다면 약주(藥酒)로는 사용할 수 있다."

今天地且大樂歲, 帝王當安坐而無憂, 民人但遊而無事少職, 五穀不復爲前, 無有價直. ⸤起⸥天下興作善酒以相飮, 市道尤極,[1] 名爲水令火行, 爲傷於陽化.[2] 凡人一飮酒令醉, 狂脈便作, 買賣失職, 更相鬥死, 或傷賊. 或早到市, 反宜乃歸.[3] 或爲奸人所得, 或緣高墜, 或爲車馬所剋賊. 推酒之害萬端, 不可勝記. 念四海之內, 有幾何市, 一月之間, 消五穀數億萬斗斛, 又無故殺傷人, 日日有之, 或孤獨因以絶嗣, 或結怨父母置害, 或流災子孫. 縣官長吏, 不得推理, 叩胸呼天, 感動皇靈, 使陰陽四時五行之氣乖錯, 復旱上皇太平之君之治,[4] 令太和氣逆行. 蓋無故發民令作酒, 損廢五穀, 復致如此之禍患. 但使有德之君, 有敎敕明令, 謂吏民言, 從今已往, 敢有市無故飮一斗者,笞三十, 謫三日. 飮二斗者, 笞六十, 謫六日. 飮三斗者, 笞九十, 謫九日. 各隨其酒斛爲謫. 酒家亦然, 皆使修城郭道路官舍, 所以謫修城郭道路官舍, 爲大土功也. 土乃勝水, 以厭固絶滅, 令水不過度傷陽也. 水, 太陰也, 民也, 反使興王, 傷損陽精, 爲害深矣. 修道路, 取興大道, 以類相占,[5] 漸置太平. [止]

[附] 要修科儀戒律鈔卷十四飮酒緣引太平經云, 眞人問曰, 天下作酒以相飮, 市道元據.[6] 凡人飮酒洽醉, 狂詠便作, 或卽鬥死, 或則相傷賊害, 或緣此奸淫, 或緣玆高墮, 被酒之害, 不可勝記. 念四海之內有幾何市, 一日之間, 消五穀數億萬斗斛, 復緣此致害, 連及縣官, 或使子孫呼嗟, 上感動皇天, 禍亂陰陽, 使四時五行之氣乖反. 如何故作狂藥, 以相飮食, 可斷之以否. 神人曰, 善哉. 飮食, 人命也. 吾言或有可從或不可從, 但使有德之君敎勑言, 從今以往, 敢有無故飮酒一斗者, 笞二十, 二斗杖六十, 三斗杖九十, 一斛杖三百. 以此爲數, 廣令天下, 使賢人君子, 知法畏辱, 必不敢爲其中. 愚人有犯卽罰, 作酒之家亦同飮者. 眞人曰, 或千里之客, 或家有老弱, 或祠祀神靈如何. 神人曰, 若千里君子, 知國有禁, 小小無犯, 不得聚集. 家有老疾, 藥酒可通.

역주

1) 市道尤極(시도우극) : '시(市)'는 사람이 많이 모이는 시장을, '도(道)'는 교통에 중요한 길을 말한다. 사람들이 많이 모이는 곳에서 술판을 벌이는 것이 매우 심각하게 해로운 수준에 이르렀음을 말한다.

2) 名爲水令火行, 爲傷於陽化(명위수령화행, 위상어양화) : "물은 불을 이긴다(水克火)"는 오행설에 근거해서, 수행(水는 즉 水行, 陰氣의 운행을, 水行은 음주를 의미)이 양화(陽化는 火行, 즉 陽氣의 운

행, 군주가 백성을 교화함을 의미)를 해치는 것을 의미한다.

3) 或早到市, 反宜乃歸(혹조도시, 반의내귀) : '의(宜)'는 '조(早)'와 대응해서 날이 어둡다는 '명(冥)'의 의미로 보아야 한다. 즉 시장에 새벽부터 밤늦게까지 있다가 귀가하는 것을 말한다.

4) 復旱上皇太平之君之治(부한상황태평지군지치) : '한(旱)'은 범한다는 의미의 '간(干)'의 오자로 보아야 한다.

5) 以類相占(이류상점) : 같은 유형에 속하는 것을 상호 비교하며 점을 본다는 의미이다. 즉 물(水), 음(陰), 술(酒), 백성(民)이 같은 유형으로 불(火), 양(陽), 왕(王)은 같은 유형으로 분류하여 상호 비교하며 점을 본다는 의미이다.

6) 市道元據(시도원거) : '원(元)'은 으뜸으로 심한 것을, '거(據)'는 술을 마시는 어떤 자리를 말하는 것으로, 시전이나 교통에 중요한 길에서 벌이는 술자리가 가장 심각한 정도에 이르렀다는 의미이다.

3. 궐 제(闕題)

해제 이 부분의 원본과 원제는 소실된 것이나, 『태평경초(太平經鈔)』 정부(丁部)의 9, 10장의 일부 내용을 편집하여 왕명(王明)이 「궐제(闕題)」라는 제목 하에 『태평경합교(太平經合校)』에 보완된 내용이다. 『돈황목록(敦煌目錄)』에서 예시한 제58권 〈상하실치법(上下失治法)〉과 그 내용이 대체로 상응한다. 여기서는 왕명이 보완한 편집 체제를 따라서 「궐제」로 분류하였다. 대략적인 내용은 천지와 음양이 서로 사랑하고 서로 다스리는 관계와 군주와 신하, 어버이와 자식, 스승과 제자 등의 관계를 유비시키며 마땅히 협력하고 같은 마음을 지녀야 할 것을 말하고 있다.

천지와 음양과 만물을 살펴보니, 아래위가 서로 사랑하고 서로 다스리면서 공적을 세우고 이름을 이루고 마음을 다스리도록 하여 하나의 가정을 이루는 것은, 사람들에게 다시 서로를 증오하지 않고 항상 즐겁게 합심하고 뜻을 같이 하게 한다. 태화(太和)의 기가 날마다 스스로 나오도록 해서 평화로움을 크게 흥성하는데, 육극(六極)이 마음을 같이하고 팔방이 계획을 같이한다. 다스려지는 것이 사람들이 바라는 뜻과 같으며, 모두가 응대하면서 기뻐하지 않을 수 없는 것이 없다. 천지의 원기에 근본하고 음양의 위치에 부합하고, 사악함이 조용히 제거되고, 어긋나고 배반하는 자가 모두 순종하며, 매우 영험한 지극한 도가 밝게 빛나게 되면 하늘의 신과 땅의 신이 좋아하고 사랑한다. 나는 이에 위로는 황천(皇天)을 위해 도와 덕을 펼치고 아래로는 산천을 위해 절도에 맞는 구분을 분별하며, 가운데에서 제왕을 위해 법도를 설정하고 중급의 자질을 지닌 현자들에게는 훌륭한 뜻이 생길 수 있게 한다. 따라서 천지간의 지극한 허물과 원망을 제거함으로써 제왕이 다시 근심 걱정으로 괴로워하지 않고 인민이 서로 사랑하고 만물이 각자 그 있어야 할 곳을 얻도록 하므로, 스스로가 하늘의 준칙과 항상적인 법식을 지니고 숨겨지지 않게 한다.

옛날 성스러운 제왕과 현명한 왕은 대신을 중히 여기고 은둔한 선비를 사랑하고 인민을 이롭게 하였지 상해를 입히지 않았다. 신하 역시 충성과 신의로써 군주를 섬기었기 때문에 나라를 다스리는 것이 마치 신과 같았다. 그러므로 현명한 어버이는 항상 그 자식의 편안함을 생각하고 자식은 항상 그 어버이의 안락함을 생각하며 두 사람이 힘을 함께하고 마음을 같이한다면 집안은 이루지지 않는 게 없었다. 만일 힘을 함께하며 마음을 같이하지 않는다면 가도(家道)가 혼란하게 될 것이다. 그 직무와 일을 잃고 아무것도 없이 매우 빈궁하게 되므로 다투고 헤어지거나 떠나갈 뿐만 아니라 도리어 서로 상해를 입히기까지 하는데, 친부자 사이는 원래 몸과 혈기가 나뉘어 생겨난 것이고 팔다리와 몸이 서로 연결된 사이가 이와 같으니, 하물며 천하에 서로 다른 성(姓)을 지닌 선비가 모여서 군주와 스승의 관계를 이루는 것은 어떻겠는가? 그러므로 성인은 (그) 은미함을 보고서 드러남을 알기 때문에 그것을 거듭 경계하고 신중하게 하는 것이다.

대저 스승은 양이며, 그 제자를 사랑하며 가르침으로써 선의의 선한 도로 인도하고, 하늘을 존중하고 땅을 사랑하고 위를 존경하고 아래를 이롭게 하는 것을 알게 한다면, 제자들은 스승을 공경하고 섬기고, 부지런히 따르길 충성과 신의로써 하며 속이지 않는다. 두 사람이 힘을 함께하고 마음을 같이하며 예나 지금의 오랜 법도에 대한 계책을 세워서, 성인의 말씀을 행하고 천지의 경계와 정해진 이치를 밝힘으로써, 만물이 각각이 있을 곳을 찾게 하고 현명함을 쌓기를 멈추지 않도록 한다. 이렇게 해서 제왕의 훌륭한 신하가 되어 서로 함께 계책을 합하고, 함께 다스리며 태평을 이룬다. 만일 힘을 함께하거나 계책을 같이하지 않는다면, 요체가 되는 긴요한 도를 전할 수 없으며 도리어 실속이 없이 겉만 화려한 겉치레의 말을 하고자 할 뿐만 아니라, 더욱이 서로를 속이기까지 한다. 하늘과 정해진 이치를 거스르고 성인의 말씀을 어지럽히고 육극이 불분명하게 되어 천하에 큰 재앙이 있게 된다. 제왕이 이러한 것을 모범으로 삼고 그 이법을 잃고서, 도리어 천지와 더불어 큰 원수가 되어 신명한 뜻을 얻을 수 없게 되는데, (이것이 바로) 천하의 큰 재해이다.

考天地陰陽萬物, 上下相愛相治, 立功成名, 使心治一家, 使人不復相憎惡, 常樂合心同志. 令太和之氣日自出,[1] 而大興平, 六極同心, 八方同計. 所治者若人意, 莫不皆響應而悅者. 本天地元氣, 合陰陽之位, 邪惡默然消去, 乖逆者皆順, 明大靈之至道, 神祇所好愛. 吾乃上爲皇天陳道德, 下爲山川別度數, 中爲帝王設法度, 中賢得以生善意. 因以爲解除天地大咎怨, 使帝王不復愁苦, 人民相愛, 萬物各得其所, 自有天法常格在不匿. 古者聖帝明王, 重大臣, 愛處士, 利人民, 不害傷. 臣亦忠信不欺君, 故理若神. 故賢父常思安其子, 子常思安樂其父, 二人幷力同心, 家無不成者. 如不幷力同心, 家道亂矣. 失其職事, 空虛貧極, 因爭鬥分別而去, 反還相賊害, 親父子分身血氣而生, 肢體相屬如此, 況聚天下異姓之士爲君師父乎. 故聖人見微知著, 故重戒愼之. 夫師, 陽也, 愛其弟子, 導敎以善道, 使知重天愛地, 尊上利下, 弟子敬事其師, 順勤忠信不欺. 二人幷力同心, 圖畫古今舊法度, 行聖人之言, 明天地部界分理, 萬物使各得其所, 積賢不止, 因爲帝王良輔, 相與合策共理致太平. 如不幷力同計, 不以要道相傳, 反欲浮華外言, 更相欺殆, 逆天分理, 亂聖人之辭, 六極不分明, 爲天下大災. 帝王師之, 失其理法, 反與天地爲大仇, 不得神明意, 天下大害者也.

역주

1) 令太和之氣日自出(영태화지기일자출) : '태화지기(太和之氣)'는 하늘의 태양기(太陽氣), 땅의 태음기(太陰氣), 사람의 중화기(中和氣)의 통일체라는 설(楊寄林), 음(陰)과 양(陽)이 조화해서 나온 충화지기(冲和之氣)라는 설(龍晦)이 있다.

4. 궐 제(闕題)

해제 이 부분은 『태평경초(太平經鈔)』 정부(丁部)의 10, 11, 12장의 일부 내용을 편집하여 왕명(王明)이 「궐제(闕題)」라는 제목으로 『태평경합교(太平經合校)』에 보완한 내용이다. 『돈황목록(敦煌目錄)』에서 예시한 제59권 「음양시법(陰陽施法)」과 제60권 중의 「관물지도덕결(觀物知道德決)」 내용과 대체로 일치한다. 여기서는 왕명이 보완한 편집 체제를 따라서 「궐제」로 분류하였다. 음양과 수리를 통해 인체의 발육 단계와 생식 기능의 변화를 설명하는 한편, 만물은 천지와 음양의 작용에 의해 스스로의 정(精)과 신(神)을 지니며 태어나게 되었을 뿐만 아니라, 만물의 흥하고 쇠하는 것은 모두 하늘의 도에 달려 있음을 밝히고 있다.

사람은 태어나면서 음과 양을 모두 갖추고, 움직임과 멈춤, 노함과 기뻐함에는 모두 때가 있으며, 때가 되면 암컷과 수컷이 교합한다. 이것이 음과 양이 맡아서 주재하는 생명을 산출하는 효과이다. 하늘의 도는 세 가지가 합해서 이루어지기 때문에, 자식은 세살이 되어야 걸을 수 있다. 3에 3을 곱하면 9가 되는데, [아홉살에] 음양의 조화로운 도가 완결된다. 아직 남녀의 교합을 알지 못하며, 속마음은 때때로 그것을 생각하지만 아직 행할 수 없다. 하늘의 수가 5이고, 땅의 수가 5이며, 사람의 수가 5이어서, 3에 5를 곱하는 15가 되는데, [15살에는] 내장 안에 있는 기가 발동하게 된다. 4에 5를 곱하면 20이 되는데, [20살에는] 네 계절의 기가 더불어 합쳐져 교합하고자 하며, 네 계절의 기는 생명을 주관하기 때문에, 교합해서 생명을 낳고자 한다. 5에 5를 곱하면 25가 되는데, [25살에는] 오행의 기가 충만하여 마음대로 교합하고, 5에 6을 곱한 30세에는 강해진다.

그러므로 하늘은 항상 교합하길 생각하게 함으로써 천지의 계통을 잇고 인류의 가계를 전승하고자 한다. 교합은 60세가 되면 벗어나게 한다. 늙으면 쇠약해지고 점차 방안의 일이 그치고 단절하게 되며, 천하의 기고 걷는 무리 중에서 단지 인간이 천지의 순수함을 본받을 뿐으로, 나머지는 그럴 수 없다. 그러므로 하늘과 땅은 하루 낮 하루 밤 사이에 함께 만이천 가지의 생물을 윤택하게 해서 모두가 생장하게 한다. 밤은 윤택하게 하고 낮은 건조하게 한다. 윤택한 것은 음이고 건조한 것은 양이다. 하늘과 땅은 날마다 함께 이러한 만이천 종의 사물이 모두 만족할 수 있도록 봉양한다. 하늘의 법은 양이 정수를 융합하여 쌍방의 새로운 것을 생기게 하는데, 양이 펴져 바로 아래의 땅속으로 들어가 서로 따르고 친하게 되어서 함께 만이천 가지의 생물을 기른다. 그 중 이천여 종은 아름답고 상서로운 진귀한 생물이다.

대저 만이천 종의 생물은 각자가 정과 신을 갖추고 있고 스스로의 우두머리가 있어서 당연히 함께 하나의 큰 도를 따르기 마련이므로, 통해서 유전할 수 있게 되었다. 하늘의 도에는 위와 아래가 있어서 군주를 알현하는데, 마치 사람들이 하나의 큰 도를 공유하며 알현하는 것과 같다. 만이천 가지 사물들의 정과 신은 함께 천지에서 생겨나고 하나의 큰 도에서 함께 나오는데, 대, 중, 소의 구별이 있음은 무엇을 말하는가? 바로 만이천 가지 사물에는 크고 작음이 있으면 그 도 역시 크고 작음이 있으며, 각자가 저절로 생겨나고 저절로 포용하며 운행함을 말한다. 그러므로 가장 큰 도의 범위는 만 보를 기준으로 삼고, 다음은 천 보를 기준으로 삼고, 그 다음은 백 보를 기준으로 삼고, 그 다음은 십 보를 표준으로 삼고, 그 다음은 일 보를 기준으로 삼는다. 무릇 다섯 가지 도는 동, 서, 남, 북, 중앙 다섯 방위에 상응하며, 당연히 함께 아래에 있는 땅으로부터 생겨나고, 함께 하늘에 알현하며 함께 하나의 같은 길을 걷는다. 그러므로 대도(大道)의 범위는 만 보이고, 중도(中道)는 천 보를, 소도(小道)는 백 보를, 이도(氂道)는 십 보를, 모도(毛道)는 일 보를 허용한다.

사물에는 크고 작음이 있지만 각자가 포용하며 왕래한다. 모든 사물은 위로 하늘의 베풂을 받지만 오히려 아래의 땅에서 생겨나는데, 생겨난 뒤에는 마땅히 모두 위로 하늘을 알현한다. 그러므로 큰 도는 확장할 수는 있지만 마음대로 수축할 수는 없다. 수축되는 것은 언제나 서로를 포용하지 않는다. 생겨날 수 없는 것이 있게 되거나 또는 다치고 죽는 것이 있거나 생겨나서 자랄 수 없는 것은 사람에게 후사를 끊어지게 한다. 해로운 것은 사람을 해치고, 죽은 것은 사람을 죽게 한다. 옛날에 성인이 감히 위대한 도를 폐지하여 단절시키지 않은 것은 하늘이 금기하는 것을 분명하게 보았기 때문이다.

그대들은 천도가 손상되었음을 무엇으로 아는가? 도는 하늘이자 양으로 태어남을 주관한다. 덕은 땅이자 음으로 양육을 주관한다. 만물의 대다수가 생겨날 수 없다면 천도가 손상되었음을 알 수 있다. 만일 생겨나지 않는 것이 있다면 하늘이 통제하고자 단절시키는 것이 있음을 알 수 있다. 하나의 사물이 생겨나지 못하면 한 계통의 사물이 단절된 것이며, 수량이 많으면 많은 것이 단절된 것이고 수량이 적은 것이 단절된 것으로 사물의 많고 작음에 따라서 하늘이 통제하는 손상의 정도를 알 수 있다. 대저 도가 흥하면 태어남을 주관해서 만물이 모두 생겨나고, 덕이 흥하면 양육을 주관해서 만물과 인민이 모두 길러지므로 억울함이 맺히는 일이 없게 된다.

人生備具陰陽, 動靜怒喜皆有時,[1] 時未牝牡之合也. 是陰陽當主爲生生之效也. 天道三合而成, 故子三年而行. 三三爲九, 而和道究竟.[2] 未知牝牡之合, 其中時念之未能施也. 天數五, 地數五, 人數五, 三五十五, 而內藏氣動. 四五二十, 與四時氣合而欲施,[3] 四時者主生, 故欲施生. 五五二十五, 而五行氣足而任施, 五六三十而强. 故天使常念施, 以通天地之統, 以傳類, 會三十年而免. 老當衰, 小止閉房內, 天下蚑行之屬, 人象天地純耳, 其餘不能也. 故天地一日一夜共閏萬二千物盡使生. 夜則深, 晝則燥. 深者, 陰也, 燥者, 陽也. 天與地日共養此萬二千物具足也. 天之法, 陽合精爲兩 陽之施, 乃下入地中相從, 共生萬二千物. 其二千者, 嘉瑞善物也. 夫萬二千物, 各自存精神, 自有君長, 當共一大道而行, 乃得通流. 天道上下, 往朝其君, 比若人共一大道, 往朝王者也. 萬二千物精神, 共天地生, 共一大道而出, 有大有中有小. 何謂也. 乃謂萬二千物有大小, 其道亦有大小也, 各自生自容而行. 故上道廣萬步爲法, 次廣千步爲法, 其次廣百步爲法, 其次廣十步爲法, 其次廣一步爲法. 凡五道應五方, 當共下生於地, 共朝於天, 共一道而行. 是以大道廣萬步, 容中道千步, 小道百步, 毴道十步, 毛道一步.[4] 物有大小, 各自容往來. 凡乃上受天之施, 反下生施地, 出當俱上朝天也. 故大道但可張, 不可妄翕也. 翕之輒不相容. 有不得生者, 或有傷死, 不得生出者, 令人絶無後代. 傷者傷人, 死者殺人. 古者聖人不敢廢絶大道者, 睹天禁明也. 子以何天道得傷. 道者, 天也, 陽也, 主生. 德者, 地也, 陰也, 主養. 萬物多不能生, 卽知天道傷矣. 其有不生者, 卽知天克有絶者矣. 一物不生一統絶, 多則多絶, 少則少絶, 隨物多少, 以知天統傷. 夫道興者主生, 萬物悉生, 德興者主養, 萬物人民悉養, 無冤結.

역주

1) 動靜怒喜皆有時(동정노희개유시) : '시(時)'는 시기 내지 단계를 의미하며, 즉 움직임(動)과 기뻐함(喜)은 양(陽)에 속하고 멈춤(靜)과 노함(怒)은 음(陰)에 속하기 때문에 모두가 서로 다른 때(발육의 시기 내지 단계)에 따라 나타나게 되는 것을 의미한다.

2) 而和道究竟(이화도구경) : 천도(天道)는 하나(一)에서 시작하여 셋(三)에서 이루어지고 아홉(九)에서 마치게 되기 때문(和道)에, 9세에 음양의 도가 갖추어져서 초보적인 발육 상태가 완결됨(究竟)을 의미한다.

3) 與四時氣合而欲施(여사시기합이욕시) : '네 계절기(四時氣)'는 봄의 소양기(少陽氣), 여름의 태양기(太陽氣), 가을의 소음기(少陰氣), 겨울의 태음기(太陰氣)를 말한다. 네 가지 기가 서로 어울려 교합하고 싶어 하는 것을 의미한다.

4) 氂道十步, 毛道一步(이도십보, 모도일보) : '이도(氂道)'와 '모도(毛道)'는 모두 가는 털과 같이 매우 작은 길을 의미하며, '이도(氂道)'는 소도(小道)보다 작고 '모도(毛道)'보다는 큰 도로를 말한다.

5. 궐 제(闕題)

해제

이 부분은 『태평경초(太平經鈔)』 정부(丁部)의 12, 13장의 일부 내용을 편집하여 왕명(王明)이 「궐제(闕題)」라는 제목으로 『태평경합교(太平經合校)』에서 보완한 내용이다. 『돈황목록(敦煌目錄)』에서 예시한 제60권 중의 「서용단청결(書用丹靑決)」과 제61권 「천자황후정결(天子皇后政決)」의 제목 내용과 대체로 일치한다. 여기서는 왕명이 보완한 편집 체제를 따라서 「궐제」로 분류하였다. 내용의 요지는, 태양(太陽)의 기(氣)와 인정(仁政)의 도(道)가 지닌 상징적인 의미를 세상에 널리 알리고, 제왕과 황후는 사람의 아버지이고 어머니이자 천지의 자식이기 때문에 천지의 마음과 호응하고 천지를 본받아서 만물을 생성하는 도와 만물을 기르는 덕을 융성하게 할 것을 강조하는 것이다.

내 책 속의 중요한 부분은 청색을 바탕으로 하고 붉은 색의 글자를 써 넣도록 한 것은 무엇 때문인가? 나의 도는 바로 단청(丹靑)과 같이 진실하기 때문이며, 청색은 화생(化生)으로 어질고(仁) 진실한 마음이 있음을 상징하며, 붉은 색은 태양(太陽)으로 하늘을 상징하는 바른 색(正色)이다. 나의 도는 태양(太陽)이고 인정(仁政)의 도이므로 상해를 입히려고 하지 않는다.

천자는 하늘의 마음이다. 황후는 땅의 마음이다. 대저 마음이란 바름을 주되게 유지하는 것이다. 하늘은 이에 덮지 않는 것이 없고 태어나게 하지 않는 것도 없고 크고 작은 것도 없으며, 모두가 명을 받아 태어나게 하기 때문에 하늘이 된다고 한다. 하늘이란 지극한 도의 진실함이기 때문에 사람을 속이지 않고 만물을 친애하며, 그 마음과 뜻으로 성실하고도 믿음을 다하여 단지 이롭게 하고자 해서 해를 끼치지 않으며, 하나의 사물도 저버리지 않기 때문에 하늘이 된다고 한다. 대저 제왕이란 하늘의 자식이고 사람들의 우두머리이므로 그 행위는 마땅히 이를 본받아야 한다. 대저 자식이란 당연히 어버이의 훈도하는 명령과 엄격한 꾸짖음을 받들고 그것에 비추어 행해야 하며, 그 일은 바로 어버이의 마음과 바람과 생각에 적합해야 훌륭한 가정을 이룰 수 있다. 만일 어버이의 훈도하는 명령을 받들지 않아서 그 집안의 노소의 관계가 다스려지지 않게 된다면, 가난한 집안이 될 것이다. 재산이 도리어 사방의 각지로 흩어져 모이지 않는 것을 항상 걱정하며, 그 일은 갈피를 잡지 못해 어수선하게 되고 재앙으로 인한 변고가 연이어 일어나서 근심걱정으로 매우 괴롭게 되는데, 죄과가 바로 여기에 있다.

옛날 제왕이 행동하려고 할 때는 먼저 하늘의 마음을 우러러보고 마음속으로 가르침을 새긴 후에 비로소 행할 수 있었다. 대저 황후의 행동은 바로 토지에 적합해야 하는데, 땅은 바로 싣지 않는 것이 없고 크고 작은 모든 것이 귀착하기 때문에 그 안에는 선하고 악한 것이 없이 모두 그것을 받아들여 기른다. 황후는 바로 땅의 자식이며, 땅의 마음이다. 마음은 모든 일을 걱정하기 때문에, 자식이 마땅히 어머니의 행실을 계승하고 본받아서 마치 어머니와 같이 행동하면 비로소 효자가 될 것이다. 대저 천지가 황후와 상응하는 것은 마치 메아리가 소리에 상응하는 것과 같기 때문에, 이에 작은 것을 잃으면 작은 것으로 화답하고 큰 것을 잃으면 큰 것으로 회답하는데, 만약 약간의 미세한 틈이라도 잃게 된다면, 어머니와 더불어 서로 뜻과 의지가 상응할 수 없게 된다. 옛날의 황후는 장차 행동하려고 할 때에는 모두가 먼저 땅의 신을 생각하며 받아들여 양육하지 않는 것이 없었다. 참을 수 없는 것이 없었고 항상적이지 않은 것이 없었기 때문에, 이로써 스스로가 편안하고 땅의 마음과 더불어 서로 적합할 수 있었다. 만약 그것을 잃게 된다면 재앙으로 인한 변고가 연이어 일어나며, 형벌이 그치지 않으며, 음기가 많아지고 양기가 적어지게 되어서 만물이 무성할 수 없게 되는데, 죄과는 바로 여기에 있다. 대저 두 사람[제왕과 황후]이 바르게 행동한다면 신인과 진인들이 보고서 참된 도를 출현시키므로, 현명한 사람들이 모두 제자리에 있게 되고 훌륭한 물건이 모두 나라에 귀속되게 된다.

吾書中善者, 使青爲下而丹字,[1] 何乎. 吾道乃丹青之信也, 青者生, 仁而有心,[2] 赤者太陽, 天之正色.[3] 吾道太陽, 仁政之道, 不欲傷害也. 天子者, 天之心也. 皇后者, 地之心也. 夫心者, 主持正也. 天乃無不覆, 無不生, 無大無小, 皆受命生焉, 故爲天. 天者, 至道之眞也, 不欺人也, 萬物所當親愛, 其用心意, 當積誠且信, 但常欲利不害, 不負一物, 故爲天也. 夫帝王者, 天之子, 人之長, 其爲行當象此. 夫子者, 當承父之教令嚴敕, 案而行之, 其事乃得父心志意, 可爲良家矣. 如不承父教令, 其家大小不治, 卽爲貧家矣. 財反四去, 常苦不聚, 其事紛紛, 災變連起, 大得愁苦, 過在此矣. 古者帝王將行, 先仰視天心, 中受敎, 乃可行也. 夫皇后之行, 正宜土地, 地乃無不載, 大小皆歸, 中無善惡, 悉包養之. 皇后, 乃地之子也, 地之心也. 心憂凡事, 子當承象母之行若母, 迺爲孝子. 夫天地之與皇后相應者, 比若響之與聲, 於其失小亦小, 失大亦大, 若失毫髮之間, 以母不相得志意. 古者皇后將有爲, 皆先念后土, 無不包養也. 無不可忍, 無不有常, 以是自安, 與土心相得矣. 若失之, 則災變連起, 刑罰不禁, 多陰少陽, 萬物不茂, 過在此. 夫是二人正行者, 則神眞見, 眞道出, 賢明皆在位, 善物悉歸國.

역주

1) 使靑爲下而丹字(사청위하이단자) : 백서(帛書)의 형식을 고려하여 청색 비단으로 책의 머리를 두르고 그 아래 붉은 색으로 표제를 써 넣도록 한다는 설(楊奇林)이 있으나, 여기서는 앞의 '책 속의 중요한 부분'이라는 내용을 고려하여 청색의 바탕위에 붉은 색의 글씨로 써 넣도록 하였다고 번역하였다.
2) 靑者生, 仁而有心(청자생, 인이유심) : '생(生)'은 화생(化生)을 의미한다. 오색(五色)을 오행(五行)에 배치하면 청색은 나무(木)에 해당하고 목(木)은 생명을 주관하기 때문에 이와 같이 말한 것이며, 인륜의 오상(五常)을 오행(五行)에 배치하면 인(仁)은 나무(木)에 속하고, 오행의 상생(相生)의 순서에 따르면 나무는 불을 낳으며(木生火), 불(火)은 마음(心)에 해당하기 때문에 이와 같이 말한 것이다.
3) 赤者太陽, 天之正色(적자태양, 천지정색) : '붉은 색(赤)'은 화행(火行)을 상징하며, '태양(太陽)'은 가장 왕성한 양기를 상징하고 만물을 기르는 일을 주관한다. 밖의 푸름은 나무를 상징하고 안의 붉음은 불을 상징하는데, 이것이 하늘을 상징하는 정색(正色)이기 때문에(『태평경』 제69권 : 外蒼象木, 內赤象火, 是爲天之正色), 이와 같이 말한 것이다.

6. 궐 제(闕題)

해제

이 부분은 『태평경초(太平經鈔)』 정부(丁部)의 13, 14, 15, 16장의 일부 내용을 편집하여 왕명(王明)이 「궐제(闕題)」라는 제목으로 『태평경합교(太平經合校)』에서 보완한 내용이다. 『돈황목록(敦煌目錄)』에서 예시한 제62권 중의 「해천끽구인결[解天喫(毗, 勉)九人決]」과 제63권 「분별구인결(分別九人決)」, 제63권 「구수제재결(求壽除災決)」의 제목 내용과 대체로 일치하며, 여기서는 왕명이 보완한 편집 체제를 따라서 「궐제」로 분류하였다. 내용의 요지는, 내용의 첫머리에 나오는 하늘은 양으로서 태어남을 주관하며, 땅은 음으로서 양육을 주관하며, 사람은 이러한 음양의 도를 위배하지 말 것을 강조한다. 또한 사람을 9등급으로 분류하며 참된 도를 끊임없이 수행할 것을 강조하고 있다.

원기는 양이며 태어남을 주관한다. 저절로 그렇게 변화하는 것은 음이며 모든 사물을 주되게 양육한다. 하늘은 양으로서 생김을 주관하며, 땅은 음으로서 양육을 주관한다. 해와 낮은 양이며 태어남을 주관한다. 달과 별과 밤은 음이며 양육을 주관한다. 봄과 여름은 양이며 태어남을 주관한다. 가을과 겨울은 음이며 양육을 주관한다. 갑(甲), 병(丙), 무(戊), 경(庚), 임(壬)은 양이며 태어남을 주관한다. 을(乙), 정(丁), 기(己), 신(辛), 계(癸)는 음이며 양육을 주관한다. 자(子), 인(寅), 진(辰), 오(午), 신(申), 술(戌)은 양이며 태어남을 주관한다. 축(丑), 묘(卯), 사(巳), 미(未), 유(酉), 해(亥)는 음이며 양육을 주관한다. 또한 모든 아홉은 양이며 태어남을 주관한다. 모든 육은 음이며 양육을 주관한다.

남자는 양이며 태어남을 주관한다. 여자는 음이며 만물을 주되게 양육한다. 수컷은 양이며 태어남을 주관한다. 암컷은 음이며 양육을 주관한다. 군주는 양이며 태어남을 주관한다. 신하는 음이며 양육을 주관한다. 천하의 모든 일은 모두가 한 번 음하고 한 번 양하면서 곧 서로를 낳을 수 있고 곧 서로를 양육할 수 있는 것이다. 하나의 양만으로 태어나게 할 수 없으며 하나의 음만으로도 또한 헛되고 공허하여 양육할 수가 없다. 하나의 음만으로는 태어나게 하는 것을 받아들일 수 없고, 하나의 양만으로 태어남의 계통을 펼칠 수 없다. 양기의 하나의 계통이라도 끊어져 없어진다면 통하지 않게 되어서 하늘의 커다란 원망을 사게 될 것이다. 하나의 음만으로 생겨나는 것을 받아들일 수 없으므로 생겨나올 수 없게 되어서 커다란 증오를 받게 될 것이다. 하늘이 원망하는 것은, 양이 베풀기를 좋아하지 않아서 생겨날 방법이 없게 되고, 도리어 그 생명을 살상하길 좋아하는 것이다. 땅이 증오하는 것은, 음에 있으면서도 태어나게 하는 것을 받아들이길 좋아하지 않아서 양육해서 길러 낼 방법이 없고 사람을 증오하고, 도리어 그 양육하여 기르는 것을 해치는 것이다. 하늘은 때에 맞게 비를 내리지 않으므로 흉악한 하늘이 된다. 땅은 만물을 낳아 기르지 않으므로 흉악한 땅이 된다.

남자가 태어나지 않게 하면 하늘의 계통(天統)을 끊어 버리게 되고, 여자가 태어남을 받아들이지 않으면 땅의 계통(地統)을 끊어 버리게 된다. 음양의 도가 끊어져 없어져서 뒤가 없게 되면 크게 흉하게 된다. 마치 천지가 하루아침에 훼손되어 다시는 천지가 있을 수 없는 것과 같다. 그러므로 성현은 하늘이 내려준 중요한 문서를 좋아한다. 하늘은 모든 도의 정(精)이다. 현자는 도를 좋아하기 때문에 성인에 이른다. 현자는 참된 도에 들어가기 때문에 선(仙)에 이른다. 선인이 될 수 있는 것을 아는 사람은 반드시 참되기 때문에 진(眞)에 이른다. 참됨을 아는 사람은 반드시 신(神)에 이른다. 신이란 위로 하늘과 형체를 같이하고 조리가 부합하기 때문에, 하늘은 신이라 부르며, 신을 부릴 수 있는 것이다. 신이란 황천의 관리이다. 신인이란 황천의 제일가는 심복이다. 천지의 본성은 맑은 것이 흐린 것을 다스리고 흐린 것이 맑은 것을 다스릴 수 없게 한다. 맑고 밝은 것이 만물의 마음이기 때문에, 밝게 다스리는 자는 마음으로 일을 살피는데 당연히 맑고 밝음을 사용한 것이다.

元氣, 陽也, 主生. 自然而化, 陰也, 主養凡物. 天陽主生也, 地陰主養也. 日與晝, 陽也, 主生. 月星夜, 陰也, 主養. 春夏, 陽也, 主生. 秋冬, 陰也, 主養. 甲丙戊庚壬, 陽也, 主生. 乙丁己辛癸, 陰也, 主養. 子寅辰午申戌, 陽也, 主生. 丑卯巳未酉亥,[1] 陰也, 主養. 亦諸九,[2] 陽也, 主生. 諸六,[3] 陰也, 主養. 男子, 陽也, 主生. 女子, 陰也, 主養萬物. 雄, 陽也, 主生. 雌, 陰也, 主養. 君, 陽也, 主生. 臣, 陰也, 主養. 天下凡事, 皆一陰一陽, 乃能相生, 乃能相養. 一陽不施生, 一陰並虛空, 無可養也. 一陰不受化, 一陽無可施生統也. 陽氣一統絶滅不通, 爲天大怨也. 一陰不受化, 不能生出, 爲大咎. 天怨者, 陽不好施, 無所生, 反好殺傷其生也. 地所咎, 在陰不好受化, 而無所出養長, 而咎人, 反傷其養長也. 天不以時雨, 爲惡凶天也. 地不以生養萬物, 爲惡凶地也. 男不以施生爲斷天統, 女不以受化爲斷地統. 陰陽之道, 絶滅無後, 爲大凶. 比若天地一旦毁, 而無復有天地也. 是故聖賢好天要文也. 天者, 衆道之精也. 賢者好道, 故次聖.[4] 賢者入眞道, 故次仙. 知能仙者必眞, 故次眞. 知眞者必致神. 神者, 上與天同形合理, 故天稱神, 能使神也. 神也者, 皇天之吏也. 神人者, 皇天第一心也. 天地之性, 淸者治濁, 濁者不得治淸. 精光爲萬物之心, 明治者用心察事, 當用淸明.

역주

1) 丑卯巳未酉亥(축묘사미유해) : '축(丑) · 묘(卯) · 사(巳) · 미(未) · 유(酉) · 해(亥)'는 60갑자의 아래 단위를 이루는 지지(地支) 중의 짝수 자리의 수로 모두 음(陰)에 속한다.

2) 亦諸九(역제구) : '구(九)'는 홀수로 양(陽)에 해당되어 괘(卦)의 양효(陽爻)를 가리킨다. '모든 구(諸九)'란 『역(易)』 건괘(乾卦)의 초구(初九), 구이(九二), 구삼(九三), 구사(九四), 구오(九五), 상구(上九)의 '구(九)'를 말한다.

3) 諸六(제육) : '육(六)'은 짝수로 음(陰)에 해당되어 괘(卦)의 음효(陰爻)를 가리킨다. '모든 육(諸六)'란 『역(易)』 곤괘(坤卦)의 초육(初六), 육이(六二), 육삼(六三), 육사(六四), 육오(六五), 상육(上六)의 '육(六)'을 말한다.

4) 賢者好道, 故次聖(현자호도, 고차성) : 여기서 '차(次)'는 이어서(다음에) 도달한다는 의미로 사용되었다. 즉 현자가 도를 배우기를 좋아한다면 한 단계 상승한 경지인 성인의 경지에 들어갈 수 있다는 의미이다. 바로 다음의 문단에서 이에 대한 내용이 나온다.

지금 신인(神人), 진인(眞人), 선인(仙人), 도인(道人), 성인(聖人), 현인(賢人), 백성(民人), 노비(奴婢)는 모두 무엇을 본받는 것인가? 그렇다. 신인은 하늘을 본받는데, 하늘은 움직여 비추어서 알지 못하는 것이 없다. 진인들은 땅을 본받는데, 땅은 곧고 지극히 참되어 하늘을 속이지 않으며, 오직 사람이 씨 뿌리는 것을 따라서 바뀌지 않는다. 선인은 네 계절을 본받는데, 네 계절은 모든 사물을 변화시켜서 항상된 용모를 갖지 않으며, 때로 홍성하고 때로 쇠망한다. 도인은 오행을 본받는데, 오행은 복(卜)과 점(占)으로써 길함과 흉함을 예측할 수 있으며, 평안함과 위태로움에 대처하게 하는 장점이 있다. 성인은 음양을 본받는데, 음양이란 천지를 본받아 일을 다스리며 만물과 화합하는 것으로, 성인 또한 당연히 만물과 화합하여 하늘의 마음하늘의 마음을 이루고 음양을 따라 행해야 한다. 현인은 산천을 본받는데, 산천은 주로 기를 통하게 해서 먼 곳에 이르게 하는 것으로, 현자 또한 마땅히 제왕을 위하여 천지 사방에 통달하게 해야 한다. 무릇 백성은 만물을 본받는데, 만물은 사는 곳은 높고 낮음이 없으며, 모든 백성인 사람은 그러므로 만물을 본받아야 한다. 노비가 쇠퇴한 때에 태어난 것은 초목의 연약함과 순종함과 같은 것으로, 항상 하류에 처하기 때문에 펼쳐 나갈 수 없듯이, 노비도 항상 아래에 거처하기 때문에 펼쳐 나갈 수가 없고 따라서 초목을 본받는다.

반드시 노비 중에 현명한 자는 선인이 될 수 있다. 선인이 배우기를 좋아하면 현인이 될 수 있다. 현인이 배우기를 그치지 않으면 성인에 들어 갈 수 있다. 성인이 배우기를 그치지 않으면 천도의 문에 들어가는 것을 알게 되고 도에 들어가 그치지 않는다면 불사의 일을 이룰 수 있어서 다시 선인이 된다. 선인이 참된 도에 들어가는 것을 그치지 않는다면 신이 되며, 신이 되어 그치지 않는다면 황천과 형체가 서로 같게 된다. 그러므로 최상의 신인으로 북극자궁(北極紫宮)에 머물면서 천상의 제왕과 더불어 형상을 같이 하며 하늘의 마음(天心)의 신(神)이라 불리고, 더욱 그치지 않으면 다시 하늘너머 위로 올라가서 기를 이어받고 축적해서 음성만으로 교화하며 형체가 없게 되는데, 위로 천상에 속하게 되어서 천상의 일을 걱정한다. 신인 이하는 함께 천지 사이의 상하사방 안에 있는 것을 걱정하며 함께 조화해서 질병의 고통을 없게 한다.

[부(附)] 『정일법문태상외록의(正一法文太上外籙儀)』, 『하인사이수요록(下人四夷受要籙)』에서 『태평경』을 인용하여 다음과 같이 말한다. : 노비가 군주에 순종하고 선(善)을 배우면 현명해질 수

있고, 벗어나 선한 사람과 양민이 될 수 있으며, 선한 사람과 양민이 되어서도 배우기를 그치지 않는다면 현인이 될 수 있으며, 현인이 되어서도 배우기를 그치지 않는다면 성인이 될 수 있으며, 성인이 되어서도 배우기를 그치지 않는다면 도인이 될 수 있으며, 도인이 되어서도 배우기를 그치지 않는다면 선인(仙人)이 될 수 있으며, 선인이 되어서도 배우기를 그치지 않는다면 진인들이 될 수 있으며, 진인들이 되어서도 배우기를 그치지 않으면 대신인(大神人)이 될 수 있으며, 대신인이 되어서도 배우기를 그치지 않으면 기(氣)를 축적한 신인이 될 수 있다.

"아득하게 끝이 없이 먼 육극과 천지 사이에서 무엇이 가장 아름다운지에 대해 듣고 싶습니다."

"넓고 넓어 끝이 없는 천지 사이에서 장수하는 것이 가장 아름다운 것이다. 그러므로 하늘이 제일 아름답고, 땅이 그 다음이며, 신인이 그 다음이며, 진인들이 그 다음이며, 선인이 그 다음이며, 도인이 그 다음이며, 성인이 그 다음이며 현인이 그 다음이다. 이 여덟 가지는 모두가 황천의 마음과 서로 상통하고 황천과 더불어 뜻을 같이하고 협력하기 때문에 모두가 대자연의 사람(天人)이다. 그들을 임명하고자 하여 하늘은 그들을 채용하여 각자에게 직책과 부서를 주기 때문에 생각이 항상 서로 비슷하여, 이들은 하늘이 사랑하고 양육하는 사람들이다. 하늘은 지극히 장수하고 장생하길 바라기 때문에 선인 역시 장수하길 바라고 또 장생하길 바란다. 장생을 바라는 사람은 감히 그르다고 할 수 없는데, 각자는 자신을 위하여 꾀하기 때문이다."

今神人眞人仙人道人聖人賢人民人奴婢皆何象乎. 然神人者

象天, 天者動照無不知. 眞人者象地, 地者直至誠不欺天, 但順人所種不易也. 仙人者象四時, 四時者, 變化凡物, 無常形容, 或盛或衰. 道人者象五行, 五行可以卜占吉凶, 長於安危. 聖人者象陰陽, 陰陽者象天地以治事, 合和萬物, 聖人亦當和合萬物, 成天心, 順陰陽而行. 賢人象山川, 山川主通氣達遠方, 賢者亦當爲帝王通達六方. 凡民者象萬物, 萬物者生處無高下, 悉有民, 故象萬物. 奴婢者衰世所生, 象草木之弱服者, 常居下流, 因不伸也, 奴婢常居下, 故不伸也, 故象草木. [起]故奴婢賢者得爲善人, 善人好學得成賢人. 賢人好學不止, 次聖人. 聖人學不止, 知天道門戶, 入道不止, 成不死之事, 更仙. 仙不止入眞, 成眞不止入神, 神不止乃與皇天同形. 故上神人舍於北極紫宮中也,[1] 與天上帝同象也, 名天心神, 神而不止, 乃復踰天而上, 但承委氣, 有音聲敎化而無形, 上屬天上, 憂天上事. 神人已下, 共憂天地間六合內, 共調和無使病苦也. [止]

[附] 正一法文太上外籙儀下人四夷受要籙引太平經云 : 奴婢順從君主, 學善能賢, 免爲善人良民, 良民善人學不止成賢人, 賢人學不止成聖人, 聖人學不止成道人, 道人學不止成仙人, 仙人學不止成眞人, 眞人學不止成大神人, 大神人學不止成委氣神人.[2]

願聞絶洞彌遠六極天地之間,[3] 何者最善. 三萬六千天地之間, 壽最爲善. 故天第一, 地次之, 神人次之, 眞人次之, 仙人次之, 道人次之, 聖人次之, 賢人次之. 此八者, 皆與皇天心相得, 與其同意并力, 是皆天人也. 天之所欲仕也, 天內各以職署之,[4] 故思慮常相似也, 是天所愛養人也. 天者, 大貪壽常生也, 仙人亦貪壽, 亦貪生. 貪生者不敢爲非, 各爲身計之.

역주

1) 故上神人舍於北極紫宮中也(고상신인사어북극자궁중야) : '북극자궁(北極紫宮)'은 북극성에 있는 '자미원(紫微垣),' '자미궁(紫微宮)'을 말한다. 『신이경(神異經)』에 청구산(靑丘山) 위에 자궁(紫宮)이 있는데, 이곳에 많은 천진(天眞), 선녀(仙女)들이 노닌다는 기록이 보인다.

2) 大神人學不止成委氣神人(대신인학부지성위기신인) : '위기(委氣)'는 기(氣)를 쌓는다는(축적한다는) 의미로, 이미 대신인 된 이후로도 배우기를 그만두지 않는다면 한 단계 더 상승한 진기(眞氣)를 축적한 신인이 될 수 있다는 것을 말한다.

3) 願聞絶洞彌遠六極天地之間(원문절통미원륙극천지지간) : '절(絶), 통(洞), 미(彌), 원(遠)'은 모두 아득하여 끝이 없음을 관통하고 있다는 의미이며, '육극(六極)'은 상·하(上·下)와 사방(東·西·南·北)의 끝을 말한다.

4) 天內各以職署之(천내각이직서지) : '내(內)'는 받아들인다는 '납(納)'의 의미로서 황천이 '천인(天人)'을 채용하는 것을 말한다. 『태평경』 제42권에서 그들이 맡은 직책이 상세하게 나온다.

제65권

정부(丁部)의 14

『태평경초』

제99 단금병법(斷金兵法) : 금행의 무기를 단절하는 법

해제 이 장의 『합교』 본에서 『태평경초』에 따라 보충한 것이다. 이 책에서도 『합교』와 같이 『태평경초』의 내용에 따른다. 제59권의 제목은 「음양시법」이고, 제60권에 또 「관물지도덕결」이 있다. 이 두 장의 제목은 이 장의 문장과 대체적으로 상응한다. 이 장에서는 음양과 수리를 운용하여 인체의 발육 단계와 서로 다른 단계에서 생식 기능의 변화와 발휘를 해석하였다. 「단금병법」에서 주장하는 것은 '오행휴왕설(五行休王)'에 근거하여 법률을 정하고 제왕이 신하에게 무기를 하사하는 행위나 그로 말미암아 발생하게 되는 상무적이고 호전적인 풍속의 유행을 끊어버려야 한다는 것이다. 이 장에서는 금기(金氣)가 지배적인 지위를 차지하면 생식과 성장의 기능을 가진 목기(木氣)와 화기(火氣)가 없어지고, 음물(陰物)을 대표하는 수기(水氣)가 강성해지고 토기(土氣) 역시 크게 번성하여 다시 한 번 금기를 이기고 또 금기를 손상하며, 그 결과는 필연적으로 도적이 연이어 일어나고 전쟁이 자주 발생하며 교활하고 간사한 무리들이 횡행할 것이라는 점을 강조한다.

육방(六方)의 진인 순(純) 등이 삼가 재배하고 아뢰었다. "천법에 대하여 여쭙고 싶습니다만, 감히 당돌하게 말씀 드리지 못하고 있습니다. 오직 황천(皇天)의 스승께서 문호를 빌리시어 저희에게 여쭙도록 허락해 주실 수 있으신지요?"

"말해보라. 의문점이 있어서는 안 되느니라."

"예. 예. 지금 오직 천사께서 제왕을 위해 선인으로부터 유전되어 내려온 재앙인 승부(承負)를 해소할 수 있고, 아래로 도와 법을 전수해 주시어 인간 세상의 군주가 홍성할 수 있게 하고, 천하의 재앙과 이변과 상서롭지 못한 것들을 다 제거하도록 하였습니다. 지금 저는 하늘을 도와 태양의 기를 가장 왕성하게 하고 제왕이 날로 홍성하게 하고, 간사하고 교활한 사람을 없애고, 악인이 행세하지 못하게 하고, 도적을 사라지게 하고, 요괴나 재앙이 저절로 자취를 감추어 다시는 나타나지 못하도록 하고 싶습니다만, 어떻게 해야 하는지 그 방법을 듣고 싶습니다."

"좋도다! 그대들 여섯 진인의 물음은. 하늘은 여러 진인들로 하여금 이와 같은 말들을 하도록 하였다. 이런 까닭에 군자는 안락하여 근심이 없을 것이며, 소인과 간사한 신하는 감히 소란을 피우지 못하고, 이미 나타난 재앙은 저절로 사라지고 없어질 것이다. 이제 여러 제자들을 위하여 하늘의 바른 법을 자세하게 설명할 터이다. 조금이라도 잃어버리면 절대로 안 되니 각자 잘 기억하도록 하여라.”

“예. 예.”

“그렇다. 하늘은 상을 보여주고, 상고의 성인은 항상 그것을 본받으면서 감히 그로부터 이탈하지 않았다. 그러므로 항상 상서롭지 못한 것을 제압하였고, 교활한 것들을 끊고, 요사스러운 신하가 소란을 피우지 못하게 하였는데, 이런 것들은 모두 천법에 따라서 그렇게 한 것이다. 양기가 나날이 일어나게 하고, 화행(火行)이 크게 밝아져 쇠퇴하는 때를 모르게 하려고 한다면, 오직 금행(金行)의 기를 서둘러 끊어버림으로써 그것이 일어나지 못하게 해야만 한다. 금행의 기가 끊어지면 목행(木行)의 기가 왕성해지고, 화행의 기가 크게 밝아져 쇠퇴의 때가 없어진다.”

“무슨 뜻인지요?”

“그렇다. 임금은 마땅히 서둘러 무기를 단절해야 한다. 무기는 금행의 부류에 속하는 것으로 속히 없애버려야 한다. 그러나 오늘날 제왕은 오히려 도검(刀劍) 등의 무기를 신하들에게 상으로 내리는데, 무기는 본래 금행의 부류인데, 제왕이 그것을 하사하기 때문에 금행이 왕성해지는 것이다. 이러한 것을 금왕(金王)이라고 부른다. 금행의 기가 왕성해지면 목행의 기를 억누르고 화행의 기를 시들게 한다. 금행의 기가 홍성하면 갑을(甲乙)의 목행이 순조롭지 못하고, 목행의 기중에서 음목(陰木)이 단절되면 화행의 기는 밝아지지 않는다. 목행의 기가 홍성하면 토행의 기는 살 수 없고, 화행의 기가 밝지 않으면 토행의 기는 날로 홍성하여 지기(地氣)는 바쁘게 움직이고 요상(祅祥)이 발생한다. 그러므로 마땅히 서둘러 무기류를 없애야 한다고 한 것이다. 그리고 금행과 같은 무기류를 하사하지 않음으로써 상서롭지 못한 것을 제압하고 단절해야 한다. 이것이 하늘의 이치이다.”

"하늘이 제압하는 것은 참으로 신령과 다름이 없군요. 금행의 기가 홍성하면 목행의 기를 제압하는데, 왜 도리어 화행의 기가 쇠하는지 알고 싶습니다."

"좋도다. 그대들의 물음은. 도의 경지에 들어갔다고 할 수 있겠다. 진인들은 그 큰 효과에 대하여 알고 싶어 하는 것 같구나. 봄에 함부로 금속의 병기를 사용하는 전쟁을 일으키면 봄에 성장해야 하는 목행의 기를 손상하기 때문에 목행을 관장하는 하늘의 청제(靑帝)를 불쾌하게 하고, 화행을 관장하는 적제(赤帝)를 크게 노하게 하며, 화기에 속하는 병(丙)과 정(丁) 및 사(巳)와 오(午)가 순조롭게 펴지지 못하게 한다. 부모의 원한을 갚기 위하여 화행으로 하여금 많은 재이와 괴변을 일으키게 하고, 상서롭지 못한 것과 간사하고 해로운 것들이 많이 발생하게 한다."

"훌륭하십니다. 그런데 왜 꼭 요사스러운 사람과 교활하고 난폭한 도적이 많은 것입니까?"

"진인들을 위하여 다시 설명하겠다. 하늘의 법도는 만약 부모가 살해를 당하면 자식은 당연히 부모의 복수를 하는 것이다. 그런데 원수를 갚으려는 집에는 반드시 무기를 모아놓고, 상서롭지 못하고 거짓되고 아첨하고 교활하며 나이 어리고 무도한 사람들이 모여드는데, 그렇게 해야만 복수를 할 수 있다고 생각하여 반역의 행동을 저지른다. 그 때문에 함부로 금행의 병기를 내려주어 목행을 억제하고 손상하며 화행의 다스림이 평화를 이룰 수 없다. 이것은 하늘의 항상된 올바른 법으로서 사람이 마음대로 할 수 있는 것이 아니다. 여섯 진인들이 내 말을 믿을 수 없다면, 서둘러 금행의 무기를 금지해 보라. 그래도 감히 가지고 있는 자에 대해서는 모두 중죄를 묻는다면 그 즉시 화행에 의한 재앙이 없어지고 그 다스림은 곧바로 평화로워질 것이며, 세상에 '좋구나!'라고 말하지 않는 사람이 없을 것이다. 그 이유는 화행은 바로 인간 세상의 군주를 상징하기 때문이다. 그 때문에 그것이 꾸며내는 변괴 역시 가장 엄청나지만, 그 밖의 다른 사행(四行)은 그렇게 할 수가 없다. 그대들이 그것의 분명한 효과를 다시 확인하고 싶다면 오대 행성 중 화성의 운동변화가 가장 극렬하다는 것을 보고서도 알 수 있을 것이다. 이것이 그 분명한 증거인데, 그 밖의 다른 네 개의 별은 그렇게 할 수 없다. 그대들은 나의 이 책과 글을 신중하게 대하도록 하여라. 하늘의 법은 털끝만큼도 차질이 없는 것이니라."

"예. 예."

[부(附)] 제왕이 무기를 제후에게 하사하는 것을 경계하여야 하는 이유는 금행의 기를 왕성하게 하기 때문이다. 금행의 기가 왕성하면 목행의 기가 쇠망하고, 목행의 기가 쇠망하면 화기가 밝지 못하고, 화기가 밝지 못하다는 것은 곧 전란이 연이어 발생하는 것을 상징한다. 화는 군왕의 상징이고, 그것은 춘하추동 네 계절의 변화를 주재하며, 별자리에서 화성의 운동과 변화는 가장 효험이 있고, 황천은 하늘의 법은 털끝만큼도 착오가 없다.

"그렇다. 그대들을 위해 하늘의 법에 대하여 말하겠다. 오직 금기가 모두 단절되어 없어지면 목기가 크게 왕성할 수 있고, 아래로 토기의 자리를 억압하여 토기는 일어날 수 없다. 그러므로 봄에는 목기가 왕성하고 토기는 죽는다. 그러므로 오직 봄에만 하늘이 격렬하게 중앙에서 금기를 단절한다. 그러므로 목기가 드디어 일어나고 화기가 밝아지고 날로 홍성하면 금기는 갇히고 교활한 사람들은 단절되어 사라진다. 금기가 갇히면 수기가 쉬고 음(水行)이 감히 양(木行)을 해치지 않으면 목을 낳고, 삼가면 재앙과 이변이 없다. 목기가 왕성하고 금기가 무력해지면, 목행이 흥성하여 만물을 주재하기 시작하고, 그렇게 되면 토기는 곧 죽어 없어진다. 백성과 대신이 충성스럽고 착해져 감히 함부로 나쁜 짓을 하지 않는데, 이것은 하늘의 법도와 문서이고 또 천지의 불변의 본질과 불변의 작용이다. 그대들은 알겠는가?"

"예. 예."

"좋다. 그대들은 이미 알고 있다. 이제 여섯 진인들을 위해 하늘의 법을 다시 밝혀 □□하도록 하겠다. 오늘날 천하는 함부로 무기를 제작하고 사용하는 것은 금기이다. 또 제왕은 때로는 새해가 시작되면 무기를 하사하기도 하고, 때로는 사방으로 순수할 때 가는 곳마다 무기를 하사한다. 제왕은 본래 왕성함의 상징이고, 금행에 속하는 무기를 사람에게 선물하는 것을 왕금이라고 부른다. 금기가 왕성해지면 수기가 강성해지고, 금기가 왕성해지면 목기를 상하게 하며, 수기가 왕성해지면 화기를 상하게 한다. 서북쪽은 음에 속하고, 동남쪽은 양에 속하고, 소음(少陰)이 왕성해지면 태음(太陰)이 강성해지는데, 이를 두 기가 모두 양을 얻은 것이라고 한다. 재난이 아래쪽에서 발생하고 교활한 무리들이 나쁜 짓을 일삼고, 음기가 움직이면 망언이 많이 나타나고 도적이 발생하는데 이것이 하늘의 법이니라. 그대들은 알겠는가?"

"예. 예."

"좋다. 여섯 진인들은 이미 알았으니 하늘의 법에 신중해야 한다."

"예. 예. 그런데, 질문을 한 가지 드리겠습니다. 동남쪽이 양인데, 왜 땅의 창문(地戶, 동남쪽)이 됩니까? 서북쪽이 양이라면서 도리어 그것이 하늘의 문(天門, 서북쪽)이 되는 것입니까?"

"그렇다. 문호는 천기와 지기가 발생하기 시작하고 만물이 나타났다 사라지는 곳이다. 따라서 동남쪽은 양기가 극한에 도달하는 자리이고, 양이 극에 이르면 음이 발생한다. 따라서 동남이 땅의 창문이 된다. 서북쪽은 음기가 극한에 도달하는 곳이다. 음이 극한에 이르면 곧 양이 발생한다. 따라서 서북이 곧 천문이 되는 것이다. 그대 진인들이 그 구체적인 것을 알고 싶다면 다음과 같다. 즉 초구(初九)가 갑자(甲子)에서 시작하고 초육(初六)이 갑오(甲午)에서 시작하는데, 바로 이것을 말한다. 따라서 천도는 마치 순환하는 것 같고, 한 바퀴를 돌고나서는 다시 시작한 데로 돌아온다. 사라지거나 멈출 틈이 어디 있겠는가? 홍왕의 기가 주재적 지위를 차지할 때 생성과 번식의 기는 다시 그것을 따라 일어난다."

"훌륭하십니다. 훌륭하십니다."

"다시 여섯 진인들을 위해 한 가지 일을 구체적으로 얘기하겠다. 제왕이 군사를 크게 일으키면 목행으로 하여금 크게 놀라서 생기가 없어지고 그렇게 되면 토행이 주재적 지위를 차지하여 일어난다. 토행이 주재적 지위를 차지하면 금행이 크게 강성해지고, 금행이 크게 강성해지면 전쟁이 자주 발생하게 하고, 건괘와 태괘의 자리에 있는 금기와 수기가 들고 일어나고, 서북쪽의 이적(夷狄)과 교활한 도적이 자주 일어난다. 이것은 자연의 이치로서 천지 신령이라 하더라도 금지할 수 없다. 그러므로 현재 시급하게 힘써야 할 것은 무기를 근절하고 녹여 만들거나 사용하지 못하도록 해야 한다."

"훌륭하십니다. 훌륭하십니다. 스승님의 하늘의 법에 대한 설문을 듣고나니 매우 두렵다는 것을 알겠습니다."

"그대들이 두려워하면 좋은 것이다."

"오늘날 황천의 현명하신 천사께서는 다행스럽게도 제자들의 어리석고 몽매하여 도에 통하지 못함을 가엾게 여기시어 상세하게 하늘의 법을 설명해 주셨습니다. 오늘날 하늘의 법은 제왕 한 사람만을 위하여 있는 것입니까?"

"그렇다. 하늘은 이것으로써 바른 법으로 삼고 있다. 비록 그렇기는 하지만 목행과 화행이 마음대로 일어날 방법이 없어지면 황금의 산은 돈이 항상 지배적 지위를 차지하게 함으로써 사적으로 돈을 찍어내는 풍조가 나타나 커다란 해가 되며, 나아가 다스림적으로 태평을 이루기 어렵게까지 하고, 또 금행으로 하여금 큰 힘을 얻어 주재적인 작용을 발휘하게 하여 심각한 재앙이 초래된다. 하늘의 법에 따라 그런 것들을 끊어버리면 바로 길하게 된다. 다스림이 잘 이루어지면 간신들이 사라지고, 하늘의 법은 결코 세상 사람들을 속이지 않는다."

"하늘이 이것을 법도로 삼은 뜻과 비결에 대해 듣고 싶습니다."

"그렇다. 여섯 진인들의 물음이 자세하구나. 좋다. 천지는 동쪽을 소양으로 삼는데, 여기서 군주가 일어난다. 그러므로 해가 동쪽에서 뜬다. 남쪽을 태양으로 삼는데, 태양은 군주이다. 그러므로 이괘(離卦)가 태양이 되고, 태양은 군주이다. 남쪽은 화(火)에 속하고 화는 군주이다. 또 남쪽은 여름에 속하는데, 여름은 네 계절 중에서 만물을 가장 잘 기른다. 남쪽은 만물을 잉태하고 기르는 데 있어서 그 덕이 가장 크다. 그러므로 군주가 되고, 이 때문에 바른 법으로 삼은 것이다. 그러나 오음 가운데 각음 역시 동쪽에 속하고, 화행에 속하는 음(徵音) 역시 남쪽에 속한다. 지금 태평의 기가 가장 무성하고, 황천은 당연히 양기를 일으킬 것이다. 그러므로 나는 그대들 여섯 진인의 질문을 받고서 하늘이 그렇게 시킨 것임을 알겠다. 그래서 나는 여섯 진인들에게 자세하게 설명함으로써 화덕의 행법(行法)에 보답하고자 하니, 진인들은 신중하라."

"예. 예."

六方眞人[1)]純等謹再拜白, 欲有所問天法, 不敢卒道, 唯皇天師假其門戶, 使得容言乎. 道之, 勿有所疑也. 唯唯. 今惟天師迺爲帝王解先人流災承負, 下制作可以興人君, 而悉除天下之災怪變不祥之屬. 今愚生欲助天, 太陽之氣使遂明, 帝王日盛, 姦猾滅絶, 惡人不得行, 盜賊斷亡, 祆孽自藏, 不復發揚, 豈可聞乎. 善哉, 六子之問也, 天使諸眞人言. 諾. 君子已遂無憂, 小人祆臣不敢作矣, 其勝已出, 災自滅息矣. 今爲諸弟子具陳天格法, 使不失銖分, 自隨而記之. 唯唯. 然, 天法垂象, 上古聖人常象之, 不敢違離也. 故常厭不祥, 斷狡猾, 使祆臣不得作者, 皆由案天法而爲之, 欲使陽氣日興, 火大明, 不知衰時者, 但急絶由金氣, 勿使其王也. 金氣斷, 則木氣得王, 火氣大明, 無衰時也. 何謂也. 然, 人君當急絶兵, 兵者, 金類也, 故當急絶之故也. 今反時時王者賜人臣以刀兵, 兵金類也, 迺帝王賜之王者. 王之名爲金王, 金王則厭木而衰火, 金王則令甲乙木行無氣, 木斷乙氣, 則火不明. 木王則土不得生, 火不明則土氣日興, 地氣數動, 有祆祥, 故當急絶滅云. 兵類勿賜金物兵類, 以厭絶不祥此也. 天厭固與神無異. 願聞金興厭木, 何故反使火衰也. 善哉, 子之難問, 可謂入道矣. 眞人欲樂知其大效, 是故春從興金兵, 則賊傷甲乙木行, 令天靑帝不悅,[2)] 天赤帝大怒, 丙丁巳午不順. 欲報父母之怨, 令使火行, 多災怪變,[3)] 生不祥祆害姦猾. 其法反使火治憒憒雲亂, 不可乎, 大咎在此也. 善哉善哉. 願聞何故必多祆民臣狡猾盜賊乎. 爲眞人重說, 使子察察知之. 天之格法, 父母見賊1者, 子當報怨. 夫報怨之家, 必聚不祥, 僞佞狡猾少年能爲無道者, 迺能報怨爲反逆也. 是故從賜金兵, 厭傷木也, 火治不可平也. 此者, 天常格法也, 不可以故人也. 六眞人以吾言不信, 但急斷金兵, 敢有持者, 悉有重罪, 卽時火災滅除, 其治立平, 天下莫不言善哉. 所以然者, 火迺稱人君, 故其變怪最劇也. 其四行不能也. 子欲重知其明效, 五星熒惑, 爲變最劇也, 此明效也. 其四星不能. 子愼吾書吾文, 天法不失銖分. 唯唯.

[附] 帝王戒賜兵器與諸侯, 是王金氣也. 金氣王則木衰, 木衰則火不明, 火不明則兵起之象. 火者君象, 能變四時, 熒惑爲變最效, 天法不失銖分.

行, 爲六子重明陳天之法, 故金氣都滅絶斷, 迺木氣得大王, 下厭土位, 黃氣不得起, 故春木王土死也. 故惟春則天激絶金氣於戊,[4] 故木得遂興火氣, 則明日盛, 則金氣囚, 猾人斷絶. 金囚則水氣休, 陰不敢害陽則生下,[5] 愼無災變. 木氣王無金, 則得興用事, 則土氣死. 生民臣忠謹且信, 不敢爲非也, 是天之格法劵書也. 天地之常性常行, 子知之耶. 唯唯. 行, 子已知矣. 今復爲六子重明天法, 使□□. 今天下從兵, 金氣也. 又王者或以歲始賜刀兵, 或四面巡狩止居, 反賜金兵. 王者, 王也, 以金兵賜人, 名爲王金. 金王則水相, 金王則害木, 水相則害火. 西北, 陰也. 東南, 陽也. 少陰得王, 太陰得相也. 名爲二氣, 俱得勝其陽. 其災生下, 狡猾爲非, 陰氣動則多妄言而生盜賊, 是天格法也. 六子知之耶. 唯唯. 然六眞人已知之矣, 愼天法. 唯唯. 今願請問東南, 陽也, 何故爲地戶.[6] 今西北, 陰也, 反爲天門.[7] 然, 門戶者, 迺天地氣所以初生, 凡物所出入也. 是故東南, 極陽也, 極陽而生陰, 故東南爲地戶也. 西北者爲極陰, 陰極生陽，故爲天門．眞人欲知其效，若初九起甲子，[8] 初六起於甲午，[9] 此之謂也．故天道比若循環，周者復反始，何有解已．其王者得用事，其微氣復隨而起矣．善哉善哉．復爲六眞人具陳一事．王者大興兵，則使木行大驚駭無氣，則土得王起．土得王則金大相，金大相則使兵革數動，乾兌[10]之氣作，西北夷狄猾盜賊數起，是者自然法也．天地神靈，不能禁止也．故當務由厭斷金物，無令得興行也．善哉善哉．見師說天法，知其可畏矣．子知畏之則吉矣．今皇天明師幸哀其愚蔽，不達於道，迺具爲明陳天法．今是獨爲一君生耶．天下之爲法，悉如此耶哉．然，天以是爲常格法．雖然，木行火行，無妄從興，金嶽使錢得數王盜行，以爲大害，使治難平也．反使金氣得大王，爲害甚甚，能應吾天法，斷之者立吉矣．治興，祆臣絶，天法不欺人也．願聞天以此爲格法意訣．然，詳哉，六子問事也．然天地以東方爲少陽，君之始生也，故日出東方．以南方爲太陽，太陽，君也，故離爲日，[11] 日爲君．南方火也，火爲君．南方爲夏，夏最四時養長，懷妊盛興處也，其爲德最大，故爲君也，以此爲格法．雖然，音爲角[12]者，幷於東方．位爲火者，幷於南方．今太平氣盛至，天當興陽氣，故吾見六眞人問事，知爲天使之，故吾爲六眞人具說所以興太陽君之行法，眞人愼之．唯唯．

역주

1) 六方眞人(육방진인) : 천사를 따라 도를 배우고 전도하는 여섯 명의 제자들에 대한 통칭. 정부(丁部)의 「계육자결(戒六子訣)」에서는 윗쪽의 현진(玄眞), 아랫쪽의 순진(順眞), 동방의 초진(初眞), 남방의 태진(太眞), 서방의 소진(少眞), 북쪽의 유진(幽眞) 등으로 구별하였다. 순(純)은 진인의 이름인데, 그 밖의 다섯 명의 이름은 전해지지 않고 있다. 육방은 동서남북과 상하를 뜻한다.

2) 青帝不悅(청제불열) : 청제가 기뻐하지 않는다. 청제는 태미원천구(太微垣天區) 오제신의 하나로서 이름은 영위앙(靈威仰)이다. 다음에 나오는 적제의 이름은 적폭로(赤爆怒)이다.

3) 多災怪變(다재괴변) : 오행설에서는 봄에 하령을 시행하면 비바람이 시도 때도 없이 불고, 초목은 일찍 떨어지고, 온 세상이 큰 가뭄이 들고, 메뚜기떼가 발생하고 많은 백성들이 질병에 걸린다. 또 여름에 춘령을 시행하면 거대한 황충의 재앙이 발생하고, 폭우가 연이어 발생하고, 꽃이 열매를 맺지 못하고, 오곡이 익지 않으며 온갖 벌레들이 시도 때도 없이 나타나고 열매가 갈라져 떨어지고, 백성은 떠돌게 된다.

4) 激絶金氣於戊(격절금기어무) : 중앙에서 금기를 끊다. 무(戊)는 천간의 다섯 번째 자리에 해당하는데, 여기서는 중앙의 방위를 뜻하는 말로 쓰였다.

5) 陰不敢害陽則生下(음불감해양즉생하) : 음이 감히 양을 해치지 않으면 목을 낳는다. 음(陰)은 수행(水行)을 가리키고, 양(陽)은 목행(木行)을 가리키며, 생하(生下)는 수행(水行)이 목행(木行)을 낳는 것을 가리킨다.

6) 地戶(지호) : 동남쪽의 별칭. 『주역』에서는 곤괘(巽卦)의 방위가 그에 해당한다.

7) 天門(천문) : 서북쪽의 별칭. 『주역』에서는 건괘(乾卦)의 방위가 가에 해당한다.

8) 初九起甲子(초구기갑자) : 건괘에서 맨 아래 있는 첫 번째 효를 부르는 말이다. 여기서 양기가 처음 발생하여 땅속에 숨어 있는 것을 뜻한다. 갑자(甲子)는 역법의 기점으로 삼는 것을 말하는데, 구체적으로 밤과 낮의 길이가 완전히 같은 동지(冬至)를 가리킨다. 한대의 역위(易緯)에서 양은 자(子)에서 발생한다고 보았다.

9) 初六起於甲午(초륙기어갑오) : 곤괘에서 맨 아래 있는 첫 번째 효를 부르는 말이다. 여기서는 음이 처음 발생하여 땅속에 숨어 있는 것을 뜻한다. 갑오(甲午)는 음력 5월의 하지를 가리킨다. 한대의 역

위에서 음은 오(午)에서 발생한다고 보았다.

10) 乾兌(건태) : 건괘와 태괘를 가리키는데, 이 두 괘는 금행에 속한다.

11) 離爲日(이위일) : 이괘는 태양이다. 이(離)는 팔괘의 하나인 이괘(離卦)를 가리키는데, 그것은 태양을 상징한다.

12) 音爲角(음위각) : 오음을 오행에 배치하면 각음은 목행에 속한다.

제100 왕자사하법(王者賜下法) : 왕이 하사하는 법

해제 신하와 백성은 모두 제왕의 자식이기 때문에 은혜를 베풀지 않거나 물건을 하사하지 않으면 은혜와 사랑이 신하와 백성들에게 전달되지 않아 어린아이로 하여금 도를 따르게 할 수 없다. 이 장에서는 제왕이 신하와 백성을 만나 현자와 굶주린 자와 추위에 떠는 자 등에 대해 은혜를 베풀 때 반드시 알고 있어야 할 준칙과 하사품 목록에 대하여 말하고 있다. 이 편에서는 현자를 만날 때는 마땅히 도경과 도서를 하사하여 그들이 양성의 도를 얻고, 군주를 존경하고 군주에게 충성하도록 하여야 한다는 것을 강조하고 있다. 그래서 『역』과 오행설을 이용하여 "문은 동쪽에서 발생하고, 남쪽에서 빛난다"는 하늘의 법을 만들어내서 『태평경』을 높이 받들도록 하였다.

"지금 천사께서 다행히도 저희를 가엾게 여기시고 저희를 위해 하늘의 법을 남김없이 구체적으로 말씀해 주셨는데, 한 가지를 더 여쭙고자 합니다. 지금 제왕이 여러 신하들을 접견하고 아래로는 일반 백성에게까지 미칩니다. 하늘의 법에 따르면 제왕은 사람들의 부모로서 신하를 접견하는 것이고, 신하들은 제왕의 현명한 자식입니다. 그러므로 왕이 천지를 다스리는 것을 돕습니다. 백성은 왕의 집에 사는 못난 자식들로서 제왕을 위해 밭과 들을 경작하고 생필품을 공급합니다. 제왕이 그들을 만날 때 마땅히 하사해야 할 것이 있는데, 하사하지 않으면 은애가 신하와 백성에게 전달되지 않아 적자로 하여금 도를 찬양할 바가 없어질 터이니, 그렇게 되면 어떻게 해야 할까요?"

"좋구나! 그대들 진인의 말은. 그렇다. 현명한 자를 만날 때는 도서(道書)를 하사하고, 굶주린 자를 만날 때는 먹을 것을 하사하고, 추위에 떠는 자를 만날 때는 옷을 하사하는 것이다."

"현자를 만날 때는 왜 도서를 하사하는 것입니까?"

"도서를 하사하는 이유는 문서라는 것은 동쪽에서 발생하고, 남쪽에서 빛을 낸다. 그러므로 천문이 동북쪽에서 발생하고, 또 진문도경(眞文道經)이 동북쪽에서 나왔는데, 하늘이 그 조짐을 보인 것이다. 호랑이 가죽의 무늬는 북쪽의 인위(寅位)를 대표한다. 용의 비늘 무늬는 남쪽의 진위(辰位)를 대표한다. 그러므로 용은 몸에 무늬를 띠고 하늘로 날아올라간다. 이괘(離卦)는 선명한 문채를 이루고, 남쪽 화행(火行)의 본래 자리를 차지한다. 그러므로 해, 달, 별 삼광(三光)이 문채를 띠는데, 그 가운데 태양이 가장 밝다. 문채는 동쪽에서 발생하여 남쪽에서 번성한다. 하늘은 제왕에게 명하여 마땅히 하늘을 법도로 본받도록 하였다. 그러므로 마땅히 문서를 하사하여 하늘의 법도를 진작시켜야 한다. 태양은 화행이고, 해가 뜨거나 불이 있으면 문서의 옳고 그름을 분별하여 볼 수 있고, 문서 역시 천하의 옳고 그름을 기록하는 것이다."

"훌륭하십니다. 훌륭하십니다."

"그렇다. 여섯 진인들은 이미 천도를 알았고 크게 깨달았도다."

"지금 하늘의 훌륭하신 천사께서는 하늘을 위하여 도법을 자세하게 설명하셔서, 이미 모든 것을 다 말씀해 주셨습니다. 어떤 종류의 글을 하사해야 하는지 다시 여쭙고 싶습니다."

"여섯 진인들의 물음은 매우 상세하구나. 그렇지! 당연히 그래야 하느니. 모든 일은 흔히 고통스러워 □□하지 않는다. 그러나 하늘의 법을 즐겨 본받고 빨리 태평을 이루고 싶다면, 상고, 중고, 하고시대의 참된 도의 글과 책을 모으고 그 중 가장 좋은 것들을 모아 하늘의 경전으로 정하여, 여러 현신들에게 하사하여 그들로 하여금 각자 송독하도록 하여야 한다. 지금 고금의 중요한 의미를 생각해 보면 백성과 신하를 교화하기 위한 대의는 마땅히 어디에 있어야 할 것인가? 각자 자신의 본성을 기르고 자신의 몸을 편안하게 할 수 있는 그런 것이어야 한다. 이런 것이어야만 현인과 유자가 기뻐하지 않음이 없고 싫은 생각이 없게 될 것이다. 사람마다 오직 천지의 법을 생각하고 그것을 알고자 하기만 할 것이다. 이렇게 되면, 사람들로 하여금 군주를 존경하고 사랑하면서 군주의 몸을 걱정하고 현명한 군주를 다시 만나기 얻기 어렵다는 것을 깊이 깨닫게 될 것이다. 그 가운데 특히 현명하고 인자한 사람은 자신의 군주가 늙을까봐 늘 걱정하고, 각자가 군주를 위해 귀하고 뛰어난 처방을 찾아 오히려 자기의 제왕에게 보답할 것이다. 그러므로 마땅히 도의 책과 글을 상으로 내려야 한다."

"훌륭하십니다. 훌륭하십니다."

"그대들은 이미 깨달았느니라. 오늘날 어떤 군주는 제 마음대로 하늘의 법을 바꿔 무기와 같이 금행에 속하는 물건을 하사한다. 그들은 돌아가서 저마다 개인의 이익추구만을 생각하고, 게다가 상무적이고 호전적인 풍속을 일으켜 어리석은 백성들까지 물들이니, 이렇게 되면 이익을 다투는 일이 발생하도록 하여 전쟁이 발생하고 금행이 왕성해지고 교활한 무리들이 일어나고 도둑이 발생한다. 금행이 지배적 지위를 차지하면 목행을 해치고 화기를 어지럽히는데, 이는 하늘의 스스로 그러한 바른 법이다. 그대들은 알겠는가?"

"예. 예. 왜 그 밖의 글과 경전은 하사하지 않는 것입니까?"

"그렇다. 다른 책은 올바른 도의 글이 아니라서 현명한 유자로 하여금 미망에 빠지게 하고 정사에 아무런 도움이 안 되며, 양성을 위한 것도 아니다. 경서[유가 경전]는 천박한 것인데, 현명한 유자가 날마다 그것을 외우게 될 것이니, 그들에게 주어서는 안 된다. 그러나 그와 동시에 상고시대 성인의 경전 중에서 좋은 것과 중고시대 성인의 경전 중에서 좋은 것과 하고시대 성인의 경전 중에서 좋은 것은 모아서 경문으로 만들어 하사할 수 있다. 그러나 본성을 기르는(養性) 도가 아닌 것은 사람들로 하여금 자기 자신을 중시하지 않고 도리어 외양만을 꾸미는 문식만을 일삼게 하지나 않을까 걱정스럽다. 그러나 대부분 글 가운데 좋은 것은 모두 하사하여 그들로 하여금 암송하여 익히고 본받도록 하여 선하게 되도록 교화할 수 있다."

"훌륭하십니다. 훌륭하십니다."

"그대들 여섯은 이미 그것을 깨달았도다.

今天師辛哀爲愚生陳天法悉具, 願復問一事. 今帝王見群臣, 下及民人. 天法, 爲人父母, 見其臣, 是王者賢子也, 故助王者治理天地也. 民者, 是王者居家不肖子也, 爲王者主脩田野治生. 見之, 會當有可以賜之者, 不賜則恩愛不下加民臣, 令赤子無所誦道，當奈何哉．善哉，眞人之言也．然，見賢者賜以文，見飢者賜以食，見寒者賜以衣．見賢者何故賜之以文乎．所以賜以文者，文者生於東，明於南，故天文生東北，故書出東北，而天見其象．虎有文,[1] 家在寅.[2] 龍有文,[3] 家在辰.[4] 負而上天，離爲文章在南行.[5] 故三光爲文，日最大明．故文者生於東，盛於南，故日出於東，盛於南方．天命帝王，當象天爲法．故當賜文以興．太陽，火之行也，日興，火能分別睹文是與非，文亦所以記天下是非也．善哉善哉．行，六眞人已知天道大覺矣．今皇天明師爲天具道法，旣無可惜，願聞賜之當以何文哉．詳乎，六子爲天問事也，然當如此．凡事常苦不□□，然樂象天法，而疾得太平者，但拘上古中古下古之眞道文文書，取其中大善者集之以爲天經，以賜與衆賢，使分別各去誦讀之．今思其古今要意，爲化民臣之大義，當奈何．因以各養其性，安其身，如此者，大賢儒莫不悅喜也．而無惡意，各得惟念天地之法知之，則令使人上尊愛其君，還惜其軀，深知明君重難得．其中大賢仁者，常恐其君老，分別爲索殊方異方，還付其帝王，故當賜以道書文．善哉善哉．子已知之矣．今或自易，賜之以兵革金物，歸反各思利事，而上導武氣，化流小愚民，則使利事生，而兵興金王，狡猾作，盜賊起，金用事，賊傷木行，而亂火氣，是天自然格法．子知之耶．唯唯．願問何不賜之以他文經書．然，他書非正道文，使賢儒迷迷，無益政事，非養其性．經書則浮淺，賢儒日誦之，故不可與之也．然同可拘上古聖經善者，中古聖經善者，下古聖經善者，以爲文以賜之．但恐非養性之道，使人不自重，而反爲文也．然，凡文善者，皆可以賜之，使其誦習象之，化爲善也．善哉善哉．六子已覺之矣．

역주

1) 虎有文(호유문) : 호랑이에게는 (호랑이 고유의 줄)무늬가 있다. 호랑이에게 무늬가 있다. 호랑이는 옛부터 음정(陰精)을 가지고 있으면서 양에서 사는 동물로 보았다.
2) 家在寅(가재인) : 이 구절을 직역하면 집은 인(寅)에 있다는 것이지만, 여기서는 호랑이가 인을 대표한다는 것을 의미한다. 인(寅)은 지지(地支)의 세 번째 자리이며, 방위로는 동북쪽을 나타내고, 일년으로는 음력 정월을 나타낸다. 한대에는 십이지를 열두 가지 동물에 배치하였는데, 인은 호랑이에 해당한다.
3) 龍有文(용유문) : 용의 비늘에 무늬가 있다. 용은 고대에 양정(陽精)을 가지고 음 속에 숨어 살면서 위로 통하는 동물로 생각했다.
4) 家在辰(가재진) : 이 구절 역시 직역하면 집은 진(辰)에 있다는 것이지만, 여기서는 용이 진을 대표한다는 것을 의미한다. 진은 지지의 다섯 번째 자리이며, 방위로는 동남쪽을 나타내고 일년으로는 음력 3월을 나타내며, 동물로는 용에 해당한다.
5) 离爲文文章在南行(이위문문창재남행) : 이는 이괘를 뜻하고 태양을 상징하며, 방위는 남쪽이다. 창은 크게 밝다는 뜻이다. 남행은 화행을 의미한다. 오방을 오행에 배당하면 남쪽은 화에 속한다.

제101 흥쇠유인결(興衰由人訣) : 흥함과 망함은 사람으로 말미암는다는 비결

해제

흥쇠유인(興衰由人)이란 흥망과 성쇠가 사람으로 말미암는다는 것으로, 이러한 생각은 '오행휴왕설(五行休王說)'에서 나온 것이다. 이 장의 첫 번째 주제는 앞 장을 이어받아 제왕은 배고픈 자에게 음식을 하사하고 추위에 떠는 자에게 옷을 하사하여야 하고, 그렇게 함으로써 백성들로부터 은혜에 감사하는 보답을 받을 수 있다는 것을 말하고 있다. 두 번째 주제는 제왕에게 도와 덕을 숭상하고 형벌을 억제하고, 무력을 제거함으로써 음이 양을 이기거나, 천한 자들이 귀한 자를 이기는 국면이 나타나지 않도록 미연에 방지해야 함을 경계하는 것이다. 세 번째는 생활상식 및 역사적 현상을 이용하여 만사만물은 모두 인간에 의해 홍하고 망하며, 완전히 인간에 의해 결정되기 때문에 네 계절과 오행의 기의 '왕상휴수폐(王相休囚廢)'라는 점 또한 하늘의 법임을 강조한다.

"오늘 천사께서 어리석은 소생들을 위해 말씀해 주셨습니다. 원컨대 굶주린 자에게 음식을 하사하고, 추위에 떠는 자에게 옷을 하사하는 뜻을 알고 싶습니다."

"그렇다. 대개 굶주린 자는 음식을 생각하고, 추위에 떠는 자는 옷을 생각하니, 이것들을 얻으면 마음에 각인되어 그 제왕만을 생각할 것이며 늙을 때까지 잊지 않을 것이다. 또 스스로 온 힘을 다하여 보답하려고 할 것이며 감히 다른 마음을 품지 못할 것이다. 군주의 은택이 민간에 충분히 퍼지게 되면, 만약 새롭고 뛰어난 처방이나 훌륭한 도문을 얻는다면 감히 그것을 감추어두지 않고 모두 군주에게 바쳐 그가 장수하기를 바랄 것이다. 이 때문에 이것을 '막힌 것을 두루하고 급한 것을 구한다'(周窮救急)고 한다. 대개 현자는 글을 좋아하고, 굶주린 자는 먹을 것을 좋아하고, 추위에 떠는 자는 옷을 좋아하는데, 군주로서 신하에게 하사할 때 그들 각자가 바라는 것을 얻을 수 있도록 노력한다면 천하 사람들은 흡족하게 보답할 것이니라."

"훌륭하십니다."

"이로써 하늘의 본성은 다음과 같다. 도와 덕을 숭상하고 형벌을 아래로 여긴다. 그러므로 동쪽은 도이고 남쪽은 덕이다. 도가 맡은 일은 생명을 주는 것이니, 만물은 모두 동쪽에서 태어난다. 덕이 맡은 일은 기르는 것이니, 만물은 모두 남쪽에서 길러지는 것으로, 하늘의 바른 법이다. 만물은 다 도와 덕으로 돌아가는 것이다. 만물은 동남쪽에서 태어나는 것이니, 계속 성장하고, 천지사방의 여섯 양기는 모두 진사(辰巳), 곧 3월과 4월에 사물을 낳는다. 그대들은 알겠는가?"

"예. 예."

"하늘의 법은 형벌을 천시한다. 그러므로 서쪽과 북쪽, 소양(少陽)과 태양(太陽)은 형벌의 재앙이라고 한다. 형벌과 재앙은 해치는 것과 죽이는 일을 맡는 것이다. 그러므로 사물은 서쪽에서 손상을 받고 노쇠하며, 북쪽에서 죽는다. 천기는 싸운다. 여섯 음이 상승하는 동안에는 양이 쇠진해가고, 사물은 모두 땅속에 숨어들어 형벌의 재앙이 일어나는 것이 두려워 감히 나타나지 못한다. 천도는 그것을 싫어하고 천시한다. 그러므로 가축은 모두 사람들이 버린 열악한 음식을 먹는다. 그러므로 옛날 성인은 하늘의 이 법을 분명히 알고서는 참된 도와 선한 덕과 기이한 글을 숭상하고 무력을 천시하였으니, 이것이 그에 대한 분명한 증거이다. 오늘날 형벌의 재앙과 전쟁은 서쪽과 북쪽에서 생기는데도 그것을 숭상한다면 이런 것을 음이 양을 침범하는 것이라 하고, 또 미천한 자가 고귀한 자를 침범하는 것이라고 한다. 그렇게 되면 전쟁이 분분히 일어나 신하와 백성으로 하여금 충성하지 않게 하여 왕의 다스림에 아무런 도움이 되지 않으니, 그 나라의 다스림은 어려워진다. 진인들은 잘 알겠는가?"

"예. 예."

"그대들은 이미 깨달았다고 할 수 있다. 옛날 성현들은 도와 덕의 글을 숭상하여 그런 것들을 가장 좋은 곳에 두었으며, 무기나 전쟁과 관련된 것들은 낮은 곳에 두었다. 군주가 혼자 있을 때는 글은 책상 위에 두고, 무기는 책상 아래 둔다. 이와 같이 하면 이적(夷狄)은 저절로 항복하고 도적은 날로 소멸하게 된다."

"훌륭하십니다. 훌륭하십니다."

"그렇다. 그대들은 다 알았다고 할 것이다. 그대들 여섯은 나의 책에 씌어진 뜻을 세밀하게 생각하여 도와 덕을 숭상하는 군주에게 바치고 많은 현인들에게 보여주어라. 나의 말은 천지와 현명한 자들의 기대를 저버리지 않을 것이다. 떠나거라. 이것으로 내 설명의 한 단락을 맺기로 하자. 다시 무슨 의문이 들거든 다음에 다시 와서 묻도록 하여라."

"예. 예."

"이제 저희 여섯은 천사님의 준엄한 가르침을 받았으니, 조용한 곳으로 조심스럽게 돌아가서 천사님의 말씀을 되새겨볼 것입니다. 아직 완전히 이해가 되지 않는 부분이 있으니 천사님께서 해결해 주시기 바랍니다."

"좋다. 어떤 것들이 있는지 말해보거라."

"지금 하늘에는 원래부터 네 계절의 기가 있고, 땅에는 원래부터 오행의 자리가 있습니다. 그것들이 왕성해지고, 강력해지고, 주춤해지고, 시들어가고, 죽는 것 등은 원래부터 정해진 때가 있는데, 지금 사람들은 모두들 그것에 따라 쓰고 있습니다. 어떻게 그들로 하여금 기를 낳게 하고, 그들로 하여금 왕성하고 강장하게 하여 다시 서로 해침을 극복하게 할 수 있습니까?"

"끌. 끌. 여섯 진인들이 비록 매일매일 배우기는 하지만 향상되는 것 없이 오히려 더욱 크게 어리석어지고, 아무것도 모르는 사람 같으니 왜 그런가? 대개 천지가 항상된 법을 이루기는 하지만, 만물의 흥망성쇠는 오히려 사람에 의하여 결정된다. 그러므로 모든 사람이 함께 하는 일과 중시하여 사용하는 사물은 모두 왕성하게 기수를 낳는다. 반면에 사람들이 모두 사용하지 않고 버리는 것들은 모두 시들어 죽는다. 그러므로 사람들이 다투어 사용하는 것은 곧 군주나 어른이나 스승과 같이 지배적인 지위를 차지한다. 사람들이 다투어 사용하는 물건은 모두 비싸지게 되어 가격이 내리지 않는다. 반면 사람들이 사용하지 않고 버리는 물건은 모두 비천하게 되어 아무런 가치가 없게 된다. 그러므로 천하 사람들이 앞다투어 사용하는 물건은 자연히 기를 낳기 때문에 네 계절이나 오행의 기에 의존할 필요가 없다. 그러므로 하늘의 법은 모두 사람의 흥망성쇠에 의해 결정되고, 만물의 흥망성쇠와 귀천은 오로지 사람으로 말미암는다.

이로써 옛날 성인은 하늘의 바른 법을 알아 함부로 거스르지 않았다. 그러므로 상고 때의 사람들은 하늘이 도를 존중하고 도를 이용하고, 즐겨 도를 실천하였기 때문에, 당시에는 도가 왕성하게 되었다. 중고 시대 사람들은 도를 버리고서는 실천하지 않았기 때문에, 도가 시들고 사라져버려 귀한 대접을 받지 못했다. 중고 시대에는 다투어 덕을 사용하였기 때문에 덕이 왕성하게 되었다. 하고 시대에는 지극한 덕을 폐기하였기 때문에 덕이 더욱 시들고 사라져버렸다. 그러므로 사람들은 다투어 문(文)을 사용하면 문이 왕성하게 되었고, 다투어 무(武)를 사용하면 무가 왕성하게 되었으며, 다투어 금전을 사용하면 금전이 흥성하였고, 다투어 재화를 사용하면 재화가 흥성하게 되었다. 천하의 사람들이 즐겨 사용하게 되면 모두 왕성하게 되어 저절로 기를 발생시켰다. 그들이 모두 버리고 사용하지 않은 것은 모두 보통 사물로 말미암는 것이니 어찌 꼭 하늘의 네 계절과 오행에 의해 왕성하게 되어야만 왕성한 것이 되었겠느냐?

그대들은 어찌 날마다 환하게 깨닫지 못하고 도리어 날이 갈수록 더 어두워지고 아는 것이 없게 되는가? 진인들의 마음 씀이 오히려 이와 같다면 속인들이 함께 하늘의 금기를 침범하고서도 말로는 그렇지 않다고 하는데, 그대들도 꼭 그러한 형국이다. 지금 그대들과 비교해 보면 사람들이 어리석게 된 것이 참으로 오래되었다. 만약 진인들의 말 속에 나와 같이 하늘의 바른 법을 설명하고, 유덕한 군주를 위해 선왕으로부터 내려오는 재앙과 후대에 미칠 재앙의 승부(承負)를 해결할 때 잘못이 있어 사람들이 사용할 수 없도록 하는 일이 벌어지지는 않을까? 만약 잘못이 있다면 그것을 어떻게 검증하고 어떻게 사용할 수 있을 것인가? 여섯 진인들이 만약 의심이 들어 내 도의 위대한 효과와 그것이 참인지의 여부를 알고 싶다면, 그것을 속히 현명하고 도와 덕적인 군주에게 헌상하여 그대로 따라 사용하도록 하여 곧바로 천지로부터 응답을 듣는다면, 그것이 바로 그가 적합한 사람에 속한다는 분명한 증거이다. 지금 진인들은 내 말을 숭상하면서도 사람들이 사물들로 하여금 흥함과 망함, 나아감과 물러섬을 이루게 한다는 것을 깊이 알지 못하는데, 세속의 사람들은 그대들에 비하면 더욱 어두우니, 장님과 무엇이 다를 것인가?"

"예. 예. 이제 저희들의 말을 분별해 주신 천사님의 말씀을 듣고보니 이미 풀려 그 밖의 것에 대해서는 예를 들지 않아도 알겠습니다."

"사람이 배웠으면 마땅히 그 중요한 의미에 대하여 힘써 생각해야 하고, 말만 익히고 그 깊은 의미를 모르는 것은 천지와 도가 증오하는 것이다."

"예. 예."

"떠나거라. 하늘의 정사를 기억하면 교활하고 요사스러운 자들을 제압하여 유덕한 군주로 하여금 정사를 시행하는 문서를 잃지 않도록 할 수 있느니라."

"예. 예."

今天師幸都爲愚生言, 願問賜飢者以食, 寒者以衣意. 然, 夫飢者思食, 寒者思衣, 得此心結, 念其帝王矣, 至老不忘也. 思自效盡力, 不敢有二心也. 恩愛洽著民間, 如有所得奇異殊方善道文, 不敢匿也. 悉思付歸其君, 使其老壽, 是故當以此賜之也, 此名爲周窮救急. 夫賢者好文, 飢者好食, 寒者好衣, 爲人君賜其臣子, 務當各得其所欲, 則天下厭服矣. 善哉善哉. 是以天性上道德而下刑罰. 故東方爲道, 南方爲德. 道者主生, 故物悉生於東方. 德者主養, 故物悉養於南方. 天之格法, 凡物悉歸道德, 故萬物都出生東南而上行也,[1] 天地四方六陽氣,[2] 俱與生物於辰巳[3]也. 子知之耶. 唯唯. 天之法下刑, 故西北少陰, 太陰爲刑禍.[4] 刑禍者, 主傷主殺. 故物傷老衰於西, 而死於北. 天氣戰鬥, 六陰無陽,[5] 物皆伏藏於內穴中, 畏刑興禍, 不敢出見. 天道惡之下之, 故其畜生, 悉食惡棄也. 是故古者聖人睹天法明, 故尙眞道善德奇文而下武也, 是明效也. 今刑禍武生於西北而尙之, 名爲以陰乘陽, 以賤乘貴, 多出戰鬥. 令民臣不忠, 無益王治, 其政難乎. 眞人寧知之耶. 唯唯. 子可謂以覺矣. 是故古者聖賢常尙道德文, 常投於上善處, 而兵革戰備投於下處. 一人獨居, 則投文於床上, 而兵居床下, 如是則夷狄自降, 盜賊日消滅矣. 善哉善哉. 行, 子可謂已知之矣. 六子詳思吾書意, 以付上道德之君, 以示衆賢, 吾之言不負天地賢明也. 行去, 辭小竟也, 事他所疑, 迺復來問之. 唯唯. 今六眞人受天師嚴敎, 謹歸各居閑處, 思念天師言, 俱有不解, 唯天師示訣之. 行言何等也. 今天迺自有四時之氣, 地自有五行之位, 其王相休囚廢[6]自有時,[7] 今但人興用之也. 安能迺使其生氣, 而王相更相剋賊乎. 咄咄, 噫. 六子雖日學, 無益也, 反更大愚, 略類無知之人, 何哉. 夫天地之爲法, 萬物興衰反隨人故. 凡人所共與事, 所貴用其物, 悉王生氣. 人所休廢, 悉衰而囚. 故人所興事者, 卽成人君長師也. 人所爭用物, 悉貴而無平也. 人所休廢物, 悉賤而無賈直也. 是故天下人所興用者, 王自生氣, 不必當須四時五行氣也. 故天法, 凡人興衰, 迺萬物興衰, 貴賤一由人. 是故古者聖人知天格法, 不可妄犯也. 故上古時人, 深知天尊道用道興行道, 時道王. 中古廢不行, 卽道休囚, 不見貴也. 中古興用德, 則德王. 下古廢至德, 卽德復休囚也. 故人興用文則文王, 興用武則武王, 興用金錢則金錢王, 興用財貨財貨王. 天下人所興用, 悉王自生氣, 其所共廢而不用者, 悉由凡物, 何必迺當須天四時五行王迺王哉. 子學何不日昭昭, 而反日益冥冥無知乎. 眞人用意尙如此, 夫俗人共犯天禁, 言其不然, 故是也. 今以子況之, 人愚獨久矣. 若眞人言中類吾爲天陳法, 爲德君解承負先王流災, 將有誤人不可用者耶. 如誤, 何可案用乎. 六子若有疑, 欲知吾道大效, 知其眞眞與不, 令疾上付賢明道德之君, 使其按用之, 立與天地迺響相應, 是其人明效證驗也. 今眞人尙迺不能深知, 是人能使物興衰進退, 俗人比於子, 冥冥與盲何異哉. 今見天師分別爲愚生說之, 已解矣, 有過不也. 夫人旣學也, 當務思惟其要意, 勿但習言也. 而知其意訣, 是天地與道所怨也. 又學者精之愼之. 唯唯. 行去, 記此天政事, 可以厭猾祆, 勿使德君失政事文也. 唯唯.

역주

1) 出生東南而上行(출생동남이상행) : 동남쪽에서 태어나 계속 자란다. 동남쪽은 4월에 해당한다. 상행(上行)은 계속 자라는 것을 뜻한다.

2) 六陽氣(육양기) : 여섯 양기. 건괘의 여섯 효(爻)가 대표하는 음력 12월에서 이듬해 4월까지 점차로 상승하는 양기를 가리킨다.

3) 辰巳(진사) : 진과 사는 각각 지지(地支)의 다섯 번째 자리와 여섯 번째 자리이다. 여기서는 각각 음력 3월과 4월을 뜻한다.

4) 刑禍(형화) : 옛날에는 가을과 겨울에 재판을 하고 형을 집행하였고, 그것을 형화(刑禍)라고 하였다.

5) 六陰無陽(육음무양) : 여섯 음에는 양이 없다. 육음(六陰)은 육양과 상대되는 말로서 곤괘의 여섯 효가 가리키는 5월부터 10월에 이르기까지 점차로 상승하는 음기를 말한다. 무양(無陽)은 양기가 쇠진하는 것을 가리킨다.

6) 王相休囚廢(왕상휴수폐) : 왕성해지고, 강력해지고, 주춤해지고, 시들어가고, 죽는 것. 왕(王)은 왕성한 것, 상(相)은 강력해지는 것, 휴(休)는 주춤하거나 물러나는 것, 수(囚)는 시들어가는 것, 폐(廢)는 죽는 것 등을 뜻한다.

7) 自有時(자유시) : 각자 정해진 때가 있다. 이 구절은 오행휴왕설에 근거한 것이다. 한대의 음양가들은 오행의 기는 일년 네 계절을 통해 번갈아 가면서 교체한다고 생각하고, 왕상휴수폐(王相休囚廢)가 각각 정해진 때가 있다고 생각하였다. 이를테면 봄에는 목행이 왕성해지고, 화행은 강력해지고, 토행은 죽고, 금행은 시들고, 수행은 주춤한다고 보는 것이 그것이다.

太平經

제66권

정부(丁部)의 15

『태평경초』

제102 삼오우열결(三五優劣訣) : 삼황오제의 우열에 관한 비결

해제 이 장에서 말하고 있는 '삼오'는 삼황오제(三皇五帝)와 삼왕오패(三王五霸)의 줄인 말이다. 이 장은 주로 하늘과 사람과 땅의 삼황오제와 삼왕오패가 각기 도를 행함에 있어 우열의 구분이 있음을 말하고, 그에 대하여 평가하는 것을 주 내용으로 하고 있다. 하늘과 사람과 땅의 삼황오제와 삼왕오패는 또 각각 상고(上古), 중고(中古), 하고(下古) 시대의 삼황오제, 삼왕오패를 가리키기도 하고 그것들을 합하여 '사십팔부(四十八部)'라고 한다. 이 사십팔부의 도를 행함에 있어서의 우열은 각각 도와 덕의 시행과 그 영향의 정도를 가리킨다. 이 장에서는 구체적인 상징과 구체적인 숫자를 근거로 하여 각각 도를 행함에 있어 우열의 차이가 얼마나 있는지와 그 치상(治象, 법령을 기록한 글)을 설명하고 있다. 그리고 황도(皇道), 제도(帝道), 왕도(王道), 패도(霸道) 등이 서로 순환한다는 것을 강조하고, 또 마땅히 무시(无始)와 반박귀진

(返朴歸眞)을 이상으로 생각하면서 상황(上皇)의 세상을 회복하도록 힘써야 한다는 것을 강조한다.

“크게 어리석고 우매하여 해결할 수 없어서 깜깜한 소생들은 머리 숙여 재배하고 크게 의문스러운 것 한 가지를 여쭙겠습니다.”

“무엇인가?”

“책 속에는 곳곳에서 하늘의 상황기가 내려올 것이라고 말하고 있는데, 저희는 지금까지도 상황기라고 하는 것이 무엇인지 모르겠습니다.”

“그대들이 이것을 깊이 의심하는 것을 보니 이미 득도했다고 할 수 있겠다. 좋다. 분명히 듣거라. 상세히 설명하겠다. 하늘에는 삼황이 있고, 땅에도 삼황이 있고, 사람에게도 삼황이 있다. 하늘에는 오제가 있고, 땅에도 오제가 있고, 사람에게도 오제가 있다. 하늘에는 삼왕이 있고, 땅에도 삼왕이 있고, 사람에게도 삼왕이 있다. 하늘에는 오패가 있고, 땅에도 오패가 있고, 인간에게도 오패가 있다.”

“무슨 뜻입니까?”

“하늘에는 해와 달과 별 등 삼광과 같은 삼황이 있고, 땅에는 높고 낮고 평평한 것 등과 같은 삼황이 있고, 사람에게는 군주와 신하와 백성 등과 같은 삼황이 있다. 하늘에는 오성과 같이 오제가 있고, 땅에는 오악과 같이 오제가 있고, 인간에게는 오행과 오장과 같이 오제가 있다. 하늘에는 삼광과 같은 삼왕이 있고, 땅에는 높고 낮고 평평한 것과 같은 삼왕이 있고, 사람에게는 군주와 신하와 백성과 같은 삼왕이 있다. 하늘에는 오성과 같은 오패가 있고, 땅에는 오악과 같은 오패가 있고, 인간에게는 오행이나 오장과 같은 오패가 있다."

"다행히 천사님께서는 어리석은 저희를 가엾게 여기시어 저희들의 지식을 더해주시기를 마지않으시면서 하늘의 법을 알려주셨습니다. 그런데 그 우열이 어떤지 알고 싶습니다."

"좋다, 그대들의 물음은. 하늘의 뜻을 얻었고, 하늘의 마음에 들어갔다고 할 수 있겠으며, 영원토록 마음에 깊이 새겨져서 다시는 잊어버리지 않을 것이다. 그러나 하늘의 삼황 중에서도 가장 우수한 것은 태양과 같고, 중간의 것은 달과 같고, 하급의 것은 별과 같아서 우열의 차이가 이와 같이 크다. 땅의 삼황 중에서도 우수한 것은 오악과 같고, 중간 것은 평평한 땅과 같고, 하급의 것은 낮은 들판과 같이 우열의 차이가 이처럼 크다. 사람의 삼황 중에서도 가장 우수한 것은 군주와 같고, 중간의 것은 신하와 같고 하급의 것은 백성과 같이 그 우열의 차이는 이처럼 크다.

[하늘에 삼왕이 있는 것을 삼광이라고 말하고, 오패를 오악이라고 하는데, 인간과 땅도 모두 같다. 하늘의 삼황 중에서 우수한 것은 해이고, 중간의 것은 달이고, 하급의 것은 별이다. 땅의 삼황 중에서 우수한 것은 오악이고, 중간의 것은 평평한 땅이고, 하급의 것은 낮은 들판이다. 사람의 삼황 중에서 우수한 것은 군주이고, 중간의 것은 신하이며, 하급의 것은 백성이다.]*

하늘의 오제에서 우수한 것은 마치 해를 사등분하여 그 중 셋을 가지는 것과 같고, 중급의 것은 달을 사등분하여 그 중 셋을 가지는 것과 같고, 하급의 것은 별을 사등분하여 그 중 셋을 가지는

* [ ] 안에 있는 부분은 도장본에는 빠져 있지만, 『합교』에서 『태평경초』에 근거하여 참고 덧붙여놓은 부분이다. 내용이 앞의 것과 중복되는데, 앞에 나온 것에 비해 문체가 조금 조잡하다.

것과 같다. 땅의 오제에서 우수한 것은 오악을 사등분하여 그 중 셋을 가지는 것과 같고, 중급의 것은 평평한 땅을 사등분하여 그 중 셋을 가지는 것과 같고, 하급의 것은 낮은 들판을 사등분하여 그 중 셋을 가지는 것과 같다. 사람의 오제에서 우수한 것은 대국을 사등분하여 그 중 셋을 가지는 것과 같고, 중급의 것은 대신을 사등분하여 그 중 셋을 가지는 것과 같고, 하급의 것은 백성을 사등분하여 그 중 셋을 가지는 것과 같다. 하늘의 삼왕에서 우수한 것은 해를 사등분하여 그 중에서 둘을 가지는 것과 같고, 중급의 것은 달을 사등분하여 그 중에서 둘을 가지는 것과 같고, 하급의 것은 큰 별을 사등분하여 그 중에서 둘을 가지는 것과 같다. 땅의 삼왕에서 우수한 것은 오악을 사등분하여 그 중에서 둘을 가지는 것과 같고, 중급의 것은 평평한 땅을 사등분하여 그 중에서 둘을 가지는 것과 같고, 하급의 것은 낮은 들판을 사등분하여 그 중에서 둘을 가지는 것과 같다. 사람의 삼왕에서 우수한 것은 큰 나라를 사등분하여 그 중에서 둘을 가지는 것과 같고, 중급의 것은 대신을 사등분하여 그 중에서 둘을 가지는 것과 같고, 하급의 것은 백성을 사등분하여 그 중에서 둘을 가지는 것과 같다.

하늘의 오패에서 우수한 것은 해를 사등분하여 그 중에서 하나를 가지는 것과 같고, 중급의 것은 달을 사등분하여 그 중에서 하나를 가지는 것과 같고, 하급의 것은 큰 별을 사등분하여 그 중에서 하나를 가지는 것과 같다. 땅의 오패에서 우수한 것은 오악을 사등분하여 그 중에서 하나를 가지는 것과 같고, 중급의 것은 평평한 땅을 사등분하여 그 중에서 하나를 가지는 것과 같고, 하급의 것은 낮은 들판을 사등분하여 그 중에서 하나를 가지는 것과 같다. 사람의 오패에서 우수한 것은 대국을 사등분하여 그 중에서 하나를 가지는 것과 같고, 중급의 것은 대신을 사등분하여 그 중에서 하나를 가지는 것과 같고, 하급의 것은 백성을 사등분하여 그 중에서 하나를 가지는 것과 같다. 이것이 바로 천도는 멀리 있지 않고 삼황오제와 삼왕오패는 각각 제자리로 돌아간다는 것이다. 그러므로 하늘에는 삼황오제와 삼왕오패가 있고, 땅에도 원래부터 삼황오제와 삼왕오패가 있으며, 사람에게도 원래부터 삼황오제와 삼왕오패가 있는 것이다.

"그것들은 어쩌면 그렇게 많을까요. 천사님께서 그 뜻을 밝혀 주시기를 청합니다."

"좋다. 하늘과 땅과 사람은 본래 같은 원기인데, 나뉘어 셋이 되었고, 각자 자기의 시조를 가지고 있다. 그러므로 삼황은 하늘과 땅과 사람의 시조이고, 오제는 중흥기의 군주이고, 삼왕은 평범한 시기의 군주이며, 오패는 궁지에 몰려 쇠락하고 형벌과 혼란이 발생할 때 나타난다. 그러므로 오패는 사등분한 것 가운데 하나를 가지고, 천도와의 연결고리가 거의 끊어질 듯하다. 이보다 더 아래 있는 것은 가장 극단적인 지경에까지 이르러 다시는 서로 통제할 수 없으니, 이를테면 대단히 약한 것이 강한 것을 억제할 수 없는 것과 같고, 부드러운 것이 굳센 것을 억제할 수 없는 것과 같으며, 적은 수가 많은 수를 억제할 수 없는 것과 같다. 천도가 크게 혼란스럽게 되면 더 이상 서로의 힘으로는 수습할 수 없다. 그러므로 다시 위로 돌아가 시작해야 한다."

"그게 무슨 뜻인지요?"

"그렇다. 구황(九皇)은 모두 북쪽에서 처음 싹이 트고, 오제는 동쪽에서 처음 생겨나며, 삼왕은 남쪽에서 무성해지고, 오패는 서쪽에서 성숙의 기운이 약해진다. 하늘이 사물을 낳을 때 양기는 원기에 의지하여 태음에서 합해져 생명의 싹이 트며, 태어날 때는 지면을 뚫고 나오는데, 모두 동쪽에서 생명력이 무성해진다. 태어난 것은 무성해져야 하는데, 남쪽에서 무성해진다. 이미 무성해진 것은 열매를 맺어야 하는데, 서쪽에서 성숙의 기운이 약해진다. 이렇게 해서 천지와 음양과 도가 한 바퀴 돌아간다. 만물이 만약 열매를 맺지 않는다면 죽음으로 끝나지만, 뿌리와 씨앗은 다시 살아난다. 그러므로 음양 모두 함께 하늘의 문(天門)에 들어가 건괘의 위치에서 기를 합하게 함으로써 처음부터 다시 시작하게 하는데, 이것이 천지의 저절로 그러한 본성이다."

"훌륭하십니다. 훌륭하십니다. 하늘과 땅과 사람은 어째서 삼황오제 및 삼왕오패와 합치하지 않는 것인가요?"

"좋구나, 그대들의 질문. 그 뜻을 알았구나. 하늘과 땅과 사람은 분야를 셋으로 나누어 각기 다른 곳에 처해 있다. 황도(皇道)는 이를테면 집 식구 중에 아버지가 있는 것과 같고, 제도(帝道)는 이를테면 집 식구 중에 어머니가 있는 것과 같고, 왕도는 이를테면 집 식구 중에 아들이 있는 것과 같고, 패도는 이를테면 집 식구 중에 며느리가 있는 것과 같다. 지금 셋이 각기 다른 곳에 처해 있는데, 어떻게 부모와 자식과 며느리를 공유할 수 있겠느냐? 그것은 마치 사람을 세 집으로 나누고도 부모와 자식과 며느리를 공유하는 것과 같다. 그대들은 깨달았는가?"

"예. 예."

"조심하고, 또 함부로 공연히 힐난하지 않도록 해라. 천도는 본디부터 불변의 법도가 있으니 억지로 그것을 거슬러서는 안 되니, 노력하지 않을 수 없는 것이니라."

"예. 예. 비록 매번 질문 드릴 때마다 천사님의 꺼리시는 바를 범하고 있습니다만, 여쭙지 않으면 또 알 수 있는 방법이 없으니, 다시 한마디를 여쭙겠습니다."

"남김없이 말해 보라."

"오늘날 모두 48개의 분야가 있는데, 48개의 분야는 어떻게 운행되는 것인지요?"

"그대들의 물음은 매우 상세하구나. 이러한 운행으로 하늘의 마음과 의도를 알면, 재이나 변괴가 일어나지 못할 것이다. 그러나 만약 하늘의 긴요한 도를 잃는다면 재이와 변괴가 끊이지 않을 것이다. 그러므로 앞뒤의 만만세에 걸쳐 다시 서로 승부(承負)하게 하는 것이다. 대개 다스림을 잘 하는 군주는 재이나 재앙이 저절로 사라지도록 할 수 있지만, 가장 중요한 양성(養性)의 도를 잃어버린다면 도리어 사악한 기가 유행하여 온 천하에 퍼지게 하고, 따라서 현재의 많은 재앙을 발생하게 하여 도리어 승부의 재앙이 한 몸에 모여들 것이다."

"왜 그렇습니까?"

"그렇다. 내 말을 잘 들어라."

"예. 예."

"하늘에서 상급의 군주는 해와 같고, 중급의 군주는 달과 같고, 하급의 군주는 별과 같다. 땅에서 상급의 군주는 오악과 같고, 중급의 군주는 평평한 땅과 같고, 하급의 군주는 낮은 들판과 같다. 사람의 상급의 군주는 군주와 같고, 중급의 군주는 신하와 같고, 하급의 군주는 백성과 같다. 만약 제왕이 하늘과 사람과 땅 상급의 군주를 모두 구현한다면 나라의 인민과 만물은 모두 병이 없고 평안할 것이며, 도적질하거나, 사기치거나 아첨하는 사람이 없어지고 천지에는 재앙이나 변괴가 없어질 것이니 이것이 바로 이른바 가장 우수한 사람으로서 하늘과 사람과 땅 상급 군주의 모든 것을 온전히 구현한 자이다. 제왕이 만약 하늘과 사람과 땅에서 상급 군주의 넷 중 셋을 구현하고 있다면, 4분의 3의 사람들은 평안하고 선량하고 충성스럽고 미덥지만, 그 나라 사람의 4분의 1은 해를 입어 죽거나, 도적이 되어 모두 사악하게 되니 변괴가 얼마나 일어나는지는 이 4분의 1에 달려 있다. 제왕이 만약 하늘과 사람과 땅의 상급 군주의 넷 중 둘을 구현하고 있다면, 그 나라에 살고 있는 사람과 만물의 절반은 병이 들고 미덥지 못할 것이며, 절반의 사람은 남을 속이려는 마음을 갖게 될 것이며, 하늘이 보여주는 조짐의 절반은 재이가 차지할 것이다. 제왕이 만약 하늘과 사람과 땅에서 상급의 군주의 넷 중 하나를 구현하고 있다면, 그 나라의 4분의 3에 해당하는 사람이 모두 병이 들고 진실성이 없고 남을 속이고 아첨하며 모두 도적이 되어 서로를 도와주려는 마음이 없어지며, 4분의 1에 해당하는 사람만이 선할 것이다. 그리하여 하늘의 재이가 끊임없이 계속되어 이곳저곳이 아니라 그 나라에 속하는 모든 곳이 예외가 없을 것이다."

"왜 그런 것인지요?"

"좋도다. 그대의 질문. 하늘과 사람과 땅의 우수한 점을 모두 갖추고 있는 군주는 그 도와 덕이 모두 백성에게 영향을 미치는데, 그 덕이 미치는 곳에서는 그들을 통제할 수 있기 때문에 모두 선하게 되고, 만물은 모두 도와 덕의 영향을 받아서 평안하고 또 평안해진다. 하늘 · 땅 · 사람의 우수한 점 가운데 넷 중 셋을 갖추고 있는 군주는 그의 도와 덕이 넷 중 하나에 해당하는 부분에는 미치지 않기 때문에 그 부분에 속하는 사람들은 재난에 빠진다. 하늘과 사람과 땅의 우수한 점 넷 중 둘을 갖추고 있는 군주는 그의 절반의 도와 덕으로는 모두 다 감쌀 수 없기 때문에 절반에 해당하는 사람들은 재난에 빠진다. 하늘과 사람과 땅의 우수한 점 넷 중 하나를 갖추고 있는 군주는 그의 덕이 미약하기 때문에 겨우 넷 중 하나에 해당하는 사람에게만 미치고 나머지 넷 중 셋에 해당하는 사람에게는 미치지 못한다. 그러므로 넷 중 셋에 해당하는 사람이 재난에 빠진다. 이 때문에 옛날 성인과 제왕은 자신의 우열의 등급에 대하여 알고 싶어 하였고, 앞에서 설명한 방법으로써 점쳐 보면서 만에 하나의 실수도 허용하지 않았다."

"미치지 못하는 곳에 사는 사람들에게는 왜 병이 납니까?"

"도와 덕이 세 부분에서 없는 곳(三無)에 미칠 수 없다면, 그것은 우두머리가 없는 것과 같고, 만물에게 우두머리가 없으면 세상이 혼란스럽고 병이 많이 발생하고, 간사한 사람과 도적이 그치지 않는다. 옛날에는 이것을 가지고 다스림이 잘될 것인지 아닌지를 점쳐보아서 덕의 도타움과 엷음을 알았고, 그 기에 상응하는 것이 무엇인지를 살펴보았는데, 이로써 다스림의 득실과 성쇠를 깊이 해나 달보다 더 환하게 알았다."

"훌륭하십니다. 훌륭하십니다. 그런데 어떻게 그 잘못을 구제할 수 있을까요?"

"좋구나! 이제 진인들은 이미 하늘의 경전을 알았으니 마땅히 만물에 유전되어 내려오는 재앙의 승부를 그치도록 해야 할 것이다. 재앙이라는 것을 어떻게 해야 그칠까?"

"오직 천사님께서 뭇 현인들을 가르쳐 상황기(上皇氣)에 이르를 수 있도록 해야 할 것입니다."

"그렇다. 마땅히 각자가 참된 도를 끝까지 탐구해보고 각자가 처음의 상태를 생각하면서 스스로 번잡스럽고 가혹한 법령의 병폐를 바로잡으면 곧 그로부터 상급의 것을 회복하고 하늘과 사람과 땅의 모든 우수한 점을 다 갖게 될 것이다."

"훌륭하십니다. 훌륭하십니다."

"그렇다. 그대들은 일처리에 신중해야 한다."

"예. 예. 저희들은 이미 48부의 계율을 받았습니다. 도를 행함에 있어서 장단점은 어떠합니까?"

"그대들은 세세한 것을 묻는구나."

"세세히 여쭙지 않을 수 없습니다. 천도는 대단히 중요하고 천사님의 가르침은 매우 엄중합니다. 그러므로 감히 하나하나 여쭙지 않을 수 없습니다."

"좋다. 제자로서의 법도를 알고 있으니 천도의 의미를 꿰뚫을 수 있겠구나. 그런데 천도에는 세 가지가 있다. 각각의 도는 태양의 기와 태음의 기와 중화의 기 등과 호응한다. 우수한 것은 바깥의 길을 가고, 그 다음의 것은 가운데 길을 가고, 그 다음의 것은 안쪽의 길을 간다. 오패(五霸)는 길이 없기 때문에 오직 삼왕의 안쪽 길(內道)을 빌려야만 갈 수 있고, 움직이는 거리는 가장 짧다. 천황 가운데서 가장 우수한 자는 가장 바깥 길을 가고, 구황(九皇)은 순서대로 하나의 길을 공유하는데, 열등한 자가 안쪽에 있다. 그들 가운데 우수한 자는 걸어가면서도 진중하여 흔들림이 없고, 그 다음은 약간 흔들리고, 그 다음은 흔들리면서 그에 대한 지각이 있다. 십오제(十五帝)는 중간의 길 하나를 공유하는데, 우수한 자가 바깥 길을 가고, 그 다음은 지각하면서 가고, 열등한 자는 빠르게 간다. 삼왕의 아홉 사람은 안쪽의 길 하나를 공유하는데, 말을 타고 가는 것 같다. 그 다음은 약간 빠르게 되고, 열등한 자는 말을 내달듯 달려가 버린다. 열 다섯의 패자(十五霸者)는 가장 안쪽의 극히 험한 길을 빌려서 간다. 그 중에서 우수한 자는 밖으로 나가듯이 날아가고, 중간의 자는 달려가듯이 날아가고, 열등한 자는 화살처럼 말아가 버린다. 그대들은 알겠느냐?"

"훌륭하십니다. 훌륭하십니다."

"진인들은 앞으로 나오라. 그대들은 이 일에 대한 물음이 어쩌면 그렇게 세세한가!"

"그렇습니다. 제가 처음 태어난 이후로 한 해 가운데 어떤 날은 길고 어떤 날은 짧으며, 해가 어떤 때는 두텁다가 어떤 날은 엷고, 어떤 때는 앞으로 갔다가 어떤 때는 뒤로 가는 것 등에 대해 괴이하게 생각해왔습니다. 만약 천사님께 여쭙지 않는다면 어쩌면 끝내 그 뜻을 알지 못할 것 같습니다. 그 뜻을 듣고 싶습니다."

"그대들의 물음은 참으로 좋구나. 그런데, 두텁게 보이는 것은 하늘의 태양이고, 그 다음으로 두텁게 보이는 것은 땅의 태양이고, 그 다음으로 두텁게 보이는 것은 사람의 태양이고, 가장 엷게 보이는 것은 만물의 태양이다. 그대들은 알겠느냐?"

"예. 예."

"가 보라. 더 이상 끝까지 캐묻지 마라. 그것은 그대들의 개인적인 호기심일 뿐이다. 그대들에게 끝까지 설명하는 것이 어려워서가 아니라 천하를 다스리는 데 아무 소용이 없고, 또 제왕에게 닥칠 승부의 재앙이나 백성들의 고통을 해결하는 데 아무런 도움이 되지 않기 때문에 그대들에게 낱낱이 구별하여 말하지 않을 뿐이니 섭섭하게 생각하지 말도록 하라."

"예. 예. 천사님께서 꺼리시는 것을 너무 많이 어겨 큰 허물이 되었습니다."

"겸손해 할 것 없다. 천상의 일에 대해 아는 것을 좋아하는 자는 개인적으로 찾아오도록 해라. 그대들을 위해 모두 말해 주겠다."

"예. 예."

"가 보라."

이상은 구황십오제(九皇十五帝)와 구왕십오패행도우열법(九王十五霸行度優劣法) 등 두 부분으로 나누어진다.

大暗愚日有不解, 冥冥之生稽首再拜, 問一大疑.[1] 何等也. 書中比比道天上皇氣且下, 今訖不知其爲上皇氣云何哉. 子迺知深疑此, 可謂已得道意矣. 行明聽, 爲眞人具陳之. 天有三皇,[2] 地有三皇, 人有三皇.[3] 天有五帝,[4] 地有五帝,[5] 人有五帝.[6] 天有三王, 地有三王, 人有三王.[7] 天有五霸, 地有五霸, 人有五霸.[8] 何謂也. 天有三皇若三光, 地有三皇若高下平, 人有三皇, 若君臣民也, 天有五帝若五星,[9] 地有五帝若五嶽,[10] 人有五帝若五行[11]五藏也. 天有三王若三光, 地有三王若高下平, 人有三王若君臣民. 天有五霸若五星, 地有五霸若五嶽, 人有五霸若五行五藏也. 天師幸哀憐愚生, 加不得已, 示以天法, 願聞其優劣云何哉. 善哉, 子之難問, 可謂得天意, 迺入天心, 可萬萬世貫結不復去也. 然天之三皇, 其優者若日, 其中者若月, 其下者若星也, 其優劣相懸如此矣. 地之三皇, 其優者若五嶽, 其中者若平土, 其下劣者若下田也, 其優劣相懸如此矣. 人之三皇, 其優者若君, 其中者若臣, 其下者若民, 其優劣相懸如此矣. 天有三王謂三光, 五霸爲五嶽, 與人地皆同. 天之三皇, 其優者日, 中者月, 下者星. 地之三皇, 優者五嶽, 中者平土, 下者田野. 人之三皇, 優者君, 中者臣, 下者民. 天之五帝, 其優者, 比若四分日, 有其三也. 其中者, 比若四分月, 有其三也. 其下者, 比若四分星, 有其三也. 地之五帝, 其優者, 比若四分五嶽, 有其三也. 其中者, 比若四分平土, 有其三也. 其劣下者, 比若四分下田, 有其三也. 人之五帝, 其優者, 比若四分大國, 有其三也. 其中者, 比若四分大臣, 有其三也. 其劣下者, 比若四分民, 有其三也. 天之三王, 其優者, 比若四分日, 有其二也. 其中者, 比若四分月, 有其二也. 其劣下者, 比若四分大星, 有其二也. 地之三王, 其優者, 比若四分五嶽, 有其二也. 其中者, 比若四分平土, 有其二也. 其劣下者, 比若四分下田, 有其二也. 人之三王, 其優者, 比若四分大國, 有其二也. 其中者, 比若四分大臣, 有其二也. 其劣下者, 比若四分民, 有其二也. 天之五霸, 其優者, 比若四分日, 有其一也. 其中者, 比若四分月, 有其一也. 其下者, 比若四分大星, 有其一也. 地之五霸, 其優者, 比若四分五嶽, 有其一也. 其中者, 比若四分平土, 有其一也. 其下者, 比若四分下田, 有其一也. 人之五霸, 其優者, 比若四分大國, 有其一也. 其中者, 比若四分大臣, 有其一也. 其下者, 比若四分民, 有其一也. 此迺天道不遠, 三五各自反[12]也. 故天有三皇五帝, 三王五霸, 地亦自有三皇五帝, 三王五霸, 人亦自有三皇五帝, 三王五霸也. 其何一多也. 願天師分解其訣意. 然, 夫天地人本同一元氣, 分爲三體, 各有自祖始. 故三皇者, 其祖頭也. 五帝者, 其中興之君也. 三王者, 其平平之君也. 五霸者, 是其末窮劣衰, 興刑危亂之氣也. 故到五霸, 迺四分有其一者, 天道其統幾絶也. 過此下者, 微末不能復相拘制, 比若大弱不能制强, 柔不能制剛, 少不能制衆, 道且大亂, 不能復相理. 故更以上復起.

何謂也. 然, 九皇[13]者, 皆始萌於北, 五帝者始生於東, 三王者茂盛於南, 五霸者殺成於西[14]也. 天生凡物者, 陽氣因元氣, 從太陰合萌生,[15] 生當出達, 故茂生於東.[16] 旣生當茂盛, 故盛於南.[17] 旣茂盛當成實, 故殺成於西.[18] 天地陰陽道都周. 夫物不可成實, 死而已, 根種實當復更生, 故令陰陽俱, 並入天門,[19] 合氣於乾, 更以上始, 此天地自然之性也. 善哉善哉. 夫天地人何不共三皇五帝三王五霸乎. 善哉, 子之難得其意. 夫天地人分部爲三家, 各異處. 夫皇道者, 比若家人有父也. 帝道, 比若家人有母也. 王道, 比若家人有子也. 霸道者, 比若家人有婦也. 今三家各異處, 豈可共父母子婦耶. 是若人分爲三家, 寧得共父母子婦乎. 眞人寧曉不. 唯唯. 愼之, 亦無妄枉難也. 天道自有格常法, 不可但以强抵觸之也, 不敢不行弩力. 唯唯. 雖每問事, 犯天師諱, 不問又無緣得知之, 欲復乞一言. 平行. 今是有四十八部,[20] 四十八部其行云何哉. 善乎詳哉. 子之問事也. 此行得天心意者, 災變不得起也. 失天要道者, 災變不絶. 故使前後萬萬世, 更相承負. 夫善爲君者, 迺能使災咎自伏, 消其所失. 至要自養之道者, 反使邪氣流行, 周遍天下. 故生是餘災, 反爲承負之厄會. 何謂也. 然, 精聽吾言. 唯唯. 天之上君若日, 中者若月, 下者若星也. 地之上君若五嶽, 中者若平土, 下者若下田也. 人之上君若君, 中者若臣, 下者若民也. 有其全者, 其人民萬物, 悉無病平安, 無爲盜賊欺僞佞者也. 天地無災變, 所謂上優, 有其全者也. 其四分有其三者, 其三分人平善忠信, 其一分傷死, 或爲盜賊, 共爲邪惡變怪, 多少隨此四分一. 其四分有其二者, 其半人民萬物有病, 爲不信, 半人有欺僞之心, 其天怪變半. 其四分有其一者, 其三分者悉病, 無實欺爲佞, 皆爲盜賊, 無有相利之心, 一分者爲善耳. 天怪前後不絶, 不處甲處乙, 會不去其部界中也.

何故乎. 善哉, 子之言也. 是令盡有者, 其道德悉及之, 德所及者能制之, 故盡善萬物, 都蒙其道德, 故平平也. 其四分有其三者, 其道德不及一分, 故一分凶也. 其四分有其二者, 其半道德不及覆蓋, 故半凶也. 其四分有其一者, 德微, 財及一分, 不及其三分, 故三凶也. 是故古者聖人帝王欲自知優劣, 以此占之, 萬不失一也. 所不及, 何故病乎. 道德不能及無,[21] 爲無君長, 萬物無長, 故亂而多病, 姦猾盜賊不絶也. 古者以此占治, 以知德厚薄, 視其氣與何者相應, 以此深知治之得失衰盛, 明於日月也. 善哉善哉. 以何救其失乎. 善哉, 今眞人以旣知天經, 當止此流災承負萬物也. 夫災以何止之. 唯天師敎衆賢, 使得及上皇氣. 然, 宜各論眞道於究, 各思初一, 以自治勞病, 卽其復優, 盡令有之矣. 善哉善哉. 行, 眞人戒事. 唯唯. 謹已敬受四十八部戒矣. 其行道長短云何哉. 詳乎子問也. 不敢不詳, 天道致重, 師敕致嚴, 故敢不一二問之也. 善哉, 知爲弟子數, 可以通天道意. 然天道有三, 道應太陽太陰中和. 優者行外, 其次行中, 其次行內, 霸者無道. 但假路三王之內道最短, 天皇大優者最行外, 九皇共一道相次, 劣者在內, 其優者步行而不移, 其次微移, 其次微知,[22] 十五帝共一中道也. 其優者行外, 其次行而知, 其劣者行而疾也. 三王九人, 共一內道騎行, 其次小疾, 其劣者馳也. 十五霸最假內極路, 其優者若飛行外, 其中者若飛而疾, 其劣者若矢[23]也. 眞人知之乎. 善哉善哉. 眞人前, 子問此事, 何一詳也哉. 然, 吾初生以來, 怪歲一長一短, 日一厚, 日一薄, 一前一 不及天師問, 恐遂不知之, 願聞其意. 善哉, 子之言也. 然厚者, 天之日也. 其次厚者, 地之日也. 其次厚者, 人之日也. 其最薄者, 萬物之日也. 眞人知之耶. 唯唯. 行去, 勿復竟問. 是者, 子之私也, 非難爲子窮說之也. 天下會無以爲, 亦無益於帝王承負厄會, 百姓之愁苦, 故不爲子分別道耳, 不惜之也. 唯唯. 多犯天師諱, 有大過. 不謙也, 樂欲知天上之事者, 有私乃來, 爲子悉說之. 唯唯. 行去.

右分別九皇十五帝九王十五霸行度优劣法.

역주

1) 比比道天上皇氣(비비도천상황기) : 곳곳에서 하늘의 상황기가 내려오다. 비비(比比)는 처처(處處)와 같이 곳곳에서, 도처에서의 의미이다. 상황기(上皇氣)는 가장 성대하고 밝은 태평정기를 가리킨다. 이 『태평경』 병부(丙部)의 「삼합상통결(三合相通訣)」에서는 이것과 관련하여 축자적으로 해석하였다.

2) 天有三皇(천유삼황) : 하늘에는 삼황이 있다. 이 구절은 작자가 원기가 분화하여 하늘과 사람과 땅, 즉 하늘과 땅과 사람 등 세 형체가 만들어졌다는 관점에 따르면서 그것을 다시 사람에게 삼황이 있다는 전설과 결합시켜 완성한 것이다. 아래 글에 보이는 "땅에 삼황이 있다(地有三皇)"는 것은 하늘과 땅에 다시 삼왕과 오패가 있다는 것 등은 모두 이 예를 모방하여 따른 것이다. 하늘의 최고신에 대하여 『상서』에는 "황천상제(皇天上帝)"라는 것이 있고, 『초사』 「구가(九歌)」에는 "동황태일(東皇太一)"이라고도 하고 "상황(上皇)"이라고 부르는 태양신이 있다. 『회남자』 「지형훈(지형훈)」에는 "태제(太帝)"라는 것이 있고, 『사기』 「봉선서」에는 "태일(太一)"이라는 것이 있으며 별점과 위서 등에는 "천황대제(天皇大帝)"라든가 "명요백보(名耀魄寶)" 등이 있다. 이 모든 것들은 『태평경』에서 "하늘에는 삼황이 있다(天有三皇)"는 설로 제기되어 신화학의 기초를 놓았다.

3) 人有三皇(인유삼황) : 사람에게는 삼황이 있다. 이 구절을 포함하여 앞의 두 구절에서 말하는 삼황은 학설이 매우 분분하다. 일반적으로는 복희, 신농, 수인 등을 가리킨다. 이것은 『태평경』에서는 중고(中古)의 삼황으로 간주한다. 천황(天皇), 지황(地皇), 인황(人皇)의 부분에 이르면 원의는 인간사회의 통치자를 가리키는 것이었는데, 『태평경』에서는 상고(三皇)의 삼황으로 보고 있다. 이렇게 해서 삼황에 대하여 또 다른 견해가 하나 더 추가된다.

4) 天有五帝(천유오제) : 하늘에는 오제가 있다. 음양오행설과 참위설에 따르면 태미천구(太微天區)에는 오제좌(五帝座), 즉 창제(蒼帝) 영함앙(靈鹹仰), 적제(赤帝) 적표노(赤熛怒), 백제(白帝) 백초거(白

招炬), 흑제(黑帝) 계광기(計光紀), 황제(黃帝) 함추뉴(含樞紐) 등이 있다. 그것들은 북극성 천황태제(天皇太帝)의 보좌이다.

5) 地有五帝(지유오제) : 땅에는 오제가 있다. 음양오행설에 따르면 동쪽의 목제는 태호(伏犧氏)이고, 남쪽의 화제는 염제(神農氏)이고, 서쪽의 금제는 소호(念天氏), 북쪽의 수제는 전욱(顓頊)이고, 중앙의 토지는 황제(黃帝)이다. 이 오방의 신제(神帝)는 서로 소통하고 또 인간 세상의 삼황오제와 서로 중첩되기도 하고 차이가 나기도 한다. 위서인 『용어하도(龍魚河圖)』에는 또 "오악군신(五嶽君神)"이라는 설이 있는데, 후세 도교에서는 또 "오악대제(五岳大帝)"라는 호칭이 나타나기도 하였다.

6) 人有五帝(인유오제) : 사람에게는 오제가 있다. 이 구절에서 말하는 오제는 일반적으로 황제, 전욱, 제곡, 요, 순 등을 가리킨다.

7) 人有三王(인유삼왕) : 사람에게는 삼왕이 있다. 이 구절에서 말하는 삼왕은 일반적으로 하나라의 우, 상나라의 탕, 주나라의 문왕과 무왕 등을 가리킨다.

8) 人有五霸(인유오패) : 사람에게는 오패가 있다. 이 구절에서 말하는 오패는 일반적으로 춘추시대의 제나라 환공(桓公), 진(晉)나라 문공(文公), 진(秦)나라 목공(穆公), 송나라 양공(襄公), 초나라 장왕(莊王) 등을 가리킨다.

9) 五星(오성) : 다섯 가지 별, 즉 목성(木星), 화성(火星), 금성(金星), 수성(水星), 토성(土星) 등 오대행성(五大行星)을 가리킨다.

10) 五嶽(오악) : 다섯 개의 명산, 즉 태산(泰山), 형산(衡山), 화산(華山), 항산(恒山), 숭산(嵩山) 등을 가리킨다.

11) 五行(오행) : 우주에 운행되는 다섯 가지 기운, 즉 금(金), 목(木), 수(水), 화(火), 토(土) 등을 가리킨다.

12) 三五各自反(삼오각자반) : 삼황오제와 삼왕오패가 각각 제 자리로 돌아간다. 삼오(三五)는 앞에서 말한 삼황오제와 삼왕오패를 가리킨다. 반(反)은 되돌아간다는 의미를 나타내는 반(返)으로 쓰였다. 즉 이 구절은 삼왕오제와 삼왕오패가 각기 본래의 자리로 되돌아가

는 것을 가리킨다. 『태평경』 왕부에서 북쪽은 황의 시작이고, 동쪽은 제의 시작이고, 남쪽은 왕의 시작이고, 서쪽은 패의 시작이라고 설명했다. 아래 문장 역시 이러한 뜻에 근거하여 부연설명한 것이다.

13) 九皇(구황) : 하늘의 삼황, 땅의 삼황, 인간의 삼황 등을 가리킨다. 구황이라는 말은 한대 동중서의 『춘추번로』 「삼대개제질문(三代改制質文)」에서 처음 쓰였다.

14) 이상의 네 구절은 아래의 전체 문장의 내용을 설명하고 있는데, 그 내용은 한대 『易』학의 위서에서 설명하는 팔괘를 틀걸이로 한 우주 생성과 운행 모델을 가지고 역사의 변천 과정을 해석하고 설명한 것이다. 왕망이 한나라의 정권을 장악한 뒤인 지황3년(기원전 22년)에도 삼황은 봄을 상징하고, 오제는 여름을 상징하고, 삼왕은 가을을 상징하고 오패는 겨울을 상징한다고 이와 비슷한 말을 한 적이 있다.

15) 從太陰合萌生(종태음합맹생) : 양기가 태음에서 합해져 생명의 싹이 튼다. 이때는 겨울에 해당하고, 인월력으로는 10월에서 12월에 이르는 기간이며, 방위로는 서북쪽과 정북쪽과 동북쪽에 속하며, 이는 건괘, 감괘, 간괘 등의 용사(用事)의 단계에 속한다. 이 단계에서 음은 극점에 이르러 양이 생성되고, 양기는 지하에 잠복해 있다가 싹이 터서 위로 올라가 만물을 잉태한다.

16) 茂生於東(무생어동) : 동쪽에서 생명력이 무성해진다. 동쪽은 진괘(震卦)의 자리이고 시기적으로는 이른 봄 2월에 해당한다.

17) 盛於南(성어남) : 남쪽에서 무성해진다. 남쪽은 이괘(离卦)의 자리이고, 시기적으로는 5월에 해당한다.

18) 殺成於西(살성어서) : 서쪽에서 성숙의 기운이 약해진다. 살성(殺成)은 성숙의 기운을 약화시키는 것이다. 서쪽은 태괘(兌卦)의 자리이고, 시기적으로는 8월에 해당한다.

19) 入天門(입천문) : 천문으로 들어가다. 천문은 서북, 건괘의 자리를 가리킨다. 역위 『건곤착도』에서는 성인이 건(乾)을 그려 천문으로 삼으면 온갖 신령이 조회하고 뭇 생명들이 성장하여 그 세가 멀리

까지 퍼진다고 했다. 또 『만형경(萬形經)』을 인용하여 천문이 원기를 열고 『역』은 건에서 시작된다고 하였다. 『태평경』 제65권 「단금병법(斷金兵法)」에서도 서북은 극음(極陰)이고, 음이 극에 이르면 양이 생겨나기 때문에 그것을 천문이라고 한다고 말했다.

20) 四十八部(사십팔부) : 구황(九皇), 십오제(十五帝), 구왕(九王), 십오패(十五霸) 등 총 48명을 가리킨다.

21) 道德不能及無(도덕불능급무) : 도와 덕이 삼무에까지 미치지 못한다. 무(無)는 위에서 설명한 병이 없이 없는 것(無病), 도적이 없는 것(無盜賊), 재난이 없는 것(無災變) 등을 가리킨다.

22) 微知(미지) : 흔들리면서 그에 대하여 자각이 있다. 지(知)는 흔들리는 것에 대한 지각이 있음을 나타낸다.

23) 若矢(약시) : 쏜살 같다. 이상의 몇 가지 구절은 한대의 참위설에 근거를 두고 있다. 『효경구명결(孝經鉤命訣)』에서는 삼황은 걷고, 오제는 뛰고, 삼왕은 내닫고, 오패는 질주한다고 말했다. 그 의미는 시대가 뒤로 내려갈수록 도와 덕이 더욱더 쇠퇴하고 정령은 더욱 촉급해지며 해와 달의 운행 역시 그 때문에 천천히 걷고, 조금 뛰고, 급하게 뛰고, 나는 듯이 내달리며, 또 이 때문에 각자가 가진 우열이 그대로 드러난다고 설명하는 것이다.

太平經

제67권

『태평경초』

정부(丁部)의 16

제103 육죄십치결(六罪十治訣) : 6가지 죄악과 10가지 다스림에 관한 비결

해제 이 장은 크게 6가지의 죄와 10가지 다스림, 곧 통치방식에 관한 내용이다. 여섯 가지 죄란, 도를 힘써 전하지 않는 것, 덕을 베풀지 않는 것, 재물을 베풀지 않는 것, 참된 도를 배우지 않는 것, 훌륭한 덕을 수련하지 않는 것, 입고 먹기 위해 힘써 노동하지 않는 것을 말한다. 열 가지 다스리는 법으로 우선, 원기로 다스림(元氣治), 스스로 그러함으로 다스림(自然治), 도로 다스림(道治), 그리고 덕으로 다스림(德治), 어진 마음(仁)으로 다스림(仁治), 의로 다스림(義治), 예로 다스림(禮治), 글로 다스림(文治), 법으로 다스림(法治), 무력으로 다스림(武治)을 말하고 있다.

"진인들은 앞으로 나오라. 보통 사람에게는 몇 가지 죄과가 있는가?"

"보통의 사람들은 법을 어기지 않는데 무슨 죄과가 있겠습니까?"

"아! 진인들은 왜 이리도 어둡고 우매한가!"

"저희는 깨우쳐 통달하지 못하여 태어난 이래로 일찍이 사람들이 법을 어기는 잘못을 범하지 않았는데도 죄가 있다는 것을 들어본 적이 없습니다."

"그대들의 말은 옳으나 그대와 세속 사람의 보통 생각이다. 세속 사람은 여섯 가지 큰 죄에서 벗어날 수 없다는 것을 보지 못한다. 〈기〉 사람에게는 큰 죄가 6가지가 있으니, 자기 몸에 앉기도 하고, 때로 뒤에 태어나는 자에게 미치는 것이다. 〈지〉 진인들은 배웠으면서도 이와 같이 명백한 죄를 볼 수 없다. 배웠으면서도 그토록 마음이 산란하니 병통이지 않은가?"

"어리석은 소생들은 그것이 병 됨을 알지 못했습니다."

"그대들이 오히려 주의하지 않으므로 무릇 세속 사람이 원한 맺힘을 품고 죽는 것이다. 참으로 막다른 길에 이르러서도 알지 못하고 죽음에 이르러서야 비로소 깨닫는다. 천지가 개벽한 이래 세속 사람들은 원래 무지몽매하고 이후에 깨우치게 되는데, 무엇 때문에 그대들의 잘못을 꾸짖겠는가?"

"원컨대, 듣고 싶습니다."

"〈기〉 그것은 이러하다. 사람은 도(道)를 쌓은 것이 끝이 없으면서도 다른 사람의 몽매함을 깨우치게 하여 장생을 구하도록 가르치지 않으므로, 그 죄를 면할 수 없다. 이것은 자신이 겪거나 그 재앙이 후대에까지 미친다. 그 까닭은 하늘이 생명을 낳는 도를 끊어 버려 하늘에게 원한을 사기 때문이다. 어떤 사람은 덕(德)을 한없이 쌓았으면서도, 다른 사람으로 하여금 덕을 보존하고 천성을 잘 기르며 성실한 사람이 되도록 가르치지 않으므로, 그 죄를 면할 수 없다. 이것은 자신이 겪거나 때론 그 재앙이 후대에까지 미친다. 그 까닭은 땅이 만물을 기르는 덕을 끊어 버려 땅에게 원한 맺힘을 받아 큰 죄를 범한 인간이기 때문이다. 때로는 재물을 억만이나 쌓아두고도 막힌 것을 구하고 급한 것을 두루 살피지 않아서 사람들을 배고픔과 추위에 죽게 하니 그 죄를 면할 수 없다. 〈기〉 이것은 자신이 겪거나 때론 그 재앙이 후대에까지 미친다. 그 까닭은 바로 이 재물은 모든 사람, 곧 중화(中和) 공동의 재물로서 천지가 인(仁)을 행하도록 하는 것이어서 서로 유통하도록 하여 두루 풍족하게 해서 사람들로 하여금 궁함이 없도록 해야 하는 것이기 때문이다. 그런데 지금 오히려 그것을 거두어들이고 단절시켜서 두루 미치지 않도록 하므로 천지 중화의 기(氣)와는 원수가 된다. 이것은 자신이 겪거나 때론 그 재앙이 후대에까지 미친다. 오래도록 거두어들이지 못하게 할 수 있게 해서 당연히 서로 바뀌도록 해야 한다. 하늘이 사람을 낳음에 사람에게 아는 바가 있도록 하고, 선함을 좋아하고 악함을 미워하게 하였다.

〈기〉 다행히 아는 능력을 갖고 태어나 하늘에 도가 있다는 것을 알면서도 도리어 도를 천시하고 힘써 배워서 스스로를 구제하려 하지 않는다. 때로는 장생을 얻고자 하면서 천통(天統)이 앞선 사람(先人)으로부터 물려받은 몸에 있음에도, 도리어 스스로가 소홀히하여 배우지 않고 죽음에 이르는데, 돌연 죽음에 임해서야 비로소 이를 원통하게 생각하니, 그 죄를 면할 수 없다. 〈기〉 이것은 자신이 겪거나 또는 그 재앙이 후대에까지 미치는 것으로,

삶을 다하도록 알지 못하도록 하였으므로 하늘의 원한을 산다. 그 까닭은 바로 하늘은 스스로 힘써 도를 행하기 때문에 항상 길한 것이며 사람은 도를 잃으면 흉악한 죽음을 맞기 때문이다. 비록 사람들이 선하기를 즐김을 사랑하여 사람의 몸에 도를 드러내보였으나, 사람들은 힘써 도를 실천하지 않으면 무도한 사람이라 불리는데, 하늘이 스스로 도를 얻어 장수할 수 있게 하는 연고가 없어지면 천도가 끊어지므로 하늘에 원한을 사게 된다. 사람의 삶은 덕을 쌓음이 좋은 일인 줄 알면서도 힘써 배워 덕을 쌓으려 하지 않고, 오히려 덕을 천시하여 기르길 싫어하며 스스로 경시하여 그르다 하니, 그 죄를 면할 수 없다. 이 죄는 자신이 겪거나 때론 그 재앙이 후대에까지 미친다. 그 까닭은 땅과 상반되기 때문이다. 땅은 덕을 좋아하여 양육하는 것인데 이것을 사람들은 가벼운 일로 여겨서 덕을 좋아하거나 스스로가 앞선 사람으로부터 물려받은 몸을 사랑하길 좋아하지 않으니, 땅의 원한을 산다.

〈기〉 하늘이 사람을 낳음에 다행히 사람마다 스스로 근력을 가지게 하여 스스로 옷을 입고 먹을 수 있게 하였다. 그러나 힘써 근력을 쓰지 않는다면 도리어 배고픔과 추위에 떨게 되고 앞선 사람으로부터 물려받은 몸에 부담지우게 될 것이다. 또한 소홀하게 그 힘을 쓰지 않으며 힘을 써야 옷과 음식을 구할 수 있는데도 쓰지 않고 도리어 항상 배고픔과 추위에 고생한다고 스스로 말한다. 단지 항상 그러한 재물을 가진 집안을 부러워만 하고 모름지기 뒤에 태어난 자에게까지 영향을 미치니, 그 죄를 면할 수 없다. 이것은 자신이 겪거나 때론 그 재앙이 후대에까지 미친다. 그 까닭은, 천지가 무릇 재물을 생겨나게 하여 사람을 기를 수 있게 하는 것은 각기 힘에 따라 그것을 모으고 충분히 취하여 궁하지 않게 하였기 때문이다. 거꾸로 힘을 쉬게 하고 일하지 않으며 스스로 소홀히 해서 때론 구하고 찾는 것이 조화롭지 못한 것은 모두 사람과 사물을 강제로 취하는 것이 되니, 사람들과 원수가 되며 그 죄가 당연히 죽음에 해당되는 것임은 분명하다. 이러한 여섯 가지 큰 죄가 있으면 하늘은 그것을 증오하니, 그 죄를 면하기가 어렵다. 〈지〉 진인들은 알겠는가?"

"예, 예. 원컨대 천사께 무엇이 가장 큰 죄인지 듣고 싶습니다."

"아! 그대들이 나날이 어리석어지는 것은 무엇 때문인가? 그것은 바로 멸문의 죄이다. 무엇 때문에 무거운 것이라고 말하는가?"

"어리석은 제자들 매우 괴이하여 그 중요한 뜻을 모르겠습니다. 지금 천사께서 다시 크게 깨우쳐주시면 그 뜻을 깊이 이해하여 감히 다시는 여쭙지 않겠습니다."

"그렇다, 진인들이 한 말은 옳은가? 내 말할 터이니 진인들은 마땅히 스스로가 그것을 따르고 힘써 기억하라!"

"예, 예."

"좋다. 지금 황천에 도가 있어 그것이 행해짐으로써 만물을 생성하고, 세상에 어지러이 널려진 많은 사물들이 모두가 그것에 의지해 살아간다. 지금 크게 부드러움을 지닌 도인 중 어떤 이들은 그것을 묵묵히 깊이 이해하면서도 자기 배 안에만 감추어두고 힘써 다른 사람을 가르치려 하지 않는다. 무릇 다른 사람에게 도를 가르치는 것은 마치 불을 사람에게 가져다주는 것에 비유할 수 있다. 적은 수의 사람이 그것을 취해도 불의 본래 성질이 훼손되지 않고 헤아릴 수 없이 많은 사람이 취하더라도 역시 그 불의 본래 성질이 훼손되지 않는 것과 같다. 지금 다행히 그것을 공유할 수 있다는 것을 천하 사람들에게 가르침으로써 하늘이 만물을 낳도록 돕고 땅이 형체를 기르도록 도우며 제왕이 다스림을 공정하게 하도록 돕는다. 또한 사람들 각자에게 도를 품도록 해서 삶을 구하고 죽음을 혐오하게 된다면 다스려지도록 하거나 다스림을 돕도록 해서, 사람들이 법을 위반하여 사악하거나 흉악한 일을 다시는 하지 않는다. 사람의 마음이 착해지면 천지와 제왕이 만이천의 사물을 기르고 각자가 장생을 즐길 수 있도록 돕는다. 사람이 어진 마음을 품어서 다시는 만물을 경시하거나 천대하거나 해치지 않는다면 하늘은 그것을 크게 기뻐하고 땅은 그것을 크게 즐거워하고 제왕은 큰 즐거움을 누리며 걱정이 없게 되는데, 그 공적이 마침내 매우 크다고 할 수 있지 않겠는가?

무릇 한 사람이 이와 같이 백 명의 어리석은 사람을 가르쳐서 백 명이 모두 귀화하면 그들은 각기 만 명의 사람을 교화시키며, 만 명이 모두 교화한다면 억 명의 교화를 이룬 것으로 억 명이 모두 교화한다면 교화는 끝없이 이루어질 것이다. 이와 같은 선행은 위로는 하늘의 마음에 부합하고 아래로는 끝없이 밝게 퍼져서 인민들은 삶을 즐기며 선행을 하지 않을 수 없게 한다. 제왕은 놀며 일하지 않지만 또한 어찌 사람에게 해를 입히며 힘써 서로 하늘의 가르침을 알리려 하지 않겠는가? 지금 사람들은 다행히도 선사의 가르침과 경계를 받고서 지극한 도를 깊이 품게 되었지만 감추어 두고 드러내지 않고서 서로 교화하려 하지 않음으로써, 사람들이 본성과 천명을 의탁할 바를 없게 하고 모두가 횡사하거나 원한을 맺게 하므로 천도를 단절시키는 행위를 하는 것이라 말할 수 있다. 사람들 대다수가 도를 잃고 망령된 행위를 하면 하늘 또한 영구하게 생명을 부여할 수 없고 땅 또한 오래도록 양육할 수 없게 된다.

무릇 사람이란 도를 알지 못할 수 없지만 소인은 도를 무시하고 대다수가 스스로 삶을 가볍게 여겨 함께 모여서 반역을 일으키고 천문과 지리를 위배하며 다시 도적의 무리가 되어서는 서로 죽이고 해친다. 왕법을 위배하여 군자에게 매우 깊은 근심을 들게 하는데 뒤섞이고 어수선함이 이루 다 헤아릴 수 없다. 군왕이 아침저녁으로 그것을 염려하며 마음은 매우 답답하고 근심 걱정으로 괴로워하여 천지로 하여금 그 바름을 잃게 하며, 재앙으로 인한 변고와 괴이함이 끊이질 않게 되어서 제왕에게 재앙의 부담을 남기게 되었다. 나는 일찍이 이에 대해 모두 다 말할 수는 없었다. 무릇 천도가 끊기는 대역의 죄과가 헤아릴 수 없이 많기 때문이다. 그러므로 단지 그 대강만을 열거해서 진인에게 옳고 그름을 보여주니 중죄는 마땅히 죽음에 해당하는 것이 분명하지 않는가? 죽음을 당하고서도 아직 남은 죄가 있기 때문에 뒤에 태어나는 자에게까지 영향이 미치고 있는 것이다. 진실로 안타깝도다! 진인들은 이 점에 매우 주의해야 한다. 오로지 진인들만이 안타까운 사정을 알게 되었으니 이미 오래토록 길상을 얻었으며 흉악하고 해로움을 벗어났다고 할 수 있다."

"예, 예. 감히 가르침을 어기지 않겠습니다."

"그렇다! 그대들이 현명하게 되고 천명을 알게 되었다면 장생하고 죽음에서 벗어날 수 있게 되었으니 다시는 의혹하지 말거라!"

"지금 삼가 천도(天道)의 명을 듣게 되었으니 원컨대 지덕(地德)의 가르침에 대해서도 알고자 합니다."

"그것은 이러하다. 무릇 땅에는 큰 덕이 있고 오로지 하늘의 도에 따라서 만물을 훌륭하게 양육하니 세상에 어지러이 널려진 많은 사물들이 은덕을 입지 않은 것이 없으며 그 속에서 양성된 것이다. 그러므로 큰 부드러움과 성대한 덕을 지닌 사람은 당연히 이를 본받아 행동하며 다행히 앞선 스승의 공력을 받아서 훌륭한 도와 커다란 덕을 남몰래 간직할 수 있다. 무릇 덕으로써 다른 사람을 가르치는 것은 비유하자면 큰 강물에 임하여 그 물을 마시는 것과 같다. 소인이 덕을 배우고자 하는 것 역시 강물 본래의 양에 손실을 주지 못하고, 매우 많은 사람들이 덕을 배우고자 하는 것 역시 강물 본래의 양에 손실을 주지 못하는 것과 같다. 예컨대 노력하여 땅의 덕을 가르치는 것은 모두 세상 사람들에게 부드러움을 지키고 덕을 품을 수 있도록 알게 하므로 각자가 그 몸을 소중하게 양육한다. 그것을 가장 훌륭하게 하는 사람은, 위로는 하늘이 만물을 양육하고 생장하게 하는 것을 도울 수 있으며 아래로는 땅이 만물을 기르고 성장시키는 것을 도울 수 있으며, 모두가 힘을 함께 하여 마음을 같게 하므로 악한 생각이 없다. 그 가운데 가장 현명하고 마음을 쉽게 깨우치는 사람은 곧 백성을 교화시킬 수 있으므로 지위를 상승시켜 군주를 위해 보좌하도록 하고, 그 가운데 다음으로 현명한 사람은 대신이나 관리의 스승이 될 수 있으며, 그 중 가장 하급으로 무지한 사람이라도 오히려 민간의 스승이나 어른이 될 수 있다. 무릇 사람은 모두 덕으로 교화되길 좋아하면 선량한 사람이 된다. 가르치길 이와 같이 하는 것은 곧 위로는 하늘에 이로움을 주고 아래로는 땅에 이로움을 주는, 즉 커다란 화육[生育]의 근본으로써 제왕이 인민을 양육하는 것을 도와서 악함이 일어나지 않도록 하고, 군자가 아무 일을 하지 않아도 근심이 없게 하는 등, 그 공적이 크게 드러나서 하늘과 땅이 그를 사랑하게 되므로 하늘의 관리로 옮겨갈 수 있게 된다.

지금 어떤 이는 넓고 큰 덕을 품고 있으면서도 도리어 어리석은 체하면서 감추어 드러내질 않으며 도와 덕의 길을 끊어 버리고서, 하늘이 장차 생명을 양육하는 것을 돕지 않고 땅이 장차 성장을 양육하는 것을 돕지 않으며 제왕이 모든 인민들과 조화하도록 돕지 않는다. 지금 어리석은 사람과 후생들을 점차 어둡고 무지하게 함으로써 희고 검은 것이 분명하지 않고 서로 죽음에 이르러서도 깨우쳐 변화하질 못하여 마침내 소인이 되게 되어, 동·서의 방향도 구분하지 못하며, 몸을 소홀하게 여기면서 스스로가 자신의 생명을 경시하고, 서로 온갖 그릇된 것을 저지르며 법도를 어기는 일을 날로 축적하고, 상하가 다시는 서로 교화할 수 없는 지경에 이르러 어둡고 심란한 일들이 꺼리고 피할 것 없이 일어난다. 위로는 천문(天文)을 거스르고 아래로는 지형(地形)을 거스르는데, 그 행동은 네 계절에 역행하고 오행을 혼란하게 함으로써 군자에게는 큰 근심이 되고 소인에게는 해로움을 주어서 도적이 되게 하여 남을 해치거나, 어떤 경우에는 도리어 자신을 해치게 되어서 부모를 욕보이며 이로 인해 후사가 없게 된다. 지금 오직 진인들을 위해 그 대강을 열거하여 그 기원을 보여 주어서 모든 사람들이 한결같게 깨닫고 스스로를 경계하는 가르침으로 삼게 하므로, 사람에게 장구한 덕을 가르치려 하지 않는다면 땅이 양육하는 도를 단절시키는 것이라 말할 수 있으며 그 죄과가 이와 같다고 할 수 있다. 이 죄과는 형용할 수 없는 것으로 죽어도 오히려 여죄가 남기 때문에 후생에게까지 유전하는데, 진인들은 알겠는가? 참으로 안타깝도다! 안타깝도다! 오직 진인들만이 안타까운 사정을 알게 되었으니 장차 목숨을 보존하는 방법을 얻었다고 말할 수 있다. 조심하라."

眞人前, 凡平平人有幾罪乎. 平平人不犯事, 何罪過哉. 噫, 眞人何其暝冥也. 愚生不開達, 初生未常聞, 人不犯非法而有罪也. 子言是也, 與俗同記. 不睹〈起〉凡人迺有大罪六, 不可除也. 或身卽坐, 或流後生. 〈止〉眞人學, 迺不見此明白罪, 學獨不病憒憒耶. 愚生忽然, 不病之也. 子尙忽然, 夫俗人懷冤結而死是也. 誠窮乎遂無知, 然而死訖覺悟. 天地開闢以來, 凡人先矇後開, 何訾理乎. 願聞之. 〈起〉然, 人積道無極, 不肯敎人開矇求生, 罪不除也. 或身卽坐, 或流後生. 所以然者, 斷天生道, 與天爲怨. 人積德無極, 不肯力敎人守德養性爲謹, 其罪不除也. 或身卽坐, 或流後生. 所以然者, 迺斷地養德, 與地爲怨, 大咎人也. 或積財億萬, 不肯救窮周急, 使人飢寒而死, 罪不除也. 〈止〉 或身卽坐, 或流後生. 所以然者, 乃此中和之財物也, 天地所以行仁也, 以相推通周足, 令人不窮. 今反聚而斷絶之, 使不得遍也, 與天地和氣爲仇. 或身卽坐, 或流後生, 會不得久聚也, 當相推移. 天生人, 使人有所知, 好善而惡惡也. 〈起〉幸有知, 知天有道而反賤道, 而不肯力學之以自救. 或得長生, 在其天統先人之體, 而反自輕, 不學視死. 忽然臨死, 迺自冤, 罪不除也. 〈止〉或身卽坐, 或流後生, 令使生遂無知, 與天爲怨. 所以然者, 迺天自力行道, 故常吉, 失道則凶死. 雖愛人欲樂善, 著道於人身, 人不肯力爲道, 名爲無道之人, 天無緣使得有道而壽也. 迺使天道斷絶, 故與天爲怨也. 人生知爲德善, 而不肯力學爲德, 反賤德惡養, 自輕爲非, 罪不除也. 或身卽坐, 或流後生. 所以然者, 與地相反. 地者好德而養, 此人忽事, 不樂好德, 自愛先人體, 與地爲咎也. 〈起〉天生人, 幸使其人人自有筋力, 可以自衣食者. 而不肯力爲之, 反致飢寒, 負其先人之體. 而輕休其力不爲, 力可得衣食, 反常自言愁苦飢寒. 但常仰多財家, 須而後生, 罪不除也. 〈止〉或身卽坐, 或流後生. 所以然者, 天地乃生凡財物可以養人者, 各當隨力聚之, 取足而不窮. 反休力而不作之自輕, 或所求索不和, 皆爲 〈止〉强取人物,與中和爲仇, 其罪當死明矣. 此有六大罪而天憎惡之, 其罪不可除也. 〈止〉眞人知之耶.

唯唯. 願聞天師, 其爲罪何一重也. 噫. 子日益愚何哉. 是乃滅門之罪也. 何故言其重乎. 愚生甚怪之, 不知其要意. 今唯天師更開示之, 令使大覺悟, 深知其意, 不敢復犯也. 然, 眞人言善哉, 吾辭將見矣, 眞人宜自隨而力記之. 唯唯. 行, 今皇天有道, 以行生凡物, 擾擾之屬, 悉仰命焉. 今大渘道人,[1] 或默深知之, 著其腹中, 不肯力以教人也. 夫教人以道, 比若以火予人矣, 少人來取之, 亦不傷其本也, 無極人來取之, 亦不傷其本. 今幸可共之, 以教天下之人, 助天生物, 助地養形, 助帝王脩正.[2] 又使各懷道, 求生惡死, 令使治助治, 人不復犯法, 爲邪凶惡. 其心善, 則助天地帝王養萬二千物, 各樂長生. 人懷仁心, 不復輕賊傷萬物, 則天爲其大悅, 地爲其大喜, 帝王爲其大樂而無憂也, 其功增不積大哉.[3] 夫一人教導如此百愚人, 百人俱歸, 各教萬人, 萬人俱教, 已化億人, 億人俱教, 教無極矣. 此之善, 上洽天心, 下洞無極, 人民莫不樂生爲善. 帝王遊無職, 又何傷於人, 而不力相示敕. 今人幸蒙先師敕戒, 得深懷至道而閉絶, 不以相教示, 使人無所歸命, 皆令强死冤結,[4] 名爲斷天道. 人多失道而妄爲, 天也不得久生, 地也不得久養. 夫人不得不知道, 小人無道多自輕, 共作反逆, 犯天文地理, 起爲盜賊相賊傷. 犯王法, 爲君子重憂, 紛紛不可勝理. 君王旦夕念之, 悒悒自愁苦, 使天地失其正, 災變怪不絶, 爲帝王留負. 吾尙未能悉言. 夫斷天道, 大逆罪過, 不可勝記. 故財擧其綱紀, 示眞人是非, 重罪當死明耶. 死中尙得有餘過, 故流後生也. 可核哉. 眞人其愼之矣. 唯眞人迺知一核, 可謂已得長吉, 遠凶害矣. 唯唯, 不敢離敕. 然, 子已賢明, 知天命矣, 必生去死, 不復疑也.

今謹以聞天道之命, 願得知地德之敕. 然, 夫地之有大德, 專以順天之道, 以好養萬物, 擾擾之屬, 莫不被恩德, 養成其中者. 是故大渘大德之人, 當象此爲行, 幸蒙先師功力, 得懷藏善道無極之德. 夫德以敎人, 比若臨大水而飮之也. 少人往學德, 亦不傷其本, 無極之人往學德, 亦不傷其本也. 如力敎敎之, 皆使凡人知守渘抱德, 各自愛養其身. 其善者上可助天養且生長之物, 下可助地畜養向成之物, 悉幷力同心, 無有惡意. 其中大賢明心易開示者, 迺可化而上, 使爲君之輔, 其中賢者可爲長吏師, 其下無知者, 尙可爲民間之師長. 凡人莫不俱好德化而爲善者也. 爲敎如是, 迺上有益於天, 下有益於地, 卽大化之本根, 助帝王養人民, 令不犯惡爲耶, 君子垂拱而無憂, 其功著大, 天地愛之, 可移於官也. 今則或懷有德廣大, 而反詳愚閉, 絶道德之路, 不助天養其且生, 不助地養其且成, 不助帝王和諸民人. 今使愚人後生, 遂暗無知, 白黑不分明, 互死不移, 遂爲小人, 不可東西, 忽身自輕, 相隨爲非, 奸軌畜積, 上下不能復相敎, 冥冥憒憒, 無有忌諱. 上犯天文, 下犯地形, 其行逆四時, 亂五行, 爲君子大憂, 爲小人起害, 爲賊盜, 或還以自敗, 僇其父母, 因而無世. 今尙但爲眞人擧其綱紀, 見其始, 使衆人一覺自策之耳, 不肯敎久德, 名爲斷絶地之養道, 其罪過如此矣. 是之爲無狀, 乃死尙有餘罪, 故流後生也, 眞人知之耶. 可核哉. 可核哉. 眞人知蚤核, 可謂得且活矣. 唯愼之.

역주

1) 今大渘道人(금대유도인) : '유(渘)'는 부드러울 유(柔)의 의미로 '대유도인(大渘道人)'이란 부드러움을 지키는 유술(柔術)의 수양을 크게 쌓은 도사를 말한다. 노자가 말한 '유능제강(柔能制强)', '수유극

강(守柔克强)'을 의미한다.

2) 助帝王脩正(조제왕수정) : '정(正)'은 다스림인 정(政)을 의미하며, '수(脩)'는 다스림을 밝고 깨끗하게 하는 것을 의미한다.

3) 其功增不積大哉(기공증부적대재) : '증(增)'은 증(曾)의 의미로, 일찍이 그 공이 이보다 큰 적이 있었는지 반문하는 내용이다.

4) 皆令强死冤結(개령강사원결) : '강사(强死)'란 횡사 등 비정상적으로 죽음을 맞는 것을 말한다.

"예, 예. 이미 삼가 도와 덕의 금지하는 가르침을 받았으니 어진 사람의 행동에 대해 듣고자 합니다."

"그것은 이러하다. 무릇 천지가 생산한 모든 재물은 이미 사람에게 속한 것으로 그 재물들이 소속하는 뿌리를 없애 버렸기 때문에 위로는 하늘에 붙어 있는 것도 아니며 아래로는 땅에 붙어 있는 것도 아니다. 재물이란 중화(中和)가 소유하는 것으로 유동할 수 있게 해서 떠다니며 왕래하는 것인데 직무는 당연히 '막힌 것을 구제하고 급한 것을 구함'(周窮救急)을 주로 한다. 무릇 사람이 쌓아둔 금은보화와 진귀한 물건과 재물이 많은 집안의 억만 종류 이상의 축적한 어떠한 재물도 썩으면 흙이 되는 것이다. 만일 현명하고 지혜롭게 베풀어서 빈곤한 집안에 준다면 어질다고 칭송받을 뿐만 아니라, 땅을 도와 형체를 양육하고 제왕을 도와 선량하고 겸손한 백성을 보존할 것이다. 무릇 부유한 억만의 집안은 빈곤한 만 집안을 구제할 수 있으며 주거나 베푼 재물들은 새로운 것을 걷을 수 있다. 조급하게 이익을 얻고자 하는 마음을 지니지 않는다면 덕이 천지와 부합하여 먼 곳에서도 명성이 들릴 뿐만 아니라 항시 새로운 물건을 얻게 될 수 있어 썩어 흙이 되는 현상도 제거된다.

그 중 가장 현명한 사람은 연일 그 공이 제왕에게 바쳐진다. 그 중 그보다 현명함이 작은 사람은 날마다 그 공이 향리에서 거론된다. 그 중 가장 어리석은 사람으로 은혜를 갚지 않는 사람은 극히 많아야 열 명에 두세 명일 뿐인데 어찌 사람들이 매우 가난해지게 할 수 있겠는가? 착한 일 하기를 쉬지 않는다면 큰 현명함과 부드러움과 지혜를 지닌 사람들이 그를 추천하므로, 명성이 나라 안에서 들리게 되고 천하의 사람들 중에서 그를 칭송하는 사람들로 길을 메울 것이다. 현명한 왕과 신성한 군주가 그들의 업적을 듣고 그들이 백성을 양육하는 것을 돕는다는 것에 크게 기뻐해서 불러 관직을 수여하는데 그 지위는 삼공(三公)에 이르고 이로 인해 존귀함을 얻고 대대손손 없어지거나 그치지 않는다. 커다란 어짊을 행하기란 천하에 매우 드물다. 위로는 선조를 욕보이지 않고 아래로는 자손에게 짐이 되질 않으니 천지가 그를 사랑하고 모든 신이 그를 이롭게 하며, 제왕이 그를 대하길 마치 현명한 친구와 같이 하고, 친숙한 이웃이 그를 대하길 마치 부모와 같이 한다. 공적이 천지에 밝게 드러나서 다시는 없어지지 않는다. 작록이 관직에 밝게 드러나서 다시는 미천해지지 않는다. 명성이 모든 백성에게 밝게 드러나서 다시는 소멸되지 않는다. 무릇 이러한 어짊을 행하지 않을 수 있겠는가? 어떤 경우에는 우연히 좋고 부유한 땅을 만나서 아울러 천지(天地)와 중화(中和)의 재물을 얻는데, 그것을 쌓아 둔 것이 곧 수억만 종이고 진귀한 물건과 금은이 억만 종이지만, 오히려 으슥한 방에 감추거나 숨기어 두고 모두 썩어 진흙이 되게 한다. 사람들이 곤궁하여 와서 구하려고 해도 욕하며 주지 않는다. 준다고 즉각적으로 허락하지 않고서 반드시 배가 되도록 구하여 취하고자 한다. 어떤 경우에는 배 더 늘리고 때로는 4, 5배까지 늘려야 그친다. 부유한 사람에게 베풀고 가난한 사람에게 주지 않아서 가난한 사람을 굶주림과 추위로 죽게 만드는 것은 도리가 아님에도 오히려 그것을 비웃는다. 하늘에 원한을 갖게 하며 땅에 허물이 되게 하며 사람과는 더 큰 원수가 되게 하므로 모든 신이 그를 증오한다. 그러한 까닭은 이러한 재물은 곧 천지와 중화가 소유해야 하는 것으로서 함께 사람을 기르는 것이기 때문이다. 이 집은 단지 우연히 모아 둘 곳을 마련한 곳으로, 비유하자면 마치 창고 안의 쥐는 항상 혼자서 충분히 먹지만 이 큰 창고의 곡식은 본래 그 쥐 혼자만의 소유가 아닌 것과 같다. 나라 창고의 돈과 재물은 본래 오로지 한 사람만을 부양하는 것이 아니라, 부족한 자들 모두가 당연히 그곳에서 취하는 것이다. 어리석은 사람은 무지해서 마침내 예로부터 홀로 그 재물을 당연히 자기가 소유하는 것이라 생각하며, 그것이 바로 만 호의 가정이 맡기고자 보낸 것으로 모두가 여기에서 입고 먹는 것을 얻는 것임을 알지 못한다.

그러나 그것에 애착하여 오히려 항상 성내고 기뻐하면서도 거꾸로 힘써 막힌 것을 구하고 급한 것을 구하지 않으므로 만호의 가정을 궁핍하고 급박하게 해서, 봄에는 씨 뿌릴 것이 없고 가을에 수확할 것이 없으므로, 그로 인해 원한이 맺혀 모두 하늘을 우러러 호소한다. 하늘이 느끼는 바 있고 땅이 움직이는 바 있지만, 군자가 궁한 것을 구제하고 급한 것을 구조하는 일을 돕지 않으므로 천지 사이에 크게 어질지 못한 사람이 된다. 사람들이 제사를 지내 구원되길 바라지만 오히려 그는 사람들에게 나누어 주질 않으므로 모든 신이 그를 증오하여 후손을 끊어버리고자 한다. 향리의 사람들은 저주하면서 그가 죽게 되기만을 바란다. 도적이 그것을 듣고 군사를 일으켜 그 문호를 공격하므로 집안이 곤경에 처하여 사지에 이르게 되거나 모두 죽게 되는데, 완강하게 재물을 베풀려 하지 않고 도리어 땅속에 깊이 묻어 사람들이 볼 수 없게 한다. 아무 이유도 없이 천하의 재물이 끊겨서 지상에서의 사용을 궁핍하게 하지만 도리어 그것은 지하에서는 큰 이물질이 되므로 하늘이 크게 증오하고 땅이 크게 병을 일으키는 큰 재앙으로 여긴다. 중화의 재물이 없어져 날로 줄어들고 이로 인해 쓰임이 충분하지 않게 되어 굶주림과 추위에 죽는 사람의 수가 점점 더 많아지므로 세상 사람과 철천지 원수가 된다.

대저 하늘은 다만 도를 좋아하고, 땅은 다만 덕을 좋아하며, 백성(中和)은 인(仁)을 좋아한다. 무릇 재물의 직무는 당연히 하늘 아래와 땅위에 존재하며 부족한 데 두루 공급되도록 유통되어야 하는 것이다. 무릇 사람들이 사용할 것이 부족한데도 도리어 매장되어 버리므로 땅의 병이 위태로워져도 땅위로 드러낼 방법이 없다. 대저 하늘과 땅은 본래 재물을 얻고자 하는 것을 즐기지 않는다. 하늘은 곧 사람을 살리길 즐기고 땅은 곧 사람 기름을 즐긴다. 무지한 소인은 도리어 하늘과 땅, 사람의 재물에 옹색하여 그 재물을 충분히 유통할 수 없게 하므로 하늘이 살리는 것을 죽이고 땅이 기르는 것을 해친다. 아무 이유 없이 이러한 재물을 매장해 숨겨서 나라를 가난하게 하고 재화의 쓰임을 적게 해서, 백성의 생명을 온전하게 구제할 수 없게 하고 덕이 있는 군주의 다스림을 공허하게 한다. 대저 금은과 진귀한 보물, 재화가 하는 작용은 사람이 공을 많이 쌓게 하는 것으로, 참으로 고생스럽고도 수고스럽더라도 당연히 나라의 쓰임이 되어야 하는 것임에도 아무 이유 없이 내버려져 위와 아래로 유통되지 못하고, 땅 또한 그것을 얻어 즐겁지 않은데 큰 병이 되고 큰 이물질이 된다.

지금 어리석은 사람이 매우 어질지 못해서 그 죄가 이와 같은데 어찌 죽음에 해당되지 않는다고 하겠는가? 그 중 일찍이 느닷없이 만족함을 알지 못하는 사람들이 있어서 서로 다투어 송사를 일으키며 스스로가 원통하다고 하면서, 도리어 매우 약하고 작은 집안의 재물을 빼앗으며 유달리 탐욕을 부리며 그칠 줄을 모른다. 나는 일찍이 진인들의 어리석음을 보고 단지 그 대강만을 열거해서 그 기원을 보여 주었다. 무릇 크게 어질지 못한 사람의 죄과란 쌓인 것이 많아서 기록할 수 없을 정도인데, 재화를 쓰는 것이란 어려운 문제이니, 진인들은 마땅히 그것을 곰곰이 잘 생각해 보아야 한다. 그러므로 하늘과 땅, 인간의 세 기가 그들을 증오하므로 죽어도 일찍이 남은 죄가 있게 되어 당연히 후대에까지 흘러가게 되는데, 진인들은 이를 깨달을 수 있겠는가?"

"예, 예. 두렵습니다. 저희는 다시 듣기를 청하지 않겠습니다."

"진인들에게 이 말을 남기므로 하늘은 반드시 그대들의 명을 빼앗으려 하였지만, 내가 그것을 깨우쳐 알도록 하였으므로 어찌 또한 살지 않을 수 있겠는가? 스스로 경계하고 신중하게 일하도록 하라!"

"예, 예. 이미 삼가 도와 덕, 인의 가르침을 받았습니다. 원컨대 참된 도의 뜻을 즐겨 배움에 대하여 알고 싶습니다."

"좋도다! 그대들의 말은. 무릇 하늘은 사람을 태어나게 함에 다행히 현명함과 앎을 갖추게 하였으므로 학문을 하며 오래 살 수 있다. 하늘이 지닌 도는 인간과 더불어 함께 즐기는 것이고 땅이 지닌 덕은 인간과 더불어 같이 즐기는 것이다. 사람이 가진 재화는 사람을 양육하길 즐긴다. 그러므로 사람의 삶이 참된 도를 즐겨 구하면 참된 사람은 저절로 이루게 된다. [참된 도를] 구하길 그치지 않는다면 마치 신과 더불어 도모하는 것과 같다. 날마다 선행을 칭송하면 선함은 저절로 그에게 돌아간다. 힘써 많은 현인을 받들면 많은 현인들은 함께 그에게 가르침을 보여 주므로 다시는 참된 도에서 멀어지지 않는다. 그 몸을 온전하게 할 수 있고 앞선 사람의 계통을 저버리지 않으므로 다른 사람들이 모두 일찍 죽더라도 홀로 그 자신만이 천수를 누릴 수 있다. 다른 사람들은 모두 악하다고 불려도 홀로 선한 사람이 될 수 있다.

많은 사람들의 스승이 되고 먼 곳에서도 그 명성이 들리는데, 안으로는 참된 도와 덕, 인을 품고서 생육과 교화를 있게 한다. 하늘이 사물을 낳는 것을 돕고 땅이 형체를 양육하는 것을 도우며 제왕이 백성을 교화하는 것을 돕는다. 상급의 스승은 곧 끝없이 무수한 사람들을 교화할 수 있어서 모두가 어리석은 사람들에게 도를 지키며 그릇된 일을 하지 않도록 하며, 중급의 스승은 만여 명의 사랑을 교화할 수 있고 하급의 스승은 천여 명을 교화할 수 있으므로 군왕을 이롭게 하는데, 소인에게는 금지하는 것을 알게 하여 법을 위반하지 않으며 그릇된 일을 숨기지 않도록 한다. 위가 감동해서 관작을 얻게 되고 선조를 저버리지 않으며 후생을 욕되게 하지 않는다. 오로지 도를 배우면 이와 같은데 어찌 하지 않을 수 있겠는가? 그러므로 옛날의 성현들은 모두가 이러한 경계의 가르침을 사람들이 배워야 할 가장 중요한 일로 삼아서 천지가 생성하는 것을 돕고 제왕이 어지러움을 다스리는 것을 도왔는데, 이것이 하늘과 땅 사이에 선인이라고 말해지는 것이다.

때로 어리석은 사람이 있어 태어날 때는 현명함을 품고 아는 능력을 갖추었지만, 힘써 참된 도를 배우려 하지 않고 도리어 겉은 화려하나 실속이 없는 것을 좋아해서 행동하길 다른 사람을 속이는데, 자식이면서도 그 부모를 속이고 신하이면서도 그 군주를 속이며 아래에 처해 있으면서도 그 위에 있는 자를 속인다. 이는 하늘을 속이는 것이라 말할 수 있으며 죄와 허물이 제거될 수 없다. 때로 도리어 속된 일을 좋아하여 싸우면서 서로 서로를 비방하며 참된 사람을 보고서는 오히려 그를 크게 비웃는데, 그를 비웃으며 말하길 배움 없이 행동한다고 한다. 마침내 어둡게 되어 그 어리석음이 알 수 없을 정도에 이르며, 또한 이기고자 하는 것을 좋아하지만 그렇게 할 수 없자 가혹한 말이 천지에 셀 수도 없게 된다. 현명하고 부드러움은 알지 못하고 자의적인 감정으로 행동하여 위로는 천문을 범하고 아래로는 지리를 범하며, 나가고 들어옴에 절도가 없고 집에 돌아가서는 부모를 섬기지 않고 어리석은 무리들과 함께 모여 다니게 되어서 마침내 악한 자식이 된다. 관리가 되어서 말썽을 일으켜 도리어 그 부모를 죽게 하지만 스스로 깊이 생각할 수 없으므로 도망가 도적이 되어서 행하길 사람을 해치고 살상하면서 죽어서도 그치질 않는다.

이것이 바로 하늘이 꺼리는 것이며, 땅이 허물이라고 여기는 것이며 제왕이 근심 걱정하는 것이며 모든 신이 증오하는 것이며, 부모가 궁핍하게 하는 것이다. 이것은 다른 사람을 해치는 큰 재앙으로 선조의 후사를 단절시킨다. 지금 힘써 참된 도를 배우지 않고 행동하길 이와 같이 한다면 진인들이 생각하기에 어찌 죽음에 해당되지 않는다고 할 수 있겠는가? 죽어도 남은 죄가 있어서 그 자손에게까지 흘러가서 일찌감치 악인의 후손이고 도적의 후예라고 말해지게 된다. 그것은 하물며 후생에게까지 유전하는 것이 아니겠는가? 지금 단지 진인들을 위하여 주요한 단서만을 열거하지만 악함은 이루 다 기록할 수 없으며 운용하기란 어려운데 진인들이 깨달아 알 수 있겠는가? 진인 스스로가 신중하도록 하라."

“예, 예. 저도 매우 두렵게 생각합니다.”

“그대들이 두려움을 아니 이미 악함이 없어졌느니라.”

唯唯. 謹已受道德之禁, 願聞仁者之行. 然, 夫天地生凡財物, 已屬於人, 使其無根, 亦不上著於天, 亦不下著於地. 物者, 中和之有, 使可推行, 浮而往來, 職當主周窮救急也. 夫人畜金銀珍物, 多財之家, 或億萬種以上, 畜積腐塗, 如賢知以行施, 予貧家樂, 名仁而已, 助地養形, 助帝王存良謹之民. 夫億萬之家, 可周萬戶, 予陳收新, 毋疾利之心, 德洽天地, 聞於遠方, 尙可常得新物, 而腐塗者除去也. 其中大賢者, 迺日奏上其功於帝王. 其中小賢, 日擧之於鄕里. 其中大愚人不償報恩者, 極十有兩三耳, 安能使人大貧哉. 爲善不止, 大賢溕明擧之, 名聞國中, 四海人道之者塞道. 明王聖主聞之, 見助養民大喜, 因而詔取,[1] 位至鼎輔,[2] 因是得尊貴, 世世無有解已, 尙爲大仁, 天下少有. 上不負先祖, 下不負於子孫, 天地愛之, 百神利之, 帝王待之若明友, 比鄰示之若父母. 功著天地, 不復去也. 祿著官位, 不復賤也. 名著萬民, 不復滅也. 夫仁可不爲乎哉.

或有遇得善富地, 幷得天地中和之財, 積之迺億億萬種, 珍物金銀億萬, 反封藏逃匿於幽室, 令皆腐塗. 見人窮困往求, 罵詈不予. 旣予不卽許, 必求取增倍也. 而或但一增, 或四五迺止. 賜予富人, 絶去貧子, 令使其飢寒而死, 不以道理, 反就笑之. 與天爲怨, 與地爲咎, 與人爲大仇, 百神憎之. 所以然者, 此財物迺天地中和所有, 以共養人也. 此家但遇得其聚處, 比若倉中之鼠, 常獨足食, 此大倉之粟, 本非獨鼠有也. 少內之錢財,[3] 本非獨以給一人也. 其有不足者, 悉當從其取也. 愚人無知, 以爲終古獨當有之, 不知迺萬尸之委輸,[4] 皆當得衣食於是也. 愛之反常怒喜, 不肯力以周窮救急, 令使萬家之絶,[5] 春無以種, 秋無以收, 其冤結悉仰呼天. 天爲之感, 地爲之動, 不助君子周窮救急, 爲天地之間大不仁人. 人可求以祭祀, 尙不給與, 百神惡之, 欲使無世. 鄕里祝固, 欲使其死. 盜賊聞之, 擧兵往趨, 攻擊其門戶, 家困且死而盡, 固固不肯施予, 反深埋地中, 使人不睹. 無故絶天下財物, 乏地上之用, 反爲大壯於地下,[6] 天大惡之, 地大病之, 以爲大咎. 中和之物隔絶日少, 因而坐之不足, 飢寒而死者衆多, 與人爲重仇.

夫天但好道, 地但好德, 中和好仁. 凡物職當居天下地上, 而通行周給. 凡人之不足, 反迺見埋, 病悒悒不得出見. 夫天與地, 本不樂欲得財也. 天迺樂人生, 地樂人養也. 無知小人, 反壅塞天地中和之財, 使其不得周足, 殺天之所生, 賊地之所養. 無故埋逃此財物, 使國家貧, 少財用, 不能救全其民命, 使有德之君, 其治虛空. 夫金銀珍物財貨作之用, 人功積多, 誠若且勞,[7] 當爲國家之用, 無故棄捐, 去之上下, 地又不樂得之, 以爲大病, 以爲大壯. 今愚人甚不仁, 罪若此, 寧當死不耶. 中尙有忽然不知足者, 爭訟自冤, 反奪少弱小家財物, 殊不知止. 吾尙但見眞人倲倲, 財擧其綱,[8] 見其始. 夫大不仁之人過積多, 不可勝紀, 難爲財用, 眞人宜熟思之. 故天地中和三氣憎之, 死尙有餘罪, 當流後生, 眞人寧覺知之耶.[9] 唯唯. 可㤥哉. 吾不欲聞也. 眞人遺此語, 天必奪子命, 令知覺悟, 惡之且活矣. 自敕愼事.

唯唯. 謹已敬受道德仁戒, 願聞有知不好學眞道意. 善哉, 子之言也. 夫天生人, 幸得有賢知, 可以學問而長生. 天之有道, 樂與人共之. 地有德, 樂與人同之. 中和有財, 樂以養人. 故人生樂求眞道, 眞人自來. 爲之不止, 比若與神謀. 日歌爲善, 善自歸之. 力事衆賢, 衆賢共示敎之, 不復遠也. 可以全其身, 不負先人之統, 佗人盡夭終, 獨得竟其天年. 人皆名惡, 獨得爲善人. 爲衆人師, 聞於遠方, 內懷眞道德仁而有之.[10] 助天生物, 助地養形, 助帝王化民. 上師迺可化無極人, 盡使愚人守道不爲非, 中師可化萬人, 小師可化千數百人, 致有益於君王, 使小人知禁, 不犯非匿邪. 上感得官, 不負祖先, 不辱後生. 維學若此, 寧可不爲乎. 故古者聖賢, 悉以敕學人爲大憂, 助天地生成, 助帝王理亂, 此天地之間, 善人之稱也. 或有愚人, 生而懷愿有知,[11] 而不肯力學眞道, 反好爲浮華, 行以欺人, 爲子則欺其父母, 爲臣則欺其君, 爲下則欺其上. 名爲欺天, 罪過不除也. 或有反好俗事爭鬥, 相隨爲非, 睹眞人之人, 反大笑之, 笑之言無以學爲. 遂令冥冥, 愚無可知, 又好勝而不可, 苛言天地無數, 賢㴝無知, 恣情而行, 上犯天文, 下犯地理, 出入無復節度, 歸則不事父母, 群愚相與會聚, 遂爲惡子. 爲長吏致事, 還戮其父母, 不能自惟思, 因逃亡爲盜賊, 行害傷殺人, 殊不止. 此正天所忌, 地所咎, 帝王所愁苦, 百神所憎, 父母所窮也. 此害人之大災, 絶其先人之統子也. 今不力學眞道, 爲行如此, 於眞人意, 寧當死不. 死有餘罪, 流其子孫, 尙名爲惡人之世, 盜賊之後, 惡寧流後生不耶. 今尙但爲眞人擧其端首, 其惡不可勝記, 難爲財用,[12] 眞人寧覺知之耶. 眞人自愼. 唯唯, 吾甚核哉. 子知核, 已去惡矣.

역주

1) 인이조취(인이조취) : 취(取)는 관료로 임명하는 것을 말한다. 한(漢)나라 때의 관리선발방식은 조정이나 지방 관료들이 인재를 천거하는 찰거제도(察擧制度)가 그 중심이었다. 그 기원은 한(漢)의

고조(高祖) 11년에 최초로 각 군(郡)에 '구현령(求賢令)'을 내려 역량이 있는 인재들을 천거하도록 한 것이며, 한의 무제(武帝) 때부터는 정례적인 관리의 선발방식이 되었다.

2) 位至鼎輔(위지정보) : '정보(鼎輔)'는 삼공(三公)의 지위를 말한다.

3) 少內之錢財(소내지전재) : '소(少)'는 '소(小)'의 의미(『합교』)로, '소내(小內)'는 황실과 왕실 등의 돈과 재물을 관리하는 나라의 관부를 말한다.

4) 不知迺萬尸之委輸(부지내만시지위수) : '시(尸)'는 '호(戶)'로 '만시(萬尸)'는 만 호의 집을 가리키는 '만호(萬戶)'이다. 나라의 창고란 모든 백성(萬戶)이 재물을 위탁하여 맡겨 둔 곳임을 말한다.

5) 令使萬家之絶(영사만가지절) : '지(之)'를 궁핍하다는 '핍(乏)'의 의미(『합교』)이며, '지절(之絶)'은 먹고 입는 것이 매우 부족하고 궁핍해서 생계를 이어갈 수 없는 지경에 놓여 있음을 말한다.

6) 反爲大壯於地下(반위대장어지하) : '장(壯)'은 체내의 이물질을 의미(『정독』)하는데, 재물이 지상에서 궁핍함을 구제하는 데 사용되어야 하지만 땅속에 묻혀 생물의 양육을 방해하는 이물질로 작용하는 것을 말한다.

7) 誠若且勞(성약차로) : '약(若)'은 '고(苦)'의 잘못(『합교』)이다.

8) 財擧其綱(재거기강) : '재(財)'는 '재(纔)'로서 '겨우'의 의미이다.

9) 眞人寧覺知之耶(진인녕각지지야) : 앞의 "좋다. 무릇 천지가 생산한 모든 재물은 이미 사람에게 속한 것으로(然, 夫天地生凡財物…)"에서부터 여기까지가 천사가 진인에게 재화의 쓰임에 대해 말한 하나의 문단이다.

10) 內懷眞道德仁而有之(내회진도덕인이유지) : 여기서 '지(之)'는 바로 다음 문장에 나오는 하늘이 만물을 낳고 땅이 형체를 양육하고 제왕이 백성을 교화하는 내용을 가리킨다.

11) 生而懷愿有知(생이회원유지) : "무릇 하늘은 사람을 태어나게 함에 다행히 현명함과 앎을 갖추게 하였다는" 앞 단원의 문장을 고려하여, '원(愿)'을 '현명함'으로 해석하였으며 『정독』에서는 '지혜(智

慧)'(『정독』)로 주석하고 있다. 어리석은 사람도 태어난 애초에는 현명함과 인식 능력을 갖추고 있었지만 힘써 도를 배우려 하지 않으므로 여기서 어리석은 사람으로 지칭하고 있다.

12) 難爲財用(난위재용) : '재(財)'는 사용하다는 의미로 '재용(財用)'은 천사가 열거한 단서를 잘 운용하는 것을 말한다.

"삼가 네 가지 일에 대해 이미 상세하게 들었습니다. 원컨대 다음의 일을 다시 듣고 싶습니다."

"좋다. 무릇 하늘은 사람을 낳을 때 태내에서 발육을 완전하게 한 후 세상에 나오게 하며 항상 그 도를 따르고 덕과 인을 더불어 함을 즐기게 하였다. 사람은 다행히 앎이 있어 덕을 배우며, 천지는 덕으로써 만물을 양육하고 사람들이 그것을 본받도록 하는 것을 즐긴다. 그러므로 태고 시대의 덕 있는 사람은 굴욕을 참고 땅이 만물을 양육하는 것을 본받았다. 사람이 그와 같이 하는 것을 배우면 그 마음과 뜻은 항상 기뻐서 다시는 다른 사물을 상해하는 것을 좋아하지 않으며, 일을 접하면 신중하게 대처하고 날로 하는 일이 착해져서 다시는 악한 일을 하고자 하지 않았다. 비슷한 사람들이 서로 모이므로 덕이 날로 더욱 높고 깊어지며, 그것을 하는 것이 오랜 시간 쌓이면 크고 훌륭한 덕을 지닌 인물이 되어 다른 사람들이 그를 따라하지 않는 것이 없고 모든 사람들이 그에게 의탁한다. 무리들이 삼가 선함을 따르길 그치지 않으므로 큰 부드러움을 지닌 스승이 되고, 그 덕은 마침내 하늘이 낳고자 하는 사물을 양육하는 것을 돕고 땅이 기르고자 하는 사물을 양육하는 것을 도우며, 또한 현명한 왕이 백성을 교화하는 것을 훌륭하게 도와 하는 일을 조심스럽게 하게 함으로써 다시는 흉악한 일을 알지 못하게 한다.

작게는 덕을 행함에 천 수백여 명을 교화하거나 크게는 덕을 행함에 만여 명 이상을 교화한다. 따라서 만 사람이 덕을 지닌 스승으로 바뀌게 되어 교화하는 것은 끝이 없게 된다. 덕을 행함이 그치지 않으면 모든 사람들이 기뻐하고 즐거워한다. 하늘과 땅이 그를 사랑하여 그 수명을 늘려주고, 귀신들이 그를 좋아하므로 함께 그를 돕고, 공이 있는 사람에게는 마침내 군주가 벼슬길에 오르게 한다. 덕은 상해함을 좋아하지 않으므로 모든 사람들이 그것을 즐기고 좋아하며, 추구하는 것은 항상 홀로 즐거움에 거처하는 데 있으므로 그를 해치기를 바라지 않는다. 이것은 본래 선함을 따라서 덕을 행함을 배우는 데서 비롯한 것으로 마침내 이러한 경지에 도달하면 명성은 먼 곳에서도 들리게 되고 공적이 하늘과 땅에 드러나게 되어서, 선조를 저버리지 않고 후생을 욕되게 하지 않는다.

오늘날 사람은 다행히 아는 능력을 갖추어 마음으로는 선과 악을 알면서도, 오히려 스스로 가볍고 경솔하게 행동하는데, 훌륭한 덕을 힘써 배우고 행하지 않고 도리어 세속의 어리석고 어두운 사람이 하는 악행을 따라한다. 의기를 부리고 무력을 숭상하길 좋아하여 말은 항상 흉악하고 말할 때는 부정하며 다른 사람을 제압하고자 한다. 어떤 사람의 경우 스스로가 말을 능란하게 한다고 하지만 다시 또 그보다 말을 능란하게 하는 사람이 있다. 어떤 사람의 경우 스스로가 말을 뛰어나고 힘차게 한다고 하지만 다시 또 그보다 말을 뛰어나고 힘차게 하는 사람이 있다. 그러므로 무릇 천하의 일은 각기 제압하고 궁벽하게 하는 것이 있기 때문에 제어할 수 있게 된다. 무릇 큰 불이 일어날 때에는 마치 잡을 수 없을 것 같지만 물을 얻게 되면 불은 바로 소멸된다. 사람이 착하지 못한 일을 하며 광분할 때에는 마치 제어할 수 없을 것 같지만 옥에 가두면 바로 그치게 된다. 말을 함부로 할 때는 마치 단속할 수 없을 것 같지만 병을 얻게 되면 바로 항복하게 된다. 그러므로 무릇 천지가 사람을 다스릴 때 모든 것이 스스로 기준이 되는 법도가 있다. 사람은 아는 능력이 있으나 배우기를 좋아하지 않고 도리어 스스로를 경시하며 그릇된 일을 하고 흉악한 일을 한다면 그를 사랑하는 사람은 없다. 천지가 그를 증오하고 모든 신이 그를 미워하며 제왕은 그를 우려하게 된다. 이에 선인이 되질 못하고 스스로가 도적이 되어서 죽어서도 악귀가 되는데, 힘을 쓰고 포악하게 노략질하다 죽는 자는 모두 온전하게 죽지 못한다.

도리가 있는 사람이라면 모두가 그것을 알지만 스스로 경솔하게 여기며 착한 일을 하지 않고서 선조의 계통을 욕되게 하고, 마침내는 후대 자손에게 짐이 되어 흉악한 도적의 후손이라고 불리게 된다. 사람들은 그들과 말을 나누려 하지 않고 지나가는 사람들은 그들과 더불어 같은 길을 가지 않으려 하는데, 이들 자손에게 무슨 죄가 있어서 부모의 악행을 이어받아 짐을 지고서 마침내 도적의 자식이라고 불리거나 때로는 이로 인해 죽기도 하는가? 진인들은 앞으로 나와 사람이 스스로를 경시하여 현명한 스승의 덕행을 배우길 좋아하지 않고 도리어 소인을 따르는 죄과가 바로 이와 같은데도 어찌 죽어도 여죄가 남는다고 하지 않을 수 있는지 말해보겠는가?"

"두렵습니다! 천사께서는 모름지기 말하지 말라 하셨어도 저희도 이것을 생각하니 이미 괴롭고 마음이 고통스럽습니다. 사람이 배우지 않는다는 것을 들었을 때 작은 일이라 생각했는데 어찌 이 같은 결과를 초래할지 알았겠습니까?"

"진인들이 매우 어리석어 세속의 사람들과 서로 비슷하구나. 사람은 깊게 헤아리지 않는다면 죽어도 여죄가 남는 것이다. 진인들은 이미 천지에 공이 있으므로 그것에 주의하도록 하라!"

"예, 예."

"스스로 경솔하게 행동하지 말라. 내가 더욱이 그 대강을 열거하여 그 기원을 보여 주니 악행을 배우지 말라. 다만 여기에서 그치는 것이 아니다. 그대들은 나의 책을 얻었으니 스스로 그것을 깊이 헤아려 깨우치라."

"예, 예. 참으로 안정되고 한적한 곳을 마련하여 돌아가 그것을 정밀하고 상세하게 살펴보겠습니다."

"그것이 옳다. 배우되 정밀하지 않으면 꿈꾸는 것과 무엇이 다르겠는가?"

"예, 예. 삼가 이미 우리가 해야 할 일의 책서를 받았으니 원컨대 사람의 삶이 힘이 있지만 하지 않아야 하는 것에 대한 가르침을 듣고자 합니다."

"그렇다. 하늘과 땅 사이에 공생하며 기고 걷는 것은 모두 힘을 가지도록 하여 네 계절에서 기를 취하고 오행을 본받는다. 무릇 힘의 본성은 스스로 움직이고 거동함으로써 수시로 입고 먹게 하는 것이다. 그러므로 항상 힘쓰는 사람은 날마다 밤마다 게으르지 않게 하면서 옷과 음식을 모으는 일을 그치지 않고 크고 작은 사물에 관계없이 얻는 것 자체를 사랑한다. 무릇 사물 자체에는 정과 신이 있어서 역시 사람들이 그것을 사랑함을 좋아하고, 사람들이 그것을 사랑하면 곧 사람에게로 돌아간다. 비유하자면 마치 동쪽 바다가 물을 사랑하여 가장 낮은 아래에 거처하면 천하의 물이 모두 와서 모여 바다를 이루는 것과 같다.

군자는 힘쓰길 그치지 않기 때문에 재물을 쌓는 우두머리가 되며, 집안이 마침내 부유하게 되어 없는 것이 없다. 조상이 좋은 음식을 얻게 되면 자손들이 살진 혜택을 얻게 되고 온 집안이 이로움을 함께하게 된다. 힘쓰길 그치지 않으면 사방이 가난하여 텅 비게 될 때 그 공을 받으러 오지 않는 것이 없는데 근본이 이미 크게 이루어졌기 때문이다. 베풀고 주는 일이 그치지 않으면 모든 사람들이 크게 그를 기리고 명성이 먼 곳까지 들리게 되어 공이 천지에 드러난다. 항상 힘쓰길 막힌 것을 구하고 급한 것을 구하여(周窮救急) 천지가 사물을 사랑하는 것을 돕고 군주가 백성을 기르는 것을 돕는다. 궁핍함을 구제함에 그침이 없으면, 무릇 천지가 그 수명을 늘려주고 모든 신이 모두 와서 먹으므로, 이와 같은 집안은 기뻐하고 즐거워하지 않는 것이 없다. 덕행으로 말미암아 때로는 큰 관직을 얻거나 선조를 욕보이지 않으며 후손에게 짐을 지우지 않는다.

사람들마다 힘이 있지만 때로는 도리어 스스로 소홀히 하여 일을 하지 않고 치부할 수 있지만 도리어 싸우는 소송을 행하며 망령되고 경솔하게 상서롭지 못한 일을 한다. 스스로 힘으로 다른 사람을 복종시키고 마침내 이와 같이 하길 그치지 않으므로 도리어 큰 악의 자식이 된다. 집안이 곤궁함이 극에 이르면 일어나 도적이 되므로 굶주림과 추위가 함께 이르게 되어 스스로가 간교하게 되는 것을 억제할 수 없게 되는데, 그 중 아둔하고 어리석은 자식은 굶주림과 추위로 죽는다. 힘을 쓰면, 사람을 해치고 자신이 소유하지 않은 것을 추구하고 자기 물건이 아닌 것을 강탈하며, 또한 자주 사람을 해치고 상하게 해서 하늘과 원한을 맺고 땅과 원수가 되고 군자와 적이 되므로 제왕으로 하여금 근심하게 한다. 마침내 그것을 행함이 그치지 않아 모든 신이 그를 증오하며 다시는 그를 이롭게 하거나 돕지 않는다. 하늘은 덮고자 하지 않고 땅은 싣고자 하지 않으며 흉악함과 재해가 날로 일어나게 되어 길가에서 죽게 된다. 때로는 감옥 안에 갇혀 궁벽해지거나 부모를 죽게 하며 재앙이 부인과 자식에게 미쳐서 육속의 향리에서 모두가 그들을 죽이려 하는데, 더욱이 여죄가 남아 후손에게 미치게 되어 때로는 걸인의 후손이 되거나 때로는 도적의 자식이 되는 등 후세에 커다란 허물이 된다. 진인들은 앞으로 나와 그 죄과가 이와 같이 따질 수 있는데도 어찌 죽어도 여죄가 남는다고 하지 않을 수 있는지 말해보라."

"저희는 천사께서 말씀하신 일들을 들으니 저는 매우 놀랍고 안타까우며 마음이 고통스러워 스스로 치유할 수 없게 될까 걱정입니다."

"진인들이 마음의 고통을 알게 되었으므로 장차 생명을 지니며 살 수 있을 것이다. 만약 뜻하지 않게 크게 깨우치지 못한다면 그대들의 죽음이 멀지 않을 것이다. 그것에 주의하라. 내가 말한 것은 어길 수 없는 것으로 어기는 자는 몸이 죽게 되는데, 내가 그를 죽이는 것이 아니라 그들의 행위가 스스로 얻게 한 것이니 그대들은 잘 알겠는가?"

"예, 예."

"나는 그대들을 위해 이러한 여섯 가지 일을 말하였지만 이것은 그 만분의 일이라고도 말할 수 없다. 현명하고 부드러움을 간직한 사람이 나의 도를 얻어 마땅히 깊이 생각하고 도리어 구차하게 쉽사리 하지 말고, 얽힌 마음으로 억지로 선행하지 말라. 힘써 배우고 선함을 얻고자 하면서 악함을 행한다면 이는 도리어 다른 사람을 굴복시키는 것이다. 각자 자기를 위해 계산함에 여섯 가지 죽을 죄가 있고 여섯 가지 큰 선함이 있다. 본받아 자기 몸을 위하여 선함을 행하면 반드시 선함을 얻는다. 스스로 소홀히 하여 악함을 행하는 사람은 날로 흉악한 자식이 된다. 스스로가 꾀하고 계산하고 자신의 방종함을 즐기지 않고 신중하게 생각하고 전념으로 생각하는 현명한 마음은 반드시 쉽게 열기 마련이다. 도(道)·덕(德)·인(仁)·선(善)은 도와 덕을 지닌 인사에게 따라 붙으며 흉악함은 깊게 헤아리지 않는 사람에게 따라 붙는 것으로, 이것이 바른 법이다. 모든 사람이 나의 책에 서술한 글을 본받아 스스로 바르게 될 수 있다면 천하에 다시 악한 사람이 없게 된다. 이것이 천상의 태고로부터 두루 관통한 지극한 도로서 사람을 교화할 수 있는 것이다. 사람이 일단 그것을 알고서 모두 선하게 되면 역시 다시 악으로 돌이켜 되돌아가지 않는다.

고명한 도사는 생명을 좋아하여 참된 도를 배울 수 있으며, 크게 부드러움과 현명함을 지닌 사람은 덕을 배울 수 있으며, 베풀기를 좋아하는 사람은 어짊을 배울 수 있으며, 지혜로운 사람은 지혜로움을 배울 수 있으며, 유능한 사람은 능함을 배울 수 있으며, 힘이 있는 사람은 그 힘(力)을 배울 수 있는데, 만일 아울러 그것을 모두 사용하고 생각하고 숙지할 수 있다면 몸은 이미 흉악함에서 멀어진다. 천지가 그것을 사랑하고 상하 사방이 그것을 기르므로 제왕은 다시 더 할 일이 없게 되어 오래도록 한가로이 노닐며 다스리게 되는 것이다. 진인들도 또한 알겠는가?"

"큰 기쁨이 이르게 되어 저는 몹시 매우 기쁩니다."

"그대들은 선함을 즐기고 선함을 안다고 할 수 있다. 그러므로 옛날의 성현이 교화하길 그치지 않은 것은 하늘이 금하여 밝힌 것을 보고 각자 자신의 계책으로 삼았기 때문이다. 그러므로 성현이 가르치고 하는 말이 천하에 가득하였다. 그대들이 홀로 깨우치지 못하겠는가?"

"훌륭하십니다! 훌륭하십니다!"

"그러므로 옛날의 성현과 고명한 도사가 모두 남김없이 밤낮으로 힘써 배우면서 그치지 않는 것은 또한 천지의 가르치고 명령하여 밝힌 것을 보았기 때문이다. 그러므로 감히 스스로 소홀히 하여 그릇된 일을 하지 않으며, 감히 스스로 경솔히 하여 힘써 배우지 않을 수 없었다. 그러므로 오래도록 길함을 얻고 해로움 받을 일이 없게 되는데, 이들 여러 현자들과 특이한 인사들은 본래 모두가 알지 못했지만 힘써 배워 도달하였기 때문이다. 이들 중 여러 흉악한 사람들은 모두 힘써 배우지 않아서 스스로가 경솔하고 소홀히 하는 데 이르렀다. 내가 전한 도란 길흉의 문이다. 그대들은 알겠는가?"

"예, 예. 그런데 모두 위부터 아래에 이르기까지 열거하신 것은 무엇을 말씀하신 것입니까?"

"아! 그대들이 생각하기에 무엇을 깨우치지 못하겠다는 것인가?"

"천사께서 계속하여 설명하신 말씀을 듣고서 지금 더욱 혼란스러워 제 스스로가 알 수 없습니다. 무엇이 깨닫는 것이고 무엇이 깨닫지 못하는 것입니까?"

"지금 그대들에게 그것을 알아서 행하도록 하겠다. 진인들은 앞으로 나오라. 무릇 하늘이 다스리는 법은 사람을 교화하여 선하게 하는 것이다."

"위에서 아래까지 몇 가지 법이 있습니까?"

"그 법은 만 가지의 단서가 있고 각기 뜻을 달리한다. 그러나 진인도 더욱이 바로 이와 같은데 세속의 사람들이 깨닫기란 더욱 어려워 미혹된 날이 오래도록 이어진 것이다."

"저희들의 허물입니다. 천사님!"

事而愼之, 日而爲者善, 不復欲爲惡也. 以類相聚, 日益高遠, 爲之積久, 因成盛德之人, 莫不響應, 衆人歸向之. 聚謹順善不止, 因成大涤師, 其德迺之助天養欲生之物, 助地養欲長之物, 又好助明王化民, 使爲謹, 不復知其凶惡. 小爲德, 或化千數百人, 大爲德, 或化萬人以上. 因使萬人轉成德師, 所化無極. 爲德不止, 凡人莫不悅喜. 天地愛之, 增其算, 鬼神好之, 因而共利祐之, 其有功者, 迺人君官仕之. 德不樂傷害, 衆人樂之好之, 所求者得居常獨樂, 無欲害之者. 此本由學順善爲德, 迺到于斯, 名聞遠方, 功著天地, 不負祖先, 不辱後生. 今人或幸有知, 心知善惡, 而反自輕易, 不力學爲善德, 反隨俗愚暗之人爲惡. 好用氣尙武, 辭語常凶, 言出而逆, 欲以伏人. 自言便,[1] 復有便於人者, 人自言勇力, 復有勇力於人者. 故凡天下之事, 各有所伏窮, 故可制也. 夫大火當起之時, 若將不可拘, 得水便死. 人爲不善, 當怒之時, 若將不可制也, 得獄便窮. 用口若將不拘, 得病使降.[2] 故夫天地治人, 悉自有法尺寸. 人乃有謹已具聞四事, 願後聞其次.[3] 然. 夫天生人, 使其具足乃出之, 常樂其爲道與德仁. 人幸有知, 可以學德, 天地以德養萬物, 樂人象之. 故太古之德人忍辱, 象地之養物也. 人學爲之, 則其心意常悅, 不復好傷害也, 見知, 不肯好學, 反自輕爲非, 所居爲凶, 無愛之者. 天地憎之, 百神惡之, 帝王得愁苦之. 此不成善人, 自成盜賊, 死尙成惡鬼, 用力强梁, 其死皆不得用. 道理人莫不共知之, 而自易不爲善, 汙先人之統, 負於後生之子, 遂見字爲凶賊人之類也.[4] 人莫肯與其交語, 行人不欲與同道, 此子何過, 承負父母之惡, 尙或見謂爲盜賊之子, 或遂得死亡焉. 眞人來, 人自易, 不好學於明師爲德, 反隨小人, 過乃如此, 寧當死有餘罪不乎.

可畏哉. 天師勿須道, 吾念之已苦心痛矣. 見人不學, 以爲小事, 安知迺致此乎. 人甚愚,[5] 與俗人相似, 人不深計, 死有餘罪. 眞人旣有功於天地, 愼之. 唯唯. 不可自易也. 吾尙但擧其綱, 見其始, 不學之惡, 不但盡於是也. 子得吾書, 覺悟自深計之. 唯唯. 誠得歸便閒處, 精之詳之. 然是也, 學而不精, 與夢何異. 唯唯. 謹已受吾事之敕, 願聞人生有力不爲之敎. 然, 天地共生蚑行, 皆使有力, 取氣於四時而象五行. 夫力本以自動擧, 當隨而衣食. 是故常力之人, 日夜爲之不懈, 聚之不止, 無大無小物, 得者愛之. 凡物自有精神, 亦好人愛之, 人愛之便來歸人. 比若東海愛水, 最居其下, 天下之水悉往聚, 因得爲海. 君子力而不息, 因爲委積財物之長, 家遂富而無不有. 先祖則得善食, 子孫得肥澤, 擧家共利. 爲力而不止, 四方貧虛, 莫不來受其功, 因本已大成. 施予不止, 衆人大譽之, 名聞遠方, 功著天地. 常力周窮救急, 助天地愛物, 助人君養民. 救窮乏不止, 凡天地增其算, 百神皆得來食, 此家莫不悅喜. 因爲德行, 或得大官, 不辱先人, 不負後生. 人人或有力反自易, 不以爲事, 可以致富, 反以行鬥訟, 妄輕爲不祥之事. 自見力伏人, 遂爲而不止, 反成大惡之子. 家之空極, 起爲盜賊, 則飢寒並至, 不能自禁爲姦, 其中頓不肖子卽飢寒而死. 勇力則行害人, 求非其有, 奪非其物, 又數害傷人, 與天爲怨, 與地爲咎, 與君子爲仇, 帝王得愁焉. 遂爲之不止, 百神憎之, 不復利祐也. 天不欲蓋, 地不欲載, 凶害日起, 死于道旁. 或窮於牢獄中, 戮其父母, 禍及妻子, 六屬鄕里皆欲使其死, 尙有餘罪, 復流後生, 或成乞者之後, 或爲盜賊之子, 爲後世大瑕. 眞人前, 其過責如此, 寧當死有餘罪不. 吾見天師說事, 吾甚驚恔心痛, 恐不能自愈. 眞人知心痛, 將且生活矣. 若忽然不大覺悟, 子死不久也. 愼之, 吾言不可犯, 犯者身滅矣, 非吾殺之也, 其行自得之, 子亦知之乎. 唯唯.

吾爲子陳此六事, 未能道其萬分之一也. 賢渘得吾道, 宜深思遠慮, 勿反苟自易, 不恕爲善也. 爲力學, 想得善爲惡, 則反迺降人也. 各自爲身計, 此中有六死罪, 又有六大善, 俱象之爲身, 爲其善必得善也, 自易爲惡者, 日得凶惡子矣. 自策自計, 莫樂於自恣, 愼之思之, 惟之念之, 賢明之心, 必當易開也. 道德仁善, 付有道德之士, 凶惡付不深計之子, 此格法. 能皆象吾書文以自正, 則天下無復惡人也. 此乃天上太古洞極之道,[6] 可以化人, 人一知之俱爲善, 亦不復還反其惡也. 上士樂生, 可學其眞道, 大渘大賢可學其德, 好施之人可學其仁, 有知之人可學其知, 有能之人可學其能, 有力之人可學其力, 如能幷盡用之, 思之熟之, 身已遠凶惡矣. 天地愛之, 六方養之, 帝王無復事也, 迺長游而治, 眞人亦知之乎. 大樂至矣, 吾甚大喜. 子可謂樂善知之矣. 是故古者賢聖, 迺敎而不止者, 迺睹天禁明, 各爲身計也. 故賢聖之敎, 辭語滿天下也. 子獨不覺乎. 善哉善哉. 是故古者聖賢上士皆悉 晝夜力學而不止者, 亦睹見天地敎令明也. 故不敢自易爲非也, 不敢自輕易而不力學也. 故得長吉而無害, 此諸賢者異士, 本皆無知, 但由力學而致也. 此中諸凶惡人, 悉由不力學, 自輕自易所致也. 吾之爲道, 吉凶之門戶也, 子亦豈知之耶. 唯唯. 故都擧迺以上及其下也, 何謂也哉. 噫. 子意何不覺也. 見天師連說, 今更眩不自知, 以何爲覺, 以何爲不覺也. 今使子知行之. 眞人前, 夫天治法, 化人爲善. 從上到下, 有幾何法哉. 其法萬端, 各異意. 然眞人尙正若此, 俗人難覺, 迷日久是也. 有過, 唯天師.

역주

1) 自言便(자언편) : '자(自)' 앞에 '인(人)'자가 빠졌으며(『정독』), '편(便)'은 말재주가 능란함을 말한다.

2) 得病使降(득병사강) : '사(使)'는 '곧' 내지 '바로'라는 의미의 '변(便)'의 잘못(『정독』)이다.

3) 願後聞其次(원후문기차) : 여기서 '후(後)'는 다시 '부(復)'의 잘못으로 보아야 한다.

4) 遂見字爲凶賊人之類也(수견자위흉적인지류야) : '자(字)'는 명명(命名)을, '류(類)'는 후대(『정독』) 내지 후손을 의미한다.

5) 人甚愚(인심우) : '인(人)' 앞에 '진(眞)'자가 빠졌다(『정독』).

6) 此乃天上太古洞極之道(차내천상태고동극지도) : '통극지도(洞極之道)'는 모든 사물을 두루 관통하는 천사의 지고무상한 도를 말하며 앞의 '격법(格法)'과 호응한다.

"그렇다. 제왕의 다스림을 돕는 것에는 대략 열 가지 법이 있다. 첫 번째는 원기로 다스리는 것(元氣治)이며, 두 번째는 스스로 그러함으로 다스리는 것(自然治)이며, 세 번째는 도로 다스리는 것(道治)이며, 네 번째는 덕으로 다스리는 것(德治)이며, 다섯 번째는 인으로 다스리는 것(仁治)이며, 여섯 번째는 의로 다스리는 것(義治)이며, 일곱 번째는 예로 다스리는 것(禮治)이며, 여덟 번째는 문으로 다스리는 것(文治)이며, 아홉 번째는 법으로 다스리는 것(法治)이며, 열 번째는 무로써 다스리는 것(武治)인데, 열 번째로 마친다."

"무엇을 의미하는 것입니까?"

"무릇 만물은 원기(元氣)에서 비롯해서 무(武)에서 마치는데, 무란 죄인을 참형에 처하는 것이기 때문에 무는 가장 낮은 다스림이 된다. 그러므로 만물은 태현(太玄)에서 일어나고 태양(太陽)에서 가장 왕성해지고 마침내 백호(白虎)에서 죽는다. 그러므로 원기는 북쪽에 존재하고 백호는 서쪽에 거주하는 것을 말한다. 그러므로 하늘은 원기로 다스리게 하고 풍기(風氣)로 만물을 기르게 한다. 땅은 저절로 그러한 본성으로 다스리기 때문에 선함을 따르면 선함을 얻게 하고, 악함을 따르면 악함을 얻게 한다. 사람이 천지중화의 기에 순종하여 따르고 도로써 다스리면 도를 주도하게 된다. 모든 일은 상통하고 왕래하는데, 이 세 가지 일은 하늘과 땅과 사람의 운명에 응한다. 이 세 가지를 벗어나 그 이하의 덕치와 인치는 경전의 장구가 되고, 인치를 벗어나 그 이하의 것들은 대부분 해치는 것으로, 다스리는 요지로 삼기 어렵다. 그러므로 내가 말한 도는 만물을 항상 안락하게 하고 위로는 하늘의 본성에 근거하며 중도에서 포기하거나 그만 두는 것을 경계한다. 하늘의 본성이란 무릇 사물을 낳고 근본이 되는 영원한 이치인데 중도에 이르면 이루어지고 끝에 이르면 혼란하게 되며, 그것을 잃고서 혼란하게 되면 다시 다스려질 수 없기 때문에 당연히 처음부터 시작해야 한다. 그러므로 하늘은 항상 근본을 지키고 땅은 그 중간을 지킨다. 한 차례 변화하면 인간은 그 말단을 지킨다. 세 차례 변화한다면, 자주 도를 혼란하게 하는 것이다. 진인들은 이것을 분명하게 알겠는가?"

"예, 예."

"그대들은 지금 의심하는 것 같구나."

"무릇 스승님께서 하신 말씀을 따릅니다. 감히 의심이 있겠습니까?"

"진인들은 앞으로 나오라. 하늘이 장차 제왕을 도우려는 것을 무엇으로 분명하게 증명할 수 있겠는가? 장차 백성과 신하를 이롭게 하려는 것을 무엇으로써 밝히겠는가?"

"천사님. 지금 아무것도 말할 수 없습니다. 앞서 여러 차례 말씀하셨지만 저희들이 정확하게 파악하지 못하였습니다. 지은 죄가 많아 감히 다시 말씀드리지 못하겠습니다."

"겸손하구나. 말해 보라."

"예, 예. 그런데 하늘이 장차 제왕을 도우려 할 때 그에게 진귀한 문서를 주어서 다스릴 수 있게 하며 그것을 끝없이 먼 곳까지 운용하게 하며 음양과 더불어 상응하게 하여 장차 관리를 이롭게 하고자 합니다. 그에게 어진 관리를 파견하여 장차 백성을 이롭게 하고 백성들에게 선량한 자식이 생기도록 합니다."

"진인의 말은 옳다. 어찌 다시 진기한 말이 있겠는가? 이미 모든 것을 파악했다. 오직 하늘이 장차 유덕한 군주를 창성하게 하려고 하면 그를 위해 신성한 사람을 낳게 하여 그에게 천지의 말을 전하여 그 뜻과 통하도록 한다. 그러므로 진인들은 하늘의 학문을 배운 이후로 마땅히 성실하고 선량한 백성에게 알려주어서 그 마음을 깨우치고 그들에게 오로지 생각하도록 해야 한다. 이전에 큰 덕을 지닌 군주에게 줌으로써 많은 현인에게 보이고 함께 그 뜻을 깨달아 이해한 후 백성에게 돌아가게 하였다. 백성이 그것을 얻으면 열씩 다섯씩 서로 모여 그것을 상의하고 익혔는데, 안정되지 않는 상황이 연이은 것은 비단 천지와 군주에게만 원인이 있는 것은 아니다. 과오의 근본은 사람의 우두머리에게 있으며, 우두머리는 스스로가 거듭된 잘못을 저지르고서 하늘의 신과 땅의 신에게 책임을 지우는데, 모든 것이 한 사람에게서 비롯한 것이다. 때로 먼저 배우고 참된 도를 얻은 사람이 있지만 힘써 서로 교화하려고 하지 않는다. 큰 부드러움을 지닌 사람이 다행히 먼저 덕을 알게 되지만 힘써 서로 교화하려고 하지 않는다. 축적하여 재화가 있는 집안은 힘써 베풂을 어질게 하려 하지 않는다. 사람이 태어날 때 아는 능력이 있어서 배울 수 있지만 힘써 배워서 참된 도를 구하여 천수를 누리려 하지 않는다. 능력이 있어서 덕을 배울 수 있지만 힘써 덕을 배워서 스스로 교화하려 하지 않으며, 힘이 있지만 힘을 들여 하지 않고 스스로가 소홀하여 도리어 곤궁하게 된다. 이것이 큰 죄과 여섯 가지이며, 하늘이 내린 사람이 이와 같이 하는 것이 유독 오래되었다.

천지가 개벽한 이래로 계속해서 서로 짐을 지움이 그 뒤에 태어난 사람에게 더욱 심한데 누적된 것이 많고 서로 모이게 되어 큰 재앙이 되었다. 천지로 하여금 그 바름을 잃게 해서 제왕이 마음을 쓰며 오래도록 고생했지만 다스려지지 않고 계속해서 평화롭지 않자 하늘이 그것을 크게 괴로워하였다. 그러므로 나는 급하게 하늘의 말을 전하며, 태고 시대로부터 지금까지 천지가 괴롭고 고통스러운 것이 있어서 마음이 몹시 불쾌하고 답답하고도 통하지 않았는데 무릇 사람들이 그것을 알지 못하자 천지가 모두 신성한 사람들을 시켜 그 말을 전한 것은 유독 나 혼자만이 아니다. 진인들은 그것을 괴이하게 생각하지 말라! 지금 나는 이미 세속을 떠나서 마음대로 돌아가 백성들 사회에 나타날 수 없기 때문에 진인에게 책을 전하므로 진인들은 돌아가야 하지만 이미 세속을 떠나서 다시 백성들 사회의 스승이 될 수 없다. 그러므로 진인들로 하여금 선량한 백성으로 천도와 통할 수 있는 자를 물색하여 그에게 주게 하는 것이므로, 지금 빨리 가서 그를 덕 있는 군주에게 돌아갈 수 있도록 하라. 감히 제 멋대로 하는 자에게 주어 간수하게 해서 하늘의 징벌을 받지 않도록 한다."

"무엇이 그처럼 엄중한 것인지요?"

"지금 하늘은 병을 해소해서 제왕을 안정시키고자 도와 덕을 지닌 군주로 하여금 많은 현자들에게 밝혀 보이게 함으로써 백성의 사회를 교화하고자 하는데, 각자가 과오를 생각함으로써 앞선 사람에게 물려받아 떠안은 죄과를 해소하고, 모든 사람이 각자 몸소 헤아려서 나태하고 경솔하게 하지 않는다면, 비로소 이후에 하늘 또한 크게 기뻐하고 다스림이 서게 되어 태평하게 된다. 그대들이 행여 의혹을 품어서 내 말을 매우 참으로 믿을 수 없다면 나의 글을 일단 시험해보면 진실된 것임을 믿게될 것이다. 그 까닭은 고대의 글이 수없이 많았고 그로써 다스렸지만 항상 태평하게 될 수 없었기 때문이다. 현명하고 부드러움을 지닌 사람도 의혹을 품을 수 있지만 글에 문제가 있어서 그런 것이 아니다.

무릇 힘센 사람이라도 시험해보지 않고서는 어찌 힘이 세다는 것을 알겠는가? 글을 보고 시험 삼아 사용해보지 않는다면 어찌 신묘함을 알겠는가? 내가 하늘의 말씀을 받고서 진인들게 시험하고 그 뒤로 글을 얻어도 모두 그것을 시험하는 것은 헛되고도 거짓된 말을 베풀지 않기 위해서다. 하늘이 크게 질책하고 땅이 크게 고통스럽게 여기는 큰 병이 되므로, 참으로 원통해하고 분노하게 된다. 이로 인해 만물이 번창하지 못하여 재앙과 요절이 많아지고 마침내 천수를 누리지 못하게 되었다. 제왕은 시름에 겨워 근심하고 관리와 백성은 혼란하게 되어 다시는 모두가 다스려지지 않는다. 큰 죄가 이와 같아서 여섯 가지 죄에 해당되는 것이다. 도를 지니고도 도를 지니는 것을 질시하며 힘써 어리석은 사람을 가르치려 하지 않는다. 덕을 지니고도 덕을 지니는 것을 질시하며 힘써 어리석은 사람을 교화시키려 하지 않는다. 재물을 축적하고

도 재물을 모으는 것을 질시하여 베풀어 주려 하지 않는다. 하늘이 모든 사람을 날 때 베풀도록 하였다. 아는 능력을 지니면서도 힘써 바른 도를 배우려 하지 않고서 스스로가 가르침을 받는 것에 궁색하며 도리어 그것을 비웃는다. 할 수 있는 능력이 있으면서도 힘써 배워 베풀거나 가르침을 받으려 하지 않으며 도리어 그것을 모독한다. 힘이 있으면서도 힘써 하려 하지 않고 치부하여 인을 행할 수 있으면서도 도리어 스스로가 소홀히 하고 나태하다. 부모가 그것을 배워 가르치려고 한다면 도리어 그것을 비난한다. 그러므로 진인들은 경계하라. 빨리 이 문서를 많은 현인들에게 보여주어 백성들을 깊이 생각하게 하고 백성들 스스로가 큰 죄과를 생각하도록 하는 것이다. 진인들은 가르침과 명령을 정녕 분명하게 알겠는가?"

"예, 예. 지금 신인께서 이미 하늘을 대신해 법을 말씀하셨습니다. 다만 적합한 사람만을 구하여 그들로 하여금 백성에게 널리 전파하게 함에 반드시 위로부터 아래에 이르기까지 하면 되지 않겠습니까?"

"좋도다! 좋도다! 지금 하늘의 지극한 태평기가 도래하려고 하는데 모든 일은 당연히 따라야 하므로 위로부터 아래에 이르는 것이다. 위로부터 아래에 이르지 않으면 기운이 역류하여 다스림이 태평하지 못하게 된다. 단지 대체로 기가 역류한 데서 비롯한 것으로 따르지 않았기 때문이다. 진인들은 다시 더할 게 있는가?"

"감히 그럴 수 없습니다."

"그러므로 마땅히 위로부터 아래에 이르기까지 해야 하는 것이니라. 다시 더 묻지 말라."

"예, 예."

"돌아가서 일에 신중하고 각자가 몸소 헤아려야 한다. 이것에는 큰 죄과가 여섯 가지 있으며, 하늘의 도가 지극히 엄중하므로 함부로 하지 말 것이다. 하늘은 위에 거주하면서 사람들을 주시하고 있다."

"예, 예. 원컨대 다시 한 번 더 여쭙기를 청합니다. 무릇 사람이 이미 긴요한 도와 긴요한 덕을 얻었는데 마땅히 어디에 그것을 배치해야 합니까?"

"마땅히 위로 그들의 군주에게 주어야 한다."

"무엇 때문에 반드시 그에게 주어야 합니까?"

"무릇 긴요한 도는 바로 군주를 안정시키기 때문에 그것으로 다스리면 하늘의 마음을 얻게 된다. 실로 그것을 알면서도 바치려 하지 않는다면 모두가 불경한 것으로, 그 죄가 제거되지 않는다."

"무엇이 그처럼 엄중합니까?"

"그대들이 일삼아 말을 꾸미는 것으로 보니 마치 하나도 모르는 사람 같구나. 무릇 자식이 되어서 효성스럽지 못하면, 백성과 신하가 되어서는 충성스럽거나 믿음직하지 못하므로, 그 죄과가 말로 표현할 수 없는 것이다. 진인들이 바로 이와 말하며 무엇이 엄중한 것이냐고 하는 것과 같은 것 등이다. 진인의 학문은 무엇 때문에 날로 깊어지지 못하고 도리어 날로 얄아지는가?"

"매우 어리석은 소생들은 확실히 분별할 수 없습니다."

"그대들이 오히려 분별할 수 없다고 하는 데 무릇 세속의 사람은 긴요한 도와 덕을 가리고 숨기고 감추어 도리어 그 군주를 걱정스럽게 하고 자신의 우매함에 고통스러워하게 하는데, 그 죄과는 참된 도와 덕을 은폐하여 통하지 않게 하는 데 있다. 또한 긴요한 도란 바로 하늘을 일컫는 것이고 긴요한 덕이란 바로 땅을 일컫는 것이기 때문이다. 어리석은 사람이 그것을 단절시키면 하늘이 그것을 증오하고 땅은 그것을 미워하므로 그 죄가 제거되지 않는다. 진인들은 다행히도 홀로 하늘이 편애하여 천수를 얻었지만 학문은 도리어 완전하지 못하여 하늘의 금기를 위반할 수도 있으므로 마땅히 일함에 신중하도록 하라."

"예, 예."

이상은 하늘의 가르침에 화합하여 사람들로 하여금 길하게 하고 흉함을 멀리하도록 하는 경문이다.

然, 助帝王治, 大凡有十法 : 一爲元氣治, 二爲自然治, 三爲道治, 四爲德治, 五爲仁治, 六爲義治, 七爲禮治, 八爲文治, 九爲法治, 十爲武治, 十而終也, 何也. 夫物始於元氣, 終於武, 武者斬伐, 故武爲下也. 故物起於太玄,[1] 中於太陽, 終死於白虎.[2] 故元氣於北, 而白虎居西, 此之謂也. 故天使元氣治, 使風氣養物. 地以自然治, 故順善得善, 順惡得惡也. 人者, 順承天地中和, 以道治, 主動道. 凡事通而往來, 此三事應天地人讖.[3] 過此三事而下者, 德仁爲章句,[4] 過仁而下, 多傷難爲意. 故吾之爲道常樂, 上本天之性, 戒中棄未. 天之性也生凡物, 本者常理, 到中而成, 至終而亂, 失亂者不可復理, 故當以上始也. 故天常守本, 地守其中, 一轉, 人者守其下, 三轉, 故數亂道也. 眞人豈已曉知之耶. 唯唯. 子今有疑. 夫隨師可言, 不敢有疑也. 眞人前, 天將祐帝王, 以何爲明證哉. 將利民臣, 以何爲效乎. 唯天師, 今不及何也. 數言而不中, 多得過, 故不敢復言也. 嗛乎, 行. 唯唯. 然天將祐帝王, 予其琦文, 今可以治,[5] 用之絶蹤,[6] 與陰陽相應, 將利小臣也. 予其良吏, 將利民也, 使其生善子.

眞人言是, 豈復有奇說耶. 而已極. 唯天將欲興有德人君也,爲其生神聖, 使其傳天地談, 通天地意. 故眞人來爲其學也, 宜以付謹良之民, 覺其心, 使其惟思. 付上有大德之君也, 以示衆賢, 共曉其意已解, 以歸百姓. 百姓得之, 十五相從, 議之治之, 連不平, 非獨天地人君也. 過乃本一在人長, 長自得重過責於皇天后土, 皆由一人. 時有先學得眞道者, 不力相化敎. 大溸幸先知德, 力不相化. 畜積有財之家, 不肯力施爲仁. 人生有知足以學, 而不肯力學, 求眞道以致壽. 有能足以學德, 以化其身, 而不肯力學德以自化, 有力不肯力作自易, 反致困窮. 此有大過六, 天人爲是獨積久[7] 天地開闢以來, 更相承負, 其後生者尤劇, 積衆多相聚爲大害. 令使天地共失其正, 帝王用心意久愁苦而不治, 前後不平, 天大疾之. 故吾急傳天語, 自太古到今, 天地有所疾苦, 悒悒而不通, 凡人不得知之, 皆使神聖人傳其辭, 非獨我也, 眞人勿怪之也. 今吾已去世, 不可妄得還見於民間, 故傳書付眞人, 眞人反得, 已去世俗, 不可復得爲民間之師. 故使眞人求索良民而通者付之, 今趨使往付歸有德之君也, 敢不往付留難者坐之也.[8] 何其重也. 今天當以解病而安帝王, 令道德君明示衆賢, 以化民間, 各自思過, 以解先人承負之謫, 使凡人各自爲身計, 勿令懈忽, 迺後天且大喜, 治立平矣. 子或懷狐疑, 以吾言不大誠信者, 吾文但以試爲眞. 所以然者, 古文億億卷, 其治常不能太平也. 令賢明溸長, 獨懷狐疑, 謂書不然也. 夫勇士不試, 安知其多力. 見文而不試用, 安知其神哉. 吾受天言, 以試眞人, 自是之後, 得凡文書, 皆立試之, 不得空復設僞言也. 天大疾之, 地大苦之, 以爲大病, 誠冤忿恚. 因使萬物不興昌, 多災夭死, 不得竟其天年. 帝王悁悒, 吏民雲亂, 不復相理, 大咎在此, 六罪也. 有道妒道, 不肯力敎愚人. 有德妒德, 不肯力化愚人. 有財畜積而妒財, 不肯施予, 天生凡人使施之. 天有知,[9] 不肯力學正道以自窮見教, 反笑之. 有能, 不肯力學施見教, 反罵詈之. 有力, 不肯力作, 可以致富爲仁, 反自易懈惰. 見父母學敎之, 反非之. 故敕眞人疾見此文, 使衆賢各自深惟念百姓, 自思大過, 眞人寧曉知敎敕耶.

唯唯. 今神人旣爲天陳法, 何不但得人而已, 布於民間, 必當以上下乎. 善哉善哉. 今天上極太平氣立至, 凡事當順, 故以上下也. 不以上下, 則爲逆氣, 令治不平, 但多由逆氣, 不順故也. 眞人欲復增之耶. 不敢也. 故當以上下, 勿復重問. 唯唯. 行去愼事, 各爲身計. 此有大過六, 天道至嚴, 不可妄爲, 天居上視人. 唯唯. 願復更請問一言, 凡人已得要道要德, 當於何置之. 當上以付其君. 何必當以付之也. 夫要道迺所以安君也, 以治則得天心. 夫要德所以養君, 以治則得地意. 實知之而不肯奏上, 皆爲不敬, 其罪不除. 何其重也. 觀子之事植辭, 如無一知者. 夫爲子乃不孝, 爲民臣迺不忠信, 其罪過不可名字也. 眞人乃言, 何一重者等也. 眞人之學, 何不日深, 反日向淺哉. 甚愚生實不睹. 子尙言不睹, 夫俗人蔽隱藏其要道德, 反使其君愁而苦愚暗, 咎在眞道德蔽而不通也. 又要道, 迺所以稱天也, 要德, 迺所以稱地也. 愚人迺斷絶之, 天憎之, 地惡之, 其過不除也. 眞人幸獨爲天所私得壽,[10] 而學反未盡, 迺及天禁, 宜事者愼之. 唯唯.

右天敎合和使人常吉遠凶之經.

역주

1) 故物起於太玄(고물기어태현) : '태현(太玄)'은 가장 왕성한 음기인 태음(太陰)의 기운을 말하는데, 여기서는 음이 극한데 이르러 양이 생기는 지점을 의미하며 정 북쪽 방향을 가리킨다.

2) 終死於白虎(종사어백호) : '백호(白虎)'는 양기가 쇠하고 음기가 가장 왕성하게 활동하는 상태를 의미하며 정 서쪽 방향을 가리킨다.

3) 此三事應天地人讖(차삼사응천지인참) : '참(讖)'은 다가올 운명이나 예언을 의미하고, '이 세 가지 일(此三事)'은 원기치(元氣治), 자연치(自然治), 도치(道治)를 말한다.

4) 德仁爲章句(덕인위장구) : 여기서 '장구(章句)'는 세상을 다스리는 근간이 되는 경전의 장과 구와 같이 위의 세 가지 다스림을 보조하는 구체적인 내용과 방식이 됨을 말한다.

5) 今可以治(금가이치) : '금(今)'은 '영(令)'(『정독』)이 되어야 한다.

6) 用之絶踰(용지절유) : '절(絶)'은 경계가 없다는 의미로 '절유(絶踰)'는 끝이 없이 먼 곳, 즉 천하 세계 전체를 말한다.

7) 天人爲是獨積久(천인위시독적구) : '천인(天人)'의 경우, '천(天)'을 '부(夫)'로 보고 '무릇 사람은'이라고 해석한 경우(『정독』), '천하의 사람은'으로 본 경우(『금역』) 등이 있다. 하늘이 내린 사람이 자기 책임을 다하지 않는, 즉 도를 먼저 깨우치고 덕을 먼저 지닌 사람이 교화에 힘쓰지 않은 폐단을 지적한 천사의 말에 근거하여 '하늘이 내린 사람'이라 해석하였다.

8) 敢不往付留難者坐之也(감불왕부류난자좌지야) : '난자(難者)'란 모든 일을 자기 멋대로 처리하는 자는 의미이고 '좌(坐)'는 하늘의 징벌을 받는 것을 말한다.

9) 天有知(천유지) : 여기서 '천(天)'은 없거나 '부(夫)'가 되어야 한다(『정독』).

10) 眞人幸獨爲天所私得壽(진인행독위천소사득수) : '사(私)'는 하늘이 진인을 편애하는 것을 말한다.

제68권

정부(丁部)의 17

『태평경초』

제104 계육자결(戒六子訣) : 여섯 제자들에게 경계를 내리는 요결

해제 ‘계(戒)’란 훈계하다는 의미이고, ‘육자(六子)’란 천사(天師)를 따라 도를 전파하는 여섯 명의 진인(眞人)을 가리킨다. 여섯 명의 천사들에게 가르침을 내리는 형식을 취하며, 안으로 마음을 수행해야 한다는 내용과, 더 나아가 제왕의 다스림도 이와 같이 자기 자신을 다스리는 것으로부터 비롯해야 효과가 있을 것이라는 내용을 전개하고 있다.

“나는 장차 곧 떠나려고 하느니. 여섯 제자들에게 한 마디 가르침을 주겠노라. 대저 도는 환히 통달하여 위도 없고 아래도 없으며 겉도 없고 속도 없으니, 조화의 기를 지키는 것을 이름하여 신묘함[神]이라고 한다. 그대들은 가까이에서 구하면 [참된 도를] 크게 얻을 수 있지만 멀리서 구한다면 잃어버리게 될 것이다. 그러므로 옛날에 군왕 가운데 다스림을 잘 수행했던 자는 뱃속에서부터 시작하여 진실로 도를 쓸 줄 알아 다스려짐을 스스로 얻었다. 움직임에 항상된 법을 잃지 않아 만물이 저절로 다스려졌고, 가까이 마음속에 있으면서 흩어져서는 사해를 가득 채웠다. 옛날 성인들은 이것을 이름하여 긴요한 도라고 했다. 다스림에 일삼음이 없음을 즐겨 하고자 했으니, 삼가 이것을 잃지 않도록 하라. 이것으로써 현명한 자들을 바로잡는 것이니, 지금 거듭 반복하여 그대들에게 깨우쳐주는 것이다.

그대 여섯 명은 매일 내 책의 내용에 대해 질문했으니, 도가 비록 각각 다른 의미로 나뉘어졌지만 당연히 하나의 일을 공유하는 것이다. 그런 뒤에야 육극에 두루 미칠 수 있고, 왕도가 갖추어질 수 있고, 만물이 각각 다른 뜻을 가지고 있음을 해설할 수 있다. 천지는 이로써 크게 편안해질 수 있고, 군왕은 이것으로써 일삼음이 없을 수 있다. 나의 책은 신의 마음을 알고 있으며, 육극(六極)과 팔방(八方)에 통하니, 모두가 스스로 와서 항복하니 모두 선한 마음을 품고 악한 뜻이 없게 된다. 중요한 매듭은 가까이 내면에 머무르는 것이니, 비유하자면 마치 만물에 중심은 안에 있고 가지는 밖에 있는 것과 같다. 대저 안이 흥하면 그 바깥도 흥해지고, 안이 쇠하게 되면 그 바깥도 쇠하게 된다. 그러므로 옛날에 황도(皇道)를 지닌 제왕과 성인은 육원(六遠)과 팔방을 바르게 통달하여 극에 이르고자 하면, 도리어 먼저 내면을 바르게 하고, 안으로써 밖을 바르게 하였으니, 수만 가지의 모든 것이 서로 응하게 되고 수억 가지의 모든 것이 어긋나지 않게 되었다. 만일 밖의 것으로 안의 것을 바로잡고자 한다면 만사를 그르치게 될 것이다.

그러므로, 옛날에 위대한 성인은 사람들을 가르칠 때, 깊이 생각하고 멀리 내다보도록 하였고, 아홉 구멍을 닫고 사지를 쉬도록 하여, 혼돈(渾沌)의 상태에 머무르도록 하였는데, 비유하자면 마치 둥근 고리에 시작점이 없는 것과 같도록 하였고, 마치 태 속의 아이에게 정해진 일이 없는 것과 같도록 하였다. 그래야만 올바른 이치를 얻을 수 있는 것이다. 나의 도는 다 이것을 큰 요체로 삼는다. 그러므로 다시 각각 자기의 근본을 지키는 데 힘쓰도록 하는 것이다. 대저 하늘이 장차 사람을 태어나게 할 때 모두 참된 도로써 온전한 형체를 갖추어주었다. 그러므로 스승이 계발해주고 이끌어주고 가르쳐주면, 무지함이 없도록 해줄 수 있다. 그러나 그 문호를 열어주지 않으면 비록 하늘의 참된 도를 받았다 하더라도 한 가지의 앎도 없게 될 것이다. 이는 마치 갓난아이가 태어났는데, 방 안에 방치해 둔 채 구체적인 일로 이끌어 가르쳐주지 않으면 알 수 있는 것이 아무것도 없게 되는 것과 같다. 사람들이 모두 같지 않은 까닭은 다만 사방팔방의 습속이 달라서 그들이 알고 배운 것이 다른 것이다. 만약 사람이 배우는 것을 통일할 수 있다면, 겉과 속에 두루 미쳐서 모두 알게 될 것이다.

나는 장차 멀리 가야 할 곳이 있다. 그곳에 가서, 마땅히 도를 전해야 하니, 여기에 편히 앉아 여러 제자들을 지키고 있을 수 없도다. 여섯 진인들은 스스로 내 책을 처음부터 끝까지 샅샅이 읽어, 만일 의심이 풀리지 않고 이해되지 않는 부분이 있다면, 옛 글(古文)의 근원을 살펴보아 밝히도록 하라. 위로 행해지는 것은 현진(玄眞) 진인들이 알 것이고, 아래로 행해지는 것은 순진(順眞) 진인들이 알 것이고, 동쪽의 것은 초진(初眞) 진인들이 알 것이며, 남쪽의 것은 태진(太眞) 진인들이 알 것이며, 서쪽의 것은 소진(少眞) 진인들이 알 것이며, 북쪽의 것은 유진(幽眞) 진인들이 알 것이다.

대저 도는 대동소이하다. 그러므로 음양으로 분별할 수 있으며 경계가 없는 것인데, 변화하여 일만 일천오백이십 자가 된다. 사람과 만물은 조금 갖추어진 것이어서 천지의 음양을 궁구하여 겉과 속이 없이 완전히 통할 수 없다. 그러므로, 다만 그 없음[無]을 궁구하여, 중심이 되는 강령[綱]을 들고, 그 시원을 드러내어, 본받을 수 있게 하여 기록하도록 한다. 옛 것을 기록하고 지금 것을 기록하니, 그 요점이 되는 말은 신령한 성인이 기록하신 바와 저절로 같아서 컴퍼스나 직각자에 들어맞는 것과도 같다. 비록 서로 떨어진 거리가 수억 년 수만 년이지만, 비유컨대 마치 서로 마주 대하고서 말하는 것과 같다. 그러므로 행하는 바가 천지의 항상된 법도가 되고, 음양에 의해 신묘한 도가 만들어지게 된다.

나의 책이 앞뒤로 심하게 중복되는 것을 이상하게 생각하지 말라. 중복되는 이유는 그 내용을 잃어버릴까 두려워해서이다. 또 천도는 지극히 엄하다. 이미 말을 하게 되면 감히 다 갖추어 통달하지 않을 수 없다. 통달하지 않는 것을 이름하여 잔결된 도라고 하고, 과오가 극심하다고 한다. 나는 진실로 이러한 것을 애통해한다. 이 책이 비록 중복된다 할지라도 비유하자면 마치 상고시대의 성인과, 중고시대의 성인과, 하고시대의 성인이 모두 다른 시대에 살았지만 그들의 말은 서로 이어져 있어서 거듭거듭 말하며, 다시 상호간에 참고하여 고찰하여 밝혔으니, 이에 천도를 모두 다 알 수 있게 되었다는 것은 이를 말한 것이다. 나는 급히 가야 할 곳이 있다. 하늘의 보배를 신중하게 간직하여 제대로 적합한 사람에게 전하여 넘겨 주어라.

이상은 여섯 제자들을 경계한 것이다.

吾將去有期, 戒六子一言. 夫道迺洞,[1] 無上無下, 無表無裏,守其和氣, 名爲神. 子近求則大得, 遠求則失矣. 故古君王善爲政者, 以腹中始起, 眞能用道, 治自得矣. 動不失其法度數,[2] 萬物自理, 近在胸心, 散滿四海. 古者聖人名爲要道. 治樂欲無事,[3] 愼無失此, 此以繩正賢者. 今重丁寧以曉子. 子六人連日問吾書, 道雖分別異趣,[4] 當共一事. 然舌能六極周,[5] 王道備, 解說萬物, 各有異意. 天地得以大安, 君王得以無事. 吾書乃知神心, 洞六極八方, 自降而來伏, 皆懷善心, 無惡意. 其要結近居內, 比若萬物, 心在裏, 枝居外. 夫內興盛, 則其外興, 內衰則其外衰. 故古者皇道[6]帝王聖人, 欲正洞極六遠八方, 反先正內. 以內正外, 萬萬相應, 億億不脫也. 以外正內者, 萬失之也. 故古者大聖教人深思遠慮, 閉其九戶,[7] 休其四肢,[8] 使其渾沌, 比若環無端, 如胞中之子而無職事[9]也, 迺能得其理. 吾之道悉以是爲大要. 故還使務各守其根也. 夫天將生人, 悉以眞道付之物具. 故在師開之導之學之, 則可使無不知也. 不闓其門戶, 雖受天眞道, 無一知也. 比若嬰兒生, 投一室中, 不導學以事, 無可知也. 所以人異者, 但八方異俗, 故其知學不同也. 若能一人學, 周流表裏, 盡知之矣. 吾將遠去有所之, 當復有可授, 不可得常安坐, 守諸弟子也. 六人自詳讀吾書, 從上到下, 爲有結不解子意者,[10] 考源古文以明之. 上行者玄眞知之,[11] 下行者順眞知之, 東者初眞知之, 南者太眞知之, 西者少眞知之, 北者幽眞知之. 夫道迺大同小異, 故能分別陰陽而無極, 化爲萬一千五百二十字.[12] 中和萬物小備, 未能究天地陰陽絶洞無表裏也.[13] 故但考其無, 擧其綱, 見其始, 使可儀而記.[14] 記古記今, 其要亂[15]自同神聖所記, 猶重規合矩, 雖相去億億萬年, 比若相對而語也. 故可爲爲天地常經, 爲陰陽作神道, 勿怪吾書前後甚復重也. 所以復重者, 恐有失之也. 又天道至嚴, 旣言不敢不具, 通不通名爲㕙道, 爲過劇, 吾誠哀之. 此雖復重. 比若上古聖人, 中古聖人, 下古聖人, 皆異世而生, 其辭相因, 復重而說, 更以相考明, 迺天道悉可知, 此之謂也. 行矣, 吾有急行, 重愼持天寶, 傳付其人.

右戒六弟子.

역주

1) 洞(통) : 통(洞)은 '밝다' 또는 '통(달)하다'는 의미이다. 대부분의 주석서에서도 '꿰뚫어 환하게 앎[通透]'(『전역(중)』, 『주역(중)』) '막힘없이 환하게 통하고 투철하게 꿰뚫어 통함[洞徹通透]'(『금주금역(상)』), '투철(透徹)하다'(『정독』) 등의 맥락으로 풀이했다. 이곳에서 '통(洞)'은 도(道)의 속성을 규정하기 위해 사용된 개념이다. 참고로 통(洞)에는 '비다 · 공허하다'는 의미도 있는데, 뒤에서 언급한 '화기(和氣)를 지킨다(守其和氣)'라는 구절과 연관하여, 『노자』에서 도(道)의 속성을 묘사하는 경우와 비교해볼 수 있다. 『노자』 제42장에서는 '텅 빈 기운으로써 화평함을 이룬다(沖氣以爲和)'라고 하여 도(道)의 속성을 '텅 비다'는 맥락으로 보았다. 이 외에도 『노자』에서는 제4장 '도는 텅 비어 있으나 그것을 써서(道沖而用之)', 제45장 '크게 가득참은 텅 빈 것 같으나(大盈若沖)' 등에서 도(道)의 속성에 대해 '텅 빈' 상태로 묘사하는 경우를 찾아볼 수 있다.

2) 其法度數(기법도수) : 올바른 법칙. 기(其)는 '딱 맞는 올바른'의 의미이고, 법도수(法度數)는 '정해진 법칙'이라는 의미이다. '규칙(規則)'(『정독』), '법칙[法則規矩]'(『금주금역(상)』), '천도(天道)의 법칙과 절도[法則節度]'(『전역(중)』) 등의 주해가 있다.

3) 無事(무사) : 일삼음이 없다. 도가사상에서 주장하는 무위(無爲)의 다스림을 의미한다. 『노자』 제48장의 '천하를 취함에 항상 일삼음이 없음으로써 한다. 일삼음이 있게 되면 천하를 취하기에 부족하다(取天下, 常以無事, 及其有事, 不足以取天下).' 제57장의 '올바름

으로써 천하를 다스리고 기묘함으로써 군대를 움직이며 일삼음이 없음으로써 천하를 취한다 … 그러므로 성인이 말하였다. 나는 함이 없는데 백성은 스스로 교화되고, 나는 고요함을 좋아하는데 백성이 스스로 올바라지며 나는 일삼음이 없는데 백성은 스스로 부유해지고 나는 하고자 함이 없는데 백성은 스스로 진실해진다(以正治國, 以奇用兵, 以無事取天下…故聖人云, 我無爲而民自化, 我好靜而民自正, 我無事而民自富, 我無欲而民自樸)'. 제63장의 '함이 없음을 행하고, 일삼음이 없음을 일삼으라(爲無爲, 事無事)' 등의 언급을 참고해볼 수 있다.

4) 道雖分別異趣(도수분별이취) : 도가 비록 각각 다른 의미로 나뉘어지다. 『금주금역(상)』과 『주역(중)』에서는 道를 앞 구절로 연결하여 書道라고 붙여 읽었고, 따라서 나머지 구절인 '수분별이취(雖分別異趣)'에 대해서 "각각의 구체적인 문제를 대할 경우, 취지(趣旨)에 같지 않은 점이 있다"고 풀이하였지만 이를 취하지 않았다. 또한 『전역(중)』에서는 "천도(天道)는 비록 다른 방면의 의미[意旨]를 가지고 있지만"이라고 해석했지만 이 해석 역시 취하지 않았다. 도(道)가 한 가지라는 것은 다음 문장인 '당연히 한 가지 일을 공유하는 것[當共一事]'이라는 구절에서 언급되었으며, 이 하나가 여섯 명의 제자들에 의해 각각의 의미로 나뉘어지게 되었다고 보는 것이 보다 적절할 것이다.

5) 然舌能六極周(연설능륙극주) : 그런 연후에야 능히 육극에 두루 미칠 수 있다. 설(舌)은 林富士가 '후(后)'로 본 것에 따른다(『정독』). 참고로 『금주금역(상)』, 『주역(중)』, 『전역(중)』 등은 설(舌)을 글자 그대로 놓고 '논증하는 문사(文辭)', '강술(講述)하는바 도의 의미[道意]', '언사(言辭)의 의미' 등으로 풀이했지만, 따르지 않았다.

6) 皇道(황도) : 상고시대 황제가 나라를 다스리던 도리 · 법칙. 『문선(文選)』 「반고(班固)」 「서도부(西都賦)」에 "나를 황도로써 넓혀준다(博我以皇道)"라고 나오는데, 이에 대한 이주한(李周翰)의 주(注)에 보면 "황도는 임금의 도(皇道, 皇王之道)"라고 풀이되어 있

다. 또한 황(皇)에는 '크다'라는 의미가 있으므로 황도는 '대도(大道)'를 의미하기도 한다. 『금주금역(상)』에는 '가장 왕성하고 밝은 참된 도'로, 『전역(중)』에는 '하늘의 도를 얻은'으로 풀이하였다.

7) 九戶(구호) : 아홉 구멍. 몸에 있는 아홉 개의 감각 기관들. 여기서, 호(戶)는 출입문 또는 구멍을 나타내며 '구규(九竅)'라는 의미와 통한다. 양에 속하는 구멍이 일곱으로 두 눈, 두 귀, 두 콧구멍, 하나의 입이며, 음에 속하는 구멍은 둘로 대변, 소변을 보는 곳이다.

8) 環無端(환무단) : 둥근 고리에는 출발점이 없다. 단(端)은 '끝' '처음·시초' '가·한계' 등의 의미가 있다. 앞 문장에 나오는 '혼돈(渾沌)'은 『장자』 「소요유」편에 나오는 유명한 일화인데, 이곳의 환(環) 개념 역시 『장자』 「제물론」편에 "저것과 이것은 그 짝을 얻지 않으니(상대적이지 않으니), 이를 일러 大道의 관건(핵심)이라고 한다. 그 관건이 비로소 환중(環中)을 얻게 되어 변화의 무궁함에 순응하게 된다. '是' 또한 끝이 없으며, '非' 또한 그 끝이 없다. 그러므로 밝게 하는 것만한 것이 없다고 하는 것이다(彼是莫得其偶, 謂之道樞. 樞始得其環中, 以應无窮. 是亦一无窮, 非亦一无窮也. 故曰莫若以明)"라고 나온다. 곽상(郭象)은 '是非가 반복되어 서로 무궁하니 환(고리)이라고 한다. …'是도 없고 非도 없다'고 주해했다. 즉 일방적인 인식이나 상대적인 가치의 한계성을 지적하기 위해, 앞도 뒤도 없고, 시작도 끝도 없는 둥근 고리를 상징했다.

9) 胞中之子而無職事也(포중지자이무직사야) : 태 속의 아기에게 정해진 일이 없다. 태아에게는 무엇을 반드시 해야만 한다거나, 반드시 하지 말아야만 한다는 등 인간사회에서 정해진 직분이 없다. 마찬가지로 후천적·사회적으로 만들어진 선입견, 가치관, 편견 등에 매몰되지 말고 거시적인 시야를 유지하며[深思遠慮], 감각적인 자극이나 욕구로부터도 잠시 벗어나서[閉其九戶, 休其四肢], 자신의 내면적인 본래성을 찾아야 한다는 수양론을 설파하고 있다.

10) 爲有結不解子意者(위유결불해자의자) : 만일 의심이 풀리지 않아 그대들의 생각에 이해되지 않는 부분이 있다면. 왕명(王明)은 『합

교(상)』에서 '從上到下爲有結, 不解子意者'로 절구하여 읽었고, 『전역(중)』은 이 구두법을 따랐지만, 『정독』, 『금주금역(중)』은 '從上到下, 爲有結不解子意者'로 끊어 읽었다. 여기에서는 후자의 구두법을 따랐다. 위(爲)는 『정독』에 의해 '만일[如]'의 의미. 결(結)은 '맺혀서 풀리지 않는 부분'을 의미한다. 『정독』은 '마음속에 늘 풀리지 않고 있는 의심'이라는 의미의 '의단(疑團)'으로 주해하였다. 『한어대사전』에서는 결(結)을 '의심이 나는 곤혹스러운 요점을 비유한다(比喩疑難困惑的關鍵)'라고 풀이했다. 불해자의(不解子意)는 '그대들의 생각에 이해되지 않음'이라는 맥락으로 풀이했다. 한편, 『정독』에서는 林富士의 견해에 따라 자(子)를 여(予)로 고쳐서 '나의 뜻'으로 보아야 한다고 주해했다.

11) 上行者玄眞知之(상행자현진지지) : 위로 행해지는 것은 현진 진인들이 알 것. 상행자(上行者)는 위로 행해지는 것. '위로 행해져서 하늘로 오르는 부분'(『전역(중)』), '황천(皇天)에 관련되는 부분(『금주금역』)' 등의 풀이가 있다. 현진(玄眞)으로부터 이하 순진(順眞), 초진(初眞), 태진(太眞), 소진(少眞), 유진(幽眞) 등은 여섯 진인의 도호(『금주금역』).

12) 能分別陰陽而無極, 化爲萬一千五百二十字(능분별음양이무극, 화위만일천오백이십자) : 음양으로 분별할 수 있으며 무극인데, 변화하여 일만 일천오백이십자가 된다. 能分別陰陽而無極은 『전역(중)』에서 '분별하여 음양이 되고 통달하여 무극이 된다'라고 풀이한 것이 좋다. 일만 일천오백이십 자란, 세상의 모든 존재물과 상황[物事]을 의미한다. 『금주금역』에 의하면 일만 일천오백이십 가지 일을 의미한다. 무극(無極)한 천도(天道)의 한 측면을 설명하고자 하기 위한 것으로, 「상선신자제자위군부사득선방결(上善臣子弟子爲君父師得仙方訣)」을 참고하라고 주해했다(『금주금역』). 한편, 『전역(중)』에 의하면, 『역경』을 가리킨다. 『역경』은 상하편 64괘, 384효, 음양이 각각 192인데, 양수는 9이니 4시와 곱하면 36이고, 음수는 6이니 4시와 곱하면 24이다. 여기에 각각 192를 곱하여 더하면

총계 11520이 나오는데, 이것이 만물의 수이다(『전역(중)』).

13) 未能究天地陰陽絶洞無表裏也(미능구천지음양절동무표리야) : 천지 음양을 궁구하여 겉과 속이 없이 완전히 통할 수 없다. 왕명의 『합교』에서는 '未能究天地陰陽, 絶洞無表裏也'로 절구했고, 『정독』, 『전역(중)』 등에서도 이 구두법을 따랐다. 그러나 여기에서는 『금주금역』의 구두법을 따라 두 구절을 붙여 읽었다. 절(絶)은 '매우, 지극히' 또는 '전연, 결코, 절대로' 등의 의미인데, 이 경우 미능(未能)이라는 부정어가 문장 전체를 받아주는 것으로 보는 것이 타당하기 때문이다.

14) 故但考其無, 擧其綱, 見其始, 使可儀而記(고단고기무, 거기강, 견기시, 사가의이기) : 그러므로 다만 그 없음의 상태[無]를 궁구하여, 그 중점이 되는 부분[綱]을 들고, 그 시원(始原)을 드러내어, 본받을 수 있게 하여 기록하도록 한다. 무(無)는 『금주금역』에 의하면 '유(有)'에 상대되는 것으로 천지만물의 본원을 가리킨다. 『노자』 제1장 '없음은 천지의 시작을 이름한 것이다(無名天地之始)', 제40장 '있음은 없음에서 나왔다(有生於無)' 등 실제로 노장사상에서 무(無)는 근원적 상태를 지칭하는 개념으로 사용되기도 하였다.

15) 要亂(요란) : 요점이 되는 말. 『정독』에서는 란(亂)을 사(辭)로 고쳐 써야 한다고 보았다. 이 주해에 따른다면, 요란(要亂)은 '핵심이 되는 말'을 뜻한다. 한편 『금주금역』에 의하면 요(要)는 요(徼)와 통하며 '구하다'는 의미이고, 란(亂)은 '이설(異說)'을 가리킨다. 그러므로 요란(要亂)은 '이설을 모색하다'는 의미이다. 즉 『금주금역』에 의하면, 전체 문장은 '이설을 모색해도 자연히 신령한 성인이 기술한 바와 모순되지 않게 된다'는 의미가 된다. 여기에서는 『정독』의 견해를 따랐다.

역주자

_책임역주 윤찬원

1954년 전라북도 남원 출생, 서울대학교 인문대학 철학과 학사, 석사, 1992년 "『太平經』에 나타난 道敎思想 硏究"로 동양철학박사학위 받음. 1980년 7월부터 1983년 6월까지 3년간 육군사관학교 교수부 철학과 전임강사를 역임하고, 1987년부터 인천대학교 국민윤리학과 교수를 거쳐, 1994년부터 시립인천대학교 국민윤리학과 부교수, 정교수, 그리고 2011년 1월부터 인천대학교 사범대학 윤리교육과 교수로 재직하고 있다. 중국의 도교철학과 환경문제 및 현행 중고등학교 윤리교육에 관심을 가지고 있다. 저서로 『중등 도덕 교육의 현실과 문제』, 『도교철학의 이해－태평경의 철학체계와 도교적 세계관』 등이 있고, 역서로 『老子와 道敎』, 『도교의 세계－철학, 과학 그리고 종교』 등이 있다.

_김갑수

1961년생. 성균관대학교 대학원에서 유학 및 동양철학 전공. "장자철학에서의 자연과 인간에 관한 연구"로 박사학위 받음. 현재 재단법인 민족의학연구원 상임연구원. 저서로는 『장자와 문명』, 『노자의 도덕경』, 『마음이 담긴 동양예술 산책』 등이 있다.

_김예호

1964년생. 성균관대학교 동양철학과 졸업. 동 대학원에서 "한비자 법치론 연구"로 박사학위 받음. 현재 성균관대학교 수석연구원. 저서로 『한비자－법치로 세상을 바로 세운다』 등이 있다.

_유병래

1966년생. 동국대학교에서 "노자의 위도자에 관한 연구"로 박사학위 받음. 현재 한국도교학회 총무이사, 경희대학교 후마니타스 칼리지 객원교수.

_서대원

1966년생. 연세대학교 철학과 졸업. 중국 북경대학(北京大學)에서 왕필에 관한 연구로 박사학위 받음. 현재 충북대학교 기초교육원 교수.

_김형석

1971년생. 성균관대학교 동양철학과 졸업, 동 대학원 유교철학과에서 "남송 임희일의 신유학적 노장해석"으로 박사학위 받음. 현재 성신여자대학교 동양사상연구소 연구교수. 역서로는 『장자(1~4)』가 있다.

太平經譯註

Taipingjing